当代世界经济与政治

主　编：刘海泉
副主编：詹德斌　胡　勇　王金强

中国商务出版社

图书在版编目（CIP）数据

当代世界经济与政治／刘海泉主编．—北京：中国商务出版社，2013.2（2016.7重印）

ISBN 978-7-5103-0831-4

Ⅰ.①当…　Ⅱ.①刘…　Ⅲ.①世界经济②国际政治　Ⅳ.①F112②D50

中国版本图书馆CIP数据核字（2013）第036329号

当代世界经济与政治

DANGDAI SHIJIE JINGJI YU ZHENGZHI

主　编　刘海泉

副主编　詹德斌　胡　勇　王金强

出　版：中国商务出版社
发　行：北京中商图出版物发行有限责任公司
社　址：北京市东城区安定门外大街东后巷28号
邮　编：100710
电　话：010—64269744（编辑一室）
010—64266119（发行部）
010—64263201（零售、邮购）
网　址：www. cctpress. com
邮　箱：cctp@ cctpress. com
照　排：北京开和文化传播中心
印　刷：北京松源印刷有限公司
开　本：787毫米×980毫米　1/16
印　张：19.5　　字　数：335千字
版　次：2013年5月第2版　　2016年7月第2次印刷

书　号：ISBN 978-7-5103-0831-4
定　价：34.00元

前　　言

冷战结束以来，世界政治、经济形势发生了深刻变化，世界政治多极化、经济全球化、国际关系民主化已成为不可逆转的发展趋势，其影响已为国际社会所广泛关注。

和平与发展是当今时代的主题，虽然世界经历了许多深刻变化，发生了许多重大事件，但时代的主题没有变，世界要和平，人民要合作，国家要发展，社会要进步，已成为不可抗拒的时代潮流。科学地观察和分析时代主题及其特征，是正确估量和把握国际形势的发展变化进而制定正确的对外政策的基础和依据。列宁所说的各个“时代的不同基本特征”不是“个别国家的个别历史事件”，而是指“整个世界发展进程中的不同的历史阶段”，① 揭示了时代主题演变的内在逻辑。当前，国际体系正处在深刻转型之中，一方面，虽然美国意图建立以它为主导的单极体系的目标没有实现，但它并没有放弃。另一方面是多个大国，它们的对抗力在提升，但并未形成一个大的联合集团，这样就使现有的国际体系处于不确定、不稳定之中，同时对未来的影响也有一种不确定性。国际体系中的竞争与合作是互相交错的，合作中有竞争，竞争中也有合作。

经济全球化是一把双刃剑，它既促进世界经济持续增长，也使得各国的经济面临风险和挑战，需更多地去关注经济发展和经济安全。一方面，经济全球化给世界各国的经济发展带来了新的机会，为发展中国家提供了吸收发达国家的资金技术和先进管理经验的条件。另一方面，它也不可避免地对发展中国家的主权和经济安全提出新的挑战，因为不公正、不合理的国际经济旧秩序依然存在，绝

① 《列宁全集》第26卷，人民出版社1988年版，第143页。

大多数发展中国家与发达国家在经济结构、生产水平、贫富差距以及文化和教育等方面的差距还在不断拉大。

世界多极化趋势是战后国际政治格局演变的最基本特征，推动国际关系多极化进程，有助于建立一个平衡、稳定、民主、不对抗的国际新秩序，客观上符合世界各国的根本利益。当今世界各种政治力量在不断分化组合，地区性大国和跨国性合作组织在相互交往过程中，彼此借重，相互牵制，竞争共处。大国关系的平衡发展是世界多极化的重要表现。大国之间的各种“战略关系”、“伙伴关系”已成为冷战后多极化进程中政治经济互动关系的重要模式。

当今世界安全环境日益复杂化，非传统安全威胁与传统安全威胁相互交织。与传统安全问题相比，非传统安全问题具有更强的社会性、跨国性和全球性，因此解决的手段也就更应注重综合性以及国际合作。全球贫富差距悬殊，诱发一些犯罪活动国际化与恐怖主义全球网络化。如今，贫困已越来越成为许多国家和地区陷于动乱和不稳定的重要原因。实现全球性公正，是消除危险的唯一选择。

国际关系民主化是当代世界发展的潮流，联合国宪章的宗旨和原则是世界各国公认的国际关系基本准则，任何国家都无权把自己的意志强加于人。国际关系民主化，既是一种客观发展趋势，又是各国人民特别是广大发展中国家人们的追求目标。世界各国人民只有反对一切形式的霸权主义和强权政治，才能真正实现国际关系民主化。由于各国存在着不同的经济发展水平、文化背景、社会制度和价值观念，延续着不同的生活方式，这种世界多样性决定了各自发展模式的多样化。各国人民有权根据本国国情和自己的意愿，选择社会制度和发展道路，而不应受到任何外来势力的干涉。

当今的中国，正处在重要的战略机遇期。“和平与发展”将成为未来几十年国际体系的主导力量，中国则是国际体系的主动参与者和建设者，从国际体系的边缘状态逐步走向核心部位。随着国际政治和经济关系的紧密交融，政治问题经济化和经济问题政治化的现象普遍存在，经济全球化、政治多极化趋势正向纵深发展。中国在国际体系转变中坚持尊重并吸收那些为国际社会大多数国家所认同的文明准则和价值观念，从中国传统文化与历史经验中引申并发展出新的国际战略。中国开始以一种自觉的主体意识、开放的全球视野适应国际体系的转变，坚持独立自主的和平外交政策，走和平发展的道路，建立持久和平与共同繁荣的和谐世界。“中国将始终不渝地把自身的发展与人类共同进步联系在一起”。[①] 中国积极推动构建更加公平合理的国际政治经济新秩序。

本书按照教育部社会科学研究与思想政治工作司2003年2月正式公布的《普通高等学校“两课”教学基本要求·当代世界经济与政治》的基本要求，并且结合当今国内外形势的变化和课堂教学要求的变化而编写的。本书以第二次世界大战后世界经济、政治与国际关系的发展变化为主线，论述两极格局形成后国际体系的特点，对发达资本主义国家、社会主义国家、发展中国家等不同类型国家的经济、政治和对外战略进行分类介绍和分析，对中国国际地位的发展变化、对外战略思想，以及中国在国际舞台上地位的变化进行重点分析，特别是补充了大量新的观点、材料和内容，更加适合教学实际和要求，达到与时俱进的目的。

马克思主义的立场、观点和方法，特别是以邓小平的国际战略思想和新一代领导人关于国际问题的重要论述，是指导《当代世界经济与政治》课程建设的重要理论工具，目的是使学生能够正确运用这些理论、观点和方法观察世界，认识和把握当代世界经济政治演变的趋势、特点及面临的主要问题；认识国际关系的主要行为体在世界经济政治中的地位和作用，以及它们之间的互动关系；吸取苏联东欧国家兴衰存亡的经验教训；全面认识中国的外交战略、方针、政策与国际地位和作用；树立国家富强和民族振兴、为人类的共同繁荣与进步而奋斗的信念。因此，作为一门马克思主义理论“世情”课的《当代世界经济与政治》，不仅具有综合性强、现实性强的特点，而且还有其理论性强、政策性强的优势，有利于学生全

① 胡锦涛：《努力建设持久和平、共同繁荣的和谐世界》，《人民日报》，2005年9月16日。

面认识当代世界经济政治发展变化的基本规律，肩负起实现中华民族伟大复兴的历史使命。

在吸收部分同类教材和书籍的研究成果的基础上，本书第一版作为集体劳动的成果，本着文责自负的原则，具体分工如下：仇华飞（前言、第九章），刘涛（第一章），许涛（第二章、第五章），胡珺（第三章、第八章），毛新（第四章），刘海泉（第六章、第七章）。仇华飞、刘海泉共同负责具体文字、体例的统一修改、补充及定稿。

本书（第二版）是在第一版的基础之上，结合三年来国内外形势的新变化、新发展，对各章的时事材料加以更新，对相关理论加以调整而成。本书第二版同样是集体劳动的成果，具体分工如下：王金强（第一、二章），胡勇（第三、四章），詹德斌（第五、第六章），刘海泉（前言、第七、八、九章）。全书由刘海泉统筹及定稿。

在本书付梓之际，谨对支持本书出版的中国商务出版社表示诚挚的感谢。受时间和水平所限，本教材有的论述尚待深入，疏漏和不当之处敬请广大教师和同学批评指正，以便不断完善。

作者

2013年3月

目　　录

第一章　当代世界经济的发展与趋势

世界经济是一个由各个国家、区域性经济集团、企业单位、商业及金融机构等相互联系、相互制约而形成的统一体。正是由这些国家和非国家行为体通过国际分工、贸易、金融等纽带建立起来的各种经济关系，构成了当代世界经济体系的主要内容，推动着世界经济向前发展。

第一节　当代世界经济的主体及运行机制

主权国家是国际社会的基本单位，国家拥有独立自主地处理其内外一切事务的最高权力。与此同时，其他国际行为体，特别是跨国公司在世界经济中发挥着越来越重要的作用。这样，主权国家之间、跨国公司之间以及主权国家与跨国公司等行为体围绕贸易、投资和金融问题展开博弈，并在博弈过程中形成了一系列的协调机制，构成了当代世界经济的主要运行机制。

一、主权国家是世界经济的基本主体

主权国家能够从国家的安全和利益出发，综合运用经济、政治、军事实力，在自主互利的原则下独立处理世界经济关系中的各种矛盾，建立和协调各种经济关系。就这个角度而言，主权国家是最重要的国际行为主体。截至2011年7月18日，世界上共有197个主权国家。这些国家按社会制度划分，大体可以分为社会主义国家和资本主义国家；按经济发展水平划分，大体可以分为发达国家和发展中国家。当今世界范围的经济联系和竞争，就是在这两种制度、两种类型的国家之间展开的。

在冷战时期，政治和安全始终是资本主义和社会主义两大阵营关系中压倒一切的因素。双方的经济竞争在意识形态强烈对立和美苏争霸的大背景之下展开，经济往来十分有限，处于近乎相互隔绝的状态。以苏联为首的社会

主义国家均实行以生产资料公有制为基础的计划经济体制，经济结构发生变化，工业比重上升，人民生活水平有一定程度的改善。社会主义的整体经济实力显著增加，相对应的国际地位也有所提高。但由于"冷战"的存在，社会主义国家长期没有融入世界市场，所以对世界经济事务影响力不大，失去了利用国际分工和相互依存发展自身的良机，这对各国经济产生了不利影响。

当前社会主义事业陷于低潮，但两种社会制度在经济领域的斗争依然存在。从长期来看，两种制度竞争的局面将会长期存在。面对社会主义与资本主义的共存与竞争，邓小平反复强调"发展才是硬道理"。

从经济发展水平来看，发达国家的经济规模已经达到相当高的水平，在当今世界经济中占据绝对优势，处在由工业社会向后工业社会的过渡之中。发展中国家纷纷独立后，作为一个整体登上国际政治经济舞台，经过第二次世界大战后不懈努力，经济取得可喜的成就。但到了20世纪80年代，发展中国家普遍陷入严重困难和危机，被称作"失去的十年"①。这种状况迫使发展中国家进行调整与改革，亚非拉不同地区和国家开始走上不同的道路。被称作新兴工业化国家和地区的"亚洲四小龙"新加坡、韩国、香港和台湾，大力发展外向型经济，推动出口贸易，促进了经济的迅速发展。而与此相对应，主要分布在撒哈拉以南地区和南亚地区的四十多个最不发达国家经济长期停滞，贫困现象进一步恶化，与其他国家的差距继续拉大。这样，发展中国家内部就分化为不同类型。冷战结束后，以新兴发展中国家和剧变后的东欧国家构成的转型国家经济，成为世界经济进入90年代后出现的一类新的主体。

总体来看，上述不同经济制度、不同发展水平的主权国家都是世界经济中的主体，它们之间的经济实力消长关系构成了世界格局变化的经济基础，决定着世界经济发展的方向。虽然从长期发展来看，发展中国家以及转型国家的整体实力呈上升趋势，但在很长时间内由发达资本主义国家主导世界经济的态势不会发生根本改变。

二、跨国公司是世界经济中主要行为主体

跨国公司的崛起是当代世界经济的一个新特点。根据联合国跨国公司委员会1980年5月第六次会议的决议，跨国公司的定义可以表述为：一个工商

① 俞新天等著：《国际体系中的中国角色》，北京：中国大百科全书出版社2008年版，第48页。

企业，组成该企业的实体在两个或两个以上的国家经营业务，而不论其采取的法律形式如何，也不论其在哪一部门经营；这种企业有一个中央决策体系，因而具有共同的反映企业全球战略目标的政策；这种企业的各个实体分享资源、信息并分担责任。

跨国公司的产生最早可以追溯到16、17世纪，1600年成立的英国东印度公司，作为殖民主义侵略扩张的工具，已具有跨国公司的雏形。19世纪末20世纪初，出现了真正具备现代跨国公司组织形式的工业垄断企业，如杜邦公司、壳牌石油公司、西门子公司等，主要集中在制造业、采矿业和石油生产部门，相对于整个经济活动来说比重很小。到了第二次世界大战后，由于新科技革命的推动，跨国公司才迎来了蓬勃发展的黄金时代。1970年世界约有跨国公司7 000家，90年代初增加到3.7万家，17万家海外分支机构，其中3.35万家的母公司位于发达国家。到2004年年底时，全球跨国公司总数上升到了7万家，海外分支机构达到至少69万家，这些分支机构有几乎一半坐落在发展中国家。① 2010年，跨国公司的全球生产带来约16万亿美元的增值，约占全球GDP的1/4。跨国公司外国子公司的产值约占全球GDP的10%以上和世界出口总额的1/4。② 可见，跨国公司在国际经济活动中的主体地位日益显著。

跨国公司之所以出现如此迅猛的发展，原因在于跨国公司的本身优势：资本雄厚，科技开发水平先进，生产和销售网络遍及世界各地，拥有良好的信誉。跨国公司在海外设立的分公司在经济上具有两重性，一方面它接受母公司的管理，隶属本公司内部的分工体系；另一方面它又是东道国经济的重要组成部分，在一定程度上与当地经济结合，促进了后者的经济发展。正是由于这种两重性，跨国公司在母国政府与东道国政府的共同管理下，成为跨国性资源配置者，打破了经济发展的民族国家界限，把国外市场变成国内市场的自然延伸，从而把各国经济直接联系起来。就其实质来看，跨国公司是高度国际化的垄断资本组织，经营目标是最大程度地追逐国际高额垄断利润。就其影响来看，它推动了国际分工的深化，促进了产业结构的调整，弥补了资金不足的缺陷，加速了先进技术的转移传播，客观上发挥了合理的资源配置者的功能，有利于各国经济和世界经济的发展，它在加强各国联系、增进世界和平方面的作用尤其不可低估。因此，不论是发达国家还是发展中国家，

---

① 《2005年世界投资报告》，第13页。

② 《2011世界投资报告》，第5页。

都对跨国公司持扶植和欢迎的态度。部分新兴工业化国家和地区也相继建立了自己的跨国公司，从而改变了跨国公司是发达国家专利的状况，如中国的华为、海尔、联想等公司。

三、跨国贸易是世界经济增长的动力

贸易是各国间最古老最重要的经济活动。跨国贸易是指国际上商品、劳务、技术、管理及其他知识所有权方面的交换关系的总和。第二次世界大战以来，各国经济生活日益国际化，商品和劳务的供应越来越依靠世界市场来实现，参与贸易的国家和交换的种类急剧增加，服务贸易和高新技术产品贸易近年来更是蓬勃兴起。世界贸易的广度、深度和规模，都达到了前所未有的水平。其增长速度，不仅超过了世界贸易史上任何一个时期，而且快于整个世界经济的增长速度，成为世界经济增长的强大推动力。20 世纪后半期，世界服务贸易总额迅速增加，增速超过了全球 GDP 与商品贸易的增长速度。以现价美元计算，1980 年至 2002 年间，服务出口总值增长了三倍，从约 4 000 亿美元增加到 16 000 亿美元。在世界服务贸易增长方面，发达国家占据了大部分份额，发展中国家尤其亚洲国家的增速也很显著。1980 年至 2002 年间，发展中国家的服务贸易出口每年增长 9%，高于发达国家每年 8% 的增长。① 20 世纪 90 年代后，世界范围的信息革命促成了贸易手段的革命，电子化、数字化、网络化技术已成为当今世界贸易广泛应用的手段和方式。根据世界贸易组织 2011 年统计数据，2010 年全球贸易额比 2009 年增长了 14.5%，为世界贸易组织 1950 年开始此项统计以来的最高增速。进口增幅为 13.5%，其中北美地区进口增速最快，达 23.1%；亚洲为 15%；非洲和拉丁美洲为 7%。2010 年全球货物贸易出口增速是 GDP 增速的四倍。② 这充分表明世界贸易高速增长的态势，极大地推动了世界经济一体化的进程。

关贸总协定（GATT）及其继任者世界贸易组织（WTO，简称世贸组织）在世界贸易自由化的进程中扮演了重要角色。

关贸总协定确定的战后多边贸易体制的基本原则包括：非歧视原则、互惠和减让关税原则、取消数量限制原则、透明度原则、磋商调解原则等，这些都成为各国普遍接受的权威准则。国际社会在关贸总协定主持下进行了八

---

① 联合国贸发会议（UNCTAD）：《发展与全球化：事实与数据》，第 48 页。

② 世界贸易组织：《2010 年全球贸易报告》，http：//news.cntv.cn/20110413/112852.shtml。

轮多边贸易谈判，目的是拆除各国间的关税和非关税壁垒。前六轮谈判主要集中在降低成员国的关税率问题，达成协议降低关税率的范围包括6万多个项目，涉及的商品占世界贸易的一半以上。其中在1963年至1967年的“肯尼迪回合”谈判中，各参加国平均降低了进口关税1/3以上，并首次讨论了非关税壁垒的内容，通过了第一个反倾销协议。在1973年至1979年的“东京回合”谈判中，减税幅度为25%~30%，非关税壁垒问题占重要地位。① 但是，20世纪70年代后出现的货币危机、石油危机、世界性的经济衰退使得贸易保护主义重新抬头。日本及新兴工业化国家和地区在贸易方面获得的巨大成就，迫使老牌工业国家采取新保护主义的措施来维护自己的既得利益。1986年开始的“乌拉圭回合”的谈判，就是在多边贸易体制处于十字路口的背景下召开的。经过八年的艰难曲折的历程，1994年4月15日签署了《乌拉圭回合多边贸易谈判成果最后文件》，在规范世界贸易竞争规则和加快贸易自由化方面取得了新的进展，并宣布成立世界贸易组织以取代关贸总协定，该组织于1995年1月1日正式运行。

世界贸易组织是关贸总协定的继续和发展，它以建立没有贸易壁垒的世界单一市场为宗旨，构成了新的世界多边贸易体制得以运转的基础。随着2012年8月22日俄罗斯正式成为世贸组织成员，世贸组织由其前身关贸总协定（GATT）成立时的23个缔约国发展到如今的156名成员，其中发展中国家由不足20个增加到目前的100多个。与此同时，发展中国家也越来越积极地参与各种双边贸易协定。根据联合国的统计，世界贸易组织成立以来，全球签订的双边投资协议的总数已经达到2 495个，其中与发展中国家相关的占75%；避免双重征税协定达到2 758个，发展中国家占58%；国际投资协议232个，发展中国家占81%。② 世贸组织的成立及运作，已经体现了推动世界贸易增长的显著作用，在一定程度上抑制了保护主义的重新抬头，对全球贸易自由化的纵深发展具有重要意义。

四、金融全球化是世界经济运行的核心

金融全球化是经济全球化的重要发展阶段之一，是世界经济和金融发展的必然趋势。正如金融是现代经济的核心一样，金融全球化也成为经济全球

---

① 李景治主编：《当代世界与政治》，北京：中国人民大学出版社2003年版，第17页。

② 俞新天等编：《国际体系中的中国角色》，北京：中国大百科全书出版社2008年版，第47页。

化的核心。从金融本身的发展规律来看，推动金融全球化的主要动因也是西方国家20世纪80年代以来金融自由化、信息技术、融资证券化和金融创新的发展。经济全球化要求金融全球化，金融全球化过程导致金融市场向全球开放。在经济全球化大潮冲击下，亚洲、拉美的发展中国家和地区以及东欧等新兴转型国家纷纷实施对外开放战略，大量引进外资，由此产生了大批的新兴金融中心，如香港、新加坡、巴林、巴拿马、开曼群岛等已经成为世界上重要的离岸金融市场。

第二次世界大战后的国际金融格局经历了从单极转向多极的深刻变化。金融全球化过程经历了多个高潮，而以布雷顿森林体系崩溃与欧元诞生最为引人注目。战后，美国凭借其政治经济优势，建立了以美元为中心的固定汇率制度，即布雷顿森林体系。当时各国忙于解决国内经济问题，只有美国以低息贷款为其盟国提供援助，以营利为目的的国际资本流动数量比较少，国际金融活动的整体水平很低。到20世纪50年代末60年代初，随着战后经济复兴的完成，西方主要资本主义国家先后取消外汇管制，实行多边支付，金融市场的开放程度大大提高。与此同时，各国利率水平的差异使私人资本在国际金融市场上为套汇套利而大规模流动。在这一过程中，国际社会对美元信心的不足不可避免地导致了各国政府之间围绕争夺黄金储备、限制资本流动而展开的“货币战”，最终导致以固定汇率制度为核心的布雷顿森林体系的崩溃。受此影响，国际货币关系动荡，汇率波动剧烈，国际收支失衡现象严重，改革世界货币体系成了国际金融领域的中心问题。1976年，国际货币基金理事会在牙买加举行会议，达成了修改《国际货币基金协定》的《牙买加协定》。此后逐渐形成了一种新的国际货币体系，被称作“牙买加体系”或“后布雷顿森林体系”，其特征是浮动汇率合法化。各国政府因此拥有了解决国际收支不平衡的重要手段，即汇率变动的手段，这在一定程度上加强了对国际收支的调节，有利于世界经济的正常运转。但在另一方面也使得国际货币体系变得更加复杂而难以控制，如国际货币格局多元化，出现多个金融中心和新兴的金融市场，金融格局多极化的趋势不断得到加强。1999年欧元启动后，成为美元第一个真正的竞争对手。从长期走向来看，启动欧元后的欧盟不再总是被动地承受美元利率和汇率波动的影响，反之，欧元能够降低和减缓美元波动对国际金融的冲击，其作为国际储备和结算支付手段的地位也会上升，对金融关系的稳定产生了积极作用。

进入21世纪后，国际社会要求人民币大幅升值，开放中国资本市场的呼声不断高涨。2005年，中国政府根据主动性、可控性和渐进性三大原则，实行以市场供求为基础，参考一篮子货币进行调节的有管理的浮动汇率制度。此后，汇率自由化、人民币国际化改革步伐日益加快。虽然人民币的进一步“国际化”还面临许多问题，人民币仍有望成为亚洲的地区性支配货币之一。综上所述，战后国际金融体制由美元一超独霸逐渐转向美元、欧元、亚洲货币三足鼎立，这是全球化趋势在国际金融领域的生动表现。

金融全球化是世界经济发展的必然结果。科技的进步、生产的社会化和国际化程度的提高，使发达国家出现了生产过剩和资本过剩，它们迫切需要寻找国外市场和投资机会，需要一个完善的金融市场为自己提供筹资和投资服务，从而带动了国际金融市场的活跃。世界通讯技术和电子网络技术的迅速发展，为金融一体化提供了物质技术基础。世界各个金融机构和金融市场通过电脑、电话、电报、电传等方式连成一体，国际资金结算划拨程序简化，成本大大降低，一个没有国界的全时区、全方位的一体化国际金融市场已经形成。在此背景下，各国各地区的金融政策、金融业务也越来越超越一国界限，变成一种国际性的政策行动，各中央银行往往在货币政策、汇率政策、国际收支的调节政策等管理方面采取一致行动。

总体上看，金融一体化促进了生产国际化和资本国际化，推动了国际投资的发展，使一国的经济规模不完全受制于本国的国内储蓄和资金积累，为新兴工业化国家和地区实现经济起飞创造了有利条件。但另一方面，随着金融工具的不断创新，国际资本流动规模增大，速度加快，投机色彩加重。目前全世界每天金融交易约为 5 万亿美元，其中与生产、贸易有关的不足 2%，98% 以上是以投机为目的的交易。① 全球资本流动的加快和投机的加剧，对一些经济结构性矛盾突出、宏观调控体系不健全、金融体制上有缺陷、监管力量不强、过早开放金融市场的国家或地区造成了严重冲击。发生在亚洲、俄罗斯、巴西的金融危机无情地表明，经济全球化特别是金融全球化是一股巨大的力量，它可能会汇成来势凶猛的洪流，冲向那些经济体制不健全的地区，使世界经济活动风险加大。② 如 2008 年席卷美国的金融危机与 2009 年的欧洲主权债务危机，均对世界金融市场形成巨大冲击。从目前的形势来看，金融危机已经成为威胁各国实体经济发展的主要因素。

① 庄起善：《世界经济新论》，上海：复旦大学出版社 2008 年版，第 177 页。
② 同上，第 179 页。

五、世界经济的协调机制是当今世界经济运行的重要内容

世界经济协调，是指两个以上国家，为了解决涉及当事国各方利益的世界经济领域的问题与矛盾，通过某种形式的协商，采取共同干预行动的行为。[①] 第二次世界大战后，一方面，国际贸易日益频繁，国际金融联系日益密切，资本、劳务大规模跨国流动，世界经济越来越成为一个统一的有机的整体；另一方面，主权国家仍然是国际社会主要行为主体，国家利益仍然是国际关系行为的基本动因。由于各国追求的目标、要求和利益大不相同，这必然导致国与国之间的经济摩擦和矛盾。各国经济联系越是密切，彼此间发生矛盾和冲突的机会就越多。为了避免一国经济危机或政策失误对别国造成不利影响，于是产生了加强协调与合作的共同要求。有关国家或国际机构为实现世界经济的稳定，主张对国际经济活动进行联合磋商和调节。由此逐步建立并完善的国际组织和国际会议，以及大量国际规则和国际惯例，共同构成了当今世界经济的协调机制。

国际货币基金组织、世界银行、关贸总协定是战后初期世界经济秩序的维护者，是美国对资本主义世界经济进行全球性协调的最初尝试。但在这一阶段，美国在世界经济中的独霸地位，使这期间的协调活动在很大程度上受美国的操纵。随着西欧、日本的复兴，各国经济实力对比发生了深刻变化。20 世纪 70 年代初，西方国家经济形势严重恶化，先后发生了“美元危机”、“石油冲击”和世界性经济危机。为了共同研究世界经济形势，协调各国政策，重振西方经济，在法国总统德斯坦的倡议下，法国、美国、联邦德国、日本、英国、意大利六国领导人于 1975 年 11 月在法国巴黎郊外的朗布依埃举行了首次最高级经济会议。1976 年 6 月在波多黎各首府圣胡安举行第二次会议时，增加了加拿大，形成七国集团，又被称为“西方七国首脑会议”。此后，七国首脑会议作为一种制度固定下来，每年一次轮流在各成员国召开。从 1977 年起，欧洲共同体（1994 年后为欧洲联盟）委员会主席也应邀参加会议。西方七国首脑会议最初以讨论经济问题为宗旨，故也称“七国经济最高级会议”。1975 年至 1979 年的前五次会议都是以经济问题为主要议题，讨论了诸如失业、通货膨胀、能源和贸易等问题，协调了成员国的宏观经济政策和成员国之间的经济关系。但从 80 年代初开始，各国间经济矛盾加剧，经济

---

① 李景治、林甦主编：《当代世界经济与政治》，北京：中国人民大学出版社 2007 年版，第 18 页。

方面的协议常常难以取得有效的结果，加之国际形势的变化和发展，政治问题也逐渐成为会议的重要议题。1991 年苏联总统戈尔巴乔夫及 1992 年、1993 年俄罗斯总统叶利钦都曾应邀同与会的七国首脑在会后举行会晤。1994 年第 20 次会议时，叶利钦正式参加政治问题讨论，形成了“7 +1”机制。但是在经济问题上依然保持七国体制。1998 年的伯明翰峰会上俄罗斯正式加入，从而形成了如今的八国集团（简称 G8）。

除八国集团外，目前在全球层次，还有各种专业性的国际经济组织，包括联合国下属的各有关机构、会议以及后来的世贸组织等。这些全球组织作为各国共同利益的代表，就全球性经济问题展开讨论，制定共同遵守的行为准则，是多边协调的最高层次，其成果具有全球适用性。在地区层次，区域化经济集团进展加快，不仅在区域内开展了广泛的合作与交流，区域集团之间的协调也有所加强，用以弥补国与国之间的协调不足。在国别层次，双边或多边之间不定期的贸易谈判或定期的协商制度，仍然是各国经常采用的协调方式，它能够有效解决一些涉及各方的非常具体的问题。综合上述三个层次，现阶段几乎所有的全球性、地区性以及双边的国际经济活动都被纳入世界经济的协调机制当中。

从理论上讲，世界经济协调机制可使各国政策互相接近，使各国经济行为互相配合，起到防止危机、促进增长的作用。在战后世界经济的实践中，尽管这种作用是打了折扣的，但其成效还是明显的。正是全方位、多层次的经济协调机制使世界经济保持了总体稳定，经济危机程度减弱，周期拉长，减缓了危机在国际上的传递，在解决国际经济突发性危机中扮演了重要的角色。尤其是近年来在缓和滞胀、调节贸易失衡、调整和稳定汇率方面，协调机制发挥作用的范围越来越大，这充分说明多边协调机制已成为处理世界经济主要矛盾的有力工具。

但是，在发达资本主义占主导的世界经济中，现行世界经济协调机制也有很大局限性。国际货币基金组织、世界银行等在国际协调中发挥主导作用的国际经济组织在建立之初是受大国意志支配的，现存的国际经济规则和惯例绝大部分是发达国家在其经济实践中逐步制定的，大国协调一直居于协调机制的核心地位。因此，当今世界经济协调机制在其运作中必然较多地向发达国家的利益倾斜，少数发达国家甚至借机推行霸权主义，对发展中国家进行约束和限制，遭到广大发展中国家的反对，这说明现行协调机制在实践中尚存在缺陷。但是，在一个相互依赖的世界经济体系中，惟有协调才是解决利益冲突的正确选择。随着经济全球化的深入，世界经济的协调机制必将进一步完善。

第二节 战后世界经济格局的演变

格局是指事物的结构。世界经济格局是指世界经济主体（国家、国际经济组织和跨国公司等，主要是指国家）在世界经济领域里所形成的结构态势。其主要内容是各经济主体在世界经济领域所居的地位、所起的作用以及相互之间实力对比和权力分配关系。核心是在世界经济的舞台上，谁在主导、支配，谁被主导、支配；或者谁是主角、谁是配角。就外延而论，世界经济格局可以划分为一元格局、二元格局和多元格局等。

“我们生活在一个相互依赖的时代。”① 第二次世界大战后，世界经济格局发生了前所未有的变化，由18世纪以欧洲为中心的经济格局转向亚太和欧洲并存的格局。世界经济中形成一个你中有我，我中有你，彼此之间密切联系的系统。六十多年来，世界各大国或大国集团之间的经济实力此消彼长，由此构成的支配世界经济权力的状况也发生了很大的变动，期间经历了欧洲的衰落和振兴，一国独霸到多极力量并存发展的过程。

影响世界经济格局形成及其变动的因素很多，但起决定性作用的是各经济主体的实力状况。第二次世界大战以来，伴随各经济主体（主要是各国和国家集团）的经济实力的变动与消长，世界经济格局演进的轨迹可以划分为以下四个阶段。

一、战后初期到20世纪60年代末美国称霸世界经济领域

第二次世界大战给西方资本主义国家造成巨大的影响，显著地改变了它们各自的经济实力和相互之间的力量对比状况。美国凭借经济和综合国力方面的超强实力和突出优势，夺取了世界经济霸权，构建起了一套以自己为核心、由自己主导的世界经济的一元格局。

战后美国的经济霸权是在第二次世界大战中逐步确立的。战前，欧洲国家凭借先进的工业、技术和雄厚的经济实力，以殖民统治和海外贸易为手段，建立了以欧洲为中心、世界其他地区为外围的世界经济体系。尽管19世纪末以来，美国和日本的资本主义经济得到迅速发展，欧洲中心受到一定挑战，

---

① ［美］罗伯特·基欧汉、约瑟夫·奈：《权力与相互依赖》，北京：北京大学出版社2002年版，第3页。

但直到二战爆发，以欧洲为中心的经济格局并未发生根本改变。二战的爆发，不仅中断了世界经济的正常发展，给人类带来巨大灾难，而且以前所未有的力量冲击了世界经济格局，使整个世界经济体系发生了巨大的变化。

二战结束后，轴心国集团中的主要国家德国、意大利、日本等战败国几乎成为一片经济废墟。以德国为例，德国是世界大战的发动者，同时也是战争的受害者。战时德国军事开支六年（1939—1945 年）共达到 6 220 亿马克，占同期国家预算的 92%，超过当时德国本土国民收入的 15%。工业方面，1945 年整个德国工业产量降至 1860 年的水平。在进出口方面，即使到了 1947 年，西德出口额仅占世界资本主义国家的 0.7%，进口只占 1.7%，整个国家经济处于崩溃的边缘。

同盟国中的英国、法国等国家也被战争消耗得奄奄一息。其中英国 1/4 的国民财富毁于战火，其在资本主义世界工业生产中的比重从 1937 年的 12.5% 下降到 1948 年的 11.7%；1939—1944 年间，英国出口贸易减少了 69%，进口贸易减少了 40%，使得它在资本主义世界贸易总额中的比重由 1937 年的 14% 下降到 1945 年的 13%；在财政上，其黄金储备几乎耗尽。二战前，世界的金融中心是在伦敦，在战后却转移到纽约。此外在整个战争期间，英国通过“租借法案”，共欠美国 210 亿美元。法国也元气大伤，1944 年法国工业生产下降了 60%，还不到 1938 年危机时的一半。在进出口方面，1943 年进口贸易只相当于 1938 年的 30.3%，出口贸易也下降了 19.3%。

与英法等国不同，美国是战争的最大受益者。借助战争机会，美国国力得到巨大发展。由于地理因素，美国远离欧洲和亚洲战场，战时《租借法案》为其军火生产和过剩农产品寻找到了巨大市场。二战期间，美国的工业生产能力提高了 1.2 倍，实物出口增加了 2 倍，进口增加了 20%，资本输出增加了 34.1%。截至 1945 年，美国独占了资本主义世界工业产量的 60%，对外贸易的 32.5%，以及黄金储备总量的 59%。① 美国一枝独秀的经济优势，为其争夺世界经济霸权提供了物质基础，使美国得以按照自己的设想构筑战后世界经济体系。

（一）以美元为中心的国际货币体系

在国际金融领域，美国建立了以美元为中心的国际货币体系。1944 年 7 月，在美国新罕布什尔州的布雷顿森林召开了由 44 个国家参加的联合国国际货币金融会议，通过了以“怀特计划”为基础的《联合国就货币金融会议

① 王绳祖主编：《国际关系史》（第 7 卷），北京：世界知识出版社 1995 年版，第 27 页。

最后决议书》以及两个附件，即《国际货币基金组织协定》和《国际复兴开发银行协定》，总称《布雷顿森林协定》。①

协定的主要内容就是双挂钩：第一是美元与黄金挂钩，各成员国确认美国1934年1月货币改革所规定的每盎司35美元的官价，并将此作为国际货币体系的基础，同时美国政府则承担各会员国政府或中央银行随时用美元按官价向美国兑换黄金的义务。为了维持官价的稳定，当国际金融市场的金价波动严重冲击金价时，各会员国有义务协助美国政府进行干预，以平抑黄金的市场价格。第二是各会员国的货币与美元挂钩，即与美元建立固定汇率。各国货币与美元的汇率可按其含金量确定，或者不规定含金量而只规定与美元的汇率，但会员国货币汇率一经规定便不得轻易变动。如果会员国货币含金量的调整幅度超过原平价的10%，就必须得到“国际货币基金”的同意。各国政府在进行即期外汇交易和黄金买卖时，其汇率和金价的波动幅度也不得超过法定汇率和金价的上下各1%。此外，各会员国政府有义务干预金融市场的外汇行市，以保持汇率的稳定。布雷顿森林体系的诞生标志着美元成为主要的国际储备货币，并代替黄金作为国际支付手段。美国因而最终确立其在战后资本主义金融领域的中心地位。

以美元为中心的“布雷顿森林体系”的建立，使国际货币金融关系有了统一标准，结束了货币金融领域的无序状态，使战后世界货币体系得以正常运转。但布雷顿森林体系存在着无法克服的缺陷，以一国货币（美元）作为主要储备资产，必然具有内在的不稳定性。它的整个体系是与美国经济实力相挂钩的，一切运转都是在美国经济绝对优势下，尤其是美国拥有巨额黄金储备的前提下运转的，一旦前提条件丧失，这个体系就会陷入困境。

（二）推动成立以关税与贸易总协定为基础的世界贸易体系

关税与贸易总协定（简称“关贸总协定”，General Agreement on Tariffs and Trade，GATT）也是在美国霸权的背景下成立的。早在二战期间，美国就已经开始筹划战后国际经济秩序。美国大肆鼓吹“门户开放”、“经济自由”和“多边体系”等口号，并把这些口号作为设计战后国际贸易体系的基本原则。1945年，美国国会决定延长《贸易协定法令》② 三年，并要求英法等西

---

① 李景治主编：《当代世界经济与政治》，北京：中国人民大学出版社1999年版，第2页。

② 1934年，美国国会通过《贸易协定法令》，它是对《1930年关税法》的修正，授权总统将1930年通过的关税税率降低一半，以抵制当时的贸易保护主义。

方国家在贸易政策上与美国相协调，大幅降低关税。1946年2月，美国向联合国经济社会理事会提出建议，召开世界贸易和就业会议，正式筹划成立世界贸易组织。但由于各国在削减关税、自由贸易问题上矛盾重重，美国期盼已久的世界贸易组织中途夭折。经过几番周旋妥协，1947年相关国家签订了123项双边减免关税协议，这些协议加上之前通过的《哈瓦那国际贸易组织大宪章》，构成了一项单独协定，即《关税与贸易总协定》。该协定作为中途夭折的国际贸易组织的一项临时过渡，自1948年1月1日生效，直到1994年12月31日。在关贸总协定中，美国因经济实力强大而占据最有利的谈判地位，并能最大限度地享受协定利益。①

（三）对欧洲和日本推行一系列“援助”计划

对西欧各国及日本等资本主义国家，美国采取了扶植的政策。对西欧，1947年6月5日，美国国务卿马歇尔在哈佛大学发表了援助欧洲的演说，提出了“复兴欧洲计划”，后来被人们称为“马歇尔计划”。到1952年6月，美国通过“马歇尔计划”共向西欧拨款131.5亿美元，其中贷款约占1/10，②其余部分都为赠与，这对西欧战后经济的恢复起了显著的促进作用。对日本，1949年美国为其制定了经济复兴的“道奇路线”，在“占领地区救济基金”和“占领地区经济复兴基金”的名义下，美国向日本提供了大量贷款和援助，同时迫使日本在经济上对美国开放，为美国控制日本打下了基础。

（四）对社会主义国家实行经济和技术封锁

对社会主义国家，美国则实行经济、技术封锁，遏制社会主义国家的经济发展。第二次世界大战后，社会主义从一国发展到多国，形成了一个以苏联为首的社会主义阵营。受战后初期美苏两国意识形态及国家利益对立的影响，以苏联为首的社会主义国家没有参加国际货币基金组织、国际复兴开发银行和关贸总协定，拒绝了美国的贷款和“马歇尔计划”并采取了相对的措施。苏联于1949年在社会主义国家内部成立经济互助委员会（简称“经互会”）。美国早在1947年就宣布对社会主义国家实行战略物资禁运。1949年11月，美国又操纵英、法、意等15个西方国家成立了“巴黎统筹委员会”，严格控制向社会主义国家的出口，形成了斯大林所说的社会主义和资本主义

① 宋叶萍等编：《当代世界经济与政治》，北京：中国财政经济出版社1998年版，第25页。

② 参见王绳祖主编：《国际关系史》第7卷，北京：世界知识出版社1995年版，第139页。

“两个平行的也是相互对立的世界市场”。虽然这一时期社会主义经济成为世界经济中区别于资本主义经济的另一体系，但从长期发展来看，社会主义经济没有构成影响世界经济的重要力量。

（五）对发展中国家推行以“第四点计划”为代表的新殖民主义

1949 年 1 月 20 日，美国总统杜鲁门在就职演说中，提出美国全球战略的四点行动计划，并着重阐述了第四点，即对亚、非、拉不发达地区实行经济技术援助，以达到在政治上控制这些地区的目的。“第四点计划”，又称为“开发落后区域计划”，这是一项利用美国先进的科学技术和发达的工业生产来改进和发展不发达地区的新计划。

同年 6 月 24 日，杜鲁门在致国会的特别咨文中对“第四点计划”的概念做了详尽阐述。根据计划，美国国会于 1950 年 6 月通过了“援助不发达国家”的法案。到 1951 年年底“第四点计划”已扩展到 33 个国家。自 1945 年 7 月 1 日到 1967 年 6 月 30 日，在累计达 1 172 亿美元的美国对外经济和军事援助中，30% 以上是给予非共产主义的不发达国家。“第四点计划”所开创的一系列对外援助计划一直延续到今天，对世界政治和经济格局产生了重大而深远的影响。

二战结束后，美国和苏联为扩张其势力范围不遗余力地展开争夺。1947 年 2 月 21 日，英国照会美国，声称因国内经济困难而无力继续向希腊、土耳其提供援助。鉴于希、土两国重要的战略地位，1947 年 3 月 12 日，美国总统杜鲁门在国会两院联席会议上宣读了后来被称为“杜鲁门主义”的国情咨文。咨文强调，美国必须向希腊、土耳其提供援助，以抵制苏联的“直接或间接侵犯”，如果丧失希腊，就会立刻危及土耳其和整个中东，“影响不仅远及东方，而且远及西方”（这便是“多米诺骨牌”理论的早期阐述）。国会两院经过辩论后，于 4 月 22 日和 5 月 8 日分别通过了关于援助希、土的法案，决定向两国政府提供 4 亿美元援助，帮助它们镇压本国的革命运动。

在“第四点计划”下，美国打着援助不发达地区的旗号，以抵制共产主义扩张为名，蚕食老殖民帝国的势力范围。同时，“第四点计划”也给美国带来了长远的巨大的经济利益。

作为老殖民帝国势力范围的中东，以其蕴藏极其丰富的石油以及重要的战略地位，很快成为美国实施全球战略的焦点。第一次世界大战前，中东石油几乎完全由英国垄断资本独占。1927 年，美国石油垄断资本开始进入中东，与英国展开激烈的争夺。二战后，美国仰仗其强大的军事、经济势力，开始全面排挤英国在中东的势力。“第四点计划”出台后，美国旋即将埃及、伊拉克、沙特阿拉伯、约旦、黎巴嫩、伊朗、以色列等国都列入该计划。美国“填补”英国的“空白”是在“遏制”苏联的口号之下逐步实现的。伊朗因为地处波斯湾，横贯苏联南下印度洋通道，本身又蕴藏丰富石油，因而也是美苏争夺的重要目标。“杜鲁门主义”发表后，美国国务院特设一个司，掌管希、土及伊朗事务。苏联为了取得伊朗北部石油的开采权，迫使伊朗政府签订了《伊苏石油协定》，英国对此表示妥协，美国则全力支持伊朗。美国国会否决了这个协定，乘机为自己的石油财团进入伊朗扫除了障碍。“第四点计划”出笼后，伊朗成为美国实施该计划的第一个国家，美国资本随之大量涌入伊朗。除了与苏联接壤或接近的国家外，中东诸多国家同样受到“美国旋风”的冲击。通过“第四点计划”，美国逐渐控制了中东。以此为契机，美国石油垄断资本获得了惊人的发展，仅从1945年到1955年，美国在石油工业中的投资就增加了400亿美元。1939年美国在中东石油开采额中所占的比重为13.1%，1956年上升到65%，而英国则由1939年的80%下降到1956年的30%。

作为一种扩张工具，在“第四点计划”下，美国奉行“门户开放”政策，以此来排挤老殖民主义国家的势力，使非洲、近东、远东以及中南美等诸多经济不发达地区，纷纷成为美国的势力范围，美国垄断资本由此获得巨额利润。仅1951年，美国就从上述地区获得120亿美元利润，约占美国垄断组织全部利润的30%。与大英帝国的“血与火”的野蛮征服方式不同，美国穿着自由与民主、和平与发展的外衣，打着经济技术援助的旗号，实现了新殖民扩张，它对战后世界政治与经济格局产生了重大而深远的影响。

此外，为了建立和巩固自己的霸主地位，美国还建立了所谓的“军事安全网”和“经济安全网”，对顺从、依附于它的国家进行庇护，对敌对国家则进行威胁与恐吓。

二、20世纪70年代后世界经济向多极化方向发展

（一）三足鼎立新格局

进入20世纪70年代后，世界经济格局发生了重大变化。美国经济发展速度转缓，“布雷顿森林体系”解体，欧洲、日本经济加速发展，“三足鼎立”新格局出现。

进入20世纪70年代，世界经济的发展发生了巨大的转折，开始了一个低速发展和激烈动荡的新阶段。造成这种变化的主要原因之一是国际金融体

系在70年代初受到了巨大冲击。美国的国际收支状况从50年代后期开始不断恶化，多次爆发美元危机。1971年12月和1973年3月，尼克松政府两次宣布美元贬值，放弃以35美元1盎司官价兑换黄金的“黄金—美元本位制”，实行黄金与美元比价的自由浮动。此刻，欧洲经济共同体和日本、加拿大等国宣布实行浮动汇率制，不再承担维持美元固定汇率的义务，美元的中心地位受到直接挑战。布雷顿森林体系的基础丧失，最终走向崩溃。只是布雷顿森林会议诞生的两个机构——世界银行和国际货币基金组织还在继续运作。布雷顿森林体系瓦解后，国际社会尚无法建立一个新的相对稳定和统一的体系来代替它，货币汇率剧烈动荡，国际贸易和国际收支严重不平衡，国际经济环境趋于恶化。

原因之二在于中东战争引发能源危机。1973年10月，在第四次中东战争期间，阿拉伯石油输出国以石油为武器，打击以色列和支持以色列的西方国家。它们不仅减少石油生产，对一些国家实行禁运，而且大幅度提高油价，从原来的每桶3.01美元提高到11.65美元，导致各国经济特别是发达资本主义国家经济进入“滞胀”阶段。同时，一系列原料生产国组织的建立，打乱了国际贸易旧有的价格体系，影响了国际贸易的增长速度。①

原因之三在于发达资本主义国家的国内经济条件发生了很大变化。长期推行的凯恩斯主义经济政策使资本主义国家出现庞大的财政赤字。发达国家陷入经济增长的滞胀阶段。1973年爆发了战后最严重的一次经济危机，美国和西欧都受到巨大影响，这次危机对其他国家经济的影响也比战后的历次危机更严重。

在上述因素的作用下，战后经济高速增长的黄金时代结束了。伴随美国经济霸权地位的削弱，日本、欧洲经济地位的不断上升，世界经济开始向多极化方向演变。美国经济的衰落，日本、欧洲经济的提升与美国战后采取的外交政策不可分割。二战后，美国为了维护其霸权地位，一方面向日本、西欧提供大量经济援助；另一方面还为盟国提供军事保护伞。1950年，美国军事开支是世界军事开支总额的50%，1955年至1970年，美国军费累计达90 220亿美元，是联邦德国的14.8倍，日本的84.3倍。② 沉重的军事负担使美国在20世纪60年代、70年代的经济增长一直慢于大多数西方国家，从而

① 李景治主编：《当代世界经济与政治》，北京：中国人民大学出版社1999年版，第6页。

② ［美］保罗·肯尼迪：《大国的兴衰》，北京：中国经济出版社1989年版，第411页。

造成美国经济实力下滑而日本、西欧经济崛起。按贸易量计算，60 年代，美国的出口平均增长速度为 5.9%，远远落后于日本的 17.3% 和联邦德国的 8.8%。1960 年，美国、欧共体和日本各占世界出口总额的 16.2%、23.6% 和 3.2%。到 1970 年，美国的出口比重下降到 13.8%，欧共体、日本则上升到 28.6% 和 6.2%。① 1975 年召开的第一次西方首脑会议是资本主义世界中三足鼎立形成的标志。

（二）苏联成为世界第二经济大国

第一次世界大战后，苏联工业生产不到美国的 1/14，约为德国的 1/6，英国的 1/5 强。并且，经过第一次世界大战和其后帝国主义武装干涉的国内战争后，1920 年的苏联工业生产下降到仅为 1913 年时的 14%。此时苏联工业生产仅为美国的 1% 左右。当时苏联的工业产量，不仅落后于日本、意大利，甚至比西班牙、印度等国还要低。社会主义苏联就是在这种经济非常落后的情况下艰难起步的。第二次世界大战后的 1946—1950 年间，苏联以年均高达 15.7% 的速度增长。② 20 世纪 80 年代初，苏联经济实力相当于美国的 2/3，居世界第二位。③ 不过受僵硬体制的约束，苏联经济在 70 年代末开始停滞，到 80 年代中期，民众已经对共产党政府表示出极大的不信任。

（三）发展中国家成为世界经济中独立性比较强的一部分

二战以后，殖民地半殖民地民族解放运动蓬勃发展，到 20 世界 70 年代初，亚、非、拉大多数国家已取得民族独立。为了进一步消除殖民主义的残余影响，改善发展中国家的地位，重建国际经济秩序，1955 年亚、非 29 国在印度尼西亚万隆召开会议。在发展中国家的推动下，会议通过了有利于发展中国家的一些规定。1964 年亚非拉 76 国与南斯拉夫经磋商，发表了《77 个发展中国家联合宣言》，由此形成“77 国集团”。这对旧的国际经济秩序形成强烈冲击，标志着发展中国家已成为世界经济的一支重要力量。在发展中国家的努力下，1968 年召开了第二次联合国贸易和发展会议，会议就普遍优惠制、非互惠的、非歧视性的关税优惠制通过了决议，并于 1971 年 7 月 1 日起执行。这是发达国家向发展中国家提供的一种单向优惠关税待遇。普遍优惠制的实施，增加了发展中国家商品流通总量，促进了发展中国家对外贸易的

---

① 王绳祖主编：《国际关系史》（第 9 卷），北京：世界知识出版社 1995 年版，第 167 页。

② 金挥等编：《苏联经济概论》，北京：中国财政经济出版社 1985 年版，第 139 页。

③ 同上，第 381 页。

发展。发展中国家作为后起之秀，其增长潜力巨大。进入70年代以后，随着发达国家经济增速的减缓，发展中国家的经济增长速度快于发达国家。石油出口国依靠自身石油资源，从事大量外贸活动，人均国民生产总值甚至高于发达国家1/3以上；新兴工业国和地区如韩国、台湾、香港、新加坡的增长速度更是惊人，它们由进口替代转向出口导向，逐步建立起完整的工业体系；一些低收入国家发展也较快，如中国大陆，近年来每年的增速都在10%以上。①

三、20世纪80年代以来经济区域集团化趋势加快发展

经济区域化是当今世界经济发展的又一特点。20世纪80年代末以来，在经济全球化的大背景下，区域经济集团化也有了长足的发展。美日欧三大区域经济中心的较量越来越激烈、复杂，直接推动了西欧、北美、亚太经济区域化的发展，形成了三大区域组织密切联系、相互依赖、矛盾斗争的新格局。

（一）欧洲联盟

相比较而言，欧盟是当今世界范围内经济一体化程度最高的一个区域性集团，截至2012年1月，欧盟共有27个成员国。欧洲的一体化进程起步于1951年的《欧洲煤钢共同体》；根据《罗马条约》，1957年欧洲经济共同体和欧洲原子能共同体宣告成立；1965年三个机构合并，合并条约于1967年生效。欧洲的一体化极大地促进了经济发展，共同体国内生产总值于1959—1969年期间，年平均增长率为5.5%，高于美国的4.3%和英国的3%。1991年12月，12个欧共体成员国首脑在荷兰的马斯特里赫特签署了《欧洲联盟条约》，又称《马斯特里赫特条约》。该条约包括《欧洲经济与货币联盟条约》和《欧洲政治联盟条约》。1993年11月条约生效，欧洲联盟诞生。1999年1月1日欧元如期启动，此举是“布雷顿森林体系”崩溃以来国际货币体系中最重大的变革。欧洲一体化步伐的加快，大大刺激了其他地区一体化的发展。

但欧洲一体化并非一帆风顺。近年来，全球化的迅猛发展和欧盟的快速扩大加剧了各成员国的利益冲突及政策分歧。欧洲一体化自启动起就一直存在着联邦主义或超国家主义与政府间主义的分歧，各方的妥协和模糊化处理导致欧盟成为一个“混合体”。总体而言，欧盟成员国的利益仍远高于泛欧利益，即“打着共同利益的幌子，其实都在谋求私利”，这就对欧洲一体化的政

① 庄起善：《世界经济新论》，上海：复旦大学出版社2008年版，第109页。

治认同产生影响，例如2008年6月12日爱尔兰公投高票否决了《里斯本条约》的一个重要原因是要“维持爱尔兰的权力和身份认同”。受当前欧洲主权债务危机的影响，欧盟不大可能成为一支真正的全球性力量，其全球事务的影响力也将呈现持续下降之势。

（二）北美自由贸易区

北美自由贸易区是在1994年1月1日正式生效的北美自由贸易协定的基础上建立的，成员有美国、加拿大、墨西哥三国。三国承诺将逐步消除相互间的关税障碍和某些非关税障碍，特别是农牧业和纺织业非关税限制。三国还就环保、劳工标准进行了磋商。北美自由贸易区成员在经济、贸易上有很大的互补性，这不仅可以帮助经济水平相对落后的墨西哥解决资金短缺和技术落后问题，还有利于解决作为发达国家的美国和加拿大的资金相对过剩和市场狭窄的问题。北美自由贸易区成立以来，取得许多重要成果。1998年12月北美三国的贸易额已由成立初的1 500亿美元，迅速增加到5 200亿美元，净增2.46倍。三国之间在私人投资方面增长也很快。以墨西哥为例，1994年美国和加拿大对墨西哥私人直接投资为80亿美元，到1997年已上升到120亿美元，短短三年时间，美国和加拿大对墨西哥私人直接投资便增长了1.5倍。① 这种互补性自由贸易区促进了墨西哥劳动生产率的提高，也促使美国和加拿大失业率进一步下降。需要引起注意的是，北美自由贸易区的建立扩大了北美自由贸易区内的贸易，而在该区域外，其他国家对美国的出口却受到越来越多的限制，这引发了区域外国家的担忧。

（三）亚太经济合作组织

1989年1月澳大利亚总理霍克访问韩国时曾提出过一个建议，即召开部长级会议，讨论加强亚太经济合作问题。这是亚太经合组织成立的“发端”。这个提议很快得到了回应。1989年11月5日至7日，澳大利亚、美国、加拿大、日本、韩国、新西兰和东盟6个国家与地区在澳大利亚首都堪培拉举行亚太经济合作首届部长会议。1993年6月“亚太经济合作组织”正式定名，简称“亚太经合组织”（APEC）。1991年中国作为主权国家加入亚太经合组织。目前亚太经合组织有21个成员国，拥有25亿人口，约占全球人口的45%，世界经济总量的55%，世界贸易总额的66%②。回顾亚太经合组织发

① 庄起善：《世界经济新论》，上海：复旦大学出版社2008年版，第191页。

② 刘廷忠主编：《当代世界经济政治与国际关系》，北京：高等教育出版社2003年版，第41页。

展历程，大致可以分为三个阶段：

同欧盟和美洲的自由贸易区相比较，亚洲经济一体化的步伐显然落后于前两个地区。这是因为亚洲情况比较复杂，各国经济发展水平不同，政治经济制度不同，民族宗教传统不同等等，一时难以建成一体化集团。

除了上述这三大区域化组织外，还有“东南亚国家联盟”、“南方共同市场”等区域组织。这些区域性经济组织的成立和发展，有利于本国和本地区贸易和投资的发展，促进了区域及世界经济的增长；同时，区域性经济组织的合力作用使其成为影响世界经济和政治的重要力量，有利于世界的和平与稳定。

同时，我们也应该看到，经济区域集团具有很强的排他性，导致国际竞争日益加剧，如美国寻求通过签署双边或地区性贸易协定，采取分化手段，拉拢发展中国家，允许一些发展中国家的商品进入美国市场，而对另外一些发展中国家则设置贸易障碍，这在很大程度上冲击了世界贸易组织的多边贸易机制。而且由于区域经济集团是以发达国家为主导的，它们凭借已有的资本、技术、人才等优势成为主要的受益方，而发展中国家则只能更加依附于发达国家，处境更为不利。

第三节　当今世界经济的特点

当今世界经济正以前所未有的规模和速度向市场化、自由化和全球化方向迈进，这导致世界经济出现了不同于以往的新特点，概括起来，这些特点主要有：

一、经济全球化在曲折中发展

（一）经济全球化的定义

所谓“经济全球化”，国际货币基金组织在 1997 年 5 月的一份报告中将其定义为：全球化是指跨国商品与服务及资本流动规模和形式的增强，以及技术的广泛迅速传播，使世界各国经济的相互依赖性增强，即生产要素（商品、资源、服务、技术等）在全球范围内的流通和配置。

经济全球化是经济生活国际化的一个新阶段。经济生活国际化的历史可以追溯到 18、19 世纪，它是产业革命的直接后果。正如马克思、恩格斯在《共产党宣言》中所指出的那样：“资产阶级，由于开拓了世界市场，使一切国家的生产和消费都成为世界性的了。……过去那种地方的和民族的自给自足和闭关自守状态，被各民族的各方面的互相往来和各方面的互相依赖所代替了。物质的生产是如此，精神的生产也是如此。”① 从那以后，经济生活国际化的进程不断加强。但只有到了第二次世界大战后，特别是20世纪90年代后，全球化才得到迅猛发展，主要归因于：（1）冷战结束，两个平行市场对立的状态宣告结束，国际市场得以形成；（2）中国等发展中国家选择市场经济发展道路并加入WTO，推动全球化向发展中国家深入；（3）新一轮的科技革命从根本上推动了全球化的发展；（4）全球性问题，如恐怖主义（“9·11事件”、别斯兰事件、孟买恐怖袭击等）、生态灾难、自然灾害（如“非典”、海啸、禽流感、温室效应等）和国际犯罪等也促使国际组织和政府机构加强全球合作。

（二）经济全球化的具体表现

从现阶段来看，经济全球化是以发达国家为主导、跨国公司为主力的一场产业结构调整。其基本特征是商品、信息、技术和资本在全球范围内自由流动和配置，具体表现为生产国际化、投资国际化、贸易自由化和金融全球化。

1. 生产国际化

生产力作为人类社会发展的根本动力，极大地推动着世界市场的扩大。以互联网为标志的科技革命，从时间和空间上缩小了各国之间的距离，促使世界生产结构发生巨大变化，促使生产要素跨国流动，它不仅对生产超越国界提出了内在要求，也为全球化生产准备了条件，是推动经济全球化的根本动力。

2. 投资国际化

国际直接投资的流动带动了高新技术的流动，促进了资源和要素在全球范围内的合理配置。自20世纪90年代开始，全球的外国直接投资陡然上升，直接促进了生产的国际化和贸易的自由化。进入新世纪以来，特别是最近几年，国际直接投资有所下降，直接原因是受到2008年全球金融危机以及当前主权债务危机的持续影响。2011年全球外国直接投资（直接外资）流量虽超过了危机前的均值，达到了1.5万亿美元，但仍比2007年的峰值低约23%。② 在投资国际化的过程中，跨国公司发挥了关键性作用。跨国公司既是全球性

---

① 《马克思恩格斯选集》（第1卷），北京：人民出版社1995年版，第276页。

② 联合国贸发会议：《2012世界投资报告》第一章，第1页。

生产网络的核心和纽带，也是国际直接投资的主体。哪里有利润，跨国公司就在哪里投资。从 20 世纪 90 年代起，跨国公司并购一直是外国直接投资增长的一个主要驱动因素。近年来，跨国并购呈现金额越来越大、交易所占比重越来越高的趋势。2006 年跨国并购比 2005 增长了 23%，达到 8 800 亿美元，而交易数量上升了 14%，达到了 6 974 件①。在全球金融危机的影响下，跨国并购数额有所下降。2011 年，跨国并购增长 53%，达 5 260 亿美元。随着世界经济危机影响的减弱，跨国并购的数量将会进一步增长。

3. 贸易自由化

贸易自由化是指一国对外国商品和服务的进口所采取的限制逐步减少，为进口商品和服务提供贸易优惠待遇的过程或结果。无论是以往的关贸总协定，还是现在的世贸组织，都是以贸易自由化为宗旨。随着全球货物贸易、服务贸易、技术贸易的加速发展，经济全球化促进了世界多边贸易体制的形成，从而加快了国际贸易的增长速度，促进了全球贸易自由化的发展，也使得加入到世界贸易组织的成员以统一的国际准则来规范自己的贸易行为。

4. 金融全球化

金融全球化是指世界各国各地区在金融业务、金融政策等方面相互交往和协调、相互渗透和扩张、相互竞争和制约，进而使全球金融形成一个联系密切、不可分割的整体。世界性的金融机构网络，大量的金融业务跨国界进行，跨国贷款、跨国证券发行和跨国并购体系已经形成。随着世界经济的全球化发展，金融领域的跨国活动也在以汹涌澎湃之势迅猛发展。金融全球化不仅成为世界经济发展最为关键的一个环节，同时也成为最为敏感的一个环节。金融全球化促使资金在全世界范围内重新配置，一方面使欧美等国的金融中心得以蓬勃发展，另一方面也使发展中国家，特别是新兴市场经济国家获得了大量急需的经济发展启动资金。可以说，世界经济的发展离不开金融全球化的推动。

（三）经济全球化的影响

从根本上说，经济全球化对发达国家是一种难得的历史机遇，因为其充裕的资本、技术和人才要素获得了更大的投资空间，从而得到更高的要素收益。发达国家成为经济全球化的重要推动者。全球化也为发展中国家带来机会，因为通过国际直接投资而获得各种生产要素的流入，不仅短期内增加要

---

① 联合国贸发会议：《2007 世界投资报告》第一章，第 5 ~7 页。

素，尤其是高级要素的供给，而且高级要素的流入使各种闲置的低级要素得以进入生产和流通领域：自然资源得以开发，低级劳动力获得就业，闲置的生产要素投入使用。可以说，经济全球化正在改变世界。

另一方面，经济全球化也带来了一些负面效应，它在一定程度上加大了世界经济发展的不平衡性，加大了世界经济发展的矛盾性和复杂性。例如，金融全球化快速发展，国际金融风险增大。20 世纪 90 年代发生的阿根廷经济危机、亚洲金融危机、俄罗斯金融危机以及 2007 年美国次贷危机都给发展中国家带来惨痛的教训，如何防范全球金融危机已成为全球共识的问题。同时，经济全球化加剧了发展中国家的竞争压力和经济风险，使发展中国家在与发达国家的全球化竞争中处于日益不利的地位。除此之外，资源短缺和环境恶化的全球性问题也日益困扰着各国人民。

在这些全球化问题面前，反经济全球化形成一股逆流。经济全球化的深化，导致资源竞争、市场竞争和就业竞争更加激烈，国家各种利益集团的相对利益难以平衡和协调，反全球化运动相伴而生。对发达国家而言，它们在参与全球化过程中，更多地关注本国的经济战略利益与经济安全，对它国的经济行为则采取歧视性的政策。如近年来，欧美国家不断以环境、安全为由对中国的出口产品进行反倾销、反补贴调查，其实质就是一种反全球化贸易保护主义。发展中国家则对日益加剧的贫富分化表示不满，它们将环境恶化和资源短缺等问题都归结于全球化。因此，经济全球化绝不是一条没有曲折的直线，而是一个长期的、复杂的、反复的曲折过程。作为一个发展中国家，中国必须学会在经济全球化浪潮中抓住机遇，迎接挑战。正如中共十七大报告中所强调的："我们必须始终保持清醒头脑，立足社会主义初级阶段这个最大的实际，科学分析我国全面参与经济全球化的新机遇新挑战，全面认识工业化、信息化、城镇化、市场化、国际化深入发展的新形势新任务，深刻把握我国发展面临的新课题新矛盾，更加自觉地走科学发展道路，奋力开拓中国特色社会主义更为广阔的发展前景。"①

二、区域集团化趋势迅速加强

区域集团化是指地理位置相邻近的国家（或地区）之间，在经济联系愈益密切的基础上，为了促使商品、资本、技术、劳动力、信息等在一定区域

① 江泽民：《高举中国特色社会主义伟大旗帜，为夺取全面建设小康社会新胜利而奋斗》，北京：人民出版社 2007 年版，第 47 页。

内更加自由的流动和有效配置，相互之间采取比对区域外国家更为优惠、开放、自由的政策，并在机制上结成联合体以至国家集团。

区域集团化是第二次世界大战后，尤其是冷战后世界经济和政治发展的产物。但我们也清醒地认识到，在今后相当长的一段时期内，全球范围内的经济一体化不可能完全实现。因为世界上200多个国家和地区经济水平各异，利益矛盾冲突的状况在相当长的时间内不会彻底改变。于是，那些地理上接近，经济水平、经济体制、经济政策趋同的国家需要在经济上加强联系，在平等的基础上通过协商，制定共同的行为准则，甚至部分让渡国家的经济主权，建立超国家机构，实现经济上的联合。中外经济学家按水平高低将区域集团化分为六个阶段，即：特惠关税区、自由贸易区、关税同盟、共同市场、经济同盟和完全的政治经济一体化，从低级阶段发展到高级阶段是一个长时间的过程。

目前，世界上的区域集团组织有100多个，其成员囊括了世界上大多数国家，分别体现了不同层次的区域集团化趋势。其中，欧盟、北美自由贸易区和亚太经合组织是影响最大的三个区域组织。此外，西非国家经济共同体、海湾合作委员会、南方共同市场、加勒比共同市场、东南亚国家联盟、南亚区域合作联盟等也是重要的区域集团组织。不可否认的是，不同的区域集团之间在联系与合作的同时也进行着激烈的竞争和争夺，这势必对世界经济一体化发展产生一定的消极影响。但从长远来看，现存的区域组织的成功能够产生示范效应，带动其他区域一体化在更多地方、更高层次开展，即先在区域范围制定共同的规则和程序，再转化成世界经济一体化。因此，区域集团化是世界经济一体化的具体形式，是最终走向世界经济一体化的阶段。

区域集团化与经济全球化是世界经济中的两种不同的趋势，两者并不矛盾，而是相互促进，并行不悖的。虽然区域经济组织由于地域的特点会出现排他性，但所有的区域组织都坚持实行合作、开放、互利的区域主义，努力把地区经济和全球经济衔接起来。可以说，区域集团化是经济全球化发展到一定程度的产物，而区域集团化的高潮反过来又推动了经济全球化的深化。

三、市场经济取得了全面支配地位

资本主义国家发展市场经济已有几百年的历史，追求利润的内在动力和市场竞争的外部压力促使资源配置不断优化，极大地推动了生产力的发展。二战后，各主要资本主义国家各具特色的市场经济模式日臻完善，使战后经济得到较长时期的稳定增长。相比之下，社会主义阵营国家一直将市场经济看做是资本主义的同义语，把市场经济和私有制联系在一起加以抵制，但它们所奉行的计划经济体制没有能够起到提高经济效益和促进经济结构合理化的作用，经济状况日益恶化，陷入危机，使中央集权的计划经济模式丧失其吸引力，最终导致苏东剧变。冷战结束后这些国家全部走上了市场经济的道路。与此同时，战后选择“非资本主义道路”的一些亚洲、拉美和非洲国家为摆脱长期经济困难、政局不稳、人民生活得不到改善的困境，也相继宣布向西方靠拢，走私有化和市场化的道路。以中国为代表的社会主义国家在改革过程中逐渐认识到市场经济是人类在经济运行方面所取得的成果，冲破把计划经济与市场经济作为两种制度区别标准的传统思想，开始构筑社会主义市场经济体制。这样，20 世纪 80 年代末 90 年代初，一场大规模的市场化浪潮席卷全球。奉行市场经济的国家由原来的日本、澳大利亚和西欧、北美的发达资本主义国家以及一批新兴工业化国家和地区扩展到全球几乎所有国家和地区。

不同国家和地区在实施市场经济过程中，根据不同国内外社会自然条件和经济发展水平，选择和创新的市场经济模式也不尽相同。从所有制结构、国家干预经济的程度与方式、社会保障政策等方面的差异看，基本上可以划分为自由市场经济模式和社会市场经济模式。从市场经济发育程度的差异看，大致可以分为发达市场经济、不发达市场经济和转轨中的市场经济。① 即使同是发达资本主义国家，采用的市场经济模式也不完全相同，比较典型的有美国的自由市场经济模式、日本的政府主导型模式、德国的社会市场经济模式、法国的混合型市场经济模式和瑞典的福利计划型市场经济模式等。多种模式并存的现实，说明世界上并不存在“放之四海而皆准”的市场经济模式。任何一种模式的形成，都是市场经济的一般规律在一国独特条件下演化的结果，都带有本国本民族自身的特色，都不是完美无缺的，存在不同程度的弊端。各国在探索适合本国国情的具体模式方面尚不明朗。

本质上讲，无论其形态有多少差异，市场经济都具有根本的共同点，就是市场在资源配置中起基础作用，市场机制与国家宏观调控相结合，形成统一的有机体，即“看不见的手”与“看得见的手”二者结合，实现社会资源的合理配置。市场经济是迄今为止人类发展经济的最成熟、最有效的手段，这一点已经被产业革命以来的世界经济历史所反复证明。今天大家认识到，

---

① 李景治、林甦主编：《当代世界经济与政治》，北京：中国人民大学出版社 2007 年版，第 24 页。

现代市场经济就是政府宏观调控下的市场经济。市场经济体制在全球开始普及，最终成为一种国际性的经济体制。这样，世界经济可以获得通行的规则和共同的语言。当今世界经济是一个多种模式共存竞争的体系，因此，各国之间在经济竞争中都在不断总结完善各自的发展模式，期求获得战略主动权。

四、新科技革命成为国家竞争的“第一生产力”

科技革命是科学革命和技术革命的合称。科学技术进步是世界经济发展的主要动力。科技进步不仅为人类认识自然、利用自然、改造自然提供了有利的手段，而且改变了各国实力对比，推动了国际关系乃至人类历史的变动和演化。

迄今为止，人类社会已发生了三次重大的科学技术革命。第一次科技革命发生于18世纪下半叶，以蒸汽机的发明和广泛应用为主要标志，它导致了近代机器制造业的蓬勃兴起，使工场手工业进化为机器大工业，引起了社会生产力的飞跃发展。第二次科技革命，以电力的广泛应用为主要标志，使生产社会化程度大大提高，国际经济联系迅速扩大。第二次世界大战后，原子能技术、电子计算机、合成材料、宇航技术相继出现，人类社会迎来了第三次科技革命，其在深度和广度上都超过了前两次。它以信息技术、生物工程、新能源、新材料为主要内容，大规模地向多层次的应用领域推进，对世界经济乃至国际关系产生了深刻影响，成为推动战后世界经济增长的基本因素，科学技术作为第一生产力的作用表现得格外突出。

在新科技革命的推动下，各国经济增长方式由“外延式”向“内涵式”转化，追求数量和速度的增长方式将让位于追求质量和效益的增长方式。对自然资源的依赖程度相对减少，而对科学技术信息和人的素质的依赖大大加强。目前西方发达国家的经济增长中，科学技术所起的作用在70%左右，这保证了其经济持续增长且具有高度的竞争力。新科技革命还引发了世界性的产业结构调整，即从高科技的知识和信息密集型产业，到资本密集型产业，再到劳动密集型产业，依次从发达国家向新兴工业化国家和地区以及发展中国家转移，形成新的国际分工格局。在新科技革命的影响下，各国的经济联系和协作关系更加紧密，为国际交往提供了前所未有的高效率信息载体，为全球性世界市场的形成提供了技术手段，经济全球化趋势进一步加强。

在第三次科技革命中，信息基础发挥了关键性作用。由于信息技术和信息产业在这次新科技革命中起着“火车头”作用，因此新科技革命也被称为信息革命。信息技术是一种基础技术，它不仅应用于经济的各个领域，而且可应用于企业经营的各个环节，在对其他产业的生产和销售产生革命性影响的同时，其又源源不断地推出各种各样的新产品。信息技术是一种知识产品，它消耗的自然资源少，可以反复使用，而且使用的次数越多获利越多。信息技术还是一门年轻的技术，待开发的潜力巨大。在信息时代所要着重开发的是对知识的理解和运用的能力，而这一点是无止境的①。因此，电子计算机的问世同蒸汽机的发明一样，对人类来说具有划时代的意义。20 世纪 90 年代中期以来，信息技术革命的最新进展是全球互联网的迅速普及。据统计，1996 年全球互联网用户为 3 000 万，2008 年就突破了 10 亿，到 2011 年，这一数字已经突破了 21 亿。随着网络技术的日益丰富和提高，全新的信息网络产业异军突起。电子商务的迅速蔓延使世界经济的运行模式发生深刻变革，成为世界经济新的增长点。

生物工程技术的突破性进展同样引人注目。从 1953 年 DNA 分子双螺旋结构的发现开始到 1997 年克隆羊多莉的诞生，再到 2000 年 6 月人类基因组序列的工作框架图绘制完毕。蓬勃发展的生物工程技术被视为主导 21 世纪世界经济的又一重要力量。但随着围绕转基因产品和基因资源的争论和冲突不断深化，生物技术的发展可能导致国际社会关于伦理道德问题的争论和法律难题。

新科技革命的发展，不仅加速了生产和资本的国际化、一体化和集团化趋势，也加速了经济大国地位的调整，同时扩大了发达国家和发展中国家间的经济差距，加剧了经济发展的不平衡。在当今世界，爆发世界军事大战的可能性越来越小，而世界性经济竞争却愈演愈烈。世界经济竞争本质上归结于科技竞争，科技在国际经济竞争中的地位日益重要，国际经济关系的调整在很大程度上受制于科学技术尤其是高科技的发展。科技立国、科技兴国、科技强国日益成为许多国家的国策。科技实力已成为当今衡量一个国家的综合国力的重要标志。对广大发展中国家来说，面对汹涌而来的第三次科技革命浪潮，机遇与挑战和压力并存。因此，发展中国家需要根据本国特点，制定相应的经济、科技、社会发展战略，努力缩小同发达国家之间的经济差距，探索一条适合本国高速发展的道路，这是摆在广大发展中国家面前的首要任务。

---

① 李景治、林甦主编：《当代世界经济与政治》，北京：中国人民大学出版社 2007 年版，第 26 页。

第四节　当今世界经济面临的主要问题

在全球化的今天，当今世界仍面临一系列问题，主要包括：经济发展不平衡，国际金融风险加大，环境恶化和能源短缺等全球性问题。这些问题不仅会损害世界经济的健康发展，还会长期制约世界经济的未来走向，这些需要所有国家共同面对，合作解决。

一、世界经济发展不平衡呈现更加复杂化和深化的趋势

世界经济发展的不平衡既是指发展速度上的差距，又指发展水平、经济实力的差距。当今不平衡规律的重要表现是最先进的国家发展迟缓，而后进国家可以利用“后发优势”赶上甚至超过先进国家，打破原有的均势。当前世界经济不平衡规律作用的范围更广，也更为复杂，主要表现在三个方面：

（一）发达国家之间的经济不平衡出现新格局

从第二次世界大战结束到20世纪90年代，资本主义国家内部发展趋向均衡化。例如在1955—1968年间，日本GDP增长了3.5倍，联邦德国、法国、美国、英国依次为2倍、1.9倍、1.6倍、1.4倍。1980—1992年，日本GDP年均增长率为4.1%，加拿大、美国、英国、德国、意大利、法国依次为2.8%、2.7%、2.7%、2.6%、2.4%、2.2%。[①] 这样，美日欧三者之间的差距逐渐缩小，世界经济形成了三足鼎立的经济格局。

在新科技革命的推动下，从20世纪90年代起，美国最先走出西方周期性经济危机，经济增长率同欧日相比居于领先地位，产业结构优于欧日，而且保持了较低失业率，重新夺回国际竞争力的优势地位，总体实力转向加强。2000—2003年，美国经济增长速度分别为3.8%、0.3%、2.2%、2.6%，高于同期发达国家的整体增长速度3.8%、0.8%、1.7%、2.5%，更高于同期德国的2.9%、0.6%、0.5%、2.0%以及日本的2.4%、-0.3%、-0.5%、1.1%。[②]

在2008年金融危机的影响下，发达国家经济差距进一步拉大。自2010

---

① 池元吉著：《世界经济概论》，北京：高等教育出版社2003年版，第138、144、145页。

② 同上，第152、153页。

年第三季度以来，美国经济就出现了稳步上升的态势，包括居民消费、工业生产、交通运输在内的多项指标均显示美国经济不断好转，美国的经济增长可能会加速。日本则由于内需增长动力不足，再加上 2011 年大地震的影响，虽多次出台扩张性财政政策，但却难以缓解其通货紧缩和公共债务激增的顽疾，导致经济难以复苏。2010 年欧盟和欧元区虽保持了经济复苏态势，但受到主权债务危机的影响，欧洲国家未来仍需设法解决造成主权债务的结构性问题，否则会对经济增长带来长期的负面影响。所以，从总体来看，美国经济实力进一步增强，日本和欧盟则困难较多，经济发展相对缓慢，这表明发达国家经济发展不平衡问题仍会长期存在。

（二）发达国家与发展中国家的经济差距进一步拉大

北方富、南方穷是当今世界的一个显著特点。二战后大部分时间里，发展中国家与发达国家之间的贫富差距都进一步拉大。江泽民在《关于经济全球化问题的发言》中谈到："在发达国家尽享全球化'红利'的同时，广大发展中国家却仍然饱受贫穷落后之苦。发展资金匮乏、债务负担沉重、贸易条件恶化、金融风险增加以及技术水平的落后，使发展中国家总体上处于更为不利的位置。①"以人均国民生产总值计算，1965 年处于贫富两端、各占世界人口 20% 的穷国和富国比例为 1∶30，1990 年扩大到 1∶60。1989 年到 1998 年之间，全世界最穷的 1/5 人口占全球收入的份额已经从 2.3% 下降到 1.4%；另一方面，最富裕的 1/5 人口所占的比重却上升了。② 据联合国开发计划署统计，截至 2011 年，全世界经联合国批准的最不发达国家已从 1971 年的 25 个增至 49 个。这类国家完全被边缘化，处于绝对贫困状态。目前，全世界仍有 13 亿人每天收入不到 1 美元，8.4 亿人挨饿或营养不良，10 多亿人不能享受医疗服务、基础教育甚至自来水，20 亿人用不上电。目前世界三位巨富的财产超过 49 个最不发达国家经济规模的总和。在科技飞速发展的时代，由于发达国家拥有世界总产值的大多数份额，在国际分工体系中又处于主体和支配地位，因此在国际竞争中占据有利位置。发达国家还是国际金融、贸易等方面"游戏规则"的制定者和操纵者，主要的国际经济组织实际上也是由发达国家控制。这样，发展中国家对发达国家的依附程度不断加深，经济条件日益恶化，这种局面在短期内将会长期存在。因此，南北差距还有进一步拉大的趋势。

---

① 《人民日报》，2000 年 9 月 8 日。

② ［英］安东尼 · 吉登斯：《失控的世界》，南昌：江西人民出版社 2001 年版，第 11 页。

（三）发展中国家之间的经济不平衡在加剧

经济发展的不平衡同样体现在发展中国家和地区内部。20 世纪 60 年代，在世界产业结构调整和第三次科技革命的影响下，亚洲特别是东亚经济发展迅速。如亚洲的香港、新加坡和韩国、台湾推行出口导向型战略，重点发展劳动密集型的加工产业，在短时间内实现了经济腾飞，被称为亚洲四小龙。80 年代，东南亚的泰国、马来西亚、印尼和菲律宾四国经济像亚洲四小龙一样突飞猛进，被称为亚洲四小虎。而其他地区的经济增长则仅相当于或赶不上人口的增长速度。世界银行按人均国民生产总值计算，认为拉美倒退了十年，非洲倒退了二十年。即使在同一个地区，那些政局稳定、经济政策符合实际的行为体，脱颖而出成为新兴工业化国家和地区，而那些国内政局不稳定、经济措施混乱、自然灾害频繁的国家和地区，经济发展则非常缓慢甚至停滞不前，沦为最不发达国家。

进入 21 世纪后，发展中国家的经济不平衡集中体现在新兴经济体的崛起上。关于新兴经济体，目前并没有一个准确的定义。英国《经济学家》杂志将新兴经济体分成两个梯队：第一梯队为中国、巴西、印度和俄罗斯、南非，也称“金砖国家”；第二梯队包括墨西哥、韩国、波兰、土耳其、哈萨克斯坦、埃及等“新钻国家”。根据 IMF 公布的数据，2011 年发达经济体经济仅增长 1.6%，而新兴和发展中经济体经济增长 6.2%。印、俄、巴西 GDP 总量均超过万亿美元大关，晋升世界经济 10 强。据预测，2025 年墨西哥、印尼、土耳其、伊朗、越南等 8 国将跻身世界经济前 20 强。长期来看，各发展中国家和地区经济增长差距虽有所缩小，但发展中国家内部因不平衡而形成的两极分化的基本趋势不会改变。

正是在上述三方面的不平衡作用下，各国实力对比发生变化，其结果是大国力量逐步均衡化，由此带来世界经济格局走向多极化。另一方面，世界经济形势也由于不平衡规律的作用而更加错综复杂和动荡不安。发达资本主义为争夺世界市场掀起新贸易保护主义，导致各国矛盾激化。发展中国家的分化，对南南合作产生不利影响。新兴工业化国家在成功缩小与先进国家的差距的同时，又面临更加激烈的市场竞争和规则之争。最不发达国家和地区的长期贫困化，减缓了世界经济整体繁荣的步伐。因此，消除贫困是国际社会面临的艰巨而迫切的任务。可见，地区之间和国家之间不平衡的加剧，必将是 21 世纪世界经济发展中的重要问题。

二、国际金融市场风险加大

自从布雷顿森林体系崩溃后，各国纷纷以浮动汇率制取代固定汇率制，此后国际金融市场动荡时有发生。1978 年 10 月，美元对其他主要西方货币汇价暴跌，引起整个西方货币金融市场的混乱。1987 年 10 月的“黑色星期一”股市狂泄再次显示金融市场的脆弱性。20 世纪 90 年代后国际金融市场动荡更加频繁，且破坏性日益扩大。1994 年 12 月，墨西哥爆发金融危机，墨西哥中央银行的外汇储备几乎在一夜间骤减为零，外债则高达 1 830 亿美元，国家濒临破产，殃及其他拉美国家，并引发全球美元危机和债务危机。1995 年2 月，英国著名的巴林银行因一名交易员的投机失败而倒闭，并引起欧洲、日本金融市场的恐慌。1997 年 7 月泰国爆发金融危机，很快席卷东亚，波及全球，造成的绝对损失量超过世界历史上任何一次经济危机。货币贬值使菲律宾、马来西亚和印尼的中产阶级的财政预算分别下降了 50%、61% 和 37.7%；股市暴跌使香港、新加坡和泰国三地居民的资产分别下降了 44%、43% 和 41%。当时世界第 11 大经济实体韩国在货币贬值中损失了一半的国民生产总值。日本接二连三地倒闭了拥有数十亿美元资产的巨型银行和证券公司。金融风暴还席卷了东亚政坛，泰国差瓦立政府、印尼苏哈托政府、日本桥本龙太郎政府先后倒台。① 直到 1998 年，东亚金融风暴的余波仍在全球股市汇市肆虐横行。2002 年 12 月，阿根廷持续三年的经济衰退最终酿成金融危机，并引发全国性骚乱，短短十几天换了五位总统。金融动荡已经成为世界性危机，触目惊心的损失使之备受瞩目，被看做是“和平时期的头号杀手”。2007 年源于美国，蔓延全球的金融危机，导致包括雷曼兄弟公司在内的一大批国际公司走向破产，全球经济遭受冲击，这都暴露了当今国际金融市场的弊端。2009 年下半年出现的欧元区主权债务危机目前还没有得到缓解。

国际金融体系的扭曲是金融危机频繁爆发的根本原因。美元与黄金脱钩后，信用货币的发行不再以任何贵金属为基础，信用货币无论在种类上、金额上都大大增加，这样，国际资本的流动已脱离物质生产和国际贸易活动而独立存在。大量的国际资本投向金融市场，容易导致流动性过剩。牙买加体系真正确立了美元的霸权地位，国际货币体系真正进入到美元本位时代。美元霸权下，金融体系的稳定完全由美国来操控，美元发行和金融创新不受国

---

① 李景治主编：《当代世界经济与政治》，北京：中国人民大学出版社 2003 年版，第 33 页。

际社会制约。在一个流动性过剩又缺乏监管的金融体系下，必然会产生投机行为，因为金融天生就是为了利润而生存的。这些金融游资通过各种投机扰乱金融市场，加剧了国际金融市场的不稳定性。因此，金融危机是现代经济中资本过分追逐利润的必然结果。

在经济全球化的背景下，以美元为中心的国际货币体系形成了一个国际金融资金链。一旦某国的金融系统出现问题，马上就会传输给其他国家，产生多米诺骨牌连锁反应。一旦东道国经济体系存在漏洞且处理不当，就会造成全球金融风险，短期投机资本的推波助澜则会加剧这种风险。据国际货币基金组织统计，目前世界上至少有7.2万亿美元的短期资本在流动，相当于全球一年国民生产总值的20%。如此数额庞大的短期资本具有很强的破坏性，投机的趋利性会将潜在的金融风险在短时间内酿成金融危机。再加之金融市场的透明度和迅捷的传播速度，金融风险的多米诺骨牌效应与日俱增，一国的金融危机可能引发其他国家甚至全球的金融动荡。

在经济全球化的大背景下，金融稳定与否不仅影响到世界经济的发展，而且关系到世界政治的安全与稳定。尽管金融风险是一个全球性问题，但它对不同发展程度的国家的影响是不同的。发达国家的金融业已进入成熟期，利用它们的种种优势，成为金融自由化获益者。而发展中国家由于本身就存在明显的结构性缺陷，加上金融业更是起步迟，规模小，监管体系脆弱，涉足金融市场面临着巨大的挑战。因此，对发展中国家来说，应该以谨慎的态度对待金融自由化，在建立一套完善的金融体系和风险预警机制的基础上，加强国际金融合作，循序渐进地开放金融市场。

三、全球性问题是当今世界经济面临的突出问题

全球性问题是指在世界范围内存在的影响经济可持续发展的问题。就其空间范围而言，它是关系世界经济发展的重大问题；就其影响程度而言，它是关系经济持续发展乃至人类社会生存的重大问题；就其解决的方式而言，它需要通过世界各国共同努力才能解决。这些问题包括人口、粮食、能源、资源、生态环境、国际经济犯罪等问题。人类在20世纪70年代就开始关注这些问题，但到目前为止，这些问题不仅没有得到有效解决，而且日趋恶化。

（一）人口膨胀和老龄化现象

人口膨胀的经济后果主要有：挤占各种自然资源和社会资源；制约经济增长的速度和整个经济发展水平的提高；引发粮食危机等。其中，非洲是人

口增长速度最快的地区，南亚人口也持续快速增长。非洲人均粮食年产量由20世纪60年代的230公斤下降到90年代的不足200公斤。据联合国粮农组织统计，2003年全球粮食产量大约为18.18亿吨，消费缺口在9 300万吨左右。这一现象引起了国际社会的高度重视。在1996年和2002年，国际社会先后两次在罗马举行了世界粮食首脑会议。主要讨论粮食安全问题，口号就是“人人有饭吃”。另外人口老龄化也是国际社会的一大难题。人口老龄化将导致劳动力资源的日益萎缩以及社会保障和医疗保障体系的不堪重负等一系列社会问题。发达国家人口老龄化尤其严重。发展中国家也不同程度地存在人口老龄化问题。中国老龄化趋势也在加快，2000年，中国有老龄人口1.3亿，2004年达1.42亿。约占人口总数的11%。预计2015年中国老龄化人口将突破2亿，2044年前后将高达4亿。中国现有老龄人口是欧洲老龄人口的总和，将长期成为世界上老龄人口最多的国家。①

（二）资源与能源短缺

其中石油对经济发展的制约性最大。虽然20世纪90年代以来，发达国家开发了新能源技术，石油需求趋缓，但经济发展迅速的发展中国家的石油需求增长迅猛，其中亚洲增幅最大，1992年超过欧洲成为世界第二大石油消费区，中国与韩国高居前6位。2008年，中国原油进口1.788 8亿吨。据中国海关总署2012年2月份公布数据显示，2011年中国从伊朗进口原油2 776万吨，约合每天55.7万桶，较2010年增长30%。这一数字远高于上年中国原油进口总量6.1%的增幅。2011年，中国全年原油进口总量为2.537 8亿吨。②纽约商品交易所的石油期货价格2008年一度突破了147美元大关。据有关部门统计，目前地球上石油总储量为1 370亿吨，按每年30亿吨开采计算，地球上的石油大约可供人类开采40～50年。③

（三）环境恶化日益突出

环境恶化对经济的危害主要表现为：经济增长的成果被环境恶化所抵消，甚至留下严重的环境后遗症，对人类生存本身构成直接或间接的、短期的或长期的、全球性的或局部性的威胁；阻碍经济的可持续发展。发达国家与发展中国家围绕环境问题存在很大分歧。发达国家在长期牺牲国际生态环境的情况下获得巨大的经济发展，然而在实现经济现代化后，它们一方面强调发

① 《中国老龄化趋势加快》，载《世纪参考》，2005年10月19～25日。
② http://www.askci.com/news/201202/22/10229_96.shtml，中商情报网。
③ 冯特君著：《当代世界经济与政治》，北京：经济管理出版社2005年版，第58页。

展中国家在发展过程中要做到环境保护优先，否则通过种种方式拒绝其产品进入发达国家；另一方面，又不愿意承担解决全球环境恶化问题的主要责任，还不断向发展中国家转移污染产业。发展中国家要赶超发达国家，或者要实现经济独立和人民富裕，坚决捍卫自己的生存权和发展权，主张环境保护要建立在公正、客观的基础之上。就目前的科学技术和经济实力而言，发展中国家还无法找到一种合理的方式，既保证经济的增长又能很好地保护生存环境。因此，环境恶化问题将会长期制约世界经济的发展。

（四）多边贸易谈判陷于停顿

2001 年 11 月，在卡塔尔首都多哈举行的世贸组织第四次部长级会议启动了新一轮多边贸易谈判。多哈回合谈判的宗旨是促进世贸组织成员削减贸易壁垒，通过更公平的贸易环境来促进全球，特别是较贫穷国家的经济发展。谈判包括农业、非农产品市场准入、服务贸易、规则谈判、争端解决、知识产权、贸易与发展以及贸易与环境八个主要议题。谈判的关键是农业和非农产品市场准入问题，主要包括削减农业补贴、削减农产品进口关税及降低工业品进口关税三个部分。但多哈回合谈判过程中充满了矛盾和斗争，主要分歧存在于发达成员和发展中成员之间。美欧等发达成员的主要目标是进一步打开发展中成员的工业品和服务市场，而发展中成员则希望美欧降低农业补贴并开放农业市场。如何达成一项平衡的协议，使各方均得到好处而又尽量避免损失就成了谈判中的最大难题。在经历了近五年的曲折后，2006 年 7 月 22 日世界贸易组织总理事会宣布正式中止多哈回合谈判。多哈发展议程的中止是全球多边贸易组织的一大挫折，也是经济全球化进程的一大挫折。多哈回合谈判陷入停顿，人们对世界经济的信心遭受重挫，多哈回合所承诺的开放贸易和促进发展的目标无法实现，世界贸易规则中的不合理成分也无法得到纠正。此外，多哈回合失败导致贸易保护主义加剧，贸易争端增多，多边贸易体系受损。所有这些结果都使得世界经济更加动荡。

与全球多边贸易体制发展受阻形成对照的是，各种形式的自由贸易区的迅猛发展。迄今向世贸组织通报，仍然生效的自由贸易区有 197 个，其中 80% 是最近十年缔结的。各国更加注重的是比世界贸易组织更优惠的区内贸易，全球贸易中有 50% 以上是在各区域集团内部进行的，欧盟内部贸易甚至高达 67.6%，北美自由贸易区也达到 55.7%。在区域自由贸易大发展的同时，跨区域的双边自由贸易区也在发展。由于双方利益明确，对等减让易行，双边自由贸易协定比全球多边贸易协定更具有现实性，所以发展更快。区域内贸易和跨区域的双边自由贸易虽然在一定程度上弥补了多边贸易陷入停顿的不足，却又违背了世界贸易组织的最惠国待遇原则，对以多边贸易体制为平台的经济全球化提出了挑战。

【思考题】

1. 如何认识当前世界经济的主要特点?
2. 如何看待经济全球化与区域集团化的关系?
3. 为什么说经济全球化是一把“双刃剑”?

第二章　当代世界政治的发展与趋势

世界政治是人类历史发展到一定阶段的产物，是世界经济的集中体现。第二次世界大战后，世界逐渐形成了以美苏对抗为基本特征的两极政治格局。20 世纪 90 年代初，随着两极格局的瓦解，世界格局发生了深刻变化，世界政治呈现出一超多极的时代特征。进入 21 世纪后，多极化趋势在曲折中继续发展，单极与多极的较量异常激烈，世界政治进入新的发展时期。

第一节　当代世界政治的行为主体

主权国家是活跃在世界政治舞台上的主体力量。第二次世界大战结束以来，以国际组织为代表的非国家行为体也对国家间的相互关系和国际生活中的各个领域产生了重要而深远的影响。

一、当代世界政治的行为主体

世界政治，亦称国际政治，是以主权国家为主的世界政治行为体，为实现一定的政治目的而进行的各种活动以及相互间形成的各种政治关系的总和。它主要涉及各国对外政策及其发展演变，国家之间的冲突与合作，国际政治力量的对比及其变化，国家集团的形成、分化和改组以及世界秩序的形成、发展与变革等。世界政治是一个历史范畴，它的形成经历了一个长期复杂的发展过程。它以世界经济的形成为前提，以近代民族国家的建立为基础，以争夺和瓜分世界为原始动力，是资本主义生产方式的产物。在资本主义生产方式确立之前，世界上不存在现代意义的民族国家，更不存在全球意义上的世界政治。随着资本主义商品交换的扩展和殖民统治的推行，国际社会逐渐拥有赖以生存的基础。工业革命推动了欧洲各国生产力的提高，促进了资本主义商品经济的迅速发展。在欧洲的资产阶级革命的带动下，世界民族国家竞相产生，从而出现了日趋活跃的世界性的经济交往和广泛性的国家相互关系。由此，国际政治开始形成。19世纪70年代发生的第二次工业革命，不仅为自由资本主义过渡到垄断资本主义奠定了物质基础，而且还促进了世界政治的形成。19世纪末到20世纪初，资本主义由自由竞争转变为垄断统治，垄断成了社会经济生活的全部基础，金融资本和金融寡头控制了国家的经济命脉，从而导致少数帝国主义国家对整个世界的分割和统治。至此，世界政治基本形成。

构成世界政治最主要的因素是世界政治行为体。在国际社会中，国际行为体经历了一个由一元向多元的发展过程，即由开始的单一的主权国家行为主体逐步发展为国家与非国家两大类国际政治行为体并存。① 世界政治表现为行为体之间为了特定的政治利益而发生的关系。二战前，世界政治行为体主要是主权国家。战后，由于科技革命的不断推进、经济全球化的不断发展、国家数量的不断增加、国际秩序的重新确立与演变，世界政治变得越来越复杂。除主权国家以外，越来越多的非国家力量成为世界政治中的行为体，它们能独立地参与国际政治事务，推动并影响着国际关系的发展。

主权国家是最基本、最重要、最活跃的行为体。它不仅是国际事务的主要参与者和一国对外活动的责任承担者，而且是世界政治中唯一享有对外主权的行为主体，也是政府间国际组织的建立、活动和发展的基础，还是决定国际政治事务发展进程的主导力量。主权国家一般应具有四个基本要素，即拥有一定界限的领土，一定数量的固定居民，健全的政府机构和独立的国家主权。二战结束时，主权国家只有50多个。后来随着民族解放运动的蓬勃发展以及国际社会对民族自治运动的支持，主权国家数量不断增加，截至2011年7月，世界上共有197个主权国家。

非国家行为体，是指除主权国家以外的能够独立参与国际事务的国际政治经济实体。它包括国际组织、跨国公司、世界政党、种族集团等超国家且跨国界的集团和势力。在当代世界政治中，非国家行为体数量惊人，种类繁多。其中，国际组织是世界政治中最主要的非国家行为体类型。

国际组织，是指以两个或两个以上国家的政府、政党、团体为构成主体，以一定的协议形式建立的跨国机构。组成国际组织有三个基本要素：构成主体的多元性，即须有两个或两个以上的行为体；以正式协议为基础，有特定

① 宋新宁、陈岳：《国际政治学概论》，北京：中国人民大学出版社2000年版，第150页。

的宗旨和目的；具有相对的稳定性和持续性。国际组织拥有一定的常设机构和工作人员，能够进行经常性的组织活动。国际组织按组织主体构成情况划分，可分为政府间和非政府间国际组织；按地域范围划分，可分为全球性与地区性国际组织；按宗旨和职权范围划分，可分为综合性和专业性国际组织；按活动性质划分，可分为政治、经济和军事性国际组织。据不完全统计，目前政府间的国际组织已经增至7 300多个，非政府间的国际组织已达5.1万多个。国际组织的活动遍及全球政治、经济、军事、社会、文化、科技等几乎所有领域。国际组织作为国际社会各类矛盾的调节器，是制定和实施国际法、规范国际社会运行的中心，是解决国际经济政治和社会问题的重要工具，具有主权国家难以取代的地位和作用。主要体现在：一是广泛开展国际合作与协调；二是管理全球公共问题；三是调停和解决国际冲突；四是推动国际关系民主化的进程；五是提供国际活动空间。

联合国是当代世界代表性最广泛、规模和影响最大、活动领域最宽、在全球范围内最具权威性的国际组织，是最重要的国际讲坛和开展多边外交的场所。联合国创建于世界反法西斯战争胜利的凯歌声中。1942年1月1日，正在对德、意、日法西斯作战的中、美、英、苏等26国代表在华盛顿发表了《联合国宣言》。1945年2月，雅尔塔会议明确安理会的五个常任理事国在实质性问题上拥有否决权。1945年4月25日，来自50个国家的代表在美国旧金山召开联合国国际组织会议。同年6月26日，50个国家的代表签署了《联合国宪章》，后又有波兰补签。同年10月24日，中、法、苏、英、美和其他多数签字国递交了批准书后，宪章开始生效，联合国（United Nations，UN）正式成立。1947年，联合国大会决定10月24日为联合国日。联合国设有大会、安全理事会、经济及社会理事会、国际法院、秘书处和托管理事会六个主要机构。联合国大会由全体会员国组成，每年举行一届常会。安理会是联合国唯一有权采取行动以维护国际和平与安全的机构，由中、俄、美、英、法5个常任理事国和10个任期两年的非常任理事国组成。经济及社会理事会，由54个任期三年的理事国组成，讨论国际经济、社会、文化、教育和卫生等问题。国际法院设在荷兰海牙，由任期九年的15名法官组成。秘书处是联合国的行政机构，设秘书长1人，作为联合国的行政首长，现任秘书长是来自韩国的潘基文。托管理事会由五大常任理事国组成。

联合国的宗旨是："维护国际和平与安全，和平解决国际争端"，"发展国际间以尊重各国人民平等权利及自决原则为基础的友好关系"，"进行国际合作，以解决国际间经济、社会、文化和人道主义性质的问题，并且促进对于全体人类的人权和基本自由的尊重”。联合国的基本原则是：“以和平方法解决其国际争端，避免危及国际和平、安全及正义”，“在其国际关系上不得使用威胁或武力，或以与联合国宗旨不符之任何其他方法，侵害任何会员国或国家之领土完整或政治独立”，“对于联合国依本宪章规定而采取之行动，应尽力予以协助，联合国对于任何国家正在采取防止或执行行动时，各会员国对该国不得给予协助”等。联合国的宗旨和原则无疑符合世界人民的利益，只要各国认真遵循，国际和平就有保障。但实际上，联合国在相当长的历史时期里被美国所控制，难以发挥应有的作用。

除了联合国以外，当今世界还有一些地区性政府间国际组织，如欧洲联盟、非洲联盟、阿拉伯国家联盟和东南亚联盟等。它们是维护地区和平、稳定和发展的重要力量。此外，进入 21 世纪后，越来越多的非政府间国际组织，成为公认的政治行为主体。

二、影响当代世界政治发展的主要因素

当代世界政治的发展是多元行为主体间相互联系、相互矛盾、相互作用、对立统一的结果，影响当代世界政治发展的因素是错综复杂的，既有内部的，又有外部的，其主要包括：

（一）国家利益

国家利益的概念是在欧洲民族国家形成之后才出现的。它是国家对外政策的目标，是决定国家对外政策与行动的基本动因。作为一个主权国家，国家利益主要包括：生存权，即保证国家主权独立、领土完整和生存与发展不受侵犯的权益，这是国家的根本利益所在，是国家一切活动的基础和根本目标，同时也为国家其他权力和利益的实现提供必要的保障；国家政治权力和利益，即独立自主管理内政外交的权益，维护各自社会制度和意识形态的权力和利益；国家经济发展的权利和利益，即经济繁荣、科技进步和人民生活水平不断提高的权力和利益以及国际社会中的平等互利的权力和利益等。这些权力和利益相互影响，相互制约，不可分割。当今国际社会，每个国家都极力强调其国家利益的重要性、独特性和不可替代性。因此，国家利益始终是当代世界政治中发挥最为持久、影响力最大的因素。

国家利益的优先顺序反映主权国家在某一阶段或较长一个时期的基本需求，这种判断对一个国家能否做出正确的外交决策并顺利实现国家安全至关重要。因此，在解释和界定国家利益时，需要充分考虑和把握国家利益的多个层次，合理区分国家利益的优先顺序，是实现国家安全、确立正确外交政

策的必要前提。从历史上大国兴衰的规律看，导致强国衰落的一个基本的、不可忽视的根源就在于，它们无一例外地错误决定了自己的利益优先顺序，即在实力已开始衰败的背景下过度追求权力鼎盛时期的国家利益，如保持过于强大的军事力量、领土扩张以及为充当集团领袖而对盟国进行过度的援助等，这就没有正确判定国家利益的优先顺序，结果不可避免地导致国家力量的衰落以至帝国的崩溃。苏联的解体很大程度上就是由于在美苏争霸中的过度扩张政策造成的。

在世界趋向政治多极化、经济一体化以及国家追求“软实力”的今天，国家对经济发展的追求已经成为越来越多国家的根本利益。这样，国家安全的目的和外交政策的主要任务应是维护和扩大国家的经济利益，应该以获取经济利益的大小作为衡量对外政策合理性的主要标准。

（二）国家战略

国家战略是在一定时期内实现国家利益的指导思想和方针，是驾驭国际关系格局朝着有利于自己方向发展的一门艺术。它有广义和狭义之分，就广义而言，是指对政治、经济、意识形态、心理、科技、军事、核战略等狭义战略的总体运用；就狭义而言，是指具体某一领域的指导方针，如经济战略、军备控制与发展战略、和平战略、缓和战略等。国家的对外战略有着非常重要的价值，要避免国家在对外交往中顾此失彼，就要求国家制定出正确的对外战略。在理论上，国家战略有全局性、方向性和预见性等属性。

国际战略的制定与实施是关系国家前途、命运的大事。在当代竞争激烈的全球舞台上，任何国家要实现自己的利益，都需要参与日益频繁的国际互动。进行这样的互动，国家不单要角力，还特别要斗智。正是在这个过程中出现了国家战略。国家制定和实施对外战略，除了要有适宜的战略目标、充分的战略力量和战略资源之外，还必须要有适宜的决策程序以便进行战略手段的选择。国家确定战略手段是可以有多种选择的。外交谈判、经济封锁、文化渗透、军事威胁、局部战争乃至全面战争，都是可能的选项。选用何种手段最适宜，无疑要综合评估各个要素，而这些都会对世界政治产生重大影响。

（三）世界经济

政治是经济的集中表现。体现在国际关系中，国际经济是国际政治的基础，国际经济对国际政治有着决定性的作用。国际经济对国际政治的决定作用体现在：首先，国际经济格局是国际政治格局形成的前提和条件。不管是二战后的两极格局，还是冷战结束后的多极格局，都源于当时国际经济的两极化和多极化。其次，国际政治格局的发展方向与国际经济格局的发展方向基本一致。第三，当代国际政治力量实际上是一种综合国力，而国际经济实力是构成一国综合国力的基础。因此，世界经济的发展趋势将会最终决定世界政治的发展方向。

（四）国际组织

各种各样的国际组织，包括政府间国际组织和非政府间国际组织，在协调各国关系、缓和国际矛盾、解决国际争端、调节国际冲突、维护世界和平、促进世界稳定发展等方面有着重大影响，发挥着重要作用，主要体现在：（1）国际组织是各国进行联系和交流的场所。例如，“9·11 事件”爆发后，上海合作组织在吉尔吉斯斯坦比什凯克建立反恐怖中心以及围绕非法贩卖武器、毒品、非法移民和其他犯罪活动进行沟通与磋商。（2）国际组织有助于议题的确定。1965 年欧洲共同体成立后，将加强欧洲的政治联合作为成员国家一项重要议题。1993 年 11 月 1 日马约生效后，政治合作制度被纳入欧洲政治联盟活动范围。联合国经社理事会在 20 世纪 70 年代将粮食、人口和环境问题作为国际社会的一项重要议题。（3）国际组织主动把各国汇集到一起，采取联系战略，提出的一揽子协议，有助于世界政治中的潜在联盟活动起来，有助于全球议题的确定和解决。例如 20 世纪 70 年代，发展中国家利用联合国将海底问题与领海、渔业等问题联系起来，制定了综合性的《海洋法公约》。

（五）国际关系和突发性国际事件

国家间关系，特别是大国间关系，一直制约世界政治的发展。国家之间关系的好坏，直接关系缓和和紧张、协调与恶化，甚至和平与战争。当前，大国之间的关系是地区和全球稳定的重要因素之一。国际事件往往都是与国家关系联系在一起的，重大的国际事件往往成为世界政治发展的转折点。如苏联解体，促进了世界政治向多极化方向的发展。

三、影响和反映世界政治的国际关系理论

（一）理想主义

理想主义产生于第一次世界大战以后，是对格劳秀斯和康德等理想主义哲学传统的直接继承和发展。其代表人物是美国第 28 任总统威尔逊。早在 1889 年，威尔逊就发表了《国家论》，提出应当使国家和世界民主化，国与国之间的关系应实现道德理想。1918 年，他制订了十四点和平计划，诸如公

开外交、集体安全、国际法律、民族自决等等，被称为“威尔逊主义”。在他的倡导下，西方国家在 1919 年成立了国际联盟。后来法、美等国又在 1929 年签订“非战公约。”

理想主义可以被视为是第一个国际关系的理论。它在第一次世界大战后浮现，以解决国家在国际关系上控制和限制战争的无能。理想主义的理论前提是道义和法律，基本主张包括：（1）实现欧洲政治上的民族自决是消除战争的主要条件。（2）秘密外交是导致敌对结盟和冲突的根源，而公开的协议则是避免战争的途径。（3）摒弃传统的均势体系，代之以集体安全体系。（4）建立普遍的安全机构——国际联盟。（5）诉诸公众舆论，因为公众舆论是维持世界秩序的强大武器。（6）强调人的价值，认为人性本善，可通过建立和巩固国际合作实现人性善良的一面，人类在进步过程中逐步消除战争。

理想主义具有一定的缺陷：它是一种超脱现实和实际的政治理念，缺乏实证的精确的研究，没有提出实际的理论分析方法，忽视历史经验。1919 年成立的国际联盟未能阻止第二次世界大战的爆发。从 20 世纪 30 年代起，理想主义的主张开始受到越来越多的批评。

（二）现实主义

国际政治理论中的现实主义具有丰富的思想传统，可谓源远流长。人们一般将其追溯到古希腊的修昔底德及其《伯罗奔尼撒战争史》。在公元前 5 世纪的修昔底德是西方现实主义思想之父，而马基雅维利、霍布斯、卢梭等则延续和发展了这一思想传统。在当代，摩根索是公认的现实主义理论的集大成者。现实主义主张：（1）主权国家是国际政治中支配性的政治行为体。（2）国家间关系是一场权力的斗争，特征是竞争和冲突。因此，他们对有关国际关系中暴力的角色发生根本变化的任何纲领都持悲观的态度。（3）国家利益在国际政治中是分析国家行为的路标。国家都是理性的行为者，他们在对外行为中各自追求自己的利益。国际法和国际道德不能作为衡量一个国家外交政策的标准。

国家是理性的，各国处于无政府状态中，凡国家都是权力最大化者，这样一种框架的现实主义，一般被称为经典现实主义或传统现实主义。20 世纪 70 年代后期以来，肯尼思·沃尔兹等人发展出了结构现实主义，即新现实主义。这是现实主义理论发展的一个重要里程碑。现实主义又包含多种理论体系，例如均势理论、地缘政治理论、攻防理论和博弈论等。

1. 均势理论

均势理论是现实主义者推崇的理论之一，也是现实主义权力政治理论的一个重要组成部分。均势指的是两个或多个个体处于平衡状态的一种情况，可以用于许多学科中。在现代国际关系体系中，均势指的是没有一国处于优势地位或能对其他国家发号施令的状态，是与霸权相对而言的一种国际体系，是国家间力量对比的一种暂时的均衡状态，又称势力均衡，而努力建立和维持这样一种状态的战略或政策即为均势理论或均势政策。均势作为一种政策，是基于两个基本假设的，即国际体系是无政府的，以及国家认为独立比权力更重要。对国家而言，要实现均势通常有两种手段，即增强自身的实力或者与他国结盟。

在近代史上，均势原则一度指导了欧洲国际关系的实践。历史上，英国曾长期充当欧洲均势的“平衡者”。但实际上，均势往往是某些大国用来维持和追求霸权的一种借口和手段。根据国际体系中国家的数量，均势可以划分为简单均势和复杂均势。而从地域来看，均势则可以被划分为局部均势或全球均势。

2. 地缘政治理论

地缘政治学是探讨地理位置对国际政治关系影响的学说。该学说认为国家无论采取何种对外政策，都会受制于各种地理要素和人文要素的共同影响。从结构上来说，这一学说有两个核心概念，即地理和政治。前者是指对地理空间的一种表象认识，即“世界是怎样的”；后者是指获取世界权力的一种战略思考，即“我们应该怎样去做”。在地缘政治理论中，“地理”涉及国家、领土、边界、民族、资源、人口等要素，这些要素相互联系并相互制约。领土、边界勾画出国家的地理位置、面积大小和形状，而资源、人口等则决定着国家的经济权力、政治权力和未来发展的潜力。

地缘政治学一诞生就承担了为国家设计战略的使命。其后相继出现的有关海权、陆权、边缘地带等理论，实际上都是学者、战略家和外交家为自己国家设计的全球战略模型。美国海军军官马汉在其《海权对历史的影响》、《海权对法国革命与欧洲的影响》、《纳尔逊传》、《美国对海权的兴趣》、《亚洲的问题》等著作中总结了有史以来的海洋战略及其影响，提出了制海权可以决定一个国家国运兴衰的“海权论”。这一思想产生的深远影响，直接促成了德、日、俄、美诸国海军的崛起。比马汉稍晚一点的麦金德提出了陆权的战略模型，认为海权是构建于陆地之上的，陆地大小、人口规模和生产力高低决定海权的最终强弱。他所阐述的“地理枢纽”、“心脏地带”、“世界岛”、“中间带”与“地中洋”等核心概念，表明了一种在特定历史时期的国际权势分布图景及由它所体现的海权和陆权的对抗模式。其后的斯皮克曼不赞同

美国在美苏争霸中从战略进攻转为战略防御：1969 年后的尼克松主义出台，美国调整全球军事部署，收缩亚洲兵力，1973 年从越南撤军，1979 年同中国建交。

3. 美苏争霸的第三阶段（80 年代初至 90 年代初）

1981 年，里根出任美国总统以后，开始对苏联采取强硬态度，以遏制苏联在全球的扩张势力。在核战略和核军备方面，美国提出了“星球大战”计划，通过以高技术为核心的新一轮军备竞赛，从而拖垮经济力量相对落后的苏联。在争夺第三世界方面，美国立足于在军事上打小规模的局部战争，打击亲苏政权。苏联由于国内经济发展缓慢，在与美国的争霸中背上了沉重的包袱。1985 年戈尔巴乔夫上台执政后，开始放弃争夺军事优势的做法，转为裁减军备，从对外扩张转向全面收缩。1991 年 12 月底，苏联解体，美苏冷战争霸的局面结束。

二、世界政治力量的分化改组，两极格局受到冲击

（一）第三世界的崛起

民族国家的大批涌现冲击着两极政治格局。第二次世界大战后，民族解放运动蓬勃发展，到 20 世纪 60 年代末，已经有 104 个国家获得独立。成为世界政治中一支不可忽视的力量。从 20 世纪 50 年代中期开始，亚非拉地区的民族独立国家面临着“前门驱虎，后门进狼”的危险。因此，迫切要求联合起来，进行反帝反殖、维护国家主权和独立、发展民族经济的斗争。1955 年 4 月 18 日至 24 日在印尼的万隆举行了由印度、印度尼西亚、缅甸、巴基斯坦和锡兰（今斯里兰卡）五国发起的亚非会议，也称万隆会议。这是第一次没有西方国家参与的国际会议，会议通过了《亚非会议最后公报》，它是亚非民族独立国家作为一支新兴力量登上国际舞台、联合起来发挥独立作用的一个起点，亚非会议是第三世界崛起的一个重要里程碑。1961 年 9 月在南斯拉夫首都贝尔格莱德召开了由原南斯拉夫总统铁托、埃及前总统纳赛尔和印度前总理尼赫鲁发起的第一次不结盟国家和政府首脑会议，会议通过了《不结盟国家和政府首脑会议宣言》，它成为民族独立国家在政治上联合起来的重要里程碑。1964 年在日内瓦召开的第一届联合国贸易和发展会议上，77 个发展中国家和地区的代表发表了《七十七国联合宣言》。七十七国集团因此而得名，并一直沿用至今，它成为民族独立国家在经济上联合起来的重要里程碑。第三世界的崛起改变了世界政治力量的对比。

（二）社会主义阵营的分裂

苏联作为最有影响力的社会主义国家，在支持其他社会主义国家的建立和建设中曾发挥过积极作用。但由于苏联在雅尔塔体系确立时的大国主义的导向，不但没有克服，反而出现“老子党”及“大国沙文主义”的意识膨胀，甚至以霸权主义的政策处理兄弟党之间的关系，直接导致了社会主义阵营内部的矛盾和冲突。1948 年，苏联操纵欧洲九国共产党情报局开除南斯拉夫，导致的苏南冲突，主要就是由于苏联干涉南斯拉夫内政所引起的。1956 年的波兰波兹南事件、匈牙利事件以及 1968 年苏军入侵捷克斯洛伐克，都是苏联在东欧大党主义的集中体现，中苏两国在 1956 年苏共二十大后，出现意见分歧发展到两国关系的恶化，1958 年，苏联无理要求在中国建立长波电台和联合舰队，妄图控制中国，遭到中国政府的断然拒绝。1960 年苏联单方面撕毁有关援助中国的一系列合同，撤走在华专家，给中国施加经济压力。同时苏联在中苏、中蒙边境陈兵百万，最终导致 1969 年 3 月发生了珍宝岛武装冲突。中苏同盟的破裂和公开对抗标志着社会主义阵营解体。

（三）资本主义阵营的分化

由于资本主义经济政治发展的不平衡而导致，帝国主义阵营内部的矛盾进一步激化，西方阵营内部大量对比发生了明显变化：美国霸权地位出现动摇，西欧、日本经济迅速发展与美国展开控制与反控制的斗争，美、欧、日三足鼎立之势形成。随着法国、联邦德国等西欧国家的经济的恢复和发展，对美国的独立和离心倾向也日益明显。1957 年法、联邦德国、意、荷、比、卢签订了《罗马条约》，西欧走上了一体化道路。1958 年戴高乐就任法国总统，主张以法德为轴心实现西欧联合，提出了“欧洲人的欧洲”的口号，并且坚持恢复法国在国际事务中的大国地位，要求法国在北约中拥有决策权，遭到美国的拒绝。之后，1963 年签订《法德合作条约》，以实现西欧的联合；1966 年 7 月，法国宣布退出北约军事一体化组织。特别在 1964 年 1 月，法国同中国建立大使级外交关系，成为第一个与中国建交的西方大国。此外，联邦德国从推行“新东方政策”开始独立外交，开始缓和与民主德国和苏联、东欧国家的关系。随着日本经济实力的上升，日美在贸易、投资、安全和政治方面的摩擦和矛盾时断时续，特别是日本经济实力增强后，要求推行“多边自主外交”，改变向美国“一边倒”的政策。资本主义阵营的控制与反控制，促使帝国主义阵营走向分化。

三、苏东剧变，两极格局崩溃

20世纪80年代末90年代初，国际风云突变。短短的两三年内，共产党相继在东欧各社会主义国家和苏联失去了执政党地位，和平地让出了政权，统一的苏维埃社会主义共和国联盟也顷刻解体。

20世纪80年代中期以来，东欧各国经济形势日益恶化，加之苏联放松对东欧国家的监管，使得以美国为首的西方国家推行和平演变战略得以成功。从80年代末开始，东欧国家相继放弃社会主义道路和共产党工人党的领导，社会制度和意识形态发生剧变。1989年初波兰和匈牙利率先宣布实行“多党制”和“政治多元化”。6月，波兰统一工人党在大选中失利，团结工会上台执政，1990年匈牙利反对派获胜，此后，民主德国、捷克斯洛伐克等国共产党和工人党纷纷丧失执政地位，并都改为社会党。1989年11月9日，作为东西方冷战和两大阵营对抗象征的“柏林墙”倒塌，加速了两德统一的进程。1990年8月31日，双方签订了《德国统一条约》，10月3日两德统一。1991年6月28日经互会宣布解散。同年7月1日，华约组织也宣告终止存在。

与此同时，1979年苏联入侵阿富汗，成为苏联盛极而衰的起点。随着勃列日涅夫的去世，人们期待着苏联社会的根本变革。1985年3月11日，苏共中央全会选举新的党中央总书记，时年54岁的戈尔巴乔夫当选。1985年4月举行的苏共全会提出“加速国家社会经济发展的战略方针”，在15年内使国民收入和工业总产值翻一番。1986年苏共召开“27大”，会议明确把加速发展战略定为“党的对内对外政策的总路线”，指出苏共当前的基本任务是“发展和巩固社会主义，有计划地和全面地完善社会主义”。但是，苏联对长期形成的畸形经济结构的调整和对农业体制的深入改革未予重视，因而畸形的生产结构愈加明显。

1988年召开的苏共第19次代表会议，揭开了苏联政治体制改革的序幕。戈尔巴乔夫在报告中首次完整地提出“人道的、民主的社会主义”的概念，并把“社会主义多元论”、“民主化”和“公开性”作为三大“革命性倡议”。从苏共第19次代表会议到苏共28大的两年间，伴随政治体制改革的进行，经济改革实际已陷于停滞。1990年苏共28大召开，大会通过了中央提出的《走向人道的民主的社会主义》的纲领和“向市场经济过渡”的方针，对统治地位已经摇摇欲坠的苏共造成极为强烈的冲击，苏共实际已处于四分五裂的状态。同年年底，苏联第4次人民代表大会召开，通过了按“主权共和国联盟的原则”签订新联盟条约的总构想。

新联盟条约定于1991年8月20日开始签署，改国名为“苏维埃主权共和国联盟”，强调各共和国的“主权”，删去了“社会主义”一词。1991年8月19日，以苏联副总统亚纳耶夫为首的8名高级领导人组成“国家紧急状态委员会”，试图阻止激进派上台和联盟解体，但很快就失败了。“8·19事件”加速了苏联解体的进程。1991年12月7～8日，俄罗斯联邦、乌克兰和白俄罗斯三国领导人签署了《明斯克协定》，宣布三国组成“独立国家联合体”。12月21日，由11个加盟共和国首脑在哈萨克斯坦首都发表《阿拉木图宣言》，签署了关于成立独立国家联合体的协议书。12月25日，戈尔巴乔夫辞去苏联总统职务，并把核武器控制权亲手交给了叶利钦。12月26日，苏联最高苏维埃举行最后一次会议，通过宣言正式宣布苏联停止存在。苏联作为一个社会主义大国的历史画上了句号。

苏联以及东欧原来的9个社会主义国家除民主德国并入联邦德国外，其余8国分裂为27个国家。这一剧变震惊了世界，它使第二次世界大战后形成的雅尔塔体系告以终结。冷战的结束，使全球的力量对比态势发生重大变化，世界格局进入到一个向多极化过渡的时期，世界历史从此也翻开了新的一页。雅尔塔体系的崩溃是多种因素造成的，它的瓦解是一个渐进累积的过程，是一个在和平时期从量变到局部质变，再到全面质变的长期过程。导致雅尔塔体系解体的主观动因，则是美国和西方集团的协同攻势，苏联急剧的大幅度放弃对东欧控制和多方失误，从而造成了不利于苏联和社会主义国家的结果。

四、世界进入了政治格局转换期

两极格局被打破，世界进入了新旧格局转换的时期，国际力量重新组合，大国关系深刻调整，各种不确定因素增加。尽管世界政治格局多极化的发展趋势已经很明显，但是新的世界政治格局的形成仍将是一个长期的过程。其原因在于，这次新旧格局的转换与近现代国际关系史上几次大的格局转换相比另有不同的特点。历史上几次世界政治格局的转换都是经过大规模的国际性战争，打破既有国际力量的平衡，促使旧格局瓦解，确立以战胜国为主导的国际秩序。如第一次世界大战后建立的凡尔赛—华盛顿体制，第二次世界大战后的雅尔塔体制。而这次格局的转换没有经过大规模的战争，基本上是在和平条件下进行的。所以后来的政治格局是随着国际力量发展变化自然形成的。另外，雅尔塔体制表现为两个超级大国的对峙和争霸。随着苏联的解体。美国成为新时期的唯一超级大国，必然谋求维持霸主地位。新旧格局转换过程中就形成了“单极”与“多极”的斗争。因此新格局将是斗争“合力”的结果。

20 世纪 90 年代初，格局转换的原因不是出现新的国际力量战胜旧的国际力量，而是苏联自身衰落导致国际格局被打破。美国虽然仍是世界上唯一的超级大国，但是其掌控世界事务的能力已经大大下降。相反日本、西欧等国家实力有了很大发展，包括中国在内的广大第三世界国家力量进一步壮大。各种国际力量仍然需要较长时期的发展、变化、磨合，以便确立自身在未来国际体系中的位置，由此推动世界政治朝着多极化方向发展。

第三节　当今世界政治发展的特点与趋势

冷战后国际形势发生了重大变化。世界经济全球化、世界政治多极化、国际关系民主化和发展模式多样化，以不可阻挡的历史潮流，推动国际形势向前发展。进入 21 世纪，世界又经历了一系列重大事件：“9 · 11 事件”和席卷全球的反恐战争、阿富汗战争、伊拉克战争、朝鲜半岛核问题以及继后发生的伊朗核问题、中国和印度等国的迅速崛起、由美国次贷危机引发的蔓延至全球的国际金融危机……处于时代转折点上的当今世界政治体现出新的特点与趋势。

一、多极化趋势和霸权主义、单边主义并存

多极化是当代世界政治的一个重要特征。冷战结束后，世界政治的总体趋势是向多极化方向发展，决定世界政治格局发展变化的因素是多方面的。目前，多极化的趋势日益明显，但影响世界多极化趋势的因素仍然存在。

（一）世界政治中存在着多个政治力量中心

当前，世界政治中存在着“一超多强”的力量格局。“一超”是指美国是唯一超级大国，其在经济、政治、军事乃至文化等方面对国际事务具有全球的影响力。“多强”是指俄罗斯、欧盟、日本、中国等行为体，它们在经济、科技、政治、军事、文化的某些方面，对国际事务发挥作用。在“一超多强”的格局中，美国与其他力量中心的力量对比是不对称的。在经济上，美国是世界经济发展的火车头，在国际经济、贸易、金融体系中拥有强大的发言权；其他力量中心，除欧盟的整体经济实力堪与美国抗衡外，中、日、俄与美国均有较大差距。在军事上，美国拥有绝对军事优势，能够打得起高技术局部战争，其他力量中心，除俄罗斯拥有较强的战略核力量外，欧盟、

日本、中国均处于军事弱势。在政治上，美国在全球和地区国际组织中的作用和影响，特别是在重要事务的议程、程序和规则的确立方面，要远远大于其他力量中心。在文化上，美国价值观念、政治制度和生活方式的全球影响，也比较广泛。总之，美国是具有世界影响力的力量中心，其他国家和国家集团是在某些领域、某些地区和某些问题上拥有影响力的力量中心。“一超”和“多强”之间的力量对比虽然不对称，但它们都是世界政治意义上的“一极”，都对全球和地区事务发挥重要影响，其战略动向和政策调整都会牵动大国关系，进而影响国际战略形势。从这个意义上说，多极化的趋势是一个客观现实。

（二）各大力量中心之间的关系日益朝着有利于多极化的方向发展

“一超多强”的力量格局，始终处于变化发展之中。一是经济发展的不平衡导致各国实力地位和国际作用不断发生变化，各个力量中心的实力对比关系随之有了新的形态。当前，相对于美国要实现的战略目标和力量布局的日益分散化来讲，美国的综合实力有所下降，其称霸全球、建立“单极世界”的目标，越来越受到其他力量的严重制约，欧盟、日本、俄罗斯、中国等力量中心的综合实力相对上升，推动世界多极化的力量不断增长。二是一些力量中心将推动世界多极化发展作为其对外战略的重要内容，甚至作为大国关系调整的重要原则。如冷战结束以来，中俄、中法在双边关系中多次发表共同宣言，致力于推动世界多极化。欧盟作为一个单一的国际行为体，也主张世界多极化，积极发展与俄罗斯、亚洲、非洲的关系，牵制美国的“单极世界”图谋。此外，一些新兴的发展中国家日益崛起，如印度、巴西、南非等发展中大国，它们都反对霸权主义和强权政治，积极加强南南合作，推动南北对话，成为世界多极化趋势的重要推动力量。在各种力量的“合力”作用下，多极化的趋势不断发展。三是“一超”对其强权的过度运用，必然导致其硬软实力的更大损耗。虽然美国已于2011年从伊拉克撤军，但持续了11年的阿富汗战争仍然在继续，这在很大程度上牵制了美国全球战略的调整。

（三）多极化的发展趋势受到单边主义和霸权主义的挑战

在多极化的进程中，以美国为代表的西方大国不断以和平、安全、人权和民主为借口，肆意干涉他国内政，表现为经济制裁、军事威慑，甚至不惜绕开联合国，利用其所控制的政治军事集团对一个主权国家实施军事打击，推翻该国的合法政府，甚至将该国领导人送到国际法庭进行审判，这都是霸权主义和单边主义的突出表现。最典型的是2003年3月20日，以美国为主的联合部队以伊拉克拥有大规模杀伤性武器和支持国际恐怖主义为由，发动战争推翻了萨达姆政权，并将萨达姆推上了断头台。

二、国际形势趋向缓和，但局部冲突和战乱不断

从总体上来看，第二次世界大战后，国际形势由紧张趋向缓和，特别是冷战结束后，两大军事集团对抗的局面不复存在，国际社会呈现出一个相对和平的状态，这也为各国发展经济、加强合作提供了前所未有的和平环境。首先，世界大战给人类带来巨大的灾难，各国人民的生命和财产都受到重大损失。世界人民总结历史经验和教训，都渴望和平、反对战争。因此维护和平、避免战争成为全人类的共同利益，成为不可抗拒的时代潮流。其次，多极化格局的出现是对战争的有力制约。两极格局解体后，有资格打世界大战的两个超级大国之一的苏联已不复存在，俄罗斯虽然继承了苏联的战略和军事遗产，但既没有能力也没有意图发动世界大战。在多极化趋势的推动下，大国关系在冷战结束以来进一步变化调整，形成既相互借重又相互制约的相对稳定局面，不仅促进了双方的合作，维护了地区稳定，而且对霸权主义和强权政治进行牵制，是维护世界和平的重要因素。再次，世界经济的发展，把世界各国越来越紧密地联系在一起，各国经济之间相互渗透、相互制约，国际社会出现了一种相互依赖的关系。这种关系使得大多数国家都倾向于寻求以外交手段而不是军事手段来解决存在的矛盾。最后，现代战争的高科技含量明显提高，大国发动的局部战争能够控制在一定的规模和暴力限度内。总之，世界和平力量的增长超过了战争因素的增长，国际力量的对比朝着有利于维护世界和平的方向发展，爆发世界大战的可能性日益降低。

但是，天下并不太平，战乱和动荡持续不断，热点问题不时出现。在非洲一些国家和地区，因民族、宗教、领土等矛盾引发的局部冲突此起彼伏。据统计，冷战40多年间，世界上发生的冲突近200起，而冷战结束以来的20多年间发生的冲突，相当于冷战时期的总和。仅2006年全世界就发生暴力冲突35起，其中战争6起，严重危机29起。据联合国统计，最近十年，世界范围内仅内战就造成500万人丧生。最近几年，西方大国加紧在发展中国家特别是在中东和中亚两个地区推行西方民主模式，给地区不稳定的形势增添了不少麻烦，如中亚地区的“颜色革命”，2008年8月的“俄格战争”，以及2011年从突尼斯、埃及蔓延至整个中东和北非地区的“中东革命”。

三、促进发展已经成为世界各国人民的共同愿望和各国政府的首要任务

（一）当代国际竞争的实质决定了各国必须将发展作为头等大事

在过去相当长的时期，国家与国家之间的较量中，军事力量起着最重要的作用。冷战后国家间争夺的重心由传统的军事领域的竞争转移到经济、军事、科技等多领域的竞争。当今国际社会的竞争实质是以经济实力为基础综合国力的较量。随着全球科技、经济地位的提高，一场以经济科技为核心的综合国力的竞争全面展开。越来越多的国家认识到，实力是基础，没有强大的经济实力，也就不可能有强大的军事实力。在未来的国际竞争中谁能占优势，将不再单纯看它军事力量的强弱，而要看一国能否占领世界科技的制高点。经济即政治，每一个国家只有努力发展本国经济，提高本国的科技实力，才能在未来的国际竞争中立于不败之地。

（二）如何应对全球化已成为国际社会的突出问题

在全球化背景下，经济生活国际化程度达到了空前的水平。从生产到交换，从贸易到金融，从跨国公司的迅速增加到国际经济组织作用的不断加强，从信息高速公路的起步到互联网的建立，世界已成为一个紧密联系的整体。区域经济集团化、跨洲域经济合作和南北区域经济集团的建立，加速了全球经济一体化的发展。在相互依存的世界里，一国发展所依赖的资源、技术、市场等生产要素与国际经济形成紧密的互动关系。一国的产业政策、科技政策、贸易政策等都将影响到其他国家的相关政策。但经济全球化又是一把双刃剑，经济全球化在改变传统国际关系的同时又对国家的主权造成了挑战。1997 年的东南亚金融危机就是一个典型的例子。从理论上讲，各国都有权自主决定汇率的高低。但是当泰铢受到国际游资攻击时，在跨国资本强大的压力下，国家几乎无招架之力。东南亚各国先是不得不与泰铢共命运，最终又在国际投机的压力下放弃保卫本国货币的努力。当败局已定，为获得国际货币基金组织的援助，泰国、韩国又不得不接受这一组织提出的各种苛刻条件，从而将自己的一部分经济主权拱手相让。目前的希腊主权债务危机也面临类似的命运。

（三）环境和生态危机成为制约经济发展的严重问题

由于长期过度的开发，人类生存的环境遭到破坏，资源日益缺乏，不少国家深受其害。例如 2000 年初，因全世界温室效应之故，太平洋水位上涨，

结果使得南太平洋岛国图瓦卢于 2 月 19 日下午至 20 日下午 5 点之间全国被淹。据统计，在一天时间内，图瓦卢海面上升了 3.2 米，而该国最高海拔只有 4.5 米。这虽是一个特例，但环境与生态问题的挑战却是显而易见的。因此，如何处理人与自然的关系，在经济增长的同时保护自然资源，保持良好的生态环境，这对于经济发展至关重要。

（四）解决发展问题对于发展中国家而言尤为重要

战后大部分时间段里，南北经济差距在进一步拉大。对于广大发展中国家而言，经济全球化既是机遇，又是挑战。发展中国家只有抓住全球化带来的机遇，努力克服其不利影响，才能发展经济，改善民生，实现国家的强盛和社会的稳定。

四、传统威胁与非传统威胁并存

（一）传统威胁

传统威胁主要是指传统意义上的安全问题，主要包括国家面临的军事威胁和危及国家政权的军事因素。除此之外，民族矛盾、宗教矛盾和领土争端也是传统威胁的内容。非传统安全是相对传统威胁因素而言的，是指除军事、政治和外交冲突之外的其他危及国家主权和人类发展的因素，这些因素包括资源争端、恐怖主义、武器扩散、贩毒走私、疾病蔓延、海盗猖獗和粮食危机等等。这些问题人类过去没有遇到或很少遇到。非传统安全问题有以下主要特点：（1）跨国性。非传统安全问题从产生到解决都具有明显的跨国性特征，它们不仅是某个国家存在的个别问题，而且是关系到其他国家或地区甚至整个人类利益的问题；不仅对某个国家构成安全威胁，而且可能对别国的国家安全不同程度地造成危害。（2）不确定性。非传统安全威胁不一定来自某个主权国家，往往是非国家行为体如个人、组织或集团等所为。（3）转化性。非传统安全与传统安全之间没有绝对的界限，如果非传统安全问题矛盾激化，有可能转化为依靠传统安全的军事手段来解决，甚至演化为武装冲突或局部战争。（4）动态性。非传统安全因素是不断变化的，例如，随着医疗技术的发展，某些流行性疾病可能不再被视为国家发展的威胁；而随着恐怖主义的不断升级，反恐成为维护国家安全的重要组成部分。（5）主权性。国家国际社会的最主要行为体，主权国家在解决非传统安全问题上拥有自主决定权。（6）协作性。应对非传统安全问题加强国际合作，旨在将威胁减少到最低限度。冷战结束，传统威胁的重要性开始下降，军事力量在国际政治中的作用不断下降。

传统安全威胁主要来自大国的霸权主义。冷战后，美国成为唯一的超级大国，其综合国力在人类历史上达到了前所未有的水平。美国凭借强大的力量来推行霸权主义和强权政治。它不顾俄罗斯的反对扩大北约；不顾中国的反对扩大美日安保条约；不顾欧洲和日本等国的利益，强行撕毁《京都议定书》；不顾中国和俄罗斯的反对，单方面退出反导条约；不顾世界多数国家的反对，把一些主权国家如伊朗、伊拉克、朝鲜等宣布为所谓的“邪恶轴心”国家，宣布美国将在打击国际恐怖主义和防止核生化武器的旗帜下，采取所谓先发制人的战略，甚至考虑运用核打击力量摧毁威胁美国的力量。

（二）非传统威胁

当前，最突出的非传统安全威胁来自各种恐怖主义事件。“9·11 事件”后，恐怖主义成为当今非传统安全威胁的首要问题。一方面，国际恐怖活动更加猖獗、血腥，手段、方式不断升级，活动区域继续扩大，对国际社会的稳定、安全与发展构成空前威胁；另一方面，国际反恐斗争全面展开，世界各国高度重视并采取各种措施打击恐怖主义，反恐合作已成为国际关系的重要内容。当前，在世界各地恐怖事件仍在频繁密集地发生，凸显了国际恐怖主义的新变化与新特点。俄罗斯近来的系列恐怖事件、西班牙“3·11 大爆炸”，以及此前印尼、沙特、摩洛哥、土耳其等国发生的多起惨案，均属于恐怖主义。国际恐怖势力不断重组、重建、发展和蔓延，恐怖袭击追求“大规模杀伤效应、大规模轰动效应”的特点最为突出。在今后相当长的时间内，恐怖活动仍是国际社会的主要威胁。国际恐怖主义既源于深刻的历史、社会、民族宗教矛盾冲突，也有时代大背景的影响。恐怖主义仍将作为国际社会发展的一种畸形表现形态长期存在。

五、大国关系处于深刻变革之中

大国关系是世界政治与国际关系中最重要的关系。冷战结束以来，大国纷纷调整国家安全战略和对外战略，大国关系经历不断的磨合、碰撞、摸索。尽管国际风云复杂多变，但构成大国关系的基本要素与框架并没有发生根本变化。“9·11 事件”后，大国关系继续深入调整，不断改变着世界战略力量的组合，成为影响当代世界政治的最重大的因素之一。当前大国关系的深入调整，是 20 世纪 90 年代末大变革大调整的继续，但在新历史条件下，又呈现出一些新的特征：

（一）磋商、协调、合作逐渐成为大国关系的主导方面

21 世纪以来，大国关系虽不断变化，但协调、借重、合作逐渐成为相互

关系的主流。一是大国在愈益广泛而又密切的跨国联系中，在经济、安全等领域的相互依赖和共存共荣的局面进一步发展。为应对经济全球化带来的一系列严重的全球性问题，大国需要加强协调和配合。二是大国之间在一系列重大战略问题上有着广泛的共识和利益，如避免彼此之间直接的大规模冲突，共同应对国际恐怖主义。三是大国之间消除了根本的战略敌对，在相互关系中不将对方视为战争威胁或紧迫的安全威胁，大国之间发生的摩擦与冲突的可能性减小，在一定程度上推动大国关系走向磋商、协调与合作。各大国愈益充分地认识到，合作才能带来双赢和共赢。

（二）美国的对外战略动向牵动着大国关系的调整

美国超强的实力和影响力以及独霸世界的全球战略，使其对外战略动向或重大调整，成为影响国际形势发展变化的最大因素，牵动着大国关系的分化组合。其根本原因是，在美国“一超”和其他大国“多强”之间，其相互依存并不对称。“多强”对“一超”的依存，远远超过“一超”对“多强”的依赖。因此，冷战结束以来美国对外战略的多次调整，以及它的每一项重大战略举措的出台，都曾引起大国关系的变动。“9 · 11 事件”后，为有效地开展国际反恐斗争，美国需要国际社会的支持，尤其是其他大国的合作。俄罗斯、中国、日本、印度以及欧盟主要国家英国、法国和德国，以此为契机，对美国推行灵活务实政策，求同存异，配合和支持美国在阿富汗等地进行反恐战争。大国关系以反恐为基础的良性互动，使中俄与美国等西方大国的关系得到改善和发展。大国关系普遍增强了合作性，减少了对抗性。在这个过程中，美国对外战略调整始终发挥着牵引作用。

（三）大国之间竞争与合作、妥协与摩擦并存，大国关系的性质没有发生根本变化

冷战结束后的大国关系具有双重性。一方面，大国彼此进行合作，增加对话，相互协调，谋求双赢和共赢；另一方面，各大国在重大国际问题和双边关系问题上，均根据各自国家利益而采取不同的立场和对策，矛盾和摩擦不可避免。因此，大国关系的基本特征，是在合作中有斗争，在斗争中求合作，既相互合作，又相互竞争；既谋求对话，又保持戒备；既相互借重，又相互制衡。最重要的是，大国关系的调整是以各大国的不同利益为基础的，各大国在处理大国关系时，其基本目标仍是实现本国的国家利益。无论大国关系如何调整，利益的磨合与交汇，始终是决定大国关系现状和未来走向的最基本的因素。

总之，大国关系重大而又深刻的调整，既是世界多极化趋势的客观反映，又是推动世界多极化发展的强劲动力。尽管协调与合作是大国关系调整的主流，但大国关系依然存在着诸多不确定因素，特别是还存在着霸权主义和冷战思维，因此大国关系的调整将始终充满矛盾与曲折。

六、国际关系的民主化趋势不断增强

（一）国际关系民主化

国际关系民主化的基本精神是由世界各国通过平等协商共同解决国际问题，共同治理世界事务。随着非国家行为体在国际事务中发挥着愈益重要的作用，国际关系的民主化趋势也不断增强，其基本要素和内容主要包括以下几个方面：

一是国家平等原则。世界各国有大小强弱之分，无高低贵贱之别，在国际社会中一律平等。国际事务应由各国共同参与解决，不能由一个或几个大国操纵、垄断，不允许搞大欺小，富压贫，强凌弱。

二是尊重主权和不干涉内政。这是《联合国宪章》明文规定的基本原则，也是国际关系民主化的真谛。各国固有的独立、主权和自行选择本国社会制度、发展道路的权利是神圣不可侵犯的，必须予以尊重和保障，任何国家不得以任何方式加以干涉和侵害。

三是尊重文明的多样性。文明多样性既是客观存在的事实，也是推动人类进步的动力。每一种文明都有它的长处和短处，各种文明应该互相包容、互相学习，取长补短，共同提高，而不应该互相排斥，搞“文明冲突”。尊重文明的多样性就是要承认和尊重各国历史文化、社会制度、发展模式的差异性，允许各种制度和文明和平共存、和谐竞争，让人民和历史根据实践做出最终取舍和选择。这是国际关系良性发展之道。

四是互相合作、共同发展。国际社会在平等互利的基础上加强两个合作，即南北合作和南南合作。发达国家有责任采取切实措施，帮助发展中国家实现发展目标。当前要特别注意减弱和克服经济全球化利益过于偏向发达国家的消极倾向，使发展中国家在其中获得更多的参与权和利益，使南北双方在全球化中均衡受益，以免造成更大的贫富差距和加剧南北矛盾。

（二）联合国的影响和作用

国际关系民主化的过程中，联合国的作用不断增强，影响日益扩大，成就颇为突出。联合国是当今世界维护和平与发展的最重要国际组织。冷战结束以来，联合国在维护世界和平、促进世界发展中的权威和地位，得到世界各国的普遍认可和绝大多数国家的尊重。联合国在国际事务中的作用不断加强。

第一，在维护世界和平与地区稳定、解决国际争端等方面，联合国发挥了愈益重要且显著的作用。在柬埔寨、索马里、海地、刚果（金）、前南斯拉夫等地区，联合国实施了几十次维持和平行动任务，并积极参与一些国家的政治和社会重建。在功能和手段上，联合国维持和平行动均实现了超越，从传统的维持和平日益向新时期的建立和平、维持和平以及冲突后缔造和平并举的战略转变，在多项任务中取得了显著成就，受到国际社会的赞扬。

第二，在核裁军方面，联合国多边谈判也取得了一些重要成就。在联合国的主持和促成下，1992 年通过《禁止化学武器条约》，现已有 188 个国家签署。1995 年，当时的 187 个签署国同意《不扩散核武器条约》无限期延长；《全面禁止核试验条约》得到 170 个国家的签署，并通过安理会第 1540 号决议，促成国际社会特别是各大国在国际防扩散问题上取得一致共识。日内瓦多边军备控制与谈判，在程序问题上也取得进展。联合国还促成通过了《禁止化学武器公约》、《禁止生物武器公约》和《国际地雷公约》，而且都得到了绝大部分国家的支持。

第三，在促进经济和社会发展、应对重大全球问题方面，联合国做了大量富有成效的工作。20 世纪 90 年代以来，联合国积极筹措资金，向发展中国家提供了各种无偿援助项目达 5 000 多个，多次召开世界性会议，讨论世界环境、人口、粮食等问题，日益关注可持续发展，致力于推动世界政治经济朝着更加公正、平等、繁荣的方向发展。

当然，联合国在机制和效率、功能和使命等方面也存在不少困难和缺陷。近年来，某些大国无视联合国的地位，有意削弱联合国的作用。如 2003 年美英等国绕开联合国，单独发动伊拉克战争，严重损害了联合国的权威。但联合国仍然是当今最重要的国际组织，正如胡锦涛在联合国成立 60 周年首脑会议上的讲话所指出的，“联合国作为集体安全机制的核心，在保障全球安全和国际合作中发挥着不可替代的作用”。

（三）其他非国家行为体的作用

其他全球性国际组织、区域性国际组织以及非政府组织也日益发挥着重要作用。在世界经济领域，国际货币基金组织、世界银行、世界贸易组织三大国际经济机构，在世界经济的运行和协调、危机预防和解决等方面，发挥着重要作用。在世界政治领域，欧洲联盟、东南亚国家联盟、非洲联盟等组织，日益从经济一体化组织向经济政治军事一体化组织过渡，在促进地区发展，维护地区稳定，推动世界多极化等方面，均发挥了显著作用。在社会领域，各种非政府组织迅速增加，其数量已远远超过政府间国际组织，对国家和政府间国际组织的决策、监督和咨询，其影响越来越大。非政府组织参与许多国际事务，在消除贫困、保护环境、维护人权、促进发展等方面，发挥着积极作用。但必须指出，许多非政府组织并非坚持中立和公正立场，而是充当西方发达国家或集团的政策工具，以促进民主和人权之名义，行渗透和扩张之事实。

【思考题】

1. 当前世界政治的主要行为主体有哪些？
2. 二战后世界政治格局是怎样演变的？
3. 冷战后世界政治发展的趋势和特点是什么？

机市场。1982 年，空客又取得了世界宽体客机一半以上的市场销售额。①

4. 经济调整阶段（20 世纪 80 年代初～90 年代初）

针对美国经济不振，在世界经济中地位不断下降并危及美国世界霸权的不利局面，1981 年上台的里根政府提出了“振兴经济”、“重振国威”的口号，拟订“经济复兴计划”，将振兴经济作为美国政府优先处理的重大课题。在经济政策上，美国一改战后以来一直奉行的凯恩斯主义，转而采纳供给学派和货币主义的主张：将抑制通货膨胀作为宏观经济的重点政策目标，实行减税和扩张性的财政政策以刺激投资和储蓄，增加有效供给；控制货币供应总量，稳定币值，抑制通货膨胀；调整所有制结构，国有经济私有化；削减社会福利开支，减少政府对经济的过度干预和限制；增强企业的活力，提高企业的竞争能力等。这一系列政策和措施取得了一定的成效，美国自 1982 年开始摆脱经济危机。到 1990 年，国内生产总值年均增长超过 4%，年均通货膨胀率为 4% 左右，失业率也由 1982 年的 9.7% 下降到 1989 年的 5.3%。但与此同时，里根执政期间美国联邦政府预算赤字累计达 12 158 亿美元，是战后初期至 1981 年美国历届政府财政赤字总额的 2.4 倍。为弥补巨额的财政赤字亏空，美国通过高利率吸引外国资本，向国内外大量举债，从而又导致美国政府债务急剧增加。1989 年，美国国债总额达到 2.6 万亿美元，是 1981 年里根上台执政前的三倍。到 1992 年年底，这一数字更是超过 3 万亿美元，使美国最终成为世界最大债务国。

（二）冷战结束后美国经济的发展

20 世纪 90 年代以来，美国经济在经历了短暂的衰退之后，于 1991 年 3 月走出低谷，开始复苏。一直到 2001 年 3 月，美国经济才重新开始陷入衰退，在此期间经济扩张长达十年之久。尤其值得一提的是，在这次经济扩张的过程中，伴随经济稳定增长的还有“四低”，即低通货膨胀率、低失业率、低财政赤字、低利率，总称“一稳四低”。凭借这个“黄金十年”，美国相对其他发达资本主义国家重新取得经济优势。由于传统经济理论无法对这一现象做出令人信服的解释，1997 年 3 月，美国《商业周刊》将它称为面向全球的、可以持续发展的信息时代的“新经济”——由信息技术带动而形成的知识型、技术型经济。美国由此最早实现了由工业经济向信息或知识经济的转变，并第一个迈进了信息社会。毋庸置疑，新科技革命对美国经济的影响深

① 伯索尔等编：《1984 年世界发展报告》，国际复兴开发银行/世界银行 1984 年版，第 183 页。

刻而广泛。最能说明问题的便是信息—服务型经济的发展速度极快，它使美国的生产方式和生活方式、经济结构、社会分工乃至人际关系，都发生了深刻变化。比如，新型波音客机的零部件是由美、英、法、加、日等国家的多家大公司承包生产的，而它们的设计、图纸修改和质量鉴定都是通过互联网进行的，各种零部件的尺寸达到高度精确的程度，最后由波音公司一次组装成功。美国“新经济”的出现，得益于新科技革命，而其核心是信息产业的发展。仅从 1991 年到 1995 年，美国与信息有关的设备投资的年平均增长速度达到 14.4%，其中与计算机有关的投资的增速每年高达 29.7%。这个数字在 1995 年和 1996 年分别为 32% 和 45%。①

当美国经济借力知识经济实现长达十年的快速扩张时，日本却陷入了“失去的十年”，而欧洲也一直处于缓慢发展状态。据统计，1991—1996 年，欧盟 15 国实际国内生产总值年平均增长率为 1.58%，低于美国的 2.4%。而 1993 年和 1994 年，日本实际经济增长只有 0.5% 和 0.7%。

虽然美国在 2001 年 3 月迎来了一次经济衰退，随后发生的“9·11 事件”又给美国经济雪上加霜，但 2003 年第二季度美国经济再一次强劲复苏，这是战后美国经济史上为时最短的衰退之一。这主要得益于：伊拉克战争结束，企业信心增加，从而带动了投资；布什总统的减税计划；美联储采取的低利率政策；美元走软。在紧接着的 2004—2005 年，美国国内生产总值实现快速增长，是进入新世纪以来增长最快的期间。私人消费继续稳定增长、就业形势明显改善、私人和企业投资进一步扩张是美国经济增长的主要动力。据美国商务部统计，2004 年美国私人消费开支增长 3.8%，国内私人投资增幅从 2003 年的 4.4% 进一步扩大到 13.2%，失业率则降至 5.5%。随着经济好转，企业并购趋于活跃。2004 年企业并购比 2003 年增长了近 50%，交易金额达到 8 000 亿美元。

但是在这种强劲增长的背后，美国经济也面临着一系列严峻的挑战，包括财政赤字、储蓄不足、过度消费、贸易逆差、过度的国际负债融资以及房地产市场泡沫破灭等。在这些问题的综合作用下，2006 年美国经济增速开始放缓。

（三）金融危机阴影下的美国经济

为了抑制通货膨胀，美联储从 2004 年 6 月以来连续 17 次上调联邦基金利

---

① 王永前、彭伯全：“美国经济的‘宠儿’——新经济”，《经济与信息》，1998 年第 4 期，第 45 页。

率，到2006年8月已经由1%攀升至5.25%。加息的结果是房地产市场泡沫被捅破，从而引发房地产市场的严重衰退，一年之内房价下跌了35%①。2007年美国次贷危机爆发，并于2008年迅速演变为全球金融危机。2009年美国陷入了自20世纪30年代“大萧条”以来最严重的经济衰退。遭受重创的美国经济至今仍笼罩在金融危机的阴影下，复苏缓慢且不稳定。

在前期美国房价持续攀高的诱惑下，当年很多美国消费者选择了住房抵押贷款，其中14%是所谓“次级贷款”（Sub-prime）②。次级贷款人在美国被称为ninjna（no income，no job，no assets），属于违约风险非常高的客户群。然而，出于对房价持续上涨的预期，以及可以帮助分散风险的次贷证券化的运营，贷款机构仍然愿意发放次级贷款。随着美国房地产市场泡沫的最终破灭，次贷违约率大幅上升，进而构筑在这些贷款基础上的抵押贷款支持证券和担保债务凭证的价值大幅缩水，次贷危机浮出水面。

进入2008年以后，越来越多的金融机构被卷入危机，甚至宣告破产，次贷危机终于演变为美国乃至全球的金融危机。2008年9月7日，美国财政部正式宣布接管陷入严重困境的美国两大房贷机构——美国联邦国民抵押贷款协会（房利美）和美国联邦住宅贷款抵押公司（房地美）。9月15日，已有158年历史的雷曼兄弟公司申请破产保护，同月美林证券被美国银行收购。如果加上早前被摩根大通收购的贝尔斯登，华尔街五大投行几乎在一夜之间消失了三家，幸存下来的高盛和摩根士丹利也转变为银行控股公司。与此同时，保险巨头美国国际集团（AIG）也陷入破产困境，美国最大的储蓄机构华盛顿互惠银行则宣布倒闭。这一连串的打击彻底摧垮了投资者的信心，全球股市持续暴跌③。

除了金融市场的剧烈动荡，在债券价格暴跌和信贷紧缩的双重打击下，

---

① 熊军、高谦：“次贷危机的性质和原因”，《当代经济研究》，2009年第2期，第37页。

② 美国住房抵押贷款市场的总值为12万亿美元，是美国资本市场中仅次于公司股票市场的最重要市场。美国房地产金融机构通过以下三项指标来区分客户质量：（1）客户的信用记录和信用评分；（2）借款者的债务与收入比例；（3）借款者申请的抵押贷款价值与房地产价值比率。美国的住房抵押贷款市场提供的贷款则相应地按质量分三大类：优质贷款（Prime）、中级贷款（Alter-A）和次级贷款（Sub-prime）。参见余永定：“美国次贷危机的来龙去脉”，《中国报道》，2009年第1期，第28页。

③ 彭兴韵、吴洁：“从次贷危机到全球金融危机的演变与扩散”，《经济学动态》，2009年第2期，第53页。

美国企业的投资和生产受到严重冲击，实体经济产出下降，居民消费也开始减少。2008 年，美国工厂耐用品订货下降 5.7%，为 1992 年有记录以来第二大降幅，仅次于 2001 年的下降 10.7%。2008 年第三季度数据显示：作为总需求主要构成部分的消费支出下降 3.1%，国内生产总值负增长 0.3%。美国消费者信心指数从 2007 年 9 月的 99.5，迅速下降到 2008 年 1 月的 78.4。

奥巴马政府上台后，一方面为复苏美国经济采取了大量刺激措施，另一方面金融危机对美国经济社会的冲击也开始全面显现。继 2008 年 10 月布什政府出台 7 000 亿美元金融救援计划后，奥巴马分别于 2009 年 2 月、2010 年 9 月和 2011 年 9 月公布了三批刺激经济计划，总额超过 1.6 万亿美元。2010 年 12 月，奥巴马批准 2011—2012 年全民减税 8 580 亿美元。与此同时，美联储主席伯南克先后宣布了两次量化宽松的货币政策，共加印 9 000 亿美元的钞票以增购国债。① 在上述措施的刺激下，从 2009 年下半年至 2011 年底，美国经济增速呈现波浪式发展：2009 年下半年为 2.8%，2010 年上半年为 3.8%，下半年为 2.4%，2011 年上半年为 0.9%，下半年为 2.5%。

金融危机对美国经济社会最明显、最强烈的冲击就是失业率的居高不下。据统计，美国 2008 年失业率为 5.8%，2009 年攀升到 9.3%，2010 年为 9.7%，2011 年为 8.9%。美国劳工部 2011 年 5 月发布的数据表明：完全失业 1 390 万人，半失业 850 万人，隐性失业 220 万人，合计 2 460 万人，占全国有就业能力人口的 16.4%。也就是说，每六个有就业能力的美国人中就有一人没有充分就业。高位运行的失业率增加了美国人的痛苦指数，降低了人均可支配收入，抑制了美国社会的消费，进而拖累了美国经济复苏的脚步。对此，奥巴马也坦承："我们经历的是自大萧条以来最严重的金融危机。一般来说，在经历过这样的金融危机后，病人需要很长时间才能康复。这种情况就是经济患了心脏病，虽然病人活过来了，正在渐渐康复，但是康复的速度非常缓慢。"②

另外，作为本次金融危机导火索的美国房地产市场的衰退仍在继续。2011 年 12 月 23 日，《美国新闻与世界报道》网站透露，2007 年以来美国房地产价值已缩水超过 6.4 万亿美元。据美国房地产协会统计，受到次贷危机、

---

① 2012 年 9 月 13 日，美联储出台第三轮量化宽松政策（QE3），决定每月购买 400 亿美元的抵押贷款支持证券。同时将继续执行卖短买长国债的"扭转操作"，并把到期机构债券和抵押贷款支持证券的本金再投资。

② 王丽军、周世俭："金融危机后美国经济发展趋势分析"，《国际贸易》，2012 年第 1 期，第 40 页。

经济衰退和失业率的影响，到 2011 年第一季度断供止赎的房屋已有近 1 000 万套。被扫地出门的中青年夫妇只能带着孩子投奔父母。据人口普查局公布的数据，到 2010 年年底已有 590 万儿童同祖父母一起生活。根据 2011 年 7 月 20 日摩根士丹利发布的报告，美国人自有住房率已由 2004 年的 69.2%，下降到 2011 年 3 月的 66.4%，预计 2013 年将跌破 60%。

除了上述冲击，另一个困扰美国经济的问题是政府财政赤字猛增，债务负担沉重。奥巴马入主白宫后，三个财年已造就 3.999 万亿美元的财政赤字，被美国舆论称为史上花钱最没有节制的总统。2011 年 11 月 15 日美国财政部宣布：美国政府累计债务已突破 15 万亿美元，而 2010 年美国国内生产总值仅为 14.66 万亿美元。为了应对沉重的债务问题，美国政府长期通过增印美元、增发国债和美元贬值的方式输出通胀，转嫁风险，实际上是透支美元信用，让全世界为其买单。2011 年 8 月 5 日，标准普尔宣布下调美国主权信用等级，这是市场对美国发出的警告。

尽管金融危机重创了美国经济，但必须看到美国仍然是世界上经济实力最雄厚的国家，美国的国内生产总值几乎是排名其后的中国、日本、德国的总和。不仅如此，美国政府和企业的研发投入、美国人的创新能力、美国人的劳动生产率仍然处于世界领先地位，再加上美元霸权没有被根本动摇，美国经济的发展潜力不容忽视。

二、战后美国经济发展的特点

第二次世界大战结束以来，美国经济的发展出现了一些新的特点：

（一）经济结构发生重大变化

美国国民经济军事化程度高，军工生产在工业中占重要地位，参加军工生产的工业企业约占整个工业企业的 1/3，航空航天工业的 80%、造船工业的 60%、电子工业的 40% 均用于军工生产。20 世纪 50 年代，在军事工业的推动下，美国开始了对原子能的广泛利用，空间技术迅速发展，电子计算机不断创新。美国由电气时代进入原子时代，并且引领了一系列新兴工业的诞生和生产技术的深刻变革。战后，西方最重要的技术革新有 60% 首先在美国研究成功，75% 首先在美国应用。原子能、微电子、材料科学等新兴工业部门的发展，对美国整个经济产生了重大影响。战后，美国的传统工业部门，例如钢铁、汽车工业等逐渐衰落，而在太平洋沿岸的加利福尼亚等州，则发展起了一些新兴工业部门，例如造船、飞机、导弹、电子等工业；在南部得克萨斯等州，则发展起了石油、化工等工业。战后，美国物质生产部门在国民经济中的比重下降，而非物质生产部门在国民经济中的比重上升，从而带来了劳动力与就业市场的结构变化。

（二）资本输出和对外贸易发达

美国资本输出的主要方式是对国外投资。在对国外投资中，直接投资占1/3以上。其对外投资总额中，石油占23%，制造业占41%，其他占36%。在地区上，75%集中在发达国家，只有25%在发展中国家。在发达国家中，60%在欧洲，其中主要是英国、联邦德国和瑞士三国。在发展中国家中，约75%在拉丁美洲，且主要在百慕大和巴西。美国对外投资的利润率极高，1980年总利润率为18.4%，在发达国家的利润率平均为16.6%，在发展中国家的利润率平均为24.1%。对外援助是美国资本输出的又一种形式。20世纪60年代以前，赠与占美国对外援款的绝大部分。在经济援助中，赠与占75%；在军事援助中，赠与占99%。60年代以后，赠与所占的比重不断减少，贷款所占的比重不断增加。美国对外经济援助的很多援款是以实物形式支付的。美国是世界上对外贸易额最大的国家。70年代以来，对外贸易在美国经济中所占地位日益重要。根据美国商务部统计数据，2003—2007年间，美国对外贸易的增长幅度分别为：6.9%、15.5%、12.7%、12.1%、7.9%。美国最大的贸易对象是加拿大，其次是日本，然后是西欧国家和中国等。

（三）高科技领域优势突出

20世纪末以来，在航天航空、信息、通信、生物工程、新材料、新能源、环保等高科技领域，美国在世界上遥遥领先。在最关键的信息和通信技术领域，美国至少领先欧洲五年，领先日本十年。美国科技特别是高科技迅速发展，在世界上占有极大优势，要归功于雄厚的资金投入。以2006年为例，美国在科技研发方面的费用支出达3 000亿美元，占全球科技研发经费总额的43.6%，相当于紧随其后的7个最富裕国家科技研发支出的总和。即使遭遇了20世纪30年代以来最严重的经济衰退，美国高科技企业仍然逆市增加研发投入。比如，2008年第四季度，在收入基本保持不变的情况下，微软的研发费用仍然高达22.9亿美元，比上年同期增长21%；英特尔在第四季度的利润下降了90%，但其研发投入仍大大高于上一年度的同期水平。①

（四）全球化的最大受益者

由美国主导的全球化给大多数的参与者都带来了利益，而美国是其中最

① “美国大公司：再困难研发也不能差钱”，《经济参考报》，2009年4月21日。http://finance.ce.cn/macro/gdxw/200904/21/t20090421_14483458.shtml

大的获利者。根据美国经济学家斯科特 · C. 布雷福德等人 2004 年所做的研究，即使是保守估计，1945 年以来，因为与世界经济进一步融合，美国经济每年财富总额增加大约 10 000 亿美元。换言之，美国每个家庭每年平均收入增加约 9 000 美元，即全球化使美国公民的财富平均增长 10%。如果实现了全球性的完全自由贸易，整个美国的经济所得每年至少还会增加 5 000 亿美元，即每个家庭年平均再增加 4 500 美元的收入。

（五）牢牢掌握金融霸权

自 20 世纪 70 年代布雷顿森林体系解体以后，美元便成为了一种没有政策约束、可以自由发行的纸币。这就是美元霸权的开始。美元霸权下的世界贸易游戏是：美国发行美元纸币，世界上其他国家生产美元纸币可以购买的产品，然后将获得的美元收入再以外汇储备的方式回流。全世界相互联系的经济体在出口行业竞争，获得所需的美元用以清偿以美元标价的外债，并积聚美元储备以维持本国货币在外汇市场上的汇率。为了防止本国货币在解除管制的市场上遭受投机性和操纵性攻击，各国央行必须持有相当数量的美元储备以预防其货币流通的市场压力。① 由于美元是世界货币，美国无需储蓄外币从而免除收益倒挂问题。美元贬值时不用担心外债扭升，美元升值时也不存在储备损失问题。特别是当美元贬值时，对美国的利好效应更加显著，因为美元每次贬值使得对美贸易顺差国的美元资产缩水而蒙受损失，而美国却乘机自肥。美元的国际地位把这种膨胀的金融资产直接变成金融实力，从而大大提高其在全球的投资能力。同时金融霸权地位可以增加美国居民的实际收入，维持美国居民高水准的生活水平，可以迫使世界各国不断地增加对美国的贸易依赖程度，从而使美国在与世界各国的贸易竞争谈判中处在比较有利的位置。

2008 年金融危机以来，特别是 2009 年奥巴马政府上台后，美国启动了经济结构的调整，美国经济未来的发展又呈现出了新的特点：（1）美国政府大力支持和鼓励科技创新。除了前面提到的企业自身的研发投入，奥巴马政府在第一个预算案中将国家科学基金会等重要研究机构的研究费用翻了一番，并向企业技术研发提供税收减免 740 亿美元。（2）在继续支持航天航空、信息、生物等高科技产业的同时，重点推进绿色产业的发展。美国希望以发展

---

① 以本轮金融危机为例，由于各国金融机构普遍持有美国的金融资产，因此美国的实际损失在一定程度上被分担掉了，从而避免了美国经济受到过于严重的损害。参见李翀：“金融危机后的美国经济”，载《经济学动态》，2010 年第 6 期，第 127 页。

绿色产业为契机，打造新的经济增长模式，创造新的经济增长点，增强其在技术和产业上的竞争优势。在2009年初的经济刺激计划中，大约800亿美元投资于清洁能源方面。（3）夯实长期经济增长的基础。除了绿色产业，美国也将基础设施建设、医疗改革和教育改革等作为促进美国经济长期增长的优先领域，加大投入，予以扶持。其中，根据2009年初签署的《美国复苏与再投资法》，用于交通基础设施的预算高达500亿美元。（4）促进出口扩大。美国正采取各种手段促进出口，奥巴马在2010年的国情咨文中提出五年内实现美国出口贸易额翻一番的目标，以创造200万个就业岗位，恢复世界第一大出口国的地位。（5）推进“再工业化”。在金融危机的阴影下，美国开始重新重视制造业等实体经济部门的作用。奥巴马政府从再造美国汽车业入手，推动制造业重组。（6）政府加强对经济活动的干预。金融危机爆发后，美国政府对经济活动的干预力度和范围都空前加强，主要表现为危机期间对金融机构干预所动用的资金总额占国内生产总值的比重达到创纪录的50%以上，刺激经济的财政开支达到7 870亿美元，政府在经济结构调整中首次实行产业政策。（7）大力推动金融监管改革。金融危机的教训非常惨重，如何加强对金融机构的监管、如何提高金融市场的透明度、如何保护金融消费者和投资者的利益，成为美国政府不得不思考的问题。2010年6月25日，美国国会两院通过了金融监管改革法案的最终文本。7月21日，在得到奥巴马的签署后，这一自大萧条以来规模最大的金融监管体系全面整改法案正式成为法律。①

第二节　美国的政治制度

一、美国政府的基本框架

根据1787年制定的《美利坚合众国宪法》，美国政治制度的主要内容包括：宪政制度、联邦制、三权分立、多党制（实际上两党长期主导美国政治）和选举制。代议制是美国政治制度的基石，分权制衡是美国政治制度的主要组织原则，而自由主义民主制则是美国国内政治的基本概念。

美国的政权组织形式为总统共和制。总统既是国家元首又是政府首脑，

① 甄炳禧：“美国经济结构的调整及前景”，载《求是》，2010年第15期，第55～56页。

并担任武装部队总司令。作为最高行政长官，总统有权指挥和监督联邦行政机构。国会与政府完全分立，政府成员不能兼任议员，也不能参与国会立法的讨论和表决。

联邦宪法规定行政权属于总统。总统由全国选民间接选举，即首先由各州选民投票选出本州选举人（人数与本州国会议员人数相等），再由各州选举人同时在各州首府投票选举正、副总统。总统任期四年，连任不得超过两届。总统因犯有叛国罪、贿赂罪或其他罪而受国会弹劾时，应免除职务，然后对其所犯的罪行依联邦法律起诉和由联邦法院进行审判。如总统已故、辞职或被免职，则由副总统继任总统。如总统丧失工作能力，则由副总统代理总统职务。

美国国会由参议院和众议院组成。参议院议员共100人，每州2人，由全州选民直接选出，任期六年，每两年改选三分之一。众议院议员共435人，按各州人口比重分配给各州，由州的国会选区选民直接选举产生，任期两年，任期届满全部改选。参、众两院议员均可连选连任，没有次数限制。根据联邦宪法，国会拥有最高立法权、修改宪法权和对外宣战权。参议院有权批准总统任命的高级官员，审判弹劾案，并在特殊情况下选举副总统。众议院有权对总统、副总统和合众国的文职官员提出弹劾案，并在特殊情况下选举总统。参众两院都设有各种常设委员会，每个常设委员会下面又设置为数众多的小组委员会。每院应临时需要还设立特别委员会（工作完成即撤销）。每院都有权任命专门的调查委员会。国会的立法工作实际上是在委员会进行的。各项议案均由有关常设委员会审议通过，然后再经全院大会辩论表决，法案获得一院通过后，即送交另一院，经过同样程序通过，送交总统签署后，才成为法律。

联邦宪法规定，司法权属于各级联邦法院。司法权就是审判权。同行政、立法部门一样，美国也有联邦和州的两套法院系统，两套司法系统。这两套系统互相独立，并无从属关系。联邦法院系统由美国最高法院、美国上诉法院、美国地区法院三级普通法院和一些专门法院组成。最高法院最重要的权力是解释联邦宪法。联邦法院的这种权力被称为“司法审查权”。各级联邦法院的法官都由总统任命，并经国会批准，若无过错，终身任职。最高法院设有两个附属机构：联邦法院管理局和联邦司法中心。前者负责联邦法院系统的行政事务，后者负责研究司法管理的改进和司法人员的培训。

美国的国家结构是中央和州分权的联邦制。联邦设有最高的立法、行政和司法机关，有统一的宪法和法律，是国际交往的主体。各州有自己的宪法、法律和政府机构。若各州的宪法和法律与联邦宪法和法律发生冲突，联邦宪法和法律优先于州的宪法和法律。联邦宪法对联邦政府的权力做了明确规定，如：征税、借款、管理对外贸易和州际商业；发行货币，统一度量衡；管理邮政、专利权和版权；管理外交事务和与外国签订条约；建立、管理和指挥军队等。但联邦宪法未对州的权力做出明确规定，只规定“凡宪法所未授予联邦或未禁止各州行使的权力”。美国政府分为三级，即中央政府、州政府和地方政府。美国的地方政府是指州以下的各级政府，是依据州法律或直接由州宪法设立的。地方政府数量庞大，形式多样，包括市、县、乡镇、特区地方政府等诸种。美国宪法规定了立法、行政、司法三权分立和相互制约、平衡的原则。广义地说，美国政府是指所有政府单位，即一个中央政府，50 个州政府，79 000 多个市、县、镇、学区。

二、美国的三权分立制衡的制度

美国政治中的分权与制衡原则是美国政治制度的重要原则之一。美国建国之初的制宪者认为，为了防止政府滥用权力，保障个人和少数人的权利，仅仅依靠限制政府的权力是不够的，还必须实行分权原则。分权原则体现为横向和纵向两种。最为突出体现的是横向的立法、行政、司法三个部门之间的分权。为了防止出现专制的情况，美国宪法规定立法、行政、司法三权分立，并分别由国会、总统和最高法院掌管。三权既相互分立，又相互制约，保持平衡。

宪法对于三个部门的相互制衡做了具体规定：（1）立法权属于国会，但总统有权否决国会通过的立法，国会又有权以两院三分之二的多数票推翻总统的否决。国会有权监督行政过程，包括检查法律的执行情况、行政经费的使用和官员的行为等。最高法院拥有司法审查权，可宣布联邦法律和条例为违宪而无效。同时参议院和众议院各司其职，相互制约。（2）总统享有立法倡议权和行政立法权，不对国会负责，但总统的权力受到国会和法院的制约。国会掌握财权，总统提出的联邦预算，要由国会批准。国会不拨款，总统及其属下的各行政机构便不能开支款项。总统有权任命行政官员，但高级官员的任命要得到参议院的批准。总统有权缔结条约，但须参议院以三分之二参议员的多数票批准。国会有权传行政官员列国会作证和陈述执行法律的情况。国会还有权对总统、副总统和合众国所有行政官员提出弹劾。（3）联邦法院拥有司法审查权，这既是对国会的制约，也是对总统的制约。同时，联邦法院也受到总统和国会的制约。首先联邦法官要由总统任命，参议院批准。其的立场。如在外交政策方面，代表以色列、台湾利益的利益集团被公认为对美国在这些国家和地区的政策制定起着决定性的影响。尤其是现代立法活动和政策制定的专业化、系统化和科学化的趋势，由专业人员组成的“智库”在政府决策和立法活动中的作用和影响越来越大，如兰德公司、企业研究所等著名的“智库”不仅经常就自己所关心的问题发表研究报告，影响政府政策制定，而且还直接向政府部门输送人才，如基辛格、布热津斯基、赖斯等人均来自一些著名的“思想库”。

（四）新兴网络技术手段对美国政治产生了重要影响

随着以互联网为代表的新兴技术的成熟，互联网对美国政治生活的影响越来越大，尤其是在大选年的总统选举中。候选人依靠网络新闻、搜索引擎、YouTube 视频点播、博客、播客、电子邮件、网络游戏内置广告、手机短信、Myspace、Facebook 社交网站、在线购买、铃声下载等互联网新技术新手段，对那些不再依靠从报纸和电视上获取信息的选民进行成功的动员说服工作。2008 年的总统选举几乎颠覆了美国以往总统大选的模式。据美国《纽约时报》报道，2008 年 6 月奥巴马宣布放弃接受由联邦政府提供的公共竞选资金，全部竞选资金实现自筹。截至大选日，奥巴马已成功募款 6.6 亿美元，创下了美国总统大选竞选资金的记录。奥巴马阵营宣称，这些钱都是普通老百姓通过网络用 10 美元、20 美元这样的小额捐款聚集而成的。①

（五）金钱化取向的政治倾向更加明显

美国民主素有“金钱民主”之称，即财富的多寡对美国政治生活起着重要影响。战后，随着政党作用的衰弱，竞选的个人化愈加明显，各种竞选新技术的采用，造成竞选费用急剧增加，从而使得金钱在决定候选人命运方面变得更加重要。战后初期，一个众议员的平均竞选费用不到 10 万美元，一个参议员的平均竞选费用约为 50 万美元，总统的竞选费用约为 7 000 万美元。但到冷战结束后的 2008 年的总统选举，候选人的开支总额高达 17 亿美元，是 2004 年大选的一倍多，创下了历史新高。如此高额的资金耗费使美国的选举政治成了不折不扣的金钱游戏，并且对国家政治生活产生严重的负面影响。

（六）美国草根政治运动兴起

由于不满奥巴马政府为应对金融危机而实施的经济刺激计划，从 2009 年

---

① “奥巴马筹款方式改变美国未来大选筹资模式”，http：//news. sohu. com/20081103/n260410510. shtml。

初开始，在纽约、西雅图、芝加哥等地分别出现了以“茶党”为名义针对政府过度开支、高赋税和经济刺激计划的零散抗议活动①。此后，在一些知名人士的推动与倡议下，保守主义积极分子开始建立有关茶党的网络组织，并于当年的2月27日在全美40余个城市举行了首次全国性联合抗议活动。“茶党”的兴起反映了保守派民众抛开党派纷争以表达自己利益诉求的愿望，诱发了美国民众对独立的第三力量崛起的期望。据盖洛普民调显示，截至2010年3月，有28%的美国成年人宣称自己是“茶党”的支持者②。如果说右翼民众将矛头指向了奥巴马政府的经济政策，那么左翼民众抗议的对象则是一手炮制金融危机的华尔街的大财团、银行家和大公司，并逐渐延伸到华尔街与华盛顿的权钱交易、两党政争以及社会不公正。2011年9月17日，数千美国民众齐聚纽约曼哈顿，发起了声势浩大的“占领华尔街”运动。10月8日，抗议活动升级，示威者发起了“占领华盛顿”活动。这些草根政治运动给美国政治和社会带来很大的冲击，并将持续产生影响。

第三节　冷战时期的美国全球战略

第二次世界大战结束时，反法西斯战争的胜利使美国的国际声望大大提高。此时的美国，无论是经济力量还是军事力量都在世界上处于绝对优势地位。凭借着强大的实力，美国在对外政策上，从战前的孤立主义迅速转向全球扩张主义，开始推行称霸世界的全球战略。

一、全球战略扩张阶段

（一）杜鲁门政府的“遏制政策”

杜鲁门于1945年4月上台就任美国总统后，改变了罗斯福的拉拢和整合苏联的政策，开始推行全面遏制苏联等社会主义国家的全球战略。该战略的主要构想是：以“遏制共产主义”为理论依据，以美元和原子弹为实力后盾，

---

① “茶党”一称源自美国历史上著名的“波士顿倾茶事件”，含有反对重税和政府过度干预经济活动的意思。当代美国“茶党”（TEA Party）的名称被认为是Tea Enough Already的缩写。

② 廖坚：“茶党运动兴起及其对美国政治的影响”，《国际资料信息》，2011年第2期，第9~10页。

掀起反苏反共冷战高潮，竭力控制和侵略处于资本主义和社会主义国家之间的广大中间地带，进而颠覆社会主义国家，将全世界置于美国统治之下，从而达到独霸世界的目的。从这一全球战略出发，杜鲁门政府先后抛出一系列战略计划，并采取了一系列战略行动。

1946 年 2 月，美国驻苏联大使馆临时代办乔治·凯南在一份长达 8 000 字的电报中，对战后苏联的"理想、意图、政策和做法"以及美国的对策，提出全面的分析和建议，从中得出了遏制共产主义的结论。1946 年 3 月，英国前首相丘吉尔在美国富尔敦发表了《和平砥柱》的反共"铁幕演说"。在此基础上，1947 年 3 月 12 日，美国总统发表了被称为"杜鲁门主义"的国情咨文。该咨文以向希腊、土耳其提供 4 亿美元的援助为名，要求美国在全世界承担反对共产主义的义务。杜鲁门在解释这篇咨文时说："这就是美国对共产主义暴君扩张浪潮的回答。我相信，这是美国外交政策的转折点。我现在宣布，不论什么地方，不论直接或间接侵略威胁了和平，都与美国的安全有关。"5 月 22 日，杜鲁门正式签署了为希腊和土耳其提供援助的国会法令。6 月22 日，美、希签订美国援助希腊的协定。11 月，美希联合总参谋部成立，美国不仅武装了 20 多万希腊政府军，还派驻 18 000 名美国军事人员，控制了希腊的军权。截至 1949 年，希腊共得到美国提供的 6.4 亿美元的援助。美国还取代英国控制了土耳其。1947 年 7 月 12 日，美国同土耳其签订了《关于援助土耳其的协定》，美国开始向土耳其提供大批军事装备，并在土耳其建立海、空军基地。1948 年 7 月 4 日，美、土签订经济合作协定。杜鲁门主义的提出标志着美苏在第二次世界大战中建立和发展的同盟关系正式破裂，美苏之间的冷战全面爆发。从此，美苏之间开始了长达数十年的冷战时期。

杜鲁门主义表达了美国称霸世界的要求和愿望。美国扯起反对"共产主义威胁"的大旗，是为了压制苏联，消灭社会主义国家。在保卫"自由制度"的口号下，美国扶植各国反动势力，扑灭被压迫人民和被压迫民族的革命，控制广大的中间地带。美国以军事援助和经济援助为手段，向全球渗透，力图完成称霸世界的战略目标。"遏制战略"是杜鲁门主义的理论基础。

针对西欧面临的严重经济恶化和政局动荡的困境，1947 年 6 月 5 日，美国国务卿乔治·马歇尔在哈佛大学毕业典礼上发表演说，宣布庞大的援助欧洲的复兴计划，即"马歇尔计划"。其正式的法律形式是美国国会于 1948 年 4 月通过的《对外援助法》。马歇尔计划的主要内容是：美国对西欧各国进行财政援助，用以复兴战后经济；受援国必须购买一定数量的美国产品；尽快撤除关税壁垒并取消或放松外汇限制；接受美国对使用美援的监督之权；受援国应将本国及殖民地的战略物资提供给美国；设立由美国所控制的“对等基金”；保障美国私人投资及开发的各项权利。马歇尔计划还要求受援国削减同社会主义国家的贸易额，放弃国有化政策，将国内进步势力从政府中排挤出去。1947 年 7 ~ 9 月，西欧 16 国召开巴黎会议，决定接受马歇尔计划，并成立欧洲经济合作委员会，要求美国方面向西欧提供 160 亿 ~ 220 亿美元的援助。1947 年 12 月，美国总统杜鲁门在其致国会的咨文中，提出总额达 170 亿美元的《欧洲复兴方案》，其中 90% 为赠款，10% 为贷款。此后，美国国会又根据这一方案制定了《经济合作法案》，专设“经济合作署”负责实施马歇尔计划。

马歇尔计划于 1948 年 4 月开始施行，原定期限是五年（1948—1952）。1951 年 12 月 31 日，美国宣布提前结束计划，代之以《共同安全计划》，这时“马歇尔计划”已经实际支出 129 亿多美元。马歇尔计划对西欧经济恢复的促进作用是显著的。西欧工农业生产迅速上升，而从美国进口的食品则明显下降。与 1947 年相比，1951 年丹麦的工业生产上升了 35%，挪威和比利时各上升 33%，法国 32%，意大利 54%，荷兰 56%。欧洲国家之间的贸易额从 1947 年的 59 亿美元增加到 1951 年的 131 亿美元，对美国的出口则从 7.3 亿美元增加到 18.1 亿美元。欧洲的美元赤字也迅速得到弥补，到 1951 年大部分国家扭转了商品和劳务的收支逆差。①

美国在经济上控制西欧的同时，还力图将西欧各国的军事力量纳入美国全球战略的轨道。1949 年 4 月 4 日，在原布鲁塞尔条约组织的基础上，美国同加拿大、英国、法国、荷兰、比利时、卢森堡、丹麦、挪威、冰岛、葡萄牙、意大利 11 国在华盛顿签署了《北大西洋公约》，北约组织正式成立。北大西洋公约包括一个简短序言和 14 项条款。其中以规定其他缔约国有协助受攻击缔约国的义务的第 5 条最为重要，即“各缔约国同意对于欧洲或北美之一个或数个缔约国之武装攻击，应视为对缔约国全体之攻击。因此，缔约国同意如此种武装攻击发生，每一缔约国按照联合国宪章第 51 条所承认之单独或集体自卫权利之行使，应单独并会同其他缔约国采取视为必要之行动，包括武力之使用，协助被攻击之一国或数国以恢复并维持北大西洋区域之安全……”② 北约的建立奠定了战后美欧关系的基础，使美国得以全面控制西欧。同时，它也成为美国遏制苏联等社会主义国家的工具。

① 王绳祖：《国际关系史》第七卷，北京：世界知识出版社 1995 年版，第 139 页。
② 同上，第 161 页。

对于广大亚非拉地区，美国政府采取各种手段进行侵略、控制和渗透。1949 年 1 月，杜鲁门在连任总统的就职演说中提出所谓“第四点计划”。该计划以援助和开发不发达地区为名，行抵制共产主义之实，妄图以此扑灭民族解放运动的烈火。第四点计划同样成为美国全球战略和冷战政策的一个重要组成部分。在此期间，美国政府还支持中国的国民党蒋介石发动反共反人民的内战。1950 年朝鲜战争爆发后，美国操纵联合国组织“联合国军”对朝鲜进行侵略，遭到中朝人民的有力打击。应该指出，杜鲁门政府时期的遏制战略对战后美国的外交政策产生了深刻影响。整个冷战时期美国历届政府均以遏制苏联为其全球战略的核心内容，只是在不同时期采取了不同的形式，并表现出不同的特点。

（二）艾森豪威尔政府的“解放政策”

1953 年 1 月美国新总统艾森豪威尔上台后对美国全球战略做出调整，推行所谓更加积极主动的“解放政策”代替遏制政策，即不能单纯用包围来遏制苏联，而应该用和平方式，就是用“政治战、心理战和宣传战”等一切除战争之外的手段，促使东欧国家摆脱苏联的控制，使其发生“和平演变”，从而把苏联“推回去”。[①] 为此，美国广泛利用“美国之音”、“自由欧洲电台”、“自由亚洲电台”等进行思想战和宣传战。在军事上，推行“大规模报复战略”，企图依靠单纯发展能够作为“报复力量”的核武器来维持其霸权地位。作为该战略的补充，艾森豪威尔政府还提出“战争边缘政策”。这是一项用大规模报复战略恐吓对手，迫使对手在战争到来前后退的冒险性政策。在艾森豪威尔政府时期，美苏关系曾出现短暂的“缓和时期”，即所谓“第一次缓和”。在亚非拉地区，艾森豪威尔政府继续渗透和扩张。面对印度支那地区民族解放运动高涨的局势，美国政府提出“多米诺骨牌”理论，认为印度支那如果落入共产党之手，其他地区会像多米诺骨牌倒下去那样相继失陷。在这种理论指导下，美国进一步插手印度支那，并于 1959 年 9 月在东南亚地区组织成立了“东南亚条约组织”。艾森豪威尔政府还进一步采取政治上孤立、军事上包围和经济上封锁的敌视中国的政策。1954 年 12 月美国与台湾当局签订了“共同防御条约”，为中国的统一设置了重大障碍。在中东，1957 年 1 月美国政府提出了被称为“艾森豪威尔主义”的中东计划，该计划要求对中东进行经济和军事援助，以填补该地区因英、法在苏伊士运河事件失败后

① 王绳祖：《国际关系史》第八卷，北京：世界知识出版社 1995 年版，第 435 页。

撤退而出现的“力量真空”，防止苏联势力的渗入。实际上，在美国政府看来，艾森豪威尔主义不仅适用于中东，也适用于亚非拉其他地区，它成为美国扩张战略的重要组成部分。

总体而言，艾森豪威尔政府对苏政策收效并不大。“解放政策”并没有使一个社会主义国家被“解放”出来，苏联也没有被推回到本土。

（三）肯尼迪政府的“和平战略”

1961 年 1 月，肯尼迪就任美国新总统。肯尼迪上台之时，国际局势正处在大动荡、大分化、大改组时期。在新的形势下，肯尼迪政府提出了“和平战略”，强调用和平的方式加强西方盟国的地位，对苏联等社会主义国家实行“和平演变”，加强对第三世界的渗透和扩张，从而确立美国在世界上的霸主地位。1961 年 1 月 30 日，肯尼迪在其发布的第一个国情咨文中说：“在总统的徽章上，美国之鹰的右手抓着一根橄榄枝，左手抓着一把箭。我们打算给予两者同样的注意。”① 在这种思想指导下，肯尼迪政府一方面继续利用军事力量遏制苏联，提出从实力地位出发是同苏联及其他社会主义国家打交道的最好方法。另一方面鼓吹“和平共处”与“和平演变”，以美国式的“民主、自由、和平和民族主义”来改变社会主义国家的性质，达到美国所希望的和平。根据两手策略的需要，肯尼迪政府在军事上提出“灵活反应战略”来代替“大规模报复战略”，即全面发展军事力量以更加有效地适应不同目标的需要。要准备打各种战争，特别是有限战争和特种战争。在核力量方面，要保持对苏的核优势，建立“第二次打击力量”。在常规力量方面，提出“两个半战争”理论，即要求美国常规部队在欧洲与苏联和在亚洲与中国各打一场大战，在世界其他地区打一场小战。同时在同苏联对抗中寻求某些对话，开展有限的交流和合作；不断加强对东欧国家的援助和交流，达到和平演变的目的。在亚非拉广大地区，肯尼迪政府采取了一系列渗透和拉拢的办法，如在拉美建立“争取进步联盟”，在非洲进行“攀亲戚运动”等，以此笼络人心。

肯尼迪的和平战略同杜鲁门的遏制战略及艾森豪威尔的解放战略基本上是一脉相承的，只不过是强调达到战略目标的途径与手段有所不同。

（四）约翰逊政府的全面侵越战争

1963 年 11 月肯尼迪遇刺身亡，约翰逊继任总统后，基本上继承了前任政府的外交战略。不同的是，约翰逊政府加强了对第三世界国家和地区的干涉，

---

① 梅孜编译：《美国总统国情咨文选编》，北京：时事出版社 1994 年版，第 316 页。

即表示美国要从亚洲实行战略收缩。次年 2 月，在向国会提交的国情咨文中，尼克松正式提出了“尼克松主义”作为美国新的全球战略，即“伙伴关系、实力后盾、谈判手段”。其具体内容包括：（1）把建立与盟国的“伙伴关系作为美国对外政策的基石”，要求盟国政治上协调一致，共同对付苏联；经济上互相让步，帮助美国渡过经济难关；军事上共同分担军费和防务责任。（2）缓和同苏联的关系，以实力为后盾，以谈判为手段解决问题，维护美国与苏联的均势。（3）打开对华关系的大门，利用中国对付苏联。（4）在第三世界缩短战线，加强重点。在结束越南战争的同时，增强在中东和波斯湾的军事存在。（5）在军事上，提出“现实威慑战略”，把“两个半战争”的战略改为“一个半战争”的战略。尼克松主义标志着美国的对外战略从谋求力量优势转变为维持均势，它是美国霸权地位衰落的产物和表现，是美国统治集团为了维持全球霸权而采取的一种政策。其实质是以退为进，确保美国的霸权。为推行尼克松主义，缓和美苏关系，1972 年美苏签订了《限制反弹道导弹系统条约》，以维持美国在美苏之间的战略优势。

尼克松推行现实主义外交，并且取得了一定的成效。尼克松主义是美国战后对外政策经历的一次重大转折，为缓和国际紧张局势起到了重要的推动作用。

（二）福特政府的缓和政策

1974 年 8 月，尼克松因水门事件被迫辞职，福特接任总统。福特政府的外交政策全盘继承了尼克松的思想和路线。福特在外交上的主要行动是对苏缓和及提出新太平洋主义。

在对苏关系上，缓和仍是福特政府的首要问题。1974 年 9 月基辛格提出的“鼓励社会主义国家商品经济的发展”成为福特政府缓和政策的指导方针。1974 年美苏发表了《限制进攻性战略武器共同宣言》。1975 年两国就购买美国谷物达成协议，1976 年又达成美国从苏联进口石油协议，美苏缓和的经济色彩逐渐加强。在中东，美国采取了软硬兼施的政策。由于扮演了阿以争端的“公正调停人”的角色，从而大大增加了美国在阿拉伯世界，特别是在埃及的影响，致使埃苏关系破裂。

1975 年 12 月 7 日，福特在檀香山发表讲话，提出了美国对亚洲和太平洋地区的政策纲领，并称之为“新太平洋主义”或“福特主义”。福特宣称“赞成一种与所有人都和平共处、对任何人都不怀敌意的‘太平洋主义’”，并提出：美国的实力是太平洋稳定均势的基础；与日本的伙伴关系是美国太平洋战略的一个支柱；加强同中国的新关系，决心在上海公报的基础上完成同中国的关系正常化，共同反对在亚洲和任何其他地区的任何形式的霸权；积极参与东南亚事务；努力缓和朝鲜半岛的局势；在亚洲和太平洋地区建立一个新的稳定的经济合作结构。新太平洋主义实际是尼克松主义亚洲战略的延伸和发展。

（三）卡特政府的缓和战略和“人权外交”

1977 年民主党人卡特入主白宫。卡特政府试图通过宣扬人权、自由等观念，恢复美国对第三世界的政治号召力，以此改善美国的处境。卡特政府还提出了“世界秩序战略”，其目标就是要建立一个以美国为中心、多元化的世界新秩序，以继续维持美国岌岌可危的霸权地位。其主要内容是：（1）把美、日、欧的三边合作作为美国对外战略的基本出发点，形成北美、西欧和日本的西方国家共同体。（2）发展南北政治经济关系，减少第三世界国家对美国的敌视，削弱苏联的影响。（3）把缓和东西方关系作为“首要目标”，强调以经济力量和道义力量对付苏联的扩张。（4）把美中关系作为美国“全球政策的一个中心环节”，通过推进关系正常化进程，谋求同中国建立对抗苏联的合作关系。（5）重视人权外交，为美国外交政策注入更多的道义内容，扩大美国在世界的影响，促进美国的全球利益。美国“世界秩序战略”的最终目标，就是继续维护美国衰落中的霸权地位。

然而，卡特的缓和外交和人权外交并未能制约苏联的扩张，反而促使亲美的伊朗独裁政权垮台，美国失掉了阻挡苏联南下的屏障。1979 年 2 月，伊朗宗教领袖霍梅尼推翻了亲美的巴列维王朝，新政权将美国视为头号敌人。1979 年 12 月，苏联出兵并占领阿富汗，直接威胁到美国在中东、北非等地的战略利益，美国朝野震惊。卡特总统在 1980 年 1 月 23 日的国情讲话中指出：波斯湾和印度洋地区是美国利益至关重要的地区，“外部力量企图控制波斯湾的任何尝试都将被视为是对美国切身利益的进攻。美国将使用一切必要的手段——包括军事力量在内——打退这种进攻。”这表明美国重新调整对外政策，从过去的“缓和”、“裁军”转为强调“竞争”、“对抗”，标志着美国对外政策发生新的转折。

三、全球战略推进阶段

（一）里根政府的新遏制政策

20 世纪 70 年代末，美国国内出现了新的经济衰退，国际地位也下降到了一个新的低点。伊朗、尼加拉瓜的亲美政权相继垮台，中东、拉美出现了新的反美浪潮；美国人质在伊朗遭到扣压，使美国“在世界上成为笑柄”；苏军大举入侵阿富汗，威逼印度洋，危及西方石油生命线。在这种种不利形势下美国所发出的号召，却往往得不到盟国的有力响应。美国人自己认为：美国地位今非昔比，再不注意，就要变成军事上不如苏联，经济上不如日本、西欧的二流大国了。正是在这样的历史背景下，共和党人里根在选举中战胜卡特而成为美国第四十任总统。同时，在参议院选举中，共和党也是26年来第一次赢得多数席位。为了维护美国的“全球利益”，恢复它在西方世界的“领袖地位”，挽回它同苏联在全球争霸中的颓势，里根政府把遏制苏联的扩张作为其对外政策的中心环节。它认为“入侵阿富汗只不过是莫斯科一有机会就想扩大其帝国愿望的最新表现”，苏联的最终目的是要统治世界，声称美国再也不能容忍苏联的扩张政策了。①

为此，里根政府主要采取了下述措施：

1. 致力于改变美苏军力对比方面不利的态势

里根政府通过了一个大幅度增加军费的五年计划（1982—1986），开支总额约达1.5万亿美元；制定了一个耗资1 800亿美元的六年战略核力量计划，即“星球大战计划”，来增强美国对苏联的核威慑力量；采取措施来应付各种形式的常规战争，特别是为应付苏联对第三世界可能发动的新的局部战争做准备，如加速扩充海军、决定增加兵员、大力增加石油和各种战略物资储备等；在军事战略方面，明确提出了要立足于可能爆发核战争或打长期常规战争以及在世界几个地区同时作战的设想。

2. 增强同北美、西欧国家和日本的磋商

里根上台不久，就访问了墨西哥和加拿大，强调他的“一个当务之急就是修补北美的围墙”。此后，美国领导人同西欧各国和日本的领导人进行了频繁的双边会谈。1981年5月的北大西洋公约组织外长会议、7月的七国首脑会议、10月的北约国防部长会议，都是致力于增进美国同盟国的相互了解。

3. 遏制苏联在第三世界的扩张

里根政府加强了从巴基斯坦到土耳其这一地带的抗苏阵地。除加强美国的军事存在外，还向它所选择的当地一些重点国家，包括以色列、埃及、沙特阿拉伯、巴基斯坦等，提供大量援助或出售巨额军火，以稳定中东局势。在阿富汗和柬埔寨问题上，继续对苏联和越南施加压力，坚持外国侵略军必须全部撤出阿富汗和柬埔寨。在南部非洲，重视对津巴布韦政府的援助。在拉丁美洲，竭力制止苏联自己并通过古巴进一步打进中美洲。同时还积极改

① 金君晖：“里根政府的对外政策”，《国际问题研究》，1982年第1期，第3~10页。

善同南美洲一些军政府的关系，恢复了对它们的武器供应。

4. 顶住苏联的“和平攻势”

对于军备控制谈判，强调首先要增强军事实力，要有可靠的核查，要相互对等。但另一方面，同苏联也保持着对话渠道。据美国方面宣布，截至1981年8月，双方高级官员接触多达50多次。同时开展对苏联的经济攻势。

5. 拒绝第三世界的利益诉求

在中东，美国支持以色列，牺牲阿拉伯人民的利益。在非洲，对于南非的种族主义政策摇摆不定。在中美洲，在反对苏联和古巴干涉他国内政的同时，又同当地的民族民主运动为敌，竭力阻止当地国家内部发生不合美国心意的变革。对中国，美国一方面表示愿意加强中美关系，另一方面却坚持执行《与台湾关系法》，阻挠中国的统一。

（二）布什政府的“超越遏制”战略

从里根到老布什的外交政策的过渡是平稳的，老布什在很大程度上接受了里根第二任期的对外政策目标、方向和行为方式。然而，老布什的政治理念与里根存在明显的差异。况且，布什上台时国际背景已经出现新的变化，而且还在迅速发展之中。经过全面的回顾和审查，布什于1989年5月12日在得克萨斯州农业和机械大学的毕业典礼上就美苏关系发表了演讲，宣布了对苏政策的基本构想，即“超越遏制”战略，又称“布什主义”。这是战后美国长期奉行遏制战略的继续和发展，使“遏制”与“解放”融为一体，从侧重“硬对抗”转向“软进攻”。①

“超越遏制”战略是遏制战略的继续和发展：（1）把苏联引入国际社会，使它在国际合作中发生演变。（2）建立一个开放、统一和自由的欧洲，要求苏联拆除柏林墙，把苏联的影响力从东欧推回去。（3）强调实力政策，“以实力求和平”仍是美国的基本方针，继续谋取军事优势和加强军事实力，以此作为与苏联打交道的实力基础。

“超越遏制”战略与遏制战略相比，具有以下特点：（1）它比单纯遏制战略手法更高明，目标更明确，进攻性更强。布什政府认为，美国没有理由放弃遏制战略，更没有必要修改称霸全球的战略目标，而应在继续推进遏制战略的基础上再“超越一步”，以军事实力为后盾，更多地运用经济、政治、外交、心理等各种手段同苏联展开全方位争夺、竞争与合作，千方百计地促

---

① 李忠：“布什政府对苏战略的构想——‘超越遏制’战略”，《日本学论坛》，1989年第4期，第7～12页。

使社会主义国家“和平演变”。(2)将“和平演变”的政策作为“超越遏制”战略的主要支柱。布什政府将以推进美国式的“和平与自由”来取代长期以来一直占美苏关系主导地位的军备控制谈判。(3)与盟国改善关系是“超越遏制”战略的重要前提。布什上台后宣布的一系列主张明显接近西欧立场，使西欧实际上接受了“超越遏制”战略。

老布什政府的“超越遏制”战略是有效的。军事上，1990年5月底6月初，美国以经济合作为诱饵，使双方签署了削减战略核武等有关军控的联合声明或协议。经济上，邀请戈尔巴乔夫参加西方七国首脑会议等等。美苏两国签署了经济、文化、科学、海运等多个领域合作的协议。同时对苏联东欧内部的反对派给予政治上和物质上的支持，加速其和平演变。意识形态上，美国政府利用各种机会宣传西方的人生观和价值观，促使苏联东欧发生变化。

1990年9月11日，老布什在就海湾危机对美国国会联席会议发表讲话时，正式提出建立世界新秩序。概括起来，老布什政府的“世界新秩序”战略的主要内容包括：(1)“新秩序”的目标——“不同的国家都集合在一起从事共同的事业，去实现人类共同的愿望——和平与安全、自由与法治”。(2)“新秩序”的领导者是美国，因为“美国是这个世界上唯一能够聚集维护和平力量的国家”。(3)建立“新秩序”的方式是开展多边主义国际合作，而不是采取“单边”行动。为此，美国不仅期待其盟国“公平分担责任和义务”，而且打算对联合国作用给予更多的关注。(4)“新秩序”建立的途径是拓展美国和西方的价值观，最终建立一个“政治经济自由、人权和民主盛行的”国际体系。(5)“新秩序”继续关注美国的安全利益，但美国军事战略的重点由对抗苏联转向应对危害美国利益的突发事件。

第四节　冷战后美国的全球战略

从冷战结束至今，美国政府根据国际形势的变化，对美国的对外战略进行了调整，但无论如何调整，都体现了战后以来美国外交战略的一贯特征，这就是都追求和强调美国对世界的领导地位，维护美国的霸权，表现出强烈的霸权主义和强权政治心态。

一、克林顿政府

克林顿政府以“参与和扩展战略”取代以往的“遏制战略”，谋求“经济安全”和以美国的价值观来改造世界，以“人权高于主权”为由发动科索沃战争。

1992 年，民主党人克林顿入主白宫。克林顿提出美国外交将建立在“三个支柱”的基础上——经济安全、军事实力、民主原则。为了实现这一外交指导思想，1993 年 9 月，克林顿政府提出了“扩展战略”，其主要目标是“谋求扩展民主制”，要求世界上其他国家按照美国的模式去发展。这一战略包括四项内容：（1）加强美国与西方盟国之间的联系，以此作为扩展战略的核心；（2）在前苏联、东欧地区帮助促进和巩固新的民主制和市场经济；（3）孤立和打击诸如伊朗、伊拉克之类“敌视”民主和市场的国家，支持中国的“经济自由化”政策；（4）以提供援助和帮助推行民主和市场经济的方式实现美国的人道主义，亦即人权目标。

1994 年 7 月，克林顿政府将“扩展战略”发展为“国家参与和扩展安全战略”。这其中的“参与”主要是指执行一套有力的经济政策，确保美国的海外市场，以促进国内经济的发展，保持干预海外地区冲突的军事能力，维护现有的安全同盟关系。整套战略的实质是：以经济实力为后盾，以军事实力为依托，以民主和人权为旗帜，建立和维护美国的世界领导地位。其内容和主要做法具体如下：

（1）提升“经济安全”的战略地位，甚至一度将其置于全球战略的首位。积极开拓海外新兴市场，推动全球经济自由化，把更多的国家纳入以美国为中心建立起来的国际经济秩序框架之中。1993 年 7 月，美国通过东京七国首脑会议与欧日就一些工业品的市场准入达成了协议；1993 年底最终结束了历时七年的关贸总协定乌拉圭回合谈判；1994 年美、加、墨自由贸易区正式建立，克林顿政府的进一步目标是使它向南美发展，以建立全美自由贸易区，同欧盟和东亚相抗衡。

（2）在政治上以扩大西方民主、普及西方价值观作为重要的战略出发点，并突出美国外交中的“软因素”。克林顿政府利用双边和多边渠道，或通过文化交流进行思想渗透，或利用外援、最惠国待遇以及国务院的年度人权报告等作为施压的工具，甚至以建立各种所谓“自由”电台，搞颠覆性的鼓动宣传为手段，肆意干涉他国内政。1999 年科索沃战争，包含了将西方势力扩展到整个巴尔干的地缘战略意图，同时谋求在欧洲进一步普及西方的制度与价值观，也是重要动机之一。

（3）在军事上，提出“营造—反应—准备”三位一体的军事安全战略。在和平时期，美国军事战略的重点是“积极营造对美国有利的国际环境”。一旦“营造”活动失败，美军将“对各种危机做出迅速而有效的反应”。为变幻莫测的未来做准备，当前和近期是要保持高度战略状态，远期是要推进以信息战为龙头的新军事革命。要求“同时打赢两场地区战争”。

（4）在外交上，利用联合国和其他一些国际组织来推行所谓“多边主义”。“多边主义”的提出在于既要实现美国的外交政策目标，又能通过分摊负担来弥补美国财力物力的不足。同时在必须采取干涉行动时，它能获得“合法”地位并易于争取美国公众的支持。在波黑、索马里和海地，美国正是运用了这一方针。但在涉及美国切身利益时也可能采取单边军事行动。

二、小布什政府

2001 年 1 月共和党人乔治 · W. 布什入主白宫，小布什政府的外交战略具有明显的阶段性。

执政初期，在对国际形势进行分析判断的基础上，为了显示与前任对外政策的不同，小布什对上届政府的外交战略做了较大的调整，确定了被称为“布什主义”的美国新世纪外交战略，注重将军事、经济实力等物质因素与意识形态的精神因素相结合，把发挥国家实力地位作用和推进意识形态、价值观念相结合，以确保美国的单极地位。小布什政府强调防范俄罗斯、中国等大国的“潜在威胁和挑战”，巩固同欧、亚盟国的传统联盟关系，以此作为美国国家安全的基石。在处理国际事务时更倾向于使用实力和采用单边主义，态度也更为强硬。美国在一系列重大国际问题上不考虑或很少考虑其盟友及其他国家的立场和利益，突出表现在小布什以不符合美国利益为由，拒绝执行《京都议定书》。在国家导弹防御系统（NMD）问题上，小布什一度表示建立 NMD 是美国自己的事，暗示不理睬国际社会及其盟国的反对立场。在对华政策上，布什政府继续执行“遏制接触”战略。所谓“遏制”，就是要避免和防止正在崛起的中国成为美国及西方国家所主导的国际秩序的挑战者；所谓“接触”就是要通过多边或双边的对话、交流与合作，规劝、利诱、逼迫中国走向西方国家主导的国际制度体系，并利用中国的影响解决某些全球性和地区性问题。

但 2001 年 9 月，发生了震惊世界的“9 · 11 事件”，造成 2 986 人死亡，直接经济损失达到 250 亿～350 亿美元，使美国这个超级大国前所未有地以一种受害者的姿态出现在国际舞台上，暴露出美国本土安全的脆弱性，极大地冲击了美国的安全观、战略心理和决策氛围。美国自上而下，开始以与“9 · 11 事件”前不同的视角，重新审视国际事务，尤其是对美国自身进行“反思”，包括美国的全球地位、实力弱点以及威胁来源、对外行为模式等。由此美国对其全球战略开始做全面调整。首先，对新时期美国国家安全威胁来源有了新的认识。2002年，布什在提交给国会的《国家安全战略》中指出：美国现在所受到的威胁，“与其说来自舰队和军队，不如说来自于少数怀恨在心者手中的灾难性技术”。由此提出了“先发制人”战略，这是美国对外战略的重大转折点。于是，传统安全威胁尤其是大国战略竞争不再是美国国家安全所面临的头号直接的现实威胁。美国把恐怖主义威胁定位为美国国家安全的头号威胁和现实威胁，把打击国际恐怖主义、彻底消除恐怖主义对美国的威胁作为外交、安全政策的首要目标，先后在阿富汗和伊拉克发动了两场战争。而对俄罗斯、中国等大国的防范则在美国国家安全战略轻重缓急排序表中相对后移。其次，美国更加重视本土防御，将防止美国本土直接受到袭击确定为最优先关注的安全问题。最后，重新审视世界政治、经济、金融、贸易、文化、民族和宗教问题，美国希望通过加强对世界各个领域的干预，强化其对全球事务的控制。此外，还积极地调整战略重点，以反恐作为结盟的前提。

在2004年的美国大选中，布什凭借其丰富的执政经验，以微弱多数击败了竞争对手获得连任。与此同时，布什继续调整对外政策，从以单边主义和军事实力等战略手段来维护美国的霸权地位和国家安全，到强调外交和软实力的重要性，强调民主化改革是美国政府的优先关注点，通过进攻性的外交、军事、经济等手段向全球推广“民主”、“自由”，以此来保卫和扩大美国在全球的利益，这些被称之为“新布什主义”，主要表现为：

首先，继续以反恐为契机，构建新的大国关系。“9·11事件”使布什政府认识到，美国虽然在世界上拥有无与伦比的军事实力和政治影响力，但无处不在、无法预料的国际恐怖主义的威胁是美国靠一国之力难以消除的。因此，必须构筑全球性的反恐联盟，重建大国关系。根据布什政府的计划，希望将中国、俄罗斯、印度这样一些美国眼中的体制外大国，整合到美国领导的世界体系中；加强在重点地区与重点盟友的关系，如在亚太地区积极开展与日本和澳大利亚在各个领域的合作；减少美国对传统盟友的倚重，并降低这些传统盟友对美国在世界采取行动的羁绊。

其次，对于所面临的威胁继续推行“先发制人”战略，但对“先发制人”的内容进行了修正。布什政府早在2002年就指出，美国在20世纪冷战年代里实行的“威慑加遏制”战略虽然在某些情况下仍然适用，但威慑“对于难以捉摸的恐怖主义网络毫无用处。而一旦拥有大规模杀伤性武器的失去理性的独裁者能够用导弹来投射这些武器或者悄悄把这些提供给他们的恐怖主义盟友时，遏制也遏制不住了。”“先发制人”战略自从提出后，其内容也在不断地更正和补充。首先，从对付恐怖主义扩大到对付大规模杀伤性武器的扩散。在《应对大规模杀伤性武器的国家战略报告》中，美国公开表示：“针对美国及其在国外的驻军和友邦及盟国动用杀伤性武器，美国保留用占压倒优势的力量做出反应的权利——包括动用一切可供选择的手段。”

最后，布什把输出民主作为美国的国家安全战略。2005 年 1 月 20 日，布什在其第二任期的总统就职演说中，将输出民主奉为其战略重点。他说：“我们获得和平的最佳途径，就是把自由扩散到全世界每一个角落”。在他看来，世界上若干政权的存在本身就对美国国家安全乃至一切西方民主制度构成威胁，因此就把其反恐战争的重点由第一任期内的“邪恶轴心”扩大到“暴政据点”。[①] 在美国占领的阿富汗、伊拉克搞民主实验，推动“中东民主化”，在中亚一些国家搞“颜色革命”，这些都是布什政府推动“全球民主化”的输出民主战略的组成部分。

三、奥巴马政府

2009 年 1 月，奥巴马正式就任美国总统。面对“一场危机”与“两场战争”的严峻挑战，以“变革”为竞选旗帜的奥巴马迅速调整了美国的外交与安全战略。首先，以“变革外交”为旗帜，在既往的对外战略格局上“求新求变”，重塑全球“领袖地位”；其次，摒弃了“布什主义”的外交路线，淡化意识形态因素，确立“灵活”、“务实”、“合作”为基调的世界观，力图使美国摆脱目前的战略困境；再次，注重“榜样的力量”，发展“柔性民主”，运用“巧实力”改善美国的国际形象；最后，秉承多边主义立场，积极介入国际事务和开展多边外交。

总而言之，在坚持美国的世界领导地位的前提下，奥巴马政府外交政策的特点是以谋求多边合作为基调、以运用“巧实力”为基础、以柔性务实策略为基本手段。奥巴马的外交新政又被称为“奥巴马主义”。[②]

奥巴马政府上台以来，美国外交的主要作为包括：

（1）与亚洲崛起的新兴大国特别是中国建立更紧密的关系。在美国历任总统中，奥巴马是上台后将中美关系提到“世界上最重要的双边关系”和中

---

① 徐崇温：“布什的民主输出战略”，《红旗文稿》，2005 年第 14 期，第 28 页。

② 惠春琳：“‘奥巴马主义’评析”，《中共中央党校学报》，2011 年第 6 期，第 109 ~ 110 页。

美将“塑造21世纪”高度的第一人，也是就任第一年即对中国进行国事访问的第一人。尽管中美关系仍然受到对台军售、人民币汇率、南海争端等问题的困扰，但发展中美新型大国关系已经成为两国决策者的共识。

（2）美国的战略重点开始由中东转向亚太。在军事上，美国在全球范围内总体收缩的同时，加大了在亚太地区的投入。在经济上，美国以“泛太平洋战略经济伙伴关系协定”（TPP）谈判为平台，强势介入亚太自由贸易区建设。在外交上，美国强化与亚太传统盟国的关系，并致力于提升与印度、印尼、越南等非盟国的关系。外界普遍认为美国“战略东移”有遏制中国的成分，美国在南海和钓鱼岛问题上的态度更是引起了中国的强烈关注。在中美关系总体向前发展的背景下，这是对中美关系和中国外交的重大考验。

（3）为扭转美国在反恐战争中的被动处境，选择逐步退出伊拉克和阿富汗战场。奥巴马上台伊始便宣布了从伊拉克撤军的时间表。2010年8月，美军作战部队撤出伊拉克。2011年年底，美军完全撤出，宣告伊拉克战争正式画上句号。为集中力量打击“基地”组织和塔利班，奥巴马宣布向阿富汗大规模增兵，并于2011年5月成功击毙本·拉登。根据奥巴马宣布的时间表，2014年年底之前美军将完全撤出阿富汗。

（4）为改善美国的国际形象，积极向阿拉伯国家和伊斯兰世界示好。作为美国历史上第一位与穆斯林世界存在渊源的总统，奥巴马一上台就试图弥合在布什时期严重受损的美国—伊斯兰关系。奥巴马在讲话中多次强调，美国的“反恐战争”并非与伊斯兰的战争，美国将履行从伊拉克和阿富汗撤军的计划。奥巴马还公开表示支持以“两国方案”解决巴以问题。

（5）在全球性问题上，选择通过多边合作方式来应对。奥巴马政府上台后，有意与前任的单边主义政策拉开距离，在应对金融危机、气候变化、跨国犯罪等问题上更加注重多边协商与合作。虽然奥巴马在2009年哥本哈根峰会上的努力没有成功，但美国学者还是认为他是“第一位热心于气候变化问题的美国总统”。①

尽管奥巴马政府对前任外交政策的“拨乱反正”取得了一些成效，但美国外交仍然面临着严峻挑战，包括美国与中国、俄罗斯等非西方大国的战略

---

① Martin S. Indyk, Kenneth G. Lieberthal and Michael E. O'Hanlon, *Bending History: Obama's Foreign Policy*, Washington, DC: Brookings Institution Press, 2012. 转引自赵天一：“奥巴马外交政策评说”，载《美国研究》，2012年第2期，第150页。

互信不足、伊拉克和阿富汗的安全局势不稳定、巴以和平进程没有明显进展、朝鲜和伊朗核危机仍在发酵等。

【思考题】

1. 冷战时期美国全球战略发展变化经历了哪几个阶段？
2. 尼克松政府实行战略退缩的背景和原因是什么？
3. 小布什政府的全球战略的特点和主要表现是什么？
4. 奥巴马政府的外交政策有哪些新的特点？

第四章　当代欧洲一体化进程

第二次世界大战几乎使欧洲成为一片废墟，冷战又使欧洲走向彻底分裂，欧洲列强主宰世界格局的历史正式宣告终结。为避免重蹈覆辙，也为了联合自强，战后西欧国家开始走向经济联合和政治一体化。欧洲一体化的进程跨越了半个多世纪，如今欧盟的法律制度和机构建设日趋成熟，欧盟成为世界上越来越重要的经济和政治力量。当代欧洲一体化的历程为探索全球化时代的区域一体化提供了成功的典范。

第一节　欧共体的建立和发展

一、西欧联合的动因

二战后的西欧国家选择走联合发展的道路，是有其历史必然性的。西欧国家一体化的主要动因包括以下几个方面：

（一）避免重蹈战争覆辙、寻求长期和平，是西欧走向联合的主要原因

用一个词概括欧洲一体化的目的，那就是“和平”。① 20 世纪上半叶，欧洲爆发了两次大战，战争给整个欧洲造成了不可估量的损失，给人类留下了深刻的教训。战后欧洲主要国家的政治领导人开始思考建立欧洲长期和平的课题。西欧联合的主要目的是在国家间建立一种长期的机制，使欧洲主要国家能够在有效的政治框架内实现利益的结合，从根本上消除欧洲内部再次爆发战争的根源。

---

① 尤利·德沃伊斯特、门镜：《欧洲一体化进程——欧盟的决策与对外关系》，北京：中国人民大学出版社 2007 年版，第 1 页。

西欧一体化的前提是实现法德和解。历史上法德积怨甚深，普法战争以后德法在欧洲乃至世界上不共戴天。二战结束后，包括法德领导人在内的西欧政治精英都认识到了实现法德和解的重要性。丘吉尔说："重建欧洲家庭的第一步必须是法国和德国之间建立伙伴关系"。① 1950 年 5 月法国正式发表《舒曼宣言》，倡议将法德的煤钢生产置于共同的最高管理机构之下，以避免两国间再次爆发战争。联邦德国的阿登纳政府接受了"舒曼计划"，并签署了建立欧洲煤钢共同体的条约。阿登纳说，该条约使得"法德之间任何战争不仅会成为不可想象的，而且从物质上讲，战争也将是不可能的"。②

（二）获得欧洲自主权的政治需要是促成欧洲一体化的内在动力

二战结束后，美国凭借超强的经济和军事力量，一跃成为西方世界的头号强国。苏联虽然在战争中遭到重创，但社会主义的优势和国家发展的潜力也被最大限度地调动和发挥出来。战后苏联的综合国力和国际声望大增，很快发展成为可与美国相抗衡的超级大国。与此同时，昔日欧洲列强却彻底沦为二流国家。随着以美苏争霸为主要特征的冷战格局的展开，欧洲成为东西方两大军事集团争夺的重点。战后西欧在美国的大力扶植下，经济得到逐渐恢复，但也存在丧失政治和外交自主性的风险。为了维护自身的安全利益，也为了提高欧洲在国际上的地位，整体衰落的西欧国家必须加强内部资源的整合，通过一体化进程形成集体的力量，发出欧洲自己的声音。如此才能对抗苏联，制衡美国。同时欧洲一体化也有助于弥补西欧在防务能力上的不足。

（三）经济上的相互依存是西欧一体化的现实需要

西欧各国领土面积狭小，资源相对匮乏，二战前主要依靠对外掠夺和殖民统治来维持本国经济的高速发展。二战后，西欧国家几乎变成一片废墟，殖民地纷纷宣布独立，西欧列强失去了原有的外部资源。与此同时，战后资本主义国家的经济相互依存却逐步加强。布雷顿森林体系的建立，国际货币基金组织和世界银行的成立，使西方国家的经济联系日益紧密，各国相互间的投资和贸易增长迅速，西方国家经济更加开放。在此背景下，西欧国家就必须打破国家壁垒，加强内部的资源整合，在经济上联合起来，实行一体化。在最初的一体化实践中，欧洲煤钢联营就从制度上减少了交易费用，使资源

---

① 邓宗豪：《欧洲一体化进程：历史、现状与启示》，成都：四川大学出版社 2011 年版，第 17 页。

② 康拉德·阿登纳：《阿登纳回忆录（一）》，上海：上海人民出版社 1976 年版，第 486 页。

得到优化配置，更好地提高了工业区资源的整合效率，从而最大化地实现了自身的经济利益。

（四）欧洲的联合与美国的欧洲政策紧密相关

除了欧洲自身的政治和经济需要，欧洲联合和强大也符合美国的战略利益，故西欧国家一体化得到了美国的外部支持。二战以后，美国一直奉行扶持西欧的政策。“马歇尔计划”对于欧洲的复兴和发展起到了至为关键的作用。战后西欧属于以美国为首的西方阵营，美国希望见到一个在其领导下的繁荣、稳定、联合的欧洲，这有利于其实施以欧制苏的战略。与此同时，欧洲的联合还可以减轻美国在防务上的负担，使美国有更多的资源发展本国的经济。在美国的支持下，欧洲一体化进程得以顺利展开。

此外，欧洲杰出政治家的理论和观念也发挥了一定作用。1946 年英国首相丘吉尔提出的建立欧洲合众国的思想，1948 年英国三环外交政策也包括联合的欧洲一环，1959 年法国总统戴高乐在斯特拉斯堡的讲话中提出要建立“从大西洋到乌拉尔的欧洲”，联邦德国前总理阿登纳关于“欧洲联邦”、“欧洲一体化”、“西欧联合”等思想都推动了欧洲走向联合。

二、从欧洲煤钢联营到欧洲共同体的建立

欧洲共同体的建立经历了漫长的过程：

（一）欧洲煤钢联营

欧洲一体化始于煤钢联营。二战结束后，有欧洲一体化运动“总设计师”之称的法国人让·莫内在总结欧洲历史上的经验教训后，大胆地提出将实现欧洲煤钢联营作为西欧走向联合的突破口，并提出了诸多解决问题的技术上的建议。莫内的设想得到了时任法国外长罗伯特·舒曼的支持。1950 年 5 月 9 日，法国正式发表了由莫内等人起草的《舒曼宣言》，又称“舒曼计划”或“莫内计划”。

《舒曼宣言》主要包含如下内容：（1）欧洲统一不可能一蹴而就，也无望按照单一计划建成。统一的欧洲必须通过具体的业绩逐步实现，而首要问题是建立起真正的团结，尤其要在德法两国之间消除恩怨。（2）法国政府建议将德法两国的煤钢生产交给共同的“高一级当局”进行监管，使煤钢生产纳入欧洲其他国家均可参与的框架之中。（3）这种生产单位对一切愿意参与的国家开放，且最终能为其成员国在同等条件下提供工业生产的基本要素，并将为经济统一打下真正基础。（4）共同的“高一级当局”将尽快实现生产现代化并改进产品质量，以完全同等的条件向法国和德国市场以及其他成员

国市场提供煤钢，共同发展对其他国家的出口。同时实现工人生活条件的平等与改善，煤钢在各成员国之间的物流免除关税，运输价格一律平等。(5) 负责整个体制运营的联合高级当局将由独立人士组成，由各成员国政府在平等基础上选派产生。该机构主席由各成员国政府一致同意推举。主席的决策一经产生，法、德及其他成员国必须执行。由此可见，舒曼提出的煤钢共同市场的计划，旨在建立一个共同机构，对法德煤钢的生产和销售进行有效的监督，并以此为基础，联合西欧其他国家的煤钢企业一起建立共同市场。

尽管荷兰政府起先对具有超国家性质的“高一级当局”有所保留，“舒曼计划”的提出得到了西欧其他多数国家的积极响应。联邦德国、意大利、卢森堡、荷兰、比利时都先后表示支持，并同意对宣言给予考虑并进行谈判。煤钢联营要将德国重整军备的重工业部门置于共同的监督和管理之下，这样有利于法国对德国军事力量的监控，从而缓解法国对德国长期的担忧和疑虑，对于推动法德和解迈出了实质性的步伐，也为欧洲统一寻求到了新的途径。

经过一年多的谈判，1951 年 4 月 18 日，德、法、卢、荷、比、意六国在巴黎签署了有效期为 50 年的《欧洲煤钢联营条约》，又称《巴黎条约》。该条约经各国议会批准后于 1952 年 7 月 23 日正式生效，欧洲煤钢联营机构的总部设在布鲁塞尔，莫内当选为机构的首任主席。

《欧洲煤钢联营条约》的签署虽然是西欧经济一体化的第一步，但却是欧洲统一的一大步。首先，欧洲煤钢联营机构具有超越国家主权的性质，包括法德在内的成员国必须执行其决策，这对于探索欧洲的统一给出了新的实践性选择方案。其次，它通过逐步废止内部关税壁垒、补贴等措施，以及参照第三国煤钢价格和关税税率确定对外贸易政策，为建立统一的欧洲市场奠定了基础。

（二）欧洲经济共同体和欧洲原子能共同体

欧洲煤钢联营的初步成功为西欧国家推进欧洲一体化进程建立了信心。然而在实际运作中，高级当局并没有实质性的权力，各成员国对于煤钢生产中遇到的实际价格问题，往往有自己的保护措施，使得联营的政策难以得到有效贯彻。其次，随着科技的发展，煤钢在经济中的地位有所下降，而且越来越难以脱离其他经济部门的发展而自成体系。尽管法国于 1955 年提出建立欧洲政治共同体的计划，但煤钢联营六国经过商讨后认为时机并未成熟，欧洲一体化只能走经济先行的道路，并且需要加快欧洲经济一体化的进程。

为此，1955 年六国外长就荷、比、卢三国提出的一体化提议进行了讨论并通过了决议。决议认为，“联邦德国、比利时、法国、意大利、卢森堡和荷兰六国政府相信，将欧洲建设推向新阶段的时刻已经来临。它们认为，应首先在经济领域实现这一目标，通过发展共同机构，逐步连接各国经济，建立一个共同市场并逐渐协调它们的社会政策等渠道。创造一个联合的欧洲是完全必要的。如果欧洲要想保持它的世界地位，恢复昔日的影响与威望，不断提高其居民的生活水准，欧洲联合便不可或缺。”但由于各国经济水平与政治地位的差异，导致各国对欧洲经济共同体的不同期望。经过两年多的艰苦谈判，上述六国终于于1957年3月25日在罗马签订了《欧洲经济共同体条约》和《欧洲原子能联营条约》，总称“罗马条约”，标志着欧洲经济共同体的正式成立，该条约于1958年1月1日正式生效。欧洲经济共同体的主要目标是建立一个确保商品能自由流通的关税同盟以及在经济方面制定共同的政策，使西欧从部分产业的一体化迈向区域经济一体化。

（三）欧洲共同体的诞生及其成就

1. 欧共体的诞生

为了使现有的条约和机构统一起来，达到规模化的综合效应，1965年4月8日，六国又签署了《布鲁塞尔条约》，决定将欧洲煤钢联营、原子能联营和经济共同体三个机构合并，统称为“欧洲共同体”或“欧洲共同市场”，简称“欧共体”。

《布鲁塞尔条约》于1967年7月1日正式生效。欧共体从此成为一个机构健全、权力集中、拥有立法权（部长理事会）、行政权（执行委员会）、仲裁和监督机构（欧洲法院和议会）的完全独立的超国家区域性组织。

按照《欧洲经济共同体条约》的规定，欧共体采取了多种措施以促进地区经济融合：取消内部贸易的一切关税及数额限制，使共同体成为一个自由贸易区；建立共同对外关税，无论进口地点如何，输入的商品将在同等条件下进入共同体，共同对外关税将使共同体超出自由贸易区的框架，而成为一个关税同盟，扭曲或阻碍成员国之间的自由竞争的各种惯例将一律禁绝；允许商品、人员、服务和资本在成员国之间自由流动等。

2. 欧共体经济一体化的成果

欧洲先经济后政治的一体化，经过成员国共同的努力终于结出硕果。欧共体经济一体化的成果包括：

（1）建立关税同盟

关税同盟涵盖一切商品的交换，其目标是要求成员国内部之间逐步降低乃至最终消除一切形式的关税，对第三国家或地区的商品进口则实行共同的关税税率和外贸政策。《罗马条约》规定用12年时间分三个阶段逐步建立关税同盟：第一阶段从1958年至1961年，各国降低关税30%，对外以共同关税为标准做幅度30%的调整；第二阶段从1962年至1965年，各国再削减30%的关税和调整30%的关税；第三阶段从1966至1970年，共同体各国完全取消内部关税，对外实行统一关税标准。1968年7月上述目标已全部提前实现。

（2）实行共同的农业政策

农业在国民经济中处于基础的地位，发达国家也不例外。与美国相比，西欧农业的规模要小得多，而且成本较高。在欧共体建设中，共同的农业政策成为一体化的重点之一。共同农业政策的宗旨是确保西欧地区农业生产的稳定和高速发展，防止外来农产品的倾销，从而提高农业的竞争力。共同农业政策主要包括三项内容：建立共同的农产品市场，内部实行统一的价格管理制度，对外建立关税壁垒保护市场；设立共同农业基金，积极鼓励成员国农产品出口；合理调整农业结构，确保共同体农业生产的稳定发展。然而由于各国经济发展水平的差异及经济结构的不同，各国受益共同农业政策的程度差异很大，其中法国是欧洲共同体农业政策最大的受益者。共同的农业政策于1968年8月基本完成。

（3）建立欧洲统一大市场

1985年6月欧洲共同体首脑会议首次提出建立“统一大市场”的目标，即实现《罗马条约》所规定的共同体成员国之间没有边界限制的商品、人员、劳务、资本自由流动的目标。同年12月通过了修改《罗马条约》和达成政治合作的协议，形成《单一欧洲法令》文件。1987年7月1日，该法令得到所有成员国的批准并正式生效，文件决定于1993年1月1日前建立“一个真正没有国界的欧洲市场，在这个区域内保证商品、人员、劳务和资本的自由流动”。1993年1月这一目标最终实现。欧洲统一大市场的建成，对于推动欧洲一体化的发展、优化内部资源要素的配置、促进区域经济发展将发挥越来越重要的作用。

（4）建立共同的货币体系

为稳定成员国之间的货币汇率，减轻美元对成员国经济的冲击和影响，1969年12月欧共体海牙首脑会议决定实现经济和货币联盟，深入推进西欧经济的一体化建设。1970年经济和货币联盟计划正式提出，并设想在1980年建立充分的经济和货币联盟。然而这一计划目标太大，难以一步到位，为此欧共体成员国决定先从稳定货币方面入手，并于1979年3月13日正式建立了欧洲货币体系。在这一体系中，成员国货币之间实行固定汇率制，非成员国实行浮动汇率制，并努力创建欧洲货币单位“埃居”（EUC）和欧洲货币基金，加强对货币金融市场的干预。1986 年底，共同体又决定逐步取消内部的外汇管制，实行资本的自由流通。

（5）实现科技的共同体

1983 年，共同体设立“欧洲科技委员会”，以协调各国科研政策，取长补短，共同发展。法国总统密特朗于 1987 年 4 月首倡建立“欧洲研究协调机构”，要求西欧各国加强在科技领域联合开发。同年 7 月 17 日“尤里卡计划”诞生，西欧各国计划在光电子、大型电子计算机、生物工程、人工智能、高能激光及粒子束六个领域进行联合研制和开发。其目标是增强欧洲科技竞争力，掌握并运用对未来至关重要的技术，促使欧洲各国工业和经济在世界生产竞争中处于有利地位。它对于集中各国科研资源，以联合的优势推动尖端科技领域的研究与开发起了重要作用。

（6）吸纳欧共体成员

在原有成员的基础上，1973 年 1 月欧共体第一次扩大，吸收英国、爱尔兰和丹麦三国加入。1981 年 1 月希腊成为第 10 个成员国。1986 年 1 月，欧洲共同体第三次扩大，西班牙和葡萄牙加入，使成员国增加到 12 个。

第二节　欧洲联盟的建立和发展

东欧剧变、苏联解体之后，美苏对峙的两极中的一极不复存在，国际社会向着多极化的方向发展，国际形势促进欧洲一体化继续深化和扩大，欧洲联盟建立后，实力不断增强，国际地位逐步提高。

一、欧洲联盟的建立

（一）《马斯特里赫特条约》

20 世纪 80 年代末，世界形势发生了重大变化，苏联解体后两极格局完全瓦解，世界呈现多极化发展趋势。与此同时，欧共体的政治经济影响力日渐加强。苏东剧变以后，中东欧各国纷纷转向共同体，寻求政治和经济支持，使欧共体的核心作用日益明显。两德统一后纳入欧洲一体化的轨道，德国为了消除欧共体成员国对德国统一的疑虑，减少统一的外部障碍，竭力推进欧洲一体化进程。1987 年《单一欧洲法令》实施后，建立内部市场的工作启动，成员国（除英国外）认为共同体应增加社会领域和政治领域的合作，一方面需要加快实现经济和货币联盟，另一方面也需要扩大政治合作，推进政治一体化。1989 年 6 月，欧共体马德里首脑会议通过了《关于实现欧洲经济和货币联盟的报告》，明确提出自 1990 年 7 月 1 日起分三阶段实施经济货币联盟的目标。

1991 年 12 月，欧洲理事会在荷兰南部小城马斯特里赫特召开欧共体第 46 届年会，达成了《经济与货币联盟条约》和《政治联盟条约》，总称“欧洲联盟条约”，又称“马斯特里赫特条约”（简称“马约”），对经济货币联盟的最终目标、实施途径及最后期限做了明确规定。1993 年 11 月 1 日，各成员国完成条约批准手续，条约正式生效。欧共体更名为欧洲联盟。

条约的签署标志着欧洲一体化从经贸集团开始向涉及外交和安全、司法与内务等事务的经济政治集团方向发展，为欧洲一体化的未来发展提供了全面目标。它是在欧共体基础上更高层次的一体化，是欧洲一体化新的里程碑。

（二）欧盟的机构

为确保一体化顺利发展，欧盟建立了一整套独特的决策和运行机制。目前欧盟的组织机构主要包括：欧洲理事会、欧盟理事会、欧盟委员会、欧洲议会、欧盟法院、欧洲审计院和欧洲中央银行。除此以外，还有经济与社会委员会、欧洲投资银行等具体办事机构。

欧洲理事会（European Council），即欧盟首脑会议，是欧盟的最高决策机构，负责制定欧洲一体化的总的政治指导原则。它由各成员国国家元首或政府首脑以及欧洲理事会主席和欧盟委员会主席组成，欧盟外交和安全政策的高级代表参加其工作。欧洲理事会每半年举行两次会议，由主席召集。如果需要，主席将召集欧洲理事会特别会议。除非条约另有规定，欧洲理事会以协商一致原则做出决定。《里斯本条约》生效后，欧洲理事会正式设立常任主席职务，对外代表欧盟，对内召集理事会会议。媒体将其形容为“欧盟总统”。主席的任期为两年半，可连任一次。现任欧洲理事会主席是比利时前首相范龙佩。

欧盟理事会（Council of the European Union），又称部长理事会，由来自欧盟各成员国政府的部长组成，是欧盟的主要立法机构。主席国由成员国轮任，任期 6 个月。部长理事会的主要职责有：（1）通过欧盟法律，在部分领域与欧洲议会联合立法；（2）就各成员国广泛的经济政策进行协调；（3）在欧盟与一个或多个国家或国际组织之间缔结国际协定；（4）会同欧洲议会批准欧盟预算；（5）根据欧洲理事会提出的方针，界定和实施欧盟共同外交与安全政策；（6）协调成员国之间在刑事事务方面的国家法院和警察力量的合作。《里斯本条约》生效后，欧盟理事会可以根据不同情况以简单多数票、法定多数票或者一致同意的方式通过法令。

欧盟委员会（European Commission），又称委员会，是欧盟常设的执行和行政机构，其主要职责是：（1）实施欧盟的有关条约、法规和欧盟理事会做出的决定；（2）向欧盟理事会和欧洲议会提出政策实施报告和立法动议；（3）处理欧盟日常事务，代表欧盟进行对外联系和贸易等方面的谈判。委员会任期为五年，总部设在布鲁塞尔。欧盟委员会主席人选由欧洲理事会提名，由欧洲议会选举产生。委员会主席将负责委员会的政治领导，制定委员会工作的指导方针，决定委员会的内部组织，任命委员会副主席，罢免委员会成员等。委员会作为一个整体，将在欧洲议会表决同意后，由欧洲理事会以特定多数议决任命。2003 年 2 月《尼斯条约》开始生效后，欧盟各成员国都选派一名委员，因此目前欧盟委员会有 27 个委员。根据《里斯本条约》的规定，从 2014 年 11 月 1 日起，委员会包括其主席和欧盟外交事务与安全政策高级代表（副主席）在内的成员人数相当于成员国数目的 2/3，除非欧洲理事会一致决定改变这个数字。

欧洲议会（European Parliament），是欧盟三大机构之一，也是世界上唯一一个通过直接选举产生的跨国议会。成立于 1958 年，其前身是欧洲煤钢共同体议会，1962 年正式改称现名。议会大厦设在法国斯特拉斯堡，议会秘书处设在卢森堡。欧洲议会最初只是一个负责监督和咨询的机构，不具有立法权。但随着欧盟的不断扩大，欧洲议会的权力也随之逐步扩大。现在欧洲议会的主要职能除监督、咨询外，还包括参与立法权和部分预算权。该机构通过行使“共同决定权”影响欧盟理事会和欧盟委员会的决策，可以 2/3 多数弹劾欧盟委员会。欧洲议会设议长 1 名，副议长 14 名，均由议员选举产生，任期两年半，可以连选连任。自 1979 年起，欧洲议会议员由成员国直接普选产生，任期五年。2007 年欧盟扩大后，欧洲议会议员人数为 785 名。

欧盟外交署（European Union External Action Service），是欧盟层面单一的处理日常对外事务的部门。其目的在于在促进欧盟共同外交政策的具体落实，帮助欧盟理事会、欧盟委员会及其成员国在共同外交政策实施方面进行协调，以提高共同外交政策的决策和执行效率。根据 2009 年 12 月 1 日生效的《里斯本条约》，欧盟须把原来分属于欧盟理事会和欧盟委员会的外交权力合二为一，同时吸纳 27 个成员国的外交资源，在此基础上组建成单一的外交部门。2010 年 7 月，欧洲议会全体会议和欧盟外交理事会会议先后通过了欧盟“外交署”筹组方案，明确了其组织架构、编制、预算等方面的规定，标志着这一新的外交机构正式开始组建。同年 12 月 1 日，欧盟“外交署”正式开始运行。其在政治上对欧洲议会负责，拥有独立的预算权。

欧盟法院（Court of Justice of the European Union），是欧盟机构之一。欧盟法院系统包括欧洲法院、综合法院和公务员法庭。其中欧洲法院是欧盟的仲裁机构，负责审理和裁决在执行欧盟条约和有关规定中发生的各种争执。现有 15 名法官和 9 名检察官，由成员国政府共同任命。所有法官任期均为六年，可以连任。其作为欧盟的唯一司法机构，与各成员国的国内法院合作，确保欧盟法律在欧盟各国间能够有统一的解释和适用。

欧洲审计院（European Court of Justice），成立于 1977 年，位于卢森堡。其主要作用是检查欧盟以及所属机构的资金是否用得其所。其 12 名成员由欧洲议会协商并由欧盟理事会任命，任期为六年，允许连任。

欧洲中央银行（European Central Bank），是欧洲经济与货币联盟的核心机构，根据《马斯特里赫特条约》的规定于 1998 年 7 月 1 日正式成立，其前身是设在法兰克福的欧洲货币局。欧洲央行是欧元区的中央银行，其职责是维护货币稳定，管理主导利率、货币的储备发行和制定欧洲货币政策。欧洲央行的职责和结构以德国联邦银行为模式，独立性是它的显著特点，它不接受欧盟领导机构的指令，也不受成员国政府的监督。

在上述机构中，欧洲理事会居于核心地位，它负责制定欧盟总体的发展战略目标。部长理事会是欧盟政府间机构，是成员国最主要的利益代表。欧盟委员会与欧洲议会是超国家机构，代表欧盟的整体利益。欧盟法院则从司法角度保证欧盟法律的有效贯彻和实施。欧洲审计院负责监督欧盟资金的使用。欧洲央行负责独立制定货币政策。这些机构组成相互配合与制约的整体，共同维护和推动欧洲一体化的发展。

二、欧洲一体化的发展

（一）经济与货币联盟

随着欧盟共同市场的建成，欧盟的下一个目标便是经济与货币联盟。《马斯特里赫特条约》规定，欧盟经济与货币联盟建设步骤分三阶段：第一阶段从 1990 年 7 月至 1993 年底，主要任务是争取所有成员国的货币加入欧洲货币体系汇率机制，取消外汇管制，实行资本自由流动，协调各国经济、财政政策，实现欧共体内部统一大市场。第二阶段从 1994 年 1 月开始，建立统一的欧洲货币机构，监督各国经济、财政、货币政策和外汇储备，使之互相接近，达到进入第三阶段所需要的条件：通货膨胀率不得高于最低三成员国平均值的1.5%；利率不得高于最低三成员国平均值的2%；财政赤字不得超过国内生产总值的3%；公共债务不得超过国内生产总值的60%。[①] 第三阶段从1997年1月1日起开始，最迟于1999年1月1日起开始发行单一货币，建立欧洲银行。

1995年12月欧盟马德里会议确定欧元（EURO）为单一货币的名称，从而结束了关于单一货币名称的争论。由于受到1992年和1993年两次货币危机的影响，欧元未能按原计划在1997年启动，而是直到1998年才正式确定欧元区的组成。1998年5月2日，奥地利、比利时、荷兰、法国、芬兰、德国、爱尔兰、意大利、卢森堡、葡萄牙和西班牙11个满足条件的国家在布鲁塞尔特别首脑会议上被批准成为首批使用欧元的国家，会议并决定于1999年1月1日启动欧元。1999年1月1日至2002年1月1日为各国货币与欧元共存阶段，企业与个人可同时使用两种货币。2002年1月1日开始全面使用欧元，各国货币开始退出市场。2002年7月1日，欧元取代各国货币成为欧元区的统一货币。截至2010年，欧元区拥有17个成员国，人口3.2亿，国内生产总值为12.2万亿美元，占全球总值的19%。欧元在全球外汇储备中所占比重达到26.3%，仅次于美元。

欧元的诞生是欧洲联合过程中继关税同盟、共同农业政策、内部统一大市场后的又一次重大飞跃，是欧洲经济与货币联盟走向成功的重大标志之一，不仅加速了欧洲一体化的进程，提升了欧洲在国际上的地位，改变了欧洲区域货币格局，而且对国际货币体系产生了巨大影响。欧元成为继美元之后的第二位的国际货币，与日元一起形成了三大国际货币鼎足而立的局势。

（二）共同外交与安全政策

共同外交与安全政策是欧洲政治联盟的核心，其前身是20世纪70年代成员国协调对外政策的欧洲政治合作机制。1970年通过的“卢森堡报告”，旨在加强外交领域的合作，建立一个外交事务磋商机制。从同年11月起，成员国外长每年举行两次会议，就外交政策交换意见。1973年通过的“哥本哈根报告”进一步将一年两次的外长定期会晤增加到一年四次。报告还规定，凡涉及欧洲利益之问题，未经共同磋商，成员国不得做出决定，以达到执行共同的外交政策的目的。1986年的《单一欧洲法令》还规定：成员国有义务就外交政策进行通知和协商；有义务充分考虑别国的立场和尽力共同制定、

---

① 李淑珍、陈德民、王成英编著：《当代世界经济与政治》，北京：北京大学出版社2003版，第160页。

合作机制。在此机制下欧盟国家采取了一系列共同的外交行动。1999 年 6 月的欧盟科隆首脑会议通过了“制定欧洲共同外交和安全政策的决议”，将欧洲防务组织——西欧联盟纳入欧洲联盟，以期发挥其军事作用，并任命原北约秘书长索拉纳为欧盟“共同外交和安全政策高级代表”，同时兼任西欧联盟秘书长，负责制定欧盟共同外交和安全政策。同年底欧盟赫尔辛基首脑会议做出决定，要在 2003 年年底以前组建一支五六万人的欧洲快速部队。至此，欧盟在共同外交与安全政策方面终于迈出了实质性的一步。

（二）《尼斯条约》与欧盟的扩大

欧盟成立以来经历了三次扩大：第一次是 1995 年 1 月 1 日瑞典、芬兰、奥地利加入；第二次是 2004 年 5 月 1 日塞浦路斯、捷克、爱沙尼亚、匈牙利、拉脱维亚，立陶宛、马耳他、波兰、斯洛伐克和斯洛文尼亚 10 个中东欧国家加入；第三次为 2007 年 1 月 1 日罗马尼亚和保加利亚加入。欧盟经过扩大目前已经拥有 27 个成员国，拥有约 5 亿人口，400 多万平方公里的土地，国民生产总值超过美国，成为世界上首屈一指的经济体。其中 2004 年开始的欧盟东扩尤为重要，它是欧盟成功吸收中东欧国家入盟的开始，具有重要的政治和经济意义。

对于欧盟来说，东扩是用和平方式完成欧洲一体化的最佳途径。欧盟可以通过东扩将其所创造的稳定与繁荣模式推广到更多的欧洲国家，这既符合欧共体创始人的初衷，也有利于增强欧盟的整体实力、欧洲核心凝聚力以及在世界上的影响力。因此，欧盟东扩是欧盟的既定政治方针。从经济角度而言，接纳中东欧新成员对欧洲联盟来说也极为有利。由于新老成员经济水平差异较大，尤其中东欧国家人口众多，市场广大，使得扩大后的欧盟将产生持续的内部消费需求，进一步拉升欧盟经济的发展。东扩还有助于欧盟有效确保欧洲政局的稳定，推动中东欧地区民主化的进程，并有效地控制中东欧地区日益泛滥并影响到欧盟核心区域的有组织犯罪、恐怖主义和非法移民浪潮。

对中东欧国家而言，冷战结束后，回归欧洲成为它们共同的价值追求。同时，加入欧盟也是它们摆脱经济困境，实现政治和经济转型的机遇。加入欧盟后，它们可以分享欧盟所创造的一体化成果：自由地进入欧盟市场，在农业等产业方面获得欧盟的资金补贴和技术支持等。除了现实的经济利益，入盟还将附带产生很多政治利益：借助入盟谈判加大国内政治经济改革力度，消除原来计划经济留下来的机制和思想观念的束缚，提高自身的国家地位等。

为了迎接欧盟东扩的到来，2001 年 2 月 26 日欧盟成员国签署了旨在提高决策效率和推动机构改革的《尼斯条约》。《尼斯条约》的内容涉及欧盟委员会委员人数、欧盟部长理事会的表决机制、强化合作程序、欧洲议会等机构的调整。根据《尼斯条约》的规定，欧盟委员会将实行一国一委员制度，待欧盟东扩后，在平等原则下实行轮换制度，使委员人数少于成员国的数量；重新分配各国在部长理事会的表决票数，总票数达到345张，部长理事会通过决议的有效特定多数票为255张，且这些票数至少能够代表62%欧盟总人口的支持；扩大特定多数表决制的适用范围，成员国同意在29个领域放弃一致通过表决制；引入"增强合作"程序，只要有八个成员国同意，即可在某一领域强化合作，先行采取某些一体化的措施，不再强求所有成员国步伐一致。

（三）《欧盟宪法条约》的流产与《里斯本条约》的诞生

尽管《阿姆斯特丹条约》和《尼斯条约》都对《马斯特里赫特条约》做出了重要修正，但仍然没有从根本上解决欧盟决策体制和机构改革的问题，这让很多人感到"失望"①。2001年12月5日，欧盟首脑会议发表《莱肯宣言》，决定开始制定宪法并成立制宪筹备委员会。2004年6月18日，欧盟25个成员国在比利时首都布鲁塞尔举行首脑会议，一致通过了《欧盟宪法条约》草案的最终文本。同年10月29日，欧盟25个成员国的领导人在罗马签署了《欧盟宪法条约》。宪法条约的主要内容包括：（1）设立欧洲理事会主席和欧盟外交部长，组建欧盟外交部。欧洲理事会主席负责为欧盟首脑会议做准备，并主持首脑会议。主席由欧洲理事会以有效多数表决方式选举产生，任期两年半，可连任一次。主席不得同时在成员国任职。欧盟外长由欧洲理事会以有效多数表决方式选举产生，主要负责欧盟共同外交与安全政策，同时也是欧盟委员会的副主席。（2）改革欧盟委员会，扩大欧洲议会的权力。欧盟委员会将从一国一委员过渡到委员人数是成员国数目的2/3，由各国轮流提名。欧洲议会将在立法和预算领域同欧盟理事会"共同决策"，并有权在欧洲理事会提名的前提下选举欧盟委员会主席。（3）除特别规定外，欧盟理事会的决策实施"有效多数表决机制"，即通过决定只需要55%的理事会成员的赞成（这些成员需来自至少15个成员国并代表65%以上的欧盟人口）。（4）成员国必须尽其所有的军事和民用能力用于欧盟共同防务政策的实施，最终目标是发展欧盟的共同防务。此外，条约还引人注目地规定了欧盟的盟旗、盟歌、

---

① 尤利·德沃伊斯特、门镜：《欧洲一体化进程——欧盟的决策与对外关系》，北京：中国人民大学出版社2007年版，第5页。

宗旨、货币和节日。

《欧盟宪法条约》的出台被认为标志着欧盟在政治一体化的道路上又向前迈进了一步，为欧盟一体化进程中具有里程碑意义的重要文献。但 2005 年 5 月和 6 月，法国和荷兰分别在全民公决中否决了条约，使得《欧盟宪法条约》搁浅，导致欧盟一体化进程停滞。

经过各成员国的不懈努力，2007 年 6 月，欧盟 27 国首脑在布鲁塞尔就替代《欧盟宪法条约》的新条约草案达成协议，从而结束了长达两年的欧盟制宪危机。同年 12 月 13 日，欧盟 27 国签署欧盟新条约，即《里斯本条约》。新条约删除了一些带宪法意味和准国家色彩的词句（如欧盟外长、欧盟盟旗盟歌等），保留了《欧盟宪法条约》的一些实质性内容。2008 年爱尔兰全民公决否决了《里斯本条约》，捷克也威胁抵制该条约，欧盟改革进程再次遭受挫折。为了挽救《里斯本条约》，欧盟不得不向爱尔兰和捷克做出妥协，最终条约有惊无险地在这两个国家获得通过。2009 年 12 月 1 日，《里斯本条约》最终生效。

《里斯本条约》的主要内容包括：（1）设立欧洲理事会常任主席职务，取消目前每半年轮换一次的欧盟主席国轮替制度。（2）将目前欧盟负责外交与安全政策的高级代表与欧盟委员会负责外交事务的委员这两个职权交叉的职务合并，设立新的欧盟负责共同外交与安全政策的高级代表，全面负责欧盟对外政策。（3）从 2014 年起，欧盟委员会人数从 27 名减至 18 名，扩大欧盟委员会主席的权力。（4）扩大欧洲议会的权力，议席由 785 席减至 750 席，一些国家的席位根据其人口做出调整。（5）将更多的政策领域划归到“有效多数表决制”的范围，成员国不再能“一票否决”，以简化决策过程。但在税收、社保、外交和防务等涉及成员国主权的事项上，仍采取一致通过的原则。（6）从 2014 年开始，以“双重多数表决制”取代目前的“有效多数表决制”，即有关决议的通过必须至少获得 55% 的成员国成员和 65% 的欧盟人口的赞成。（7）成员国议会将在欧盟决策过程中发挥更大的作用。如果一项欧盟立法草案遭到 1/3 成员国议会的反对，将返回欧盟委员会重新考虑。（8）欧洲法院将被赋予更大权力，可以就各国司法与内政相关的法律是否与欧盟法律相冲突进行裁决。此外，条约还对欧盟的法人地位、欧盟公民的权利、成员国的退出机制等问题做出了规定。

四、欧盟对外关系的发展

冷战后，随着欧洲一体化进程的顺利推进，欧盟在国际社会中的地位不断提高，作为整体的欧盟在地区和全球事务中发挥着越来越重要的作用。

与美国建立新型、平等的伙伴关系。冷战后，欧美的外交政策基础没有发生变化，双方拥有一致的价值观和安全利益，所以在国际场合大体上保持着合作。政治上，在一些事关欧洲安全的重大问题上，欧盟还需要美国的支持，如波黑内战、科索沃危机，利用美国制衡俄罗斯在欧洲的影响；经济上，欧美相互依存的程度很深，彼此为对方最大的投资对象和贸易伙伴之一；国际秩序上，双方有共同的利益，维持有利于发达国家的经济政治秩序。但另一方面，关系到切身利益的时候，双方常有矛盾发生。经济上，欧盟面对欧美贸易摩擦采取更加积极的态度，多次将官司打到世界贸易组织。政治上，积极反对美国的霸权主义和单边主义，特别是2001年小布什政府执政后，双方分歧有增大的趋势。最典型的就是2003年爆发的伊拉克战争，欧盟中的法国和德国坚决反对美国对伊拉克动武。欧盟同时在积极发展自身的防务体系，以摆脱美国的控制。外交上，欧盟在全世界各个地区积极参与，与美国的影响力相抗衡。

发挥欧盟在欧洲事务中的主导性地位，以欧盟为中心，实现“大欧洲”的融合。这里集中体现为欧盟与俄罗斯的关系。对于俄罗斯，欧盟奉行既合作又防范的政策。一方面，由于历史原因，欧盟对俄积极防范，与美国一道推动北约东扩，加紧向东欧发展势力，积极援助东欧国家，向独联体渗透。另外一方面，积极寻求同俄罗斯改善关系，这主要是由双方利益所驱动。对俄罗斯来说，它需要欧盟的经济和技术援助，特别是欧盟一直是俄最大的贸易伙伴；而对欧盟来说，经济上俄拥有丰富的自然资源、广阔的市场前景，政治上俄罗斯可以制约美国，符合欧盟多极化的战略。

欧盟积极发展同发展中国家的关系，实施“新亚洲”、“新拉丁美洲”以及“新非洲”战略，建立新型欧亚、欧拉和欧非关系，不断扩大欧洲在亚非拉地区的经济利益和地缘政治利益。1994年制定《迈向亚洲新战略》，1996年3月，欧盟15国同东亚10国在泰国曼谷召开首次亚欧会议，确定了欧亚领导人定期会晤制度，倡导建立欧亚新型伙伴关系。欧中关系方面，1995年欧盟委员会发表《欧中关系长期政策》，指出与中国的关系是“欧盟对外关系的里程碑”。2003年，欧盟发表《欧盟对华政策》文件，指出欧中关系是战略伙伴关系。欧盟还积极参与中东事务，在中东和平进程和伊朗核问题上发挥了重要作用。拉丁美洲和非洲历史上曾经是欧洲的殖民地，因此这些地区的国家与欧盟存在着传统的政治与经济关系。1999年6月，欧盟与拉美及加勒比国家的领导人在巴西里约热内卢举行首次首脑会议，决定欧拉进行政治对话，加强双方在政治、经济、文化、科学和社会领域的合作。2000 年 4 月，欧盟与非洲大陆国家的领导人在埃及开罗举行首脑会晤，商议加强双方的政治合作与经济关系。

第三节　欧洲一体化的障碍与前景

一、欧债危机对欧元区的冲击

当前欧洲一体化面临的最大障碍无疑是愈演愈烈的欧债危机。该危机是因欧元区国家主权债务偿付信誉降低，而引发的欧洲乃至世界范围内的金融和经济动荡。2009 年 10 月 20 日，希腊政府宣布当年财政赤字占国内生产总值的比重将超过 12%，远高于欧盟允许的 3% 的上限。随后，世界三大评级机构相继下调希腊的主权信用评级，欧洲主权债务危机首先在希腊爆发。2010 年 9 月 30 日，爱尔兰宣布当年的财政赤字将飙升至国内生产总值的 32%。11 月 21 日，爱尔兰正式向欧盟和国际货币基金组织求援，成为在欧债危机中倒下的第二个欧元区国家。2011 年 5 月 5 日，欧元区财长同意和国际货币基金组织一道向葡萄牙提供 780 亿美元的援助贷款，葡萄牙沦为第三个被债务危机击倒的欧元区国家。此外，欧元区第三和第四大经济体意大利和西班牙也被卷入了债务危机，这意味着欧债危机正在向欧元区的核心国家蔓延。上述五个债务问题最为严重的欧元区国家又被媒体戏称为“欧猪五国”（PIIGS）。

欧债危机对债务国和整个欧元区造成了巨大冲击。截至 2010 年底，“欧猪五国”的财政赤字和公共债务分别高达国内生产总值的 13.6% 和 102.2%。整个欧元区的平均数据也分别高达 6% 和 85.1%，远远超过《稳定与增长公约》设定的 3% 和 60% 的上限。① 2012 年 1 月，国际货币基金组织预测：2012 年欧元区经济增长率为 1.1%，比 2011 年减少 0.5%。经合组织预测：2012 年希腊、葡萄牙和意大利的经济为负增长。同时，欧元区的失业率将进一步提高，希腊和西班牙尤为严重，两国的失业率将分别达到 18.5% 和 22.9%。“欧猪五国”的债务困境和经济衰退也拖累了欧元区最大的两个经济体。根据国际货币基金组织的预测：2012 年德国的经济增长率将跌至 0.3%，

① 丁纯：“欧债会压碎欧元吗?”《社会观察》，2011 年第 8 期，第 62 页。

比2011年下调2.7个百分点。法国的经济增长率将从2011年的1.6%下降到2012年的0.2%。[①] 面对“欧猪五国”不断上升的债务、欧盟内部关于救援方案的争论、希腊等国因实施财政紧缩政策造成的政治危机和社会动荡，市场和舆论一度产生了希腊等国退出欧元区甚至欧元区解体的担心。

欧债危机的爆发有着复杂而深刻的原因。危机的直接起因是一些欧元区国家长期过度负债，并导致巨额财政赤字。由于负债比重过高（比如2009年希腊外债占其国内生产总值的比重已经达到115%），债务国的偿债能力严重下降，主权信用评级被不断下调，进而这些国家对外融资的成本急剧上升。当巨额财政赤字无法用新发债务来弥补时，债务危机的爆发就不可避免了。从根源上讲，欧元区国家经济发展的不平衡、凯恩斯主义的赤字财政、因老龄化而加剧的欧洲福利国家模式的危机等都为债务危机埋下了祸根。这里尤其需要指出的是，欧债危机还与欧元区货币制度设计的缺陷有关。欧元区虽然有统一的货币政策，但是没有统一的财政政策，欧盟制定的财政纪律在现实生活中并没有得到严格执行。由于欧元区没有统一的“中央财政”作为依托，欧洲央行又以保持币值稳定为唯一政策目标，没有意愿也没有能力采取类似美联储的“量化宽松”措施，因此当希腊等国出现债务问题时，没有货币政策自主权的它们只能依靠自身财政作为偿债担保。而财政赤字的居高不下终使它们难逃一劫。

时至今日，欧债危机已不只是部分欧元区国家的债务危机，而是整个欧盟乃至欧洲一体化的危机。在政治上，危机暴露了一体化进程中政治与经济发展失衡的矛盾。危机初期，各成员国各自为政，钩心斗角，欧盟机构则犹豫不决，难有作为，错失了解决问题的最佳时机。在体制上，危机暴露了欧洲传统福利国家模式的弊端和欧元区设计上的缺陷，危机爆发后的体制转型又损害到民众的切身利益，引发激烈的社会矛盾。在社会上，危机降低了民众对政府和政治的信任，大规模罢工、示威以及“暴力抗争”此起彼伏，极端势力、排外势力、民粹分子以及无政府主义者趁机制造动乱。[②] 2011年8月，非欧元区成员的英国也出现了严重骚乱。11月30日，英国爆发了三十年来罕见的大罢工，这说明危机的负面影响已开始外溢到欧元区外的其他欧

① 朱颖、李国：“欧债危机引发的欧元区危机”，《金融教学与研究》，2012年第3期，第3页。

② 王毅：“欧洲一体化‘趋弱’还是‘走强’”，《当代世界》，2011年第9期，第41~42页。

盟国家。

经过艰难的讨价还价，欧盟终于下决心采取了“三管齐下”的反危机措施：（1）德国、荷兰等北方债权国要求希腊等债务国实施财政紧缩政策，包括大幅度削减养老金及失业和医疗等多种补贴、提高退休年龄、放松劳动力市场管制等，以削减赤字，重新获得经济竞争力；（2）欧元区联手国际货币基金组织出台了一批金融救援方案。2010 年 5 月 3 日，双方出台了为期三年，总额 1 100 亿欧元的紧急救援方案。5 月 10 日，欧元区又启动了一套适用于所有欧元区国家，总额为 7 500 亿欧元的金融稳定机制。2011 年 7 月 21 日，欧元区召开紧急峰会，决定扩大金融稳定机制的权限。10 月 26 日，欧元区领导人又就解决欧债危机的一揽子方案达成一致。2011 年 3 月 12 日，欧元区 17 国领导人提出“欧元公约”，其核心是经济治理改革，以促进成员国经济更加融合。同年 3 月底，欧元区财长会议同意将欧洲救助基金规模扩大到 8 000 亿欧元，其中金额为 5 000 亿欧元的“欧元区国家对欧洲稳定机制”将成为欧元区国家金融救助的主要工具；（3）用更严厉的法律条文强化欧元区的财政纪律。2012 年 1 月 30 日，欧盟峰会就应对当前危机达成四点一致意见，并通过了“财政契约”草案。同年 3 月 2 日，除英国和捷克外的 25 个欧盟成员国正式签署《欧洲经济货币联盟稳定、协调和治理公约》，即“财政契约”。为加强各成员国的财政纪律，“财政契约”规定：①各成员国必须将“黄金法则”纳入本国宪法或者使其成为具有同等地位的法律，明确规定本国结构性赤字不超过国内生产总值的 0.5%，确保国内预算平衡；②财政赤字超过国内生产总值 3% 的成员国将自动受到处罚，除非欧元区成员国以有效多数表决的方式同意不予处罚；③欧洲法院有权就成员国是否遵守本国制定的“黄金法则”做出裁决。① 6 月，欧盟 27 国领导人正式通过“增长与就业契约”，作为“财政契约”的补充，其核心内容是一个价值 1 200 亿欧元的一揽子刺激经济增长计划。

目前欧债危机还在持续发酵，外界有很多看衰欧元甚至欧盟的观点②，但更多的学者还是相信欧盟能够渡过这一难关，因为欧元崩溃或者欧盟解体的

---

① 张健：“从欧盟债务危机管理看欧洲一体化前景”，《现代国际关系》，2012 年第 2 期，第 31 页。

② 对于欧元的前景，美国经济学家克鲁格曼、弗里德曼，美国金融家巴菲特、索罗斯，美联储前主席格林斯潘都发表过悲观言论。参见江时学：“欧元的前途何在?”《经济》，2012 年第 6 期，第 48 页。

代价将是欧洲无法承受的。有学者指出："危机既是危险，也是机遇。一场严重危机过后出现一个反弹，从而推动欧盟朝一个更加紧密的联盟发展，这是欧洲建设进程中的一个规律。"① 至于欧债危机到底能否转化为欧洲一体化的转机，则至少取决于两大因素：欧盟及其成员国领导人政治公信力的重建和政治勇气是否强劲有力，财政联盟建设能否顺利落实。②

二、欧洲一体化的目标：超国家主义（联邦主义）VS.政府间主义（邦联主义）

虽然欧盟（欧共体）成员国政府和这些国家的多数民众都赞同一体化，但对于欧洲建设的目标却历来分歧明显。欧洲一体化自启动之日起就一直存在着超国家主义或联邦主义与政府间主义（或邦联主义）的分歧。

欧洲共同体的创始者莫内、舒曼等人在发起欧洲一体化时，即希望把建立"欧洲联邦"作为最终目标。1950 年 5 月 9 日发表的《舒曼宣言》指出，"通过基础工业的合并和建立一个新的对法德和未来的其他成员国都有决定权的高级机构，对于维持和平所必需的欧洲联邦来说，该建议就成了它的第一个具体基础。"1952 年 5 月 27 日，欧洲煤钢共同体六个成员国草签了欧洲防务共同体条约，将建立"联邦或联邦机构"的计划列入其中，但欧洲防务共同体于 1954 年流产，欧洲联邦计划也暂时搁浅。此外，在《欧洲煤钢共同体条约》中所使用的"超国家性质"的概念，在后来欧共体及至欧盟条约文本中也再没出现过。

在欧盟主要成员国中，德国执著地追求欧洲联邦，主张欧洲统一。2000 年 5 月 12 日，德国外交部长菲舍尔在洪堡大学发表演讲时阐述了关于欧洲一体化最终目标的观点，主张建设一个拥有一部宪法、一个政府和一个议会的欧洲联邦。2001 年 4 月，德国总理施罗德进一步提出将欧盟改造成为一个联邦制国家的方案，这意味着德国政府对欧洲一体化的前景做出了最明确的表态。然而欧盟其他成员并不赞同，德国方案一出笼即遭到英国的坚决抵制，法国也提出异议，意大利总统钱皮则提出建立"民族国家联邦"的中间道路。法德两国后来共同表示支持"民族国家联邦"，但英国、丹麦和瑞典等国仍然

① 赵怀普："欧元危机及其对欧盟的影响"，载王义桅主编：《全球视野下的中欧关系》，北京：世界知识出版社 2012 年版，第 126 页。

② 房乐宪："欧债危机与当前欧洲一体化面临的困境"，《和平与发展》，2012 年第 1 期，第 48～49 页。

难以接受"联邦"一说，致使联邦之路受阻。

英国在一体化过程中坚决维护本国主权的独立，确保英国及其他成员国不因一体化而成为欧盟的地方机构，力主按照政府间合作形式实践欧洲一体化目标，因此在遏制欧洲联邦化方面起着重要作用。为反对联邦主义的超国家实践，英国不断在条约批准程序上做文章，并竭力掌握欧盟制宪进程的主动权。欧盟制宪危机爆发后，英国又竭力促成欧盟制宪向非宪法化转变。英国在欧洲一体化目标上的立场，不仅在于其对国家利益的维护，也在于它的非成文性的宪法文化和传统的"疑欧"思维。

早在欧洲一体化启动伊始，法国总统戴高乐就设想要建立欧洲邦联，将欧盟建设为主权国家的联合体。希拉克总统在2000年6月德国国庆日上发表的讲话中谈到，他设想的是"欧洲国家的联盟体而不是欧洲合众国"，并且"谁也没有想要建立一个欧洲超国家来取代我们的民族国家，结束它们在国际舞台上的行为者角色。"可见，法国的立场介于德国和英国之间，既反对联邦化，又不满足于政府间合作，主张强化欧洲主权国家之间的联盟建设。

由于成员国对欧洲一体化的目标存在分歧，因此在制定组织条约时选用了"共同体"（Community）、"联盟"（Union）等较为含糊的名称，而避免使用"联邦"（Confederation）这一比较明确的字眼。1991年在起草《欧洲联盟条约》时，欧共体委员会提案中曾将欧盟表述为"带有联邦取向的一个联盟"，但因英国等国家极力反对而最终放弃。经过妥协，《欧洲联盟条约》将之前《罗马条约》前言中所说的"矢志为欧洲各国人民之间日益紧密的联盟奠定基础"，改为"决心继续在欧洲各国人民之间创建日益紧密联盟的进程"。

然而欧洲一体化不是非此即彼的制度选择，在实践中表现出目标制度的兼容性。20世纪60年代法国总统戴高乐曾倡议欧共体六国组建政治联盟，试图通过加强政府间合作促成邦联化。而一些联邦主义者则多次提议要把委员会提升为联邦政府，将部长理事会和欧洲议会改造为联邦国家的上下两院。结果在欧洲一体化进程中两种因素交替发展，不断兼容。1974年成员国首脑定期会晤机制发展为欧洲理事会，戴高乐设想的邦联主义成为现实。而由成员国首脑和欧共体委员会主席组成的欧洲理事会的诞生，则促进了政府间合作机制的快速发展。与此同时，在欧洲理事会的推动下，欧洲议会议员由各国选派改为直接普选，并于1979年第一次直接普选产生了欧洲议会。欧洲议会的直接普选体现了超国家性，又促成了邦联因素向联邦因素的转化。欧洲议会参与部长理事会立法的权力也逐步得到体现和加强。因此，一体化目标的分歧在实践中并没有阻碍一体化的进程，相反两种因素交相渗透，互相融合。

近年来全球化的迅猛发展和欧盟的快速扩大，加剧了各成员国的利益冲突及政策分歧。而各方的妥协和模糊化的处理结果，导致欧盟朝向一种综合型的模式发展，使得带有超国家性质的机构如欧盟委员会和欧洲议会，与政府间机构如欧洲理事会和欧盟理事会并存共生。一方面，共同体尊重成员国的主权，像邦联一样实行政府间合作，由成员国有关部长组成部长理事会行使决策权；另一方面，设置了一些可能向三权分立的联邦国家发展的新机构如欧盟委员会、欧洲议会和欧洲法院。

总体来看，尽管欧盟内部一直有联邦主义的强大呼声，但在欧洲一体化的进程中，事实上政府间主义的表现更加突出。正是政府间的合作使一体化层级不断提高，并逐步从经济领域向货币、外交和防务领域推进。欧元的诞生自不待言，欧洲共同防务体系的推进也是政府间合作的重要表征。虽然英国长期以来对欧洲政治一体化存有疑虑，但在共同防务方面，在法德等国的长期努力陷入困境之后，恰恰由于英国的关键性参与，最终促使欧盟建成了欧洲快速反应部队，正式启动了欧洲防务建设。在当前的欧债危机中，欧盟几乎所有的救援方案都首先出自法德两国的协商，欧盟委员会的作用可谓微乎其微。因此，欧盟的性质在现阶段仍然表现为政府间主义的邦联性质。

实践表明，欧洲一体化目标的分歧是客观的，但一体化之路却在一直向前。欧洲联邦的理想也许比较遥远，但作为欧洲一体化的精神力量，始终推动欧洲联盟一体化不断前进，并在前进中不断克服各种障碍。

三、欧盟成员国的发展差异：南北矛盾与东西矛盾

欧洲联盟发展至今已有27个成员国。这些国家的历史经历、文化传统和经济发展水平各不相同。从面积和人口来讲，既有德国这样的传统大国，也有马耳他这样的典型小国。就地理位置而言，既有岛国、半岛国，还有陆地国家。二战前后还形成过战胜国、战败国和中立国等不同的政治格局。欧盟东扩以后，还存在老牌资本主义国家与曾经奉行社会主义的转型国家之间的差别。总之，成员国之间差异在进一步扩大。

欧盟东扩之前，南欧与北欧之间的矛盾就是欧盟内部存在的一个主要分歧。随着欧盟扩大、经济全球化加深，欧洲经济面临更多新的难题，南欧与北欧之间的矛盾也越来越明显。

从产业结构来看，南欧国家处于工业产业链的中低端，以劳动密集型产业为主，技术含量较低，因此受到欧元汇率影响较大，对其他新兴国家的经

济冲击反应强烈。与此相反，德国、英国等北部国家经济比较发达，工业基础好，发展水平高，属于资本密集型产业，技术含量高，能够对外出口高新技术类与服务产品，受一体化冲击较小，对欧元利率反应不甚敏感。

经济发展水平的差异，导致南北欧之间对欧盟政策的取向不同。在欧洲央行利率方面，意大利、法国等南欧国家要求欧洲央行采取低利率、低汇率政策以刺激经济增长，提高本国产品的国际竞争力，而德国、荷兰等国则相反，要求保持欧元的国际地位。在贸易保护方面，意大利、法国要求欧盟采取严厉的贸易保护措施，以维护国内的市场占有率。由于南北欧洲主要成员国政策期望不同，使得欧盟政策的制定和决策面临困难，导致了欧盟资源难以达到最佳配置，欧盟内部的分歧也逐步加深。在目前的欧债危机中，以希腊为首的重债国都是南部国家，而以德国为首的救援国（债权国）几乎都是北部国家。德国强硬要求债务国采取严厉的财政紧缩政策以换取欧元区和国际货币基金组织的援助，此举引起债务国民众的严重不满，进而导致希腊等国的政治危机和社会动荡。这也是当下南北欧洲矛盾的一个缩影。

欧盟东扩以后又再添东部欧洲与西部欧洲的矛盾。欧盟第五次东扩对象是经济发展水平较为落后的中东欧国家。当初该十个候选国的国内生产总值只相当于欧盟国家的 4.4%，工资水平和购买力远低于欧盟成员国，且农业在其国民经济中占有很大的比重，入盟后会给现行的欧盟农业补贴政策带来挑战，同时形成农产品过剩。更为重要的是，中东欧国家长期以来实行了不同于欧盟的政治、经济、社会、法律制度。从前社会主义阵营里脱胎换骨加入资本主义市场经济和资本主义民主制度的欧洲联盟阵营，对于双方来说都是挑战。双方都需要花费巨大的成本，经过漫长的时间来磨合。具体来说，在农业政策方面，欧盟长期以来一直在实行较高的农业补贴政策，其补贴开支占欧盟总预算的一半以上。而中东欧候选国农业劳动力数量过大，劳动力产业转移压力大，对农业补贴期望值高，双方矛盾较为突出。在结构基金方面，由于中东欧国家人均收入较低，入盟后自然能够分享到结构基金，势必打破原先的欧盟结构基金分配比例。双方在移民问题上也存在尖锐矛盾。德国和奥地利等邻近中东欧的国家得到欧盟总部授权，可以在七年的过渡期内限制波兰、捷克、匈牙利的廉价劳工的自由流动。这令中东欧国家渴望移民工作的劳工大失所望。此外，东欧国家也担心沦为欧盟内部的“二等国家”，因此对西欧有一种戒备心理。为此欧洲联盟也需要调整决策机构和机制。

东西部欧洲国家之间的矛盾显然短期内难以解决。欧盟成员国需要一起努力，寻求更好的制度方案，以解决欧洲一体化道路上面临的各种重大复杂的挑战。

四、欧盟决策机制的分歧：一致通过 VS. 有效多数

在《单一欧洲法令》生效前，部长理事会决策采取协商一致原则，即实行一票否决制，其优点是能够充分维护成员国主权，弊端是许多问题议而不决，效率极其低下。20 世纪 80 年代中期以后，美、日等国经济增长迅猛，欧洲经济面临巨大挑战。为尽早建立起欧洲统一大市场，快速扭转西欧经济落后的局面，原先的决策机制必须进行改革。在这一背景下，英国等国家主权维护者改变了态度，同意在绝大多数的共同体决策中，实行有效多数表决制，最终促成了《单一欧洲法令》的通过。

投票表决权一直是欧盟各国在条约修改过程中争议最为激烈的问题。条约的修改要满足两种不同的利益诉求，既要促进欧盟一体化的总体目标，达成成员国的团结及各方利益兼顾，又要提高欧盟决策效率，因此需要在两者之间寻找到平衡，找出适当的解决方案。最终各方在《尼斯条约》中达成了一致意见，确立了多数表决机制。然而，法德等国仍然认为，《尼斯条约》所规定的投票机制既操作复杂，又缺乏合理性。虽然照顾了小国的利益，但没有很好地体现各国的人口因素。此外，仍有很多领域保留了成员国的一票否决权，无疑不利于欧洲一体化进程的推进。

2003 年出台的《欧盟宪法条约》草案拟定了“双重多数”的表决原则，然而在当年 12 月的布鲁塞尔欧盟首脑会议上却未能通过。虽然草案得到了法德等主张强化联盟决策效率的成员国的大力支持，但遭到了西班牙、波兰、捷克等欧盟中小国家的反对。后者要求保留《尼斯条约》中对中小国家较为有利的规定，反对将人口比重和所缴预算份额作为计算投票权的重要指标。英国为维护自主权，也竭力反对在外交、政治、安全等方面取消“一票否决制”，因此积极支持捷克等国家的要求。

2004 年 3 月 11 日，西班牙遭受恐怖袭击。“3 · 11 事件”的发生为多数表决机制的通过带来了转机，欧盟各国领导人意识到团结的重要性，对欧盟制宪态度转向积极。当年 5 月 1 日欧盟进行了大东扩，成员达到了 25 国。为确保欧盟机构正常运转，原有的表决机制必须进行改革。最终各国达成了妥协，法、德等国同意对《欧盟宪法条约》草案进行修改，西班牙、波兰等国则表示接受修改后的“双重多数”的表决机制。2004 年 10 月 29 日，欧盟成员国正式签署《欧盟宪法条约》，确立了以“双重多数”为特点的有效多数

表决机制。《欧盟宪法条约》规定，从2009年起，任何一项欧盟决定通过时，均要求以“有效多数表决机制”进行决策，即需得到55%以上的成员国成员通过，且这55%的成员国成员至少应来自15个国家并代表65%以上的欧盟人口的赞同。同时《欧盟宪法条约》还增加了“急刹车”规定，如果同时有4个成员国反对某一项决定，反对将有效。这为预防大国控制联盟做出了技术性补救措施。

虽然《欧盟宪法条约》最终夭折，但2009年生效的《里斯本条约》基本上继承了“双重多数”的有效多数表决机制。新的表决机制是多方妥协的结果。尽管多数表决机制目前还不适用于所有领域，在国防、税收等方面还允许成员国一票否决权的存在，但是决策机制的制度障碍的解决，为欧洲一体化的进一步发展奠定了基础。

五、推进欧洲一体化的现实选择：“核心欧洲”与“双（多）速欧洲”

随着欧共体（欧盟）成员的增加和成员间差异的扩大，所有成员同步推进欧洲一体化的难度越来越大。20世纪80年代以来，“核心欧洲”、“双（多）速欧洲”等倡议先后浮出水面。

1994年9月，德国执政的联盟议会党团主席朔伊布勒在一份题为《关于欧洲政策的思考》的文件中提出了建立一个以德、法、荷、比、卢等欧共体创始成员国为成员的“核心欧洲”的主张。这个主张一经提出，就引起了西班牙、意大利、英国等被排斥在核心之外的国家的严重不满。

“双速欧洲”或“多速欧洲”的含义是指在欧洲一体化的过程中，每个国家都朝向一体化目标前进，但前进的速度可以有所不同。一些先行的国家可以组成一个联盟或核心，较早实现一体化的局部目标，待后来者赶上时再行加入。“双速”概念早在欧盟第一次扩大吸收英国时就出现了，它是法、德等国针对英国等国因坚持国家主权而拖累欧洲一体化进程所采取的策略，一方面意在迫使英国做出让步，以免被排斥在欧洲核心之外，另一方面也是欧洲一体化过程中现实的选择。无论“双速”或“多速”，最终都是要实现欧洲一体化目标。

2003年12月的欧盟首脑制宪会议遇挫后，德国总理施罗德表示：如果不能就宪法草案达成协议，就会出现两种速度的欧洲。法国总统希拉克认为，欧盟扩大已经是一个“不可避免的现实”，但由于所有的成员国不可能以同样的力度融合，因此需要在欧盟内形成一个“先锋集团”，以实现一体化的更快发展。此后德、法、荷、比、卢、希、爱、匈等国也表示，必要时将组成“先锋集团”，实现“双速欧洲”。德国总统罗曼·赫尔佐克提出，在欧盟制宪遇到困难的情况下，“应该有一个具有不同速度的欧洲，在这个欧洲，虽然目前所有成员国都具有完全的成员资格，但其内部仍可以允许那些渴望更为紧密合作的国家在共同体内组成一个更为密切的小圈子。在建立货币联盟时就是这样，即参加货币联盟的国家是那些欧盟成员国中愿意参加及有能力参加的国家，它们首先使用统一货币，确切地说，五十年前，欧盟也是这样产生的。当时，就是相信这一步棋走得正确的那六个国家先行了一步。”

“申根协定”的签署和欧元区的诞生，有力地说明了“双速”或“多速”欧洲在现实中的生命力。“多速欧洲”已被人们广泛接受为欧盟深化的一个模式。1996 年 2 月 28 日发表的文件《对 1996 年政府间会议的主张》中，欧盟委员会明确提出应当确立“灵活”的原则，以保证欧盟的前进步伐不被行动迟缓的成员国所阻拦。在都灵特别首脑会议上欧盟各国领导人也表示赞成一个“多速度的欧洲”。此外，“多速欧洲”在《阿姆斯特丹条约》和《尼斯条约》中被确认为一种可操作的方式。其中《尼斯条约》正式引入了“增强合作”程序，只要有 8 个成员国同意，即可在某一领域强化合作，先行采取某些一体化的措施，不再强求所有成员国步伐一致。从东扩的前景来看，若想使一个拥有 27 个或更多成员国的联盟保持同一速度前进几乎是不可能的。因此，“多速欧洲”是欧洲一体化过程中的一个现实选择。以目前的欧债危机为例，欧元区已呈现出“一分为二”的趋势，比如在讨论新的“欧元公约”时，以德国、荷兰为首的“债权国”和以希腊、葡萄牙为首的“债务国”，居然分别同时开会。这在欧盟历史上是前所未有的。英国《经济学人》杂志评论道：“两种速度的欧洲一直是个政治幽灵，可是如今已成为一个经济现实。”①

无论如何，欧洲一体化的趋势还将继续下去，不仅将从经济领域向政治领域及防务领域不断扩展，还将从欧盟老成员向新成员延伸。一个既照顾局部利益又不影响欧盟前进的“双速欧洲”或者“多速欧洲”，反映了欧洲一体化进程的曲折性，它是未来欧洲一体化的现实选择。

---

① 丁原洪：“严重受阻的欧洲一体化进程”，载《和平与发展》，2011 年第 4 期，第 41 页。

【思考题】

1. 西欧联合的动因是什么？
2. 从欧共体到欧盟经历了哪几个发展阶段？
3. 欧洲进一步一体化的障碍是什么？
4. 经过全球金融危机和欧洲债务危机的冲击后，欧洲一体化的前景如何？

第五章 当代日本的经济、政治与对外战略

日本作为第二次世界大战的战败国，在战后短短的几十年里一度成为当代世界第二大经济体。从 20 世纪 90 年代开始，无论是日本的经济体制还是日本的政治体制都发生了巨大的变化。与此紧密相连的是，日本国内的社会思潮以及对外政策也发生了显著变化，这些变化对亚太地区乃至全球都产生了深远影响。

第一节 战后初期的民主改革

1945 年 8 月日本宣布无条件投降后，美军以远东盟军总司令部（简称盟总）的名义，对日本实行单独军事占领和管制。美国出于其亚太战略利益的考虑，谋求使日本不再成为对美国及其亚太安全利益构成威胁。在占领期间，美国占领当局督促日本进行了一场自上而下的民主改革，涉及政治、经济、军事、文化教育等多个领域，基本完成了明治维新以来未尽的资产阶级民主革命的任务，从而全面而深刻地改变了日本的历史。

一、改革的基本内容

（一）制定新宪法

1945 年 12 月 15 日，盟军总司令部发布总司令麦克阿瑟第 448 号指令，宣布废止国家神道，实行政教分离。1946 年元旦，裕仁天皇在麦克阿瑟的授意下发表宣言，承认自己是人而不是神。这对战后的日本来说是一次重大的思想解放，同时也为新宪法保留天皇铺平了道路。同年 2 月 3 日，美国提出制定日本宪法的三项原则：其一，天皇为国家元首，天皇的职权要依据宪法行使，并从属于宪法规定的人民意志；其二，日本放弃发动战争的权利；其

三，废除封建制度。2 月 13 日，盟军总司令部把拟定的日本宪法草案交给日本政府，经修改后，日本内阁会议于 3 月 6 日通过了新宪法，随后获得议会两院通过。1947 年 5 月 3 日，新宪法开始实施。

新的《日本国宪法》与战前的《明治宪法》相比，体现了以下几个特点：

1. 和平主义原则

新宪法要求日本永远放弃作为国家主权发动战争、武力威胁或使用武力作为解决国际争端的手段，不保持陆海空及其他战争力量，不承认国家的交战权。

2. 国民主权原则

新宪法否定了旧宪法中以天皇为中心，主权属于天皇的国家政治体制，确立了天皇象征主权原则，规定天皇是日本国民整体的象征，其地位以主权所属的全体日本国民的意志为依据；确认了“主权在民”的政治体制，使国家主权属于日本国民，并把“主权在民”的原则法律化和条文化。新宪法实行以议会内阁制为核心的三权分立制度。

3. 尊重基本人权的原则

这是针对旧宪法中虽有关于“臣民”权利和自由的规定，但毫无保障的情况，从资产阶级宪法中有关“人权”、“权利”等基本原则出发，确认了尊重和保障国民的权利，宣布全体国民在法律面前一律平等。

因此，战后的日本宪法也被称为“和平宪法”。新宪法的制定是日本政治改革的产物，对战后日本资产阶级民主的发展有着重大而深远的意义。

（二）整肃军国主义势力

1945 年 10 月，盟军总司令部开始发起整肃运动。最初整肃的对象是特务、警察和公职人员。1946 年 1 月 4 日，盟军总司令部正式颁布了政治整肃的两项指令：一是规定取缔所有支持日本军国主义、国家主义的政党和社团组织，先后有 147 个最反动的法西斯组织被取缔；二是要求日本政府解除战犯、职业军官、法西斯政党及社团头目等七种人的公职，并不得再任用其担任政府工作。整肃持续到 1948 年 5 月，共甄别了 71.7 万余人，被整肃者达 20.1 万余人。在解散军队方面，盟军占领日本后即解除了 745 万日军的武装，废止了作为战争最高指导机构的日军大本营，撤销了陆军参谋本部和海军军令部，取消了陆军省和海军省，至 1945 年 11 月 30 日，日本法西斯军事机器已被彻底摧毁。1945 年 9 月 11 日，盟军总司令部即下达了逮捕战争嫌疑犯的命令，包括东条英机在内的第一批 39 名战犯被捕。之后，盟军总司令部又下达指令，相继逮捕了104名对战争负有责任的军阀、官僚和财阀。1948年11月12日，远东国际军事法庭对25名甲级战犯做出判决，其中，东条英机、松井石根、板垣征四郎等7人被判处绞刑，16人被判处无期徒刑，2人被判处有期徒刑。

（三）进行社会改革

1945年10月，盟军总司令部发布了“关于民权自由的指令”，要求日本政府立即撤销限制政治、信仰及国民自由的一切法令和制度；废除“治安维持法”、“国家总动员法”、“兵役法”等与军国主义相关的法令和条例；立即释放包括日共领导人在内的一切政治犯，撤销秘密警察机关和思想警察制度；罢免内务大臣和一批高级警官，废除特别高等警察等。

随即，盟军总司令部又发布了“关于保障基本人权和政治自由的指令”，即著名的“五大改革指令”：赋予妇女选举权，实现男女平等和妇女解放；鼓励工人的团结和工会组织；促进自由主义教育；废除具有压制性的各种制度；促进经济机构的民主化。其中特别的是，实行教育与神道分离，提倡培养具有独立人格、追求真理、尊重学术自由的精神①。

（四）解散财阀

财阀是日本垄断资本与半封建生产关系相结合的产物，它不仅控制着整个日本的经济命脉，而且还操纵着国家机器，成为天皇专制政权的重要经济基础，以及对外发动侵略战争的罪魁祸首。为了摧毁日本军国主义的经济支柱，盟军总司令部决定解散财阀，对城市工业经济实行重大改革。

1945年11月，盟军总司令部发出冻结15家大财阀资产的指令，先后解散了三井、三菱、住友、安田四大财阀的总公司，认定包括四大财阀总公司在内的共83家公司为持股公司，没收了十大家族财阀的股票以及与之有关的625家有限公司的股票，然后公开出售，使得股权分开；勒令56名家族财阀辞去公司职务，并禁止在十年内重新任职；财阀所属公司的1 500名主要干部被解除公职。1947年4月和12月分别制定了《禁止垄断法》和《排除经济力量过度集中法》，进一步降低企业生产和资本的集中程度，有利于建立更富有竞争性的市场，以彻底瓦解战前以日本家族垄断为核心的经济模式，为垄断资本经营的现代化创造了条件。

（五）进行农地改革

农地改革是对农村的封建生产关系实行的重大经济改革。1945年12月，

---

①　刘振霞著：《当代世界经济与政治》，北京：中国物资出版社2006版，第101页。

盟军总司令部发布“关于农地改革的备忘录”，提出“打碎几个世纪来的封建压迫造成日本农民奴隶化的经济桎梏”，要求根绝土地结构的恶弊，命令日本政府在3个月内提交一项把土地转让给耕种者的计划。由于这次土地改革明显偏袒地主，实际上保留了封建地主制。此间农民发起的夺佃斗争此起彼伏。1946年4月盟军总部发布了第二次农地改革的指令。6月，盟军总司令部根据盟国对日委员会的建议，向日本政府提出关于农地改革的方案。在美国的压力下，吉田茂内阁制定了“关于彻底改革土地制度的措施纲要”，日本议会于当年10月通过了《修正土地调整法》和《建立自耕农特别措施法》，其主要内容是：凡不在农村的地主和在农村而不自耕的地主拥有超过1町步（约99.18平方米）的土地，均由政府强制收购，自耕农不得超过3町步，然后政府将收回的土地出售给原来佃户中有经营能力者。随着农地改革的进行，农村的阶级关系发生了根本变化，自耕农和半自耕农由战前占农户总数的47.7%上升到改革后的87.6%，佃农和半佃农则由48.1%下降到11.7%，从而基本消灭了地主阶级，确立了自耕农土地所有制。

二、改革的不彻底性

在美国单独占领下所进行的这场大规模的民主化改革，具有反封建反法西斯军国主义的性质，从政治、经济、思想等各方面扫除了阻碍资本主义生产关系发展的种种封建羁绊，极大地解放了生产力，为日本经济的恢复和发展奠定了基础，在客观上促进了日本社会的进步。

但是，战后日本的民主化改革也存在不彻底性：

一是保留了天皇制。战后美国政府从战略需要和日本国内的具体情况出发，对日本天皇在二战中所犯的战争罪行免予追究，保留了日本的天皇体制。

二是由于战后初期解散财阀政策不够全面和后期迅速稳定日本经济的需要，使日本的垄断财阀在改变了形式之后重新垄断日本经济，垄断资本优先于中小企业，造成了此后日本经济中的“二重结构”、竞争不足、体制僵化等一系列问题。

三是对日本军国主义势力和思潮的清算不够彻底。随着战后初期亚洲战略形势的变化，美国改变了“扶华抑日”的亚洲政策，开始扶植日本，遏制苏联和加入社会主义阵营的中国。这一时期，美国占领当局大量地开脱了原本应该受到审判和追诉的日本战犯和公职人员，重新录用战前的各级政府公务员，吸收了相当数量的战前日本政府重要成员入阁。美国的做法使日本政界和整个社会的右倾思潮死灰复燃，日本军国主义势力有所保留，为后来日本政治的右倾化趋势埋下了祸端。由于对法西斯军国主义分子惩罚的力度不够，对日本广大国民的宣传教育也不够，致使日本作为一个国家对其发动侵略战争的悔罪和反省意识薄弱。

四是由于美国的“单独占领”，特别是由于“冷战”和“热战”的发生，日本与亚洲的许多国家特别是日本的最大邻国、最大战争受害国中国恢复邦交的问题没有在改革中获得解决。既没有解决日本与亚洲各国的关系问题，也没有消除日本对亚洲的威胁，不能说美国对日本的占领和改革是完全成功的。

第二节 战后经济的迅猛发展和陷入困境

日本作为第二次世界大战的发起国之一，不仅给亚洲国家和人民造成灾难，同时也给本国经济带来严重创伤。第二次世界大战给日本带来了灾难性的后果，国民生产总值只有300多亿美元，排在世界的第38位，人均年收入只有20美元，财富几乎丧失殆尽，战后经济陷于崩溃的边缘，经济形势异常严峻。然而，历经近三十年的发展，日本就由一个经济濒临崩溃的战败国崛起为仅次于美国的世界经济大国，创造了“日本奇迹”。

一、战后日本经济崛起的过程

战后日本经济崛起主要经历了三个阶段：

（一）战后经济恢复时期（1945—1955年）

在美国的大力扶植下，日本开始推行“民主改革”和“农地改革”，并采取了解散财阀等措施，同时美国还向日本提供了23亿美元的援助和贷款以及大量原料、能源，给日本经济“输血”。朝鲜战争爆发后，日本获得了28亿美元的“特需订货”，刺激了日本经济发展。经过十年的恢复，到1955年，日本的主要经济指标已达到或超过战前的水平。

尽管战后日本经济恢复经历了很多困难和曲折，但从总体上看，无疑取得了很大的成功。1946—1951年，年均经济增长率为9.9%，其中工矿业生产增长率为22.8%；1951—1955年，年均经济增长率为8.7%，其中工矿业生产增长率为11.3%。日本经济企划厅1956年的《经济白皮书》宣布：“我们正面临着新的局势，以恢复为杠杆的增长已经结束，今后的经济增长将由现代化来支持。”①

（二）经济高速增长阶段（1956—1973 年）

这一时期日本大力发展重工业和化学工业，大力引进先进技术，更新固定资产和技术革新，使工业生产迅速增长。同时，1965 年以后，日本又接受了美国侵越战争的 40 多亿美元“特需”订货，对外贸易额急剧增加，带动了整个经济的发展，60 年代日本经济增长率高达 10%。20 世纪 70 年代初，日本基本上实现了经济现代化的目标，完成了战后经济的崛起。

在 1955—1972 年这十八年间，日本经济实际增长率年均为 9.7%。这一期间，除个别年份外，日本大多数年度的经济增长率都超过了其他主要资本主义国家。这不仅是日本历史上前所未有的高速增长，而且在发达资本主义国家的历史上也是一个奇迹。在整个 60 年代，日本经济年均增长率为 11.1%，分别相当于美国的 2.7 倍、英国的 4 倍、西德的 2.3 倍、法国的 1.9 倍。

由于经济高速增长，因战争和战败而拉开了的日本与美欧各国间的经济差距不仅迅速缩小了，而且日本还重新超过了西欧一些国家。在经济高速增长前的 1955 年，日本 GNP 为 240 亿美元，落在英国、西德和法国的后面，只相当于美国的 6.0%。到 1967 年，日本 GNP 超过了英国和法国，1968 年又超过了西德，仅次于美国，居世界第二位。在经济高速增长达到顶点的 1973 年，日本 GNP 增长到 4 170 亿美元，分别相当于西德的 1.21 倍、英国的 2.30 倍，对美国的比重也提高到了 35.1%。这样，日本在资本主义世界第二经济大国的地位就进一步巩固了。②

（三）经济低速增长阶段（1973—1990 年）

频繁的经济危机使日本经济发展出现了根本性的转折。日本政府及时调整其经济政策，改高速增长路线为低速增长路线。所以在西方国家持续经济危机的年头，日本仍能以年平均增长 3% 的速度向前发展，使其在资本主义世界经济中的地位继续上升。1976、1977 和 1978 年度各为 4.8%、5.3% 和 5.2%，与高速增长时期比，只相当于 1965 年经济危机时的水平。尽管如此，1978 年后日本已摆脱了萧条的影子，景气确实是处于上升阶段，企业的收益也增加了。与高速增长时期 10% 左右的增长率相比，5% 左右的经济增长率虽

---

① 俞国斌主编：《当代世界经济与政治》，成都：西南财经大学出版社 2007 年版，第 155～156 页。

② 司楚、訾嘹祖译，矢野恒太郎纪念会编：《日本 100 年》，北京：时事出版社 1984 年版，第 77～79 页。

然是低速增长，但是与其他发达国家3%左右的增长率相比，却依然高出一截，所以被称之为中速增长。这种中速增长一直持续到20世纪80年代末。在此期间，除个别年份外，日本实际经济增长率基本保持在3%~5%左右的水平，上下波动不大，而且与其他发达国家相比仍属于增长最快的国家。1985年底，日本人均收入为17 000美元，日本成为世界最大的债权国，其工业制成品出口超过美国，居世界第一位。

但是到了20世纪80年代后半期，日本经济出现了"泡沫"。1985年秋，西方五国财长和央行行长会议签署《广场协议》。日本政府为应付日元大幅升值的冲击，采取了"超缓和"的金融政策，从1986年1月至1987年2月，连续五次调低利率，使之由5%降至2.5%的历史最低水平。低利率政策的实施，造成大量资本剩余，这些资本便转向了股票、房地产等收益相对较高的领域，股票和地产等价格暴涨，导致泡沫经济的出现。1986年初日本的日经225股票指数为13 000点，到了1989年则上涨到39 000点；该年第四季度，在东京证券交易所上市的股票市价总值达到了600万亿日元，为日本当时的名义国民生产总值的1.5倍。同期日本房地产价格也急剧上涨。1985年日本土地资产额为176万亿日元，1989年达到521万亿日元，四年间价格上升近2倍。这样，日本从1986年底就进入了高速增长的泡沫时代，一直持续到1991年4月。

二、战后日本经济崛起的原因

战后日本经济的腾飞被人们称作"20世纪的经济奇迹"。日本经济的迅速发展并非偶然事件，它是由国际、国内诸多因素共同决定的。

（一）战后日本经济迅速崛起的外部因素

1. 国际市场上粮食、燃料和原料充足低廉

日本工业生产所需的主要原料和燃料几乎完全依赖进口。同时，日本又是以"加工贸易之国"著称的制成品出口大国。受国际经济旧秩序的影响，50到70年代中期以来国际市场上初级产品的价格十分低廉，而制成品价格却大幅上升，这不仅使日本廉价获得大量能源、资源，而且使其在进出口贸易价格上赚取了大量的"剪刀差"利润。

2. 朝鲜战争和越南战争的军事订货刺激日本经济

朝鲜战争和越南战争期间，美国庞大的军需大大帮助了日本经济的恢复和发展。在这两场局部战争中，美国把日本作为自己的军事基地、作战物资供应地和军需补给地，向日本发出大量有关武器、运载工具和其他军用物资

的订货，给日本带来了“特需繁荣”。据统计，1950—1977 年日本的“特需”收入累计达 107.8 亿美元，仅朝鲜战争所得“特需”收入即占 1951—1953 年外汇收入的 40%，占国民收入年平均数额的 18%，从而弥补了日本的贸易逆差。

3. 冷战促使美国对日政策转向积极扶持

战后初期，美国为把日本纳入其在远东的反共战略体系，对日本进行了大力扶植。美国归还日本应赔偿的工厂，给予近 30 亿美元的援助和大量的投资，还通过民间贸易，向日本供应原棉、石油、煤炭、铁矿石等恢复工业急需的能源和原料，使日本经济起死回生。据统计，美援总额约占同期日本进口总额的 40%~60%。1949 年至 1970 年，在日本的外国资本累计为 139 亿美元，其中大部分是美国私人企业在美国对日扶植政策的影响下所进行的投资。美国对日本还几乎无保留地开展技术转让，并向日本开放本国市场。

4. 战败国地位使日本免于将过多资源用于扩军备战

日本接受美国的“核保护伞”，节省了大量的军费开支，避免了军队供给、武器装备和军火工业等巨大资金消耗。战前（1934—1936）日本军费开支占财政支出的 44.8%，而战后军费开支仅占财政支出的 7% 左右。日本军费开支锐减，使其有更多的财力投资于经济建设。

（二）战后日本经济迅速崛起的内部因素

1. 积极引进先进技术和资金，加速设备更新

战后，世界主要资本主义国家掀起了以电子计算机、激光、原子能和航天技术为标志的科技革命，国际技术贸易和技术转让空前活跃。日本抓住这一有利时机，积极吸收国外的先进技术。1950—1975 年间日本从几十个国家引进了 25 000 多项技术。

2. 长期相对稳定的政治局势

按照西方模式建立起的资产阶级民主制度使战前日本国内曾经十分尖锐的阶级矛盾在很大程度上得到缓解。自 20 世纪 50 年代中期到 1993 年，一直是自民党一党执政，国内政局比较稳定，政府制定的各项重大政策得以长期顺利地贯彻实施，保持了政策的连续性，为日本经济的高速、稳定发展提供了有力的政治保障。

3. 实行有力的国家干预经济的方针

战后，日本政府与垄断财团联系密切，始终保持着对日本经济很强的影响力和干预能力。基于对战争的反省和国内外环境的压力，日本确立了“经济立国”的发展战略。20 世纪五六十年代，日本政府根据国情适时提出了

“贸易立国”方针，以高出口带动高增长，使日本经济获得了高速发展。七八十年代，“贸易立国”方针受到两次石油危机和资本主义世界市场萧条的冲击，日本又适时提出了“科技立国”的方针，加快新技术革命步伐，推动产业结构进一步升级。九十年代以后，日本政府根据它的金融地位和国际形势的变化，又推行了“投资立国”的战略方针，继续推进经济的发展。

4. 注重发展科学技术

第二次世界大战后，日本把积极吸收利用世界上一切先进的科技成果作为一项基本国策，并且根据本国的经济特点和技术基础加以改造、革新，使之“日本化”，从而使日本经济收到巨大效益。日本政府还注重大力发展本国的科学技术，采取以民间为主的“官、民、学”三位一体共同协作的科技体制。每年政府在制订预算时，科学预算是重要项目。正是由于重视引进和开发科学技术，才使日本经济得以长期持续高速发展。

5. 重视发展教育，提高国民素质

日本有尊师重教的传统。要实现“经济立国”，要在经济竞争日趋激烈的国际社会上发展，就必须要有先进的技术和高素质的人才，而这些都离不开教育，离不开人力资源的开发。教育的普及和高度的国民教育水平为日本经济的发展创造了有利的条件。

三、日本经济的结构性调整

从1991年至今，日本经济进入到衰退和缓慢复苏阶段。

随着资产价格的上涨和企业设备投资的增多，1988年开始，日本经济明显“过热”。日本银行担心通货膨胀，开始提高利率，紧缩银根，由此诱发了资产价格下跌，股市暴跌。1990年3月底，日经225种股票的平均指数高达38 916点，但到了1992年3月末，日经指数跌至22 984点，跌幅近70%。股市的暴跌引起了房地产市场的崩盘。泡沫经济的出现和破灭，使日本经济陷入了长达十年的经济萧条期，被称之为“失去的十年”。自1992年以来，平均增长率仅为0.9%，有七年时间经济增长率低于1%。在1995和1996年虽然有短暂的恢复（实际GDP增速分别达2.5%和3.4%），但受亚洲金融危机影响，1997年GDP增速仅为0.2%，1998年更跌落为-0.6%。

日本经济在长期高速发展后出现长期萧条的“日本病”是多种因素综合作用的结果。第一，长期以来政府主导型经济未能及时有效地向自由市场主导经济转化。政府主导型经济可以保障在一定时期内高速运转，但如果不适时转型，它的弊端将会逐渐显露。20世纪80年代中期，时任日本首相的中曾根对日本国有铁路、专卖公社等实行民营化改革，被认为是日本第三次大改革的序幕，其基本目标是：变“大政府”为“小政府”；经济模式变政府主导为市场主导模式；经济结构变出口主导为消费主导结构。但是这种改革主张并未获得及时有力的兑现。第二，产业结构不合理。高新科技产业在国际竞争舞台上落伍。随着泡沫经济崩溃，企业财务状况恶化，信息产业等高新技术投资相对落后。第三，日本政局不稳。十年换了八个首相，最短的首相任期不到半年。内阁不断更迭，导致政策缺乏连续性。

四、21 世纪日本经济发展前景

进入 21 世纪后，小泉内阁上台，逐步改革原先的政府主导型的市场经济，积极推行刺激经济增长与社会体制改革并举的政策，力求摆脱困难局面。从 2001 年开始，削弱不受控制的特殊利益集团财阀派系对政策和经济的影响力；缩减开支；推行金融改革；实施政府所属的各类经营性机构民营化计划等，日本经济由此进入缓慢复苏阶段。2003、2004 和 2005 年度日本经济实际增长率分别为 2.3%、2.0%、2.4%。①

2006 年 9 月，新上台的安倍内阁继续前任小泉纯一郎的经济改革方针，大力削减政府开支，并建议日本央行继续维持低利率水平以支持日本经济的复苏。安倍提出，结构改革、经济发展的选择上，更加重视发展，提出了“没有经济增长，就不能实现财政健康化”的主张。2006 年、2007 年经济增长均在 2% 以上。

2007 年 9 月，福田内阁上台，在 2007 年 12 月 14 日的经济财政会议上提出了“新增长战略”，通过信息与知识的共享提高经济“联合力”，消灭都市与地方的差距。但是由于日本多年来积累下来的体制弊端，一时无法立即解决，再加上政治原因，导致福田内阁 2008 年 9 月辞职下台，麻生内阁接手。

麻生首相于 2008 年底公布了一揽子总额 26.9 万亿日元的经济刺激方案，以防全球金融危机对日本经济造成进一步负面冲击。2009 年 4 月，又宣布了总额为 56.8 万亿日元的经济刺激新方案，堪称日本历史之最。然而，麻生不仅未能挽回日本的颓势，反而见证了从 1990 年日本经济泡沫破裂以来最差的年度增长，即从 2008 年第一季度到 2009 年第一季度之间，日本经济下降了 8.4%。

2009 年 8 月日本民主党在众议院选举获胜后提出“国民生活第一”的理

---

① 冯昭奎、林昶：《中日关系报告》，北京：时事出版社 2007 版，第 28 页。

念，承诺给国民育儿补贴、高速路免费等。2010 年 6 月 18 日，日本确定今后十年的经济增长战略，通过推动重点领域的发展，实现内外需共同支撑的经济增长。

虽然日本推出各种战略，但经济指标并无起色。雪上加霜的是，2011 年 3 月 11 日，日本东北部海域发生里氏 9.0 级地震并引发海啸。截至 2011 年 12 月 22 日，已确认造成 15 843 人死亡，3 469 人失踪。地震导致福岛核电站核泄漏事故发生，福岛第一核电站的 4 座核反应堆被宣布废炉。地震对日本主要产业造成了巨大打击。不仅汽车、电力、电子、炼油、钢铁等支柱企业纷纷停产，日本出口也深受打击。日本政府估计地震与海啸造成最高达 25 万亿日元损失，远远超出阪神大地震的 9.9 万亿日元。2011 年 6 月 20 日，日本国会参议院通过了《复兴基本法案》，决定由国家发行“复兴债”以确保灾后重建所需经费来源。

目前，日本经济有很多问题积重难返，加上走马灯似地换首相，经济政策大多是虎头蛇尾。2011 年 8 月，野田佳彦当选民主党新党首，并成为民主党执政两年来的第三位首相。野田佳彦面临核电站事故善后、减少国家债务和筹集震后重建费用、推进 FTA、纠正免费福利承诺、制定日元升值对策等诸多难题。

迄今为止，受国际油价剧烈动荡、严重金融危机和日元不断升值的影响，主要靠外需拉动的日本经济因海外需求锐减而遭受沉重打击，一系列不利的经济数据反映出经济的颓势。

早在 2008 年 12 月份的经济报告中，日本政府七年来首次使用“正在恶化”的字眼来描述当前的景气状况。2011 年 1 月，信用评级机构标准普尔公司宣布把日本长期国债的信用评级从“AA”下调一档至“AA－”。这是日本长期主权信用评级八年多来首遭下调。2012 年 5 月，惠誉国际也把日本的主权信用等级从“AA”下调两级至“A＋”。日本财务省公布预测数据显示，日本中央和地方政府的长期债务余额到 2012 年度末预计将达到 937 万亿日元，创历史新高。这些债务占 GDP 的比例达 195%，超过意大利（128.1%）和美国（103.6%），在发达国家中高居首位。

日本政府公布的数据显示，2009 年日本实际 GDP 比上年下滑 5.0%，名义 GDP 下滑 6.0%，双双创下二战后的最大降幅。2011 年日本名义国内生产总值（GDP）约合 5.87 万亿美元，增长率为－0.7%；贸易收支也出现 2.4927 万亿日元的逆差。这是日本经历第二次石油危机的 1980 年出现逆差 2.6 万亿日元之后时隔三十一年来的首次。2012 年第一季度日本国内生产总值（GDP）

按年率计算同比增长 5.5%，第二季度降至 1.4%。在全球经济危机加深的形势下，未来日本经济能否从衰退中顺利走出来，还充满许多变数。

五、日本的经济成就和未来潜力

（一）日本经济成就

尽管 20 世纪 90 年代日本经济陷入了长期停滞的状态，但其实力和地位不仅没有多大的动摇，反而还由于日元升值得到了巩固和加强，日本仍位居世界第三经济大国。

1. 经济规模和人均水平仍居世界前列

1990—1999 年，日本经济虽然只增长了 12.1%，但由于日元升值，GDP 按美元计算却增长了 46.2%。其中，1995 年由于日元曾升值为 1 美元兑 94 日元，GDP 一度高达 51 374 亿美元，相当于美国 72 654 亿美元的 70.7%。2005 年日本国内生产总值 4.8 万亿美元，超过德国的 2.9 万亿美元、英国的 2.3 万亿美元、中国的 2.2 万亿美元，仅次于美国而居世界第二位。①

日本世界第二大经济大国的地位一直保持到了 2010 年，该年日本国内生产总值为 54 742 亿美元，低于中国公布的58 786 亿美元，正式交出了老二的位置。但 2010 年日本人均名义国内生产总值（GDP）为 42 983 美元。在经济合作与发展组织（OECD）成员国中日本排名第 14，较 2009 年上升了两位，仍然超过德国和法国。2001—2010 年日本 GDP 增长率虽然仅为美国的一半，但人均 GDP 增长率反而领先于美国。

2. 世界第一资本输出大国

1998 年，日本资本纯输出高达 1 325 亿美元，其中长期资本纯输出为 1 177 亿美元，大大超过了各发达国家资本纯输出和长期资本纯输出的总和。相比之下，同年美国则是世界最大的资本纯输入国，资本纯输入高达 2 375 亿美元，其中长期资本纯输入为 2 372 亿美元。截至 2000 年底，日本的海外总资产为 346 兆日元，约合 32 046 亿美元，相当于日本当年 GDP 总额的 67.42%，并占全球海外净资产的五成以上。另外，在日本的海外总资产中，除去 13 280 亿美元为金融债券等投资外，剩下的18 766 亿美元都是直接投资于制造业和不动产等各类产业。联合国贸易开发会议（UNCTAD）公布的统计表明，日本 2011 年对外直接投资额约 1 156 亿美元，仅次于美国，居全球

① International Monetary Fund, World Economic Outlook Database, April 2005.

第二位。日本也是世界主要援助大国。2011 年政府开发援助约 106.44 亿美元，居世界第五位。

3. 世界首屈一指的海外债权大国

1997 年，日本的海外纯资产达到 9 587 亿美元，1998 年又突破了 1 万亿美元，达 11 529 亿美元。2005 年 6 月底日本持有 6 800 亿美元的美国国债，占外国持有的美国国债总额的 34%。① 截至 2011 年底，日本拥有约 3.19 万亿美元海外资产，是世界最大债权国。截至 2012 年 5 月底，日本外汇储备高达 12 777 亿美元，仅次于中国。

虽然日本国家负债超过 200%，但 95% 的日本国债归日本国内所有。欧洲和美国向邻居借钱，而日本没有向邻居借钱。2011 年的贸易收支虽然出现有史以来的最大逆差，但经常项目收支却创下 1 230 亿美元的顺差。日本银行等金融机构和企业在过去二十年里不断瘦身，在财务健全性方面达到了世界最高水平。索尼、松下等电子企业陆续出现巨额亏损只是受日元升值和主力市场美国经济低迷影响的暂时现象。零配件产业出口依赖度仅为 10% 多一点，对世界经济危机具有强大的抵抗力。虽然成品竞争力有所下降但拥有原始技术，因此依然雄霸全球，这些都是日本经济的优势。

4. 教育水平和文化素质居世界前列

21 世纪国家间竞争的核心就是国民素质和人才资源。日本现代化教育的突出特点是普及教育超前发展。目前日本初等教育入学率为 100%，中等教育入学率为 99.5%，居世界第一位；高等教育入学率 49.0%，居世界第 15 位。教育事业的扎实发展造就了平均文化素质较高的日本国民，成为推动日本经济与社会发展的力量源泉。

5. 国民生活水平仍居世界高位

1992—2001 年，日本的失业率为 3.5%。2004 年 2 月份，日本失业率为 5%，接近失业率的临界点，但仍是发达国家中最低的。日本 2010、2011 年平均失业率分别为 5.0% 和 4.5%。总务省公布的 2012 年 7 月份的失业率（季节调整值）已下降至 4.3%。同时，职工工资未降。日本厚生劳动省 2012 年 2 月 1 日公布的每月劳动统计调查初步数据显示，2011 年人均现金月工资总额平均为 316 642 日元（1 人民币约合 12 日元），比 2010 年减少 0.2%，为近两年来首次减少。十年间，总体物价水平也变化不大，日用品的物价更是没有什么大的变化，消费者综合物价指数在 ±3% 之内。日本 2011 年消费者物

① 冯昭奎、林昶：《中日关系报告》，北京：时事出版社 2007 版，第 20 页。

价指数同比下降0.3%，连续三年呈负增长。2012年1月，日本不计食品的消费者物价指数下滑了0.1%。这是日本消费者物价指数连续四个月出现下滑。虽然1998、1999、2000年人均家庭实质消费连续三年减少，但每年的幅度都很小，从没超过2%。在过去二十年里，日本人的预期寿命延长了4.2岁。

（二）日本未来经济发展潜力

资本、技术和人才是经济发展的基本要素。由于日本继续保持世界第一资本输出大国和海外纯资产大国的地位，所以从资本方面看，日本经济的发展依然是很有潜力的。在技术和人才的因素方面，日本基础雄厚，优势明显。

1. 发达的教育和人才优势

日本是一个重视教育的国家，也是一个教育发达的国家。为了使日本的高等教育适应21世纪日本社会的发展变化，日本政府和各个大学都在努力探索21世纪日本高等教育应如何改革。1998年10月，日本大学审议会提交了题为《21世纪的大学像和今后的改革方策——在竞争环境中充满个性的大学》的咨询报告，全面展望了21世纪初日本高等教育的发展状况及改革方针政策。紧接着，一年之后的1999年11月，日本文部大臣又就“全球化时代高等教育的应有状态”向大学审议会提出咨询，要求站在“全球化时代”的高度探讨日本高等教育的改革，尤其是如何建设面向世界开放的大学、如何适应信息技术的发展等项目。因此，日本不仅过去成功地培养了高速发展所需要的大量人才，而且其今后也不乏人才方面的优势。

2. 庞大的科技队伍

1998年，日本全国科技开发人员数为70.5万，在企业从业人员中，每万人的科技开发人员数为555人，其比例之高，是世界各国企业所没有的。日本科研人员总数2010年度达84.32万人，其中女性研究人员12.32万人，均达到最高纪录，且连续十年增加。

3. 巨额的科技投入

日本研究开发费占GDP的比重多年来一直是世界最高的。1990年和1997年分别为2.96%和3.08%，到2000年又增加到3.18%，均高于美国和德国。企业研究开发费占销售额的比重也一直是世界最高的。在科技资金投入总额方面，日本仅次于美国，居世界第二位。虽然2008年金融危机导致景气低迷，对科研经费投入产生了负面影响，但2010年度日本科研经费依然占国内生产总值的3.57%，在主要发达国家中仍为最高。

4. 先进的制造业技术水平

2003 年日本制造业总产值是 9 111 亿美元，相当于中国的 2.4 倍。从能源利用效率看，日本每使用 1 000 克油当量的能源可创造出 10.5 美元的价值，为全球之冠。机床工业的技术水平是衡量一国工业发展水平的重要指标，日本所生产的机床的“数控”程度超过了美国，日本的工业机器人的年产量和使用量均占世界第一。① 例如，日本于 2003 年利用自研开发的 M-V 运载火箭将“隼鸟”号小行星探测器发射升空，“隼鸟”号于 2005 年登陆距离地球 3 亿公里的小行星“丝川”，并于 2010 年 6 月成功返回地球。

由于日本在资本、技术和人才方面都有进一步发展的潜力，所以只要通过经济和社会改革，解决好困扰日本经济的严重课题，那么日本经济在 21 世纪将会继续实现新的发展，日本仍将是亚洲和世界举足轻重的经济大国。

第三节　日本政治的发展

一、日本的政治制度

二战前日本实行的是君主立宪制，天皇独揽大权。战后，政治体制改为议会内阁制，采取三权分立的原则。立法权、行政权和司法权分别由国会、内阁、最高法院掌握，以达到相互制衡的目的。

国会由众议院和参议院两院组成，两院的议员均由民选产生。按照规定，参众两院独立行事，两院一致通过的决议被认为是国会的决议。但在国会中，众议院往往处于一种优越地位，这在其他一些议会制国家也一样，因为众议院人数多、任期短，因而会有更多的民意反映到众议院，所以较能代表国民的意志。日本国民必须年满 25 周岁才有众议员的被选资格。截至 2010 年底，日本众议院的议员人数为 480 人，其中 300 人根据“小选区制”选举产生，其余 180 人按“比例代表制”选举产生。众议院议员任期四年，但内阁可以在任期届满之前解散众议院。日本国民必须年满 30 周岁才有参议院议员的被选举权。截至 2010 年在现有的 242 个席位中，有 146 个席位按“小选区制”选举产生，余下的 96 个席位按“比例代表制”选举产生。所有议员的任期均为六年，每三年改选半数。

---

① 冯昭奎、林昶：《中日关系报告》，北京：时事出版社 2007 版，第 21 页。

内阁是国家的最高行政机关。由总理大臣（首相）、各省国务大臣、各厅长官和无任所大臣组成。日本现在的内阁设了12个省部，以及有关机关。内阁是通过国会选举产生的。在国会中占议席半数以上的政党才能组阁。在没有一个政党占国会议席半数以上的情况下，由国会中占席位较多的两个以上的政党组成联合内阁，一般席位最多的政党首脑出任总理大臣。内阁拥有很多权限，如统一管理国家行政事务，处理外交关系，任免和赏罚政府官吏，制定和发布行政命令，编制国家财政预算和决定大赦、特赦、减刑、免刑等权力。2009年8月30日，民主党在第45届众院选举中获得308个议席，大大超出取得政权所需的241席。这是自民党自1955年建党以来首次失去了众院第一大党的位置。民主党同社会民主党和国民新党组成联合政府。

最高法院在日本三权分立的体制中最为薄弱，权限相对要小得多。日本保护司法机关的独立地位，宪法规定，“任何行政部门或机构不得对法官实行纪律处分。”宪法规定，最高法院为日本的最高司法机构，另设四种下级法院。最高法院院长要由内阁提名，再经天皇任命，14名其他法官均由内阁任命。最高法院的所有法官必须在提名后的第一次大选中接受民主评议，以后每十年评议一次。法官的退休年龄为70岁。

在日本，内阁和国会占主导地位，法院实际权限很小，主要是内阁和国会相互制约。内阁的产生是通过国会选举，在选举中占国会多数席位的政党才能组阁。平时内阁有提案，也要先得到国会的通过，才能得以施行。内阁对国会也有制约作用，内阁总理大臣，也就是首相，有权解散议会，重新选举议会。所以，在日本政治中，归根结底是各个政党争取尽量多的国会席位来自己组阁，本党领袖成为首相，以此来执掌日本政府。

天皇制在日本历史悠久、影响深远，是日本现代政治制度不可缺少一个组成部分。根据战后《日本国宪法》规定，现代天皇只是国家的象征，日本国民整体的象征，已经不再是战前历史上曾经一度君临天下、至高无上的统治者了，天皇只在礼仪性活动中代表国家，不具有任何实质性的权力。法律上被赋予一种特殊“国民”的地位，他不适用日本的户籍法，因而没有选举权和被选举权；在婚姻方面也不适用现有的明文法律，不能像普通国民那样自由选择配偶。虽然天皇政治上的地位极高，但实际上任何政见、涉及政治的评论都不可以任意发表。但天皇对现实社会的影响仍然是不可低估的。一个日本国民自幼接受的有关国家的教育，包括国旗、国歌、社会历史教科书、守法观念的灌输、公民权利义务的教育，天皇的名字几乎无所不在。可以说，天皇制度虽然远离了有形的国家权力，但是作为一种精神力量却依然在日本的社会政治生活中发挥着重要作用。

二、冷战结束后日本政治的变化和特点

二战结束后，日本国内各种政治力量开始重新组合，社会党、自由党、进步党、协同党、共产党相继成立或重建。1946 年日本宪法确立了资产阶级三权分立的政治体制和多党制，进一步刺激了政党活动。战后初期，由于经济形势恶化，日本政局动荡不安，导致各政党不断分化组合。1951 年 9 月《旧金山和约》和《日美安全保障条约》签订后，日本社会党左右两派围绕赞成还是反对两条约的论争进一步激烈，终于在 1951 年 10 月在组织上发生分裂，形成了左派社会党和右派社会党。直到 1955 年 10 月，两党面对日本保守势力的日益强大，才又重新联合，仍称为日本社会党。一个月之后，自由党与日本民主党合并，成立了自由民主党。从此，日本政坛上开始形成了以自民党和社会党两大势力对立为主要特征的政治结构。这一结构即一般被称为“五五体制”。

在“五五体制”下，保守派与革新力量对垒分明。自民党在形式上的两党制掩盖下，为实现一党长期执政确立了牢固的法律和政治基础。这一政治体制的建立，对日本经济、社会和政治稳定起到了积极的促进作用。进入 20 世纪 90 年代后，日本政局出现动荡。1993 年 6 月，社会党、公明党和民社党等在野党，指责宫泽喜一内阁拒绝政治改革，并对其提出不信任案。宫泽首相被迫宣布解散国会，提前大选。在对不信任案的表决中，自民党内羽田派的 35 名众议员和 8 名参议员“造反”，对不信任案投了赞成票，并集体退出自民党，组建新生党。以武村正义为首的 10 名自民党议员也另立山头，成立了先驱新党。自民党被一分为三。接着，在 7 月 18 日提前举行的众议院选举中，自民党仅获得了 223 席，是 1955 年以来得票最少的一次。由于未获得众议院半数议席，自民党无法单独组阁。社会党也遭到惨败，只获得 70 个议席，丢掉了近一半席位。8 月，新生党、先驱新党和新党，联合社会党、公明党、民社党等七党一派组成联合政府，推举新党领袖细川护熙出任首相。自此，连续执政长达 38 年之久的自民党失去了一党执政的地位，“五五体制”崩溃。以此为转折，日本政局进入了所谓“十年九相”的动荡时代。

日本“五五体制”的崩溃是当时国际、国内环境变化交互作用的结果。

从外部来看，随着冷战结束，意识形态对抗气氛迅速淡化。一方面，日本国内自民党和社会党在意识形态领域的分野对抗丧失了现实意义。“在共产圈崩坏的今天，自民党再也不能挑拨国民的反共情绪”以聚集选票；“社会党

也找不到能够取代社会主义的新意识形态”以号召国民。另一方面，美国减弱了对日本自民党的支持。“五五体制”的建立本身就是服从美国冷战在亚太地区战略的结果。冷战结束意味着自民党帮助美国推行冷战政策方面的战略功用大幅度降低。因此，当90年代初自民党面临危机时，美国基本上袖手旁观，未再像冷战时期那样给予直接或间接的支持。

从国内来看，经济结构和阶级结构发生了变化。“五五体制”下，自民党之所以能长期维持执政党地位，有赖于财团和农民两大社会力量的支撑。但由于高度工业化，农业人口从1950年占总人口的44.7%下降到1985年的18.2%。由于经济不景气，日本垄断财团支持自民党的财源和意愿严重削弱，从而导致自民党票仓萎缩，后援资金不足。“金主”支持的减弱、传统“票仓”的减员使很多自民党政治家因失去生存基础而被挤出政坛。与自民党相对应，在“五五体制”下，日本社会党主要依赖工会和产业工人的支持维持第一大在野党的地位。但到了80年代末，日本第一产业人口占总就业人口的比重已不到10%，主要从事第二、三产业的“白领”阶层人口不断扩大，成为社会结构的主体。而社会党没有针对上述社会中间阶层的扩大调整政策，对于经济不景气导致的工资下降、就业困难等涉及工人利益的问题也应对乏策，社会政治基础被削弱。因此，“五五体制”已成为社会政治发展的阻力和障碍，崩溃是必然结果。

另外，日本政治中的“铁三角”结构导致日益严重的政治腐败引起广泛不满。“五五体制”建立后，执政的自民党政治家和公务员官僚阶层、财界形成了政、官、财“铁三角”，编织成复杂庞大的利益—权力关系网络。政治家在财界的支持下走上权力宝座，打着“经济中心主义”的旗帜，同官僚阶层合作，制定有利于企业发展的外交、政治及经济社会政策，并通过官僚机构实施。金权政治渗透到国家政治生活的全过程，包括选举、组阁、立法、政府决策、行政管理、社会舆论、意识形态等，形成以自民党为核心的国家资本主义管理体制。这样也使得钱权交易盛行，完全扭曲了政党的目的和形象，使日本民众对政党作用产生了怀疑。

1993年以细川护熙为首的多党联合内阁上台后，极力主张对政治、经济、行政领域进行改革，并于1994年1月通过了四项政治改革法案。新法案包括《公职管理法》、《限制政治资金法》、《政党资金补助法》和《众议院议员选区划定审议法》。在这所有的改革中，选举制度的改革是最受瞩目的，因为它是政治体制改革的基础和核心。而在选举中，主要又是关注众议员的选举制度，过去是实行中选区制度，将全国划为129个选区，共选举出510名议员，改革后实行“小选区与比例代表并立制”：全国划分为300个选区，每区只选一名议员，另设比例代表，即选民给政党投票，依政党得票多少按比例选出200名议员，这样共计选举出500名议员。新选举制度明显对小党不利，限制了它们的发展。

然而，正在推行各项改革的细川内阁爆出了细川本人受贿的政治丑闻，被迫辞职。接替上台的是由羽田孜领导的八党联合政权，由于联合政权的政策取向大相径庭，内部分裂，执政不到两个月的内阁就被迫辞职。1994年6月，社会党委员长村山富市出任由自民党、社会党和先驱新党组成的联合政权的首相。同上届内阁一样，由于各方政治理念分歧，也提出了辞职，仅有成果就是发表了就历史问题向亚洲国家表示道歉的村山谈话。

1996年年初，桥本龙太郎代表自民党出任首相，实现了自民党权力的复归。在当年10月举行的国会大选中，自民党获得近半数的众议院席位，虽没有获得过半数的绝对优势，但保证了议会第一大党的地位，从而获得单独组阁的权利。这说明，当时日本的政治中心依然为自民党所掌握。当然，这种一党执政也遇到了很多挑战，由于处于国会诸多派别势力的夹击，再加上内阁经济政策的失误，桥本本人的丑闻不断，结果在1998年7月的参议院选举中，自民党惨败，桥本内阁不得不下台。接替上台的小渊惠三内阁，面临国外来自亚洲金融危机和美国贸易保护政策的压力，国内在野党又咄咄逼人，不得不采取妥协的方式，联合其他保守势力，实现与自由党、公明党联合组阁，获得不断攀升的公众支持率。但到2000年4月，小渊病重，不得不由森喜朗接替，其上台后不仅经济未见起色，反因言论不当（如对艾滋病、“皇国论”的不当言论以及对选民的挑衅性发言）遭到了社会批评，面对在野党三次不信任案的压力，支持率急剧下降，于2001年4月宣布辞职。此后，素以倡导彻底改变自民党派阀政治著称的小泉纯一郎当选自民党总裁，并成为日本第87任首相。

小泉上台后，面对日本经济低迷，人心思变的处境，高举改革大旗，在国内获得较高的民意支持率，连任两届日本首相。小泉主要推行逐步改变日本原来政府主导型的经济模式，建立“小政府”，放松对企业的管制。积极推进民营化和市场开放，减轻企业负担，增强企业活力。但是由于他在改革过程中的专断作风，没有处理好社会弱势群体的保护，造成社会差距拉大，引起民众不满。

2006年9月上台的安倍晋三内阁，不得不在一系列改革方法上再做调整，同时积极整合日本冷战后的政治，强化社会公众的国家意识，如极力推动教育基本法与和平宪法的修订，从而认同自民党的内外政策。然而由于内阁中不断爆出个人经济丑闻，自己缺乏执政经验和党内的政治威信，加上 2007 年发生了国民养老金个人信息记录大量丢失的事件，致使安倍的支持率下降，在 2007 年 7 月的参议院选举中惨败，由民主党取代自民党成为第一大党，同时面临“反恐特别措施法”难以在国会上通过的压力，于 9 月 12 日宣布辞职。自民党通过内部选举，由党内的稳健派福田康夫接任。福田内阁积极推动各方面的改革，但由于难以与在野党进行合作，加上低迷的经济状况导致过低支持率，2008 年 9 月 1 日，执政不到一年的福田内阁宣布辞职。2008 年 9 月 24 日，麻生太郎当选日本第 92 届首相。在国内经济和民生问题上，麻生强调恢复国内经济和消除国民不安，主张积极增加政府开支刺激经济的做法，反对提高消费税。在与民生密切相关的社会保障方面，他主张实现“中等福利中等负担”的社会保障体系。在外交和安保方面，他主张将日美同盟放在日本最优先的地位。麻生积极开展各项改革，但面对国际金融危机，国内经济状况不尽如人意，加上内阁不断爆出丑闻，麻生内阁举步维艰。2009 年 7 月 21 日，麻生内阁解散众议院。2009 年 8 月 30 日，以鸠山由纪夫为首的民主党最终在日本的众议院大选中获胜。

民主党以压倒性胜利宣告自民党自 1955 年以来的一党独揽政权现象结束，意味着日本战后政治体系终结。日本政治学者、学习院大学教授佐佐木毅说，过去多次说过“战后政治总决算”，这次大选才是真正意义上的总决算。民主党此次能够获胜的主要原因有：（1）民主党强调的“政权更迭”主张比自民党提出的“执政责任能力”的口号更能唤起广大选民的共鸣，说明越来越多的选民已经厌倦了自民党的无为统治和“官僚政治”的种种弊端。（2）民主党提出的以“重建国民生活”为主旨的竞选纲领符合日本国民渴望改善民生的愿望，比起自民党许多空洞的口号显得更为实际。（3）民主党承诺在外交方面建立“独立思维的外交政策”，“在密切且平等的基础上”构建日本与美国的同盟关系，符合日本国民期望在国际外交舞台上突出自身形象、提高自身影响力的诉求。

民主党能够取胜在一定程度上就是自民党失败造成的。近因有：2001 年小泉内阁推行的结构改革，强调“市场功能”，造成地区之间、国民之间贫富差距加大，社会保障政策变化引发不满等；因其负面影响不可回避，麻生首相公开宣布“告别市场原教旨主义”；2006 年以来，安倍内阁和福田内阁在任期间突然辞职，民众认为这是没有责任感的表现；而麻生内阁丑闻频出，内阁支持率长期低迷。远因和结构性原因有：躺在战后建立世界第二经济大国的功劳簿上，未能与时俱进地制定出造福于民的战略和政策。1988 年发生的利库路特股票事件，1994 年众议院实行新的选举制度——小选区比例代表并立制，1996 年 9 月民主党成立等政治转折点，没有引起自民党的足够重视。①

但是，民主党和自民党同属保守政党，由于党派属性相同，这次政权更迭只是在日本保守势力间的一次政权轮换。而民主党有九大派系，内部派别竞争激烈，彼此存在诸多矛盾，很多成员与自民党、社会党交往颇深，导致党内政见常常不一，在不少重大问题上难以拿出统一政策，表态起伏不定。民主党获取政权标志一个漫长时代结束，同时也意味着一个充满不确定性的新时代开始。

2009 年 9 月 16 日，鸠山当选日本第 93 任首相。鸠山由纪夫以其在安全及外交事务方面的政见著称，强调日本军事自卫的权利，同时批判日本现行外交政策过于依附美国等西方盟国，主张加强与亚洲国家的关系。在民主党建设方面，鸠山由纪夫致力于构筑全党一致的体制和实现政权更迭，并改革管理体制的弊端，如废除"次官会议"。然而，执政九个月以来，鸠山内阁在削减赤字、调整经济结构、地方政府自主权、驻日美军普天间基地迁移等主要问题上都鲜有进展，没能很好地履行大选时的承诺。2010 年 6 月 2 日鸠山宣布辞职，实任首相 8 个半月。

2010 年 6 月 4 日，副首相兼财务大臣菅直人当选民主党代表，同日当选为首相。菅直人大力推动实现国民期待的经济、社会和财政改革，努力开创一个没有政治献金丑闻的政治环境，为实现日本"新生"继续努力。但因其处理 2011 年 3 月日本大地震灾后重建，尤其是应对福岛核电站事件方面不力，导致在野的自民党、公明党和日本奋起党于 6 月 3 日联合向国会众议院提交了针对菅直人内阁的不信任决议案。虽然未能通过，但强化了民众对菅直人内阁在国难之际缺乏明确政治方针，一直处于混乱状态的认识。8 月 26 日，菅直人宣布辞去首相职务。2011 年 8 月 29 日财务大臣野田佳彦以 215 票对 177 票当选日本民主党新党首。9 月 2 日由天皇任命，野田成为第 95 任日本首相。2012 年 6 月 4 日，他进行了其出任首相以来的第二次内阁改组。

日本政治改革过程日趋保守化。20 世纪 90 年代以来，伴随着日本政治力量的重组和政局变化，出现了政党日趋保守化、右倾化的动向。不仅一些新建立的政党选择更加保守的政治纲领和路线，而且传统的左翼政党和革新势

① 《人民日报》，2009 年 8 月 31 日。

力也变得保守。如新党、新生党、先驱新党、日本维新会就是新保守势力。这些新保守主义政治力量在日本影响力不断扩大，在国会选举中得票率不断增加。传统的左翼政党社会党和共产党不仅影响力大为减弱，而且社会党也变得“自民党化”，其政治纲领和主张不仅失去了传统的左翼色彩，且与自民党日趋接近。1996年1月，社会党更名为社会民主党，彻底抛弃了传统左翼政党的帽子。1993年8月，七党一派联合内阁基本上以新保守势力为主组成。1994年自民党为夺回政权，与社会党和先驱新党组成联合政府。社会党放弃过去的政策主张，投入自民党的怀抱，其委员长村山富市被推举为首相。1996年1月，自民党总裁桥本龙太郎夺回首相宝座。1999年日本政坛实现了自民党与自由党的联合，加上中间道路的公明党，组成了“自—自—公联合政权”，使日本保守主义势力走到了一起，新保守潮流成为日本政治的主流。其后的小渊惠三、森喜朗、小泉纯一郎等内阁，都秉承了保守主义政策，主张修改“和平宪法”，不断调整防卫政策，要求重新拥有集体自卫权和向海外派兵，这显然是日本政局保守化在政策选择上的重要表现。日本众议院2005年8月2日通过“战后60周年决议”，闭口不提“殖民统治”“侵略行为”等，对历史的反省态度比1995年日本国会通过的“战后50周年决议”又倒退了一大步。2006年9月安倍晋三出任日本首相后，继续前任内阁的政策，不断推动修宪，将日本防卫厅升格为防卫省，依照《周边事态法案》，把自卫队对美军的后方支援从附加任务变成本职任务。目前自民党是最大的在野党，该党为争取民意，不遗余力地展现其保守本色。时隔六年之后的2012年8月，身为前首相的安倍晋三称，假如自民党重新执政，将会全面重新考虑反省历史上的三大谈话，即“宫泽谈话、村山谈话、河野谈话”。

发表言论否认三大谈话的日本政客中，除了一些右翼政客外，还包括日本现任首相在内的许多政客。2012年8月15日，日本国家公安委员会委员长松原仁和国土交通大臣羽田雄一郎参拜了靖国神社，这是2009年民主党执政以来现任内阁成员首次参拜。野田上台之后，为争取自民党支持，百般迎合。例如，架空“武器出口三原则”，以对外军援并与他国联合研发武器，酝酿修改《参加联合国维和行动法》，以放松自卫队在海外动武的限制，对钓鱼岛国有化。

如果说战后最初的二三十年主张和平与反思的声音压倒“一小撮”“大东亚共荣圈肯定论”的右翼势力的话，如今日本国内公然为侵略史实翻案及主张修宪派兵的声音已逐步成为日本论坛的主流。日本政治格局已经转换为自民党与另一个与之几乎毫无差异的民主党共同主宰政坛的“总保守化”时代。

正因为如此，日本与亚洲周边国家的历史观摩擦也在加剧。

此外，日本右翼组织和右翼势力不断膨胀。20 世纪 90 年代，日本右翼组织和右翼势力不断膨胀并出现了新的特点和趋势：一是组织完善、目标一致、相互渗透；二是知识界出现右倾化趋势；三是企业和财团成为右翼势力的经济后援；四是加入右翼组织的政界人物不断增多。据统计，20 世纪 90 年代日本全国登记在册的右翼团体多达 1 900 多个。这些右翼团体规模大小不一，活动方式各异，但其追求的目标基本一致，即鼓吹天皇崇拜和国家主义，拒绝承认侵略历史，反对战争道歉，要求修改宪法，扩充军事力量，谋求战前大日本帝国的"辉煌"。日本许多政治领导人和议员对右翼势力采取了比过去更加宽容的态度，甚至采取纵容的做法。每逢 8 月 15 日本战败日，这些右翼势力活动猖獗，他们甚至穿着当年日军军服，身佩日本军刀，为阵亡者招魂，向天皇宣誓效忠，仿佛回到了半个多世纪前的战争年代。

经历了二十年的经济停滞，加之 2011 年的日本大地震，日本国力一蹶不振，民众心理充满不安、焦虑。为自己的生活水平、福利待遇能否继续得到保障而不安，为经济总量落后于中国而感到焦虑。日本右翼势力利用这种民众心理煽动民族主义。当代日本右翼势力共同的最大政治目标，就是尽快甩掉战败国的帽子，摆脱现行和平宪法的束缚，使日本成为与其经济大国实力相称的"政治大国"和"军事大国"，"恢复大和民族的自尊和自信"，以"普通国家"的身份更多地参与国际事务，从而跻身联合国安理会常任理事国，以便称霸亚洲，重建昔日的"大东亚共荣圈"。日本政治的新变化，是冷战结束后日本国内政治经济多方面因素相互作用的结果，引起了包括中国在内的世界各国特别是亚洲国家的普遍关注。亚洲国家和人民希望日本继续走和平发展道路，为亚洲和世界的和平、为人类的共同发展做出应有的贡献。

第四节　日本对外政策的发展

一、追随外交时期：战后至 20 世纪 50 年代中后期

1945 年 8 月，日本战败投降，丧失了国家的独立。在长达七年的时间里，日本处于美国占领军的直接控制之下。按照 1945 年 10 月 31 日美国占领军总部的指令，日本停止外交活动，日本一切对外交涉和外交活动均由美国占领军办理。与此同时，由于战争的破坏，日本国民经济也陷于全面崩溃，只好

依靠头号强国美国的救济来维持生计。在这种内无实力、外无国权的情况下，日本外交完全依附于美国，即外交上采取向美国“一边倒”的政策，基本上没有独立自主的外交政策。

1952 年，日本加入国际货币基金组织，1955 年参加关贸总协定，1956 年加入联合国，这些使得日本国民的自信和自主意识开始加强，国内出现了要求改变对美国“一边倒”的呼声。

二、经济外交时期：20 世纪 50 年代中后期至 60 年代末

这一时期是日本经济增长的黄金期，经济出现了高速增长，但由于日本是个岛国，国内资源稀少，为了确保日本经济拥有稳定的资源，1957 年岸信介政府发表了战后首次外交蓝皮书，提出了“经济外交”的口号。“经济外交”是指在美国的庇护下，以所谓“和平的经济力量”作为主要手段向外发展，达到发展经济、培育国力的目的。① 日本推出的经济外交首先以亚洲为目标，以东南亚为重点，通过战争赔偿、贸易和投资等手段占领东南亚市场。这样既可以获取东南亚地区丰富的资源和广阔的市场，又可以提升日本在东南亚的政治影响力，进而提高其在亚洲地区的地位。

三、多边自主外交时期：20 世纪 70 年代

在尼克松提出世界五大力量中心说以后，日美之间的主从关系转变成伙伴关系，主要是为了牵制苏联。其中 1972 年 6 月在《给国民的提议——我的七大基本政策》中第一次提到“坚持日美亲善的基本方针，在平等自主的立场上努力增进友好关系”。1972 年 7 月上台的大平正芳提出，“过去日本只要听从美国的意见即可，但今后不是这种时代了，已经进入用自己头脑和意志加以思考的年代。”

随着美国势力相对衰落，日本经济高速增长，日本外交自主性进一步加强。1972 年田中角荣出任日本首相，提出了以日美合作为基础的“多边自主外交”，改变了向美国一边倒的外交政策，明确表示：“日本跟着美国脚步走的时代已经过去了”，并将恢复日中邦交作为首要课题，以借助中国，抗衡苏联，同时改变对阿拉伯国家的政策，注重加强同第三世界国家的联合。从多边自主外交的内容来看，日本开始自主地决定其外交政策。1975 年日本参加

---

① 上海财经大学人文学院政治系“当代世界经济与政治”课程组编：《当代世界经济与政治》，上海：上海财经大学出版社 2006 年版，第 74 页。

西方七国首脑会议，标志着日本已进入西方世界权力结构的顶层。为谋求在国际舞台上有更大的发言权，日本不断加强外交的自主权，力求改变“政治侏儒”的形象而向政治大国迈进。20世纪70年代，日本推出了战后日本第一个具有全局观点和长远观点的国家总体战略——综合安全保障战略。

四、政治大国外交时期：20世纪80年代以来

（一）政治大国战略的提出

一般来说，政治大国除了具备相应的经济、科技和军事实力外，至少还有两个条件：一是这个国家参与国际事务能力的大小。看它在国际上有没有发言权，说话有没有分量。当然，这在不同时期也有不同标准，战争期间主要根据军事力量，而冷战后则主要依据综合国力。二是这个国家对世界的影响力的大小。这与前者的主观强制力不同，主要看它对外政策能代表多少国家的利益，以及它的国际形象和与各国关系的好坏。

日本谋求政治大国的基本战略，由中曾根康弘正式提出并加以确立。中曾根1982年11月27日就任日本首相后，明确提出了“战后政治总决算”的口号。所谓“战后政治总决算”，就是公开向战后的“政治禁区”挑战，摘掉战败国的帽子，彻底清算不适应日本走向国际社会的政治体制和国民意识，改变日本“纯经济大国”的形象，确立新的国家战略。1983年7月30日，中曾根在对他的家乡群马县选民发表讲话时，第一次明确提出要从经济大国走向政治大国。他说：“今后要在世界政治中加强日本的发言权，不仅要增加日本作为经济大国的份量，而且要增加日本作为政治大国的份量。”后来为了避免刺激在野党和亚洲国家，中曾根将“政治大国”改称为“国际国家”。中曾根所说的“国际国家”的目标，就是要在政治上与美欧平起平坐，经济上成为同美国、西欧并列的一个中心，军事上增强防卫实力。可见，中曾根提出的“国际国家”，实际上就是“政治大国”。1985年日本政府的《外交蓝皮书》首次公开写明：日本应该成为“向世界开放的国际国家”。日本自民党《1987年运动方针》又将“国际国家”及有关改革列为日本“最大的国家目标”。这样，在中曾根执政时期，日本政府和自民党以国家和党最高文献的形式，正式将“政治大国”确立为日本基本的国家战略。中曾根之后的日本历届首相，如竹下登、宇野宗佑、海部俊树、宫泽喜一等，都坚持和实施了这一政治大国战略。

日本政治大国战略的确立，既有其深刻的经济根源，又有其国际政治背景和国内社会原因。

首先，谋求政治大国地位，既是日本经济实力膨胀的必然结果，又是其经济长期稳定发展的客观要求。60 年代末，日本成为资本主义世界第二经济强国。进入 80 年代以后，日本经济大国地位进一步巩固。随着经济实力的不断增强，日本垄断资本和统治集团要求改变“经济大国”与“政治小国”不协调状况的呼声日益高涨。日本不甘心只做经济大国的内在动力，促使其做出了实现政治大国的战略抉择。

其次，谋求政治大国地位，既是国际政治格局演变的结果，又是亚太形势变化的产物。70 年代中期后，美国的霸权地位相对削弱，对日本在政治和军事上寄予了更大的期望，要求日本在亚洲地区发挥更大的作用。苏联在世界范围内推行进攻性的全球战略，对亚太地区和日本构成了严重的威胁。被誉为日本经济生命线的从西太平洋经东南亚到波斯湾的“新月形”地带，已成为大国纷争、矛盾激化的“多事”地区。日本政府认为，在这种错综复杂的国际形势下，维护和发展自身的基本利益，“当务之急”是走向政治大国。

再次，谋求政治大国地位，还有其深刻的国内根源和社会思想基础。日本人的大国意识由来已久，早在第二次世界大战以前，日本作为第一次世界大战的战胜国，曾担任过国际联盟行政院的常任委员国，并与西方列强处于平起平坐的地位。在第二次世界大战中战败以后，其大国意识虽然一度消沉，但随着经济实力的增强和经济大国地位的确立，日本国内各界人士的大国意识和民族自大情绪明显抬头，谋求政治大国地位的呼声越来越强烈，并常常以大国自居。除了夸耀自己是经济大国外，还时常以“贸易大国”、“技术大国”、“投资大国”、“金融大国”自诩，表现出了异乎寻常的大国意识。与此同时，日本国内社会开始出现了“日本可以说不”的舆论，这不仅成为日本确立政治大国战略的思想基础，而且为日本推进政治大国战略提供了重要的社会动力。特别是日本取代美国成为世界最大的债权国以后，更显得财大气粗，国内各界人士纷纷要求日本政府更多地参与国际事务，努力改变日本在国际舞台上没有什么发言权的状况，积极谋求与经济大国地位相称的政治大国地位。

（二）加快谋求政治大国战略进程

进入 20 世纪 90 年代以后，日本紧紧抓住国际战略格局新旧转换的历史机遇，不断采取重大举措，全力开展政治大国外交，力图尽快成为世界政治大国，发挥与其经济大国地位相称的政治大国作用。

1992 年版的《外交蓝皮书》第一次明确提出了日本应在国际上发挥与其国力相称的“领导作用”的指导方针。《外交蓝皮书》指出：“日本必须向国际社会阐明它争取建立什么样的世界，追求什么样的目标，并且发挥与国力相称的领导作用。只有通过这种努力，日本在国际社会中才能够占有‘光荣的地位’。”作为日本外交的基本文献，《外交蓝皮书》对日本政治大国战略的基本目标及其实现途径进行了系统全面的阐述，这在战后历史上尚属首次，表明日本争当政治大国的进程已进入新的阶段。

1994年6月29日，社会党委员长村山富市当选日本首相。村山执政后，一改社会党过去在对待日本政治大国战略问题上谨慎、消极乃至反对的立场，转而支持日本政治大国战略，理解日本自卫队的存在，认为坚持日美安全条约是必要的。社会党政策的重大转变表明：日本各主要政党在加速走向政治大国问题上达成了新的共识。

90年代中期以后，日本政府更是大力加快推进政治大国战略。这主要表现在：加强政治外交攻势，全方位扩大政治影响；大力开展经济外交，为谋求政治大国服务；不断调整军事战略，多次向海外派兵；“重新定义”日美安保条约，借助美国实力，实现自身战略。

随着日本政治的进一步右倾与保守，以及日本影响力的不断扩大，日本加速走向政治大国的进程已不可逆转。主要表现为：

1. 改革国内政治，扫清发展道路

日本认为，只有扫清政治道路上的障碍，建立起适应政治大国战略的国内政治基础，日本才能顺利走上政治大国道路。主要的一些举措包括修改和平宪法、篡改历史、美化侵略。

（1）修改宪法，突破禁区

日本认为政治大国战略的主要障碍是战后初期制订的《宪法》，特别是宪法第九条否定了交战权。近年来，日本政府和社会舆论都要求“修宪”。从20世纪90年代初开始，日本就开始“事实修宪”，如通过《联合国维持和平行动合作法案》（PKO法案）向海外派兵，强化日美安保体制以扩大军事合作领域，壮大自卫队并赋予其使用武力的权力等。小泉纯一郎自2001年就任首相起，就为修宪大造舆论。2004年底，自民党成立了由小泉纯一郎挂帅的“新宪法推进本部”，之后又成立了新宪法起草委员会。2005年10月28日，自民党通过了新宪法草案，将现行宪法第九条改为“为了确保我国的和平与独立以及国家和国民的安全，保持以内阁总理大臣为最高指挥官的自卫军”，并“为了确保国际社会的和平与安全，可以进行国际协调活动，以及在紧急状态下维持公共秩序，或者为保护国民的生命和自由而展开活动”。2012年4月自民党曾公布第二次宪法修改草案，该党委员提出了具体修改意见。日本众议院2007年4月13日正式表决通过了一项议案，将启动程序修改日本战后和平宪法。2012年5月31日，众议院宪法审查会就现行宪法各章进行了第二次讨论。

（2）篡改历史，美化侵略

1999年，日本国会通过了“国旗、国歌法案”，将战后一直存在争议的“日之丸”国旗、“君之代”国歌法制化。日本的国旗国歌带有军国主义色彩，为东亚人民所厌恶，所以战后日本对国旗国歌一直采取模糊的办法。日本重新确认国旗国歌的法律地位，是企图树立精神旗帜，引导国民的大国意识、民族主义，为政治大国战略创造民众基础。

另外，屡次发生的“教科书事件”也是日本企图篡改历史、美化侵略的伎俩。1982年6月经文部省审订的中小学历史教科书中，对近现代日本军国主义侵略的血腥历史进行了公开的篡改：把“侵略华北”改为“进入华北”；将“对中国的全面侵略”改为“对中国的全面进攻”；把南京大屠杀的起因歪曲成“由于中国军队的激烈抵抗，日军蒙受很大损失，激愤而起的日军杀害许多中国军民”。日本现任首相野田2005年曾经否认日军制造了南京大屠杀，主张日本无战犯。他还对承认日本的战争责任的日本教育持批评态度。2012年8月27日，野田在国会上公然主张，强征日军慰安妇的证据并不存在。

2. 展开外交攻势，树立大国形象

日本认为要在国际事务中发挥作用，必须展开外交攻势，在国际上树立大国形象，确保日本在国际社会的发言权。其主要举动有三个方面：

（1）谋求亚洲主导权

二战后数十年日本外交的重点一直是美国和欧洲。20世纪90年代以来，日本为适应其政治大国战略的需要，外交重点回归亚洲。一方面日本成为安理会常任理事国需要争取亚洲国家的支持，另一方面需要通过积极的外交扩大其在亚洲的影响，树立“亚洲代言人”的形象，以此同欧美国家相抗衡，分享世界领导权。日本广泛开展经济外交，把经济作为重要的外交手段。日本经济援助的重点一直是东南亚国家，政府开发援助（ODA）贷款的大部分也用于该地区，如增进与湄公河流域五个国家的合作，为成为联合国安理会常任理事国拉选票。日本积极提倡多边经济政治体制，争取亚洲主导权，同时也是为对抗中国。这几年日本在亚太经合组织（APEC）、东盟地区论坛等多边体制中抢占主导权，加强同与中国有领土争议的东南亚国家的合作，同时还同印度、澳大利亚、韩国密切合作。此外，日本积极介入热点问题，以扩大在亚洲的政治影响。在朝鲜半岛事务中，日本紧随美国参加六方会谈，加大介入力度，以期在日朝关系上有所进展，加大对朝鲜半岛事务的影响力。2009 年上台的日本民主党提出了“脱美入亚”构想，主张建立东亚共同体。

（2）开展联合国外交

争取成为安理会常任理事国是日本多边外交最重要的目标。冷战结束后，联合国表现出强大的生机和活力，日本非常清楚这个政治资源的重要性，并形成了国家共识。所以 90 年代以来，日本开始在联合国内为提高其地位和影响力展开广泛的外交。其目标有三：废除联合国宪章中针对日本等国的“敌国条款”；派遣日本自卫队参加联合国维和活动；争当常任理事国。

日本判断用独自力量很难进军常任理事国，便从 2005 年开始以联合国改革的名义协同德国、巴西、印度试图进军常任理事国。安倍晋三执政后，重视外交的战略性和自主性，继续强调把实现“入常”作为其对外政策的重点。2008 年 5 月，日本主持召开第四届非洲开发会议，首相福田康夫与到会的四十多个非洲国家的首脑和有关人士进行了“马拉松式会谈”，要求与会的非洲国家支持日本争当安理会常任理事国。最近几年，日本开始改变战略采取迂回战术，决定投入“准常任理事国”制度的讨论，试图经过准常任理事国再转为常任理事国。

（3）积极参与地区争端和冲突的解决

90 年代以来，日本已经多次派出维和部队，相继派驻柬埔寨、海湾地区、莫桑比克、卢旺达、戈兰高地、扎伊尔等地参加维和，还相继参加了阿富汗战争和伊拉克战争的后勤保障行动。虽然大地震的伤疤还未愈合，日本介入国际事务的热情却丝毫没有冷却。除了搅和与自身无关的南海问题外，2012 年 1 月，日本向世界上最年轻的国家南苏丹派出一支由 240 名日本陆上自卫队员组成的维和部队。不仅如此，日本还以打击海盗为名谋求海外驻军。2011 年 7 月，日本战后首个海外军事基地在东非国家吉布提落成。

3. 调整军事战略，走军事大国之路

军事实力被认为是实现国家战略不可或缺的重要因素。日本民族具有根深蒂固的“尚武精神”，军国主义在日本还有一定市场，自然会把强大的军事力量视为走向政治大国的最终保证。日本前首相桥本龙太郎曾明确提出，为了实现国家战略，日本必须“致力于充实和运用防卫力量”。

（1）大力扩充军备，不断增强军事实力

20 世纪 90 年代以来，日本抓住世界战略格局转换的有利时机，大力扩充军备，不断增强军事实力。2004 年 12 月公布的《防卫计划大纲》和

《2006—2010年度中期防卫力量发展计划》，决定未来五年日本防卫预算总额约为242 400亿日元，明确了建立弹道导弹防御系统的必要性，提出应装备宙斯盾舰4艘，建设“爱国者”PAC-3型防空导弹群3个。《中期防卫力量发展计划》还决定引入C-1型运输机后续机8架，引进新型战斗机7架，作为F-4型战斗机的后续机。

2007年1月9日日本防卫厅正式升格为防卫省。防卫厅成为防卫省，不仅是日本政治架构的调整，也是日本防务政策转变的引子。日本从2009年开始投入390亿日元，依靠自身技术开发隐形战斗机“心神”（ATD-X），计划2014年推出技术验证机，2016年完成开发。日本防卫省还以应对核、生物、化学（NBC）灾害为名，于2011年投入150亿日元，用于研发无人机和机器人。2010年12月通过的《防卫计划大纲》决定增强海上和航空自卫队，把潜艇数量从当时的16艘增加到22艘，宙斯盾舰也将从4艘增至6艘。同时，在当时六个地区分别部署防卫军队的体制保持不变的情况下，将大幅增强机动打击能力和综合作战能力。日本还谋求核武装。麻生首相曾借口朝核问题声称，日本国内要求核武装的声音加强。2012年6月日本修改《原子能基本法》并加入“为保障国家安全做贡献”的内容，从而暴露其开发核武器的意图。

（2）突破“专守防卫”，行使“集体自卫权”

1997年《日美防卫合作新指针》发表以来，“集体自卫权”就不断被突破。1999年日本国会通过《周边事态法案》等三个相关法律。“9·11事件”后日本又通过《反恐怖特别措施法案》等三个法案，使日本实际上已经拥有“集体自卫权”。2004年2月9日，日本自卫队首批主力部队进入伊拉克，这是二战后日本自卫队主力部队首次进入海外一个战斗尚在继续的国家，表明自卫队已经改变了“自卫”的性质。

2004年《防卫计划大纲》明确规定将海外派兵作为未来日本防卫力量的基本任务。2010年底推出的《防卫计划大纲》将日本1976年之后一直坚持的“基础性防卫构想”，即以前苏联为假想敌，为抵御其侵略日本本土而部署及运用军队，修改为“机动性防卫构想”，即在有威胁的地方集中部署战斗力。在此判断基础上，日本政府也逐步将本国的军事力量集中到与中国隔海相望的冲绳等东中国海附近地区。

如果说2011年版《防卫白皮书》反映了菅直人政府关于“整军、联美、防华、走出去”的防务战略方向，那么2012年版白皮书则为实现这一目标找到了一个“现实理由”，为日本进一步抛弃战后制定的“专守防卫”的和平宪法，加速向军事大国迈进提供了垫脚石。2012 年 7 月，日本首相直属委员会发表报告主张，和日本关系密切的其他国家遭到第三国武力攻击时，日本应将其视为对本国的攻击并动用武力。也就是说，日本也主张拥有《联合国宪章》第 51 条承认的“集体自卫权”。日本政府还宣布，考虑向国会提交联合国维和行动（PKO）合作法修订案，使参加 PKO 的自卫队在基地外国际机构人员等受到攻击时，可以予以还击。日本开始走上全面解禁和平宪法之路。

4. 不断加强日美战略同盟关系

（1）日美战略同盟关系是日本对外关系的基石

长期以来，日本外交的重点是巩固和加强日美同盟关系，日美同盟一直是日本外交政策的基轴。由于日本的经贸发展在很大程度上依赖于美国，谋求政治大国的地位也有赖于美国的支持，在安全防卫方面也需要得到美国的保护，因而日本自 20 世纪 70 年代以来，虽然先后提出了“多边自主外交”、“等距离外交”、“全球多层次外交”、“全方位外交”等外交方针，但坚持日美同盟是历届日本政府一如既往的基本国策。1951 年 9 月，《日美安全保障条约》签订，日美结成战略同盟。1954 年 3 月，《共同防御援助协定》签订，日本扩充自卫力量。1960 年 1 月，《日美共同合作和安全保障条约》签订，加强了同盟关系。1981 年 5 月《联合声明》发表，日为美分担全球战略任务。

（2）冷战后日美同盟关系出现新特点

日美战略同盟关系是冷战时期的产物，必然随着时代的发展而发展。冷战结束以后，对美外交虽然仍然是日本外交的基轴，但在维护和发展日美同盟关系的前提下，日美关系出现了一些新的特点：

第一，在政治上迫不及待地谋求政治大国地位，强调在同盟关系中要建立起“平等的全球伙伴关系”，反对美国在各方面对其施加压力。例如，1990 年 7 月在休斯敦举行的西方七国首脑会议上，日本改变了过去那种屈从于美欧的做法，拒绝参加法、德两国提出的大规模援苏计划，并不顾美国的压力，决定恢复日中正常关系，率先放弃了对中国的经济制裁，显示了独立的外交姿态。

第二，在国际战略格局问题上，反对美国单独主宰世界的图谋，主张日、美、欧三极联合主宰世界，以促进世界向多极化发展。鸠山首相提出：“至今为止，日本外交都是在迎合美国，但从现在开始，应该建立可以强烈提出我国主张的平等关系。”

第三，在日美经贸问题上，强调双方要互让互利，反对美国实行经济制裁。由于日美经贸关系已经成为两国关系的核心，因而从长远看日美经贸摩擦必将随着两国贸易不平衡的扩大而趋于激化，两国之间的经济矛盾也将随着两国经济实力的此消彼长而不断加深。由此可见，冷战结束后，日美战略同盟关系进入了一个新阶段。

（3）日美安保体制的调整和变化

日美安全保障体制是日美战略同盟关系的基轴与核心，这一体制的调整是以1996年4月17日克林顿访日及《日美安全保障联合宣言》的发表为起点的。日美首脑会晤及其联合宣言的发表，对日美安全保障条约进行了“重新定义”，拓展了该条约的防卫范围，扩大了防卫职能，进一步密切了日美在军事上的联盟体制。1997年9月23日，新的《日美防卫合作指导方针》正式问世。新方针详尽规定了日美两国在平时和战时的具体合作事宜，为加强日美安全保障体制提供了基本框架和具体方案。所有这些标志着日美安全保障体制开始发生转折性的变化。主要表现在四个方面：

一是在合作范围上，由“保卫日本”转向“应付周边紧急事态”。在过去长达四十多年的发展中，日本承担的军事任务始终没有超出“保卫日本”的范围。而《日美防卫合作指导方针》根据“平时合作”、“日本遭到武装攻击时的对付措施”、“日本周边出现紧急事态时的合作”这三种情况，具体拟订了日美军事合作的基本方式、范围与程度。其中“日本周边出现紧急事态时的合作”，将是今后日美军事合作的重点。

二是在地位作用上，日本由“接受保护型”转向“主动参与型”。受和平宪法和日美安全条约的制约，日本在过去四十多年的同盟关系中始终处于单纯的“接受保护”的地位，日本某些军事作用的发挥也服务于美国的军事战略。然而，以此次日美首脑会晤为转折，日本在日美安全保障体制中的地位作用已开始发生重大变化。日本将根据新体制的应循方向，在亚太地区承担更多的防卫责任，充当美国推行亚太战略的重要配角，并开始触及日本防卫体制乃至和平宪法的禁区。首先，已经出台的《日美防卫合作指导方针》赋予日本在其周边出现“紧急事态”时支援美军的许多战斗性任务。其次，日美两国于1996年4月15日签署的《日美相互提供物资和劳务协定》，大大提高了日军的参与能力和对美军的后方支援能力。再次，日本政府已表现出了突破“武器出口三原则”和“集体自卫权”等禁区的欲望，并已开始打开缺口。这表明，制约日本防卫政策的许多法律条文已名存实亡。

三是在基本职能上，从过去的单一职能转向双重职能。日美安全保障体制是冷战时期防止紧急事态的“战时体制”，应付各种威胁日本安全的紧急事态，是该体制的基本职能。然而，冷战结束后亚太局势趋于缓和与稳定，使日美安全保障体制出现了“职能上的真空”，直接危及该体制的存在与发展。为了使该体制在亚太地区长期存在，日美首脑在“重新定义”安保条约时，扩展了该体制的基本职能与存在意义。一方面，两国声称亚太地区存在“各种不稳定因素”，应付“紧急事态”仍是该体制的重要职能；另一方面，极力宣称继续保持美军的存在，“是维护亚太地区和平与安全所不可缺少的”，“是21世纪亚太地区安全与繁荣的基础”。从而，把该体制的战时职能扩展到平时，并将两者结合起来，这为日美利用这一体制更多地介入亚太地区事务提供了借口和依据。

四是在战略态势上，由过去的“防守型”转向“攻防兼备型”。冷战时期日美安全保障体制的防卫范围、基本职能，决定了该体制在战略态势上是“防守型”的，即只有在日本本土的安全受到军事攻击时才启用这一体制。然而，随着该体制防卫范围的迅速扩大和职能的转换，其防卫态势已转向“攻防兼备型”。新的日美安全保障体制已开始向“主动预防型”转变，并企图扩大该体制的运用范围，使其与美军的全球军事战略相衔接。

日美安全保障体制的重大变化，使日美同盟关系进入一个新时代。这不仅决定着日美关系的发展趋向，而且将对亚太地区乃至世界局势产生深刻影响。

（三）日本谋求政治大国的有利条件与制约因素

1. 有利条件

日本推进政治大国战略在国内外环境上，也具备了一些有利条件：首先，从国际环境看，两极格局已经瓦解，美国虽然实力还很雄厚，但是相对走向衰落。而日本却以自己的经济实力填补了这个空挡。正如几十年前美苏以其军事实力造成的两极格局一样，日本也必将利用自己的经济实力来影响未来世界的多极化格局。日本现在更多地开始从政治、军事上谋求政治大国，这也更加快了其步伐。日本前首相鸠山在《纽约时报》公开撰文称，美国主导的全球化时代已经落幕，世界正向着多极化发展。其次，从国内环境看，日本推进政治大国战略的有利条件有三：一是日本的经济大国地位为其实现政治大国目标奠定了物质基础；二是日本作为事实上的军事大国，为其实现政治大国目标奠定了军事基础；三是日本已经具有一定的参与国际事务的能力和影响力。

2. 制约因素

日本向政治大国迈进仍有相当大的困难，存在着几个不利因素。

第一，日本对历史问题态度暧昧，亚洲国家对日本始终保持警惕。日本还同时与俄罗斯、中国、韩国存在领土争端，并时常引发外交冲突。在没有取得世界特别是亚洲国家的安全信任的情况下，日本很难进一步扩大其政治、军事影响力。

第二，日本突破和平宪法，多次向海外派兵，其真正目的受到质疑。虽然日本有为国际社会多做贡献的良好愿望，联合国也要求日本如此，美国也已经默许和支持日本修改宪法，但是，日本如此迫切地要做出“军事贡献”，使亚洲国家担心日本是否已经背离和平主义的发展路线，重蹈历史覆辙。

第三，美国并没有放弃对日本的防范。日本在重大问题上不能不考虑美国的利益，只能在日美同盟的框架内，在美国的合作和支持下发挥作用。这对日本在世界上的影响会产生很大制约。例如，鸠山内阁高呼对美平等外交，结果在被称之为对美路线试金石的“普天间”问题上遭遇挫折。接任的菅直人内阁不得不致力于恢复日美互信，野田内阁干脆推行对美一边倒政策。

第四，联合国改革困难重重，日本实现安理会常任理事国的梦想还需要相当长的时间。由于日本政府对历史的认识和反省力度不足，日本内阁屡次参拜靖国神社，美化侵略历史，挑起领土争端等，严重伤害了亚洲人民的感情。日本如果不对侵略历史道歉的话，就没有资格成为安理会常任理事国。这就是全球民众强烈反对日本成为安理会常任理事国的最根本原因。

总之，国际国内多重因素决定，日本走和平发展的道路，才是唯一正确的选择。作为一个经济大国，日本如果能够在维护世界和平、促进全球共同繁荣方面做出更多贡献，其实现政治大国目标的前景才会更加光明。

【思考题】

1. 战后日本经济发展迅速的原因是什么？
2. 日本“五五体制”崩溃的原因是什么？
3. 日本谋求政治大国的表现有哪些？

第六章　发展中国家的经济与政治

第一节　第三世界的崛起

发展中国家是与发达国家相对应的国家群体。它是指那些在历史上受过殖民统治的经济剥削，在国际政治经济中处于被动无权和受压迫的地位，在地域上大多数位于南半球的亚非拉国家和地区。发展中国家也被称为第三世界、民族独立国家或南方国家，这些概念同时被用于世界政治和经济类著作之中。目前，发展中国家占世界总人口的 73%，世界土地面积的 80%，共有 170 多个国家和地区。①

一、战后民族解放运动大发展和殖民体系的崩溃

（一）战后民族解放运动大发展的原因

反法西斯的第二次世界大战的胜利，对殖民地和半殖民地人民的民族解放运动产生了深刻影响，推动了二战后的民族解放运动的出现。主要原因在于：（1）拥有大量殖民地的欧洲帝国主义国家的力量遭到了不同程度的严重削弱，加上战争结束后其关注的焦点转向国内，无暇顾及广大的殖民地，这就为民族解放运动的胜利创造了条件；（2）殖民地半殖民地国家的人民，特别是亚非拉地区许多国家成为反法西斯战场，人民在反法西斯战争中进一步提高了民族意识、政治觉悟和组织程度，而且各方面都得到了锻炼，这就为后来的反帝反殖的民族解放奠定了基础；（3）战争期间，由于宗主国的生产向殖民地转移，使得亚非拉国家的民族资本普遍得到发

---

① 中国政协网：《对中国南南合作发展战略的思考》，http://www.cppcc.gov.cn/2011/09/24/ARTI1316828751015203.shtml

展，民族资产阶级和无产阶级的队伍不断壮大，这也为战后民族解放运动的兴起准备了力量。此外，战后社会主义向多国扩展，特别是作为半封建、半殖民地国家的中国走上了社会主义发展道路，极大地支持和鼓舞了亚非拉民族解放运动。

（二）大发展的几个主要阶段

1. 民族解放运动兴起的阶段（战后到20世纪50年代中期）

这一阶段民族解放运动的高潮主要在亚洲和北非。在亚洲，1945年8月印尼爆发革命，宣告独立，成立了印度尼西亚共和国；9月越南民主共和国成立；10月老挝发生革命，宣告独立；1947年8月印度和巴基斯坦独立；1948年1月缅甸独立；1948年2月锡兰（后改名斯里兰卡）独立；1948年9月朝鲜民主主义人民共和国成立；中国在1949年10月1日成立中华人民共和国。同时，亚洲其他国家经过长期斗争，都获得了不同程度的政治独立。而非洲，在北非大部分地区和撒哈拉以南的非洲一部分地区，都展开了反帝群众运动。1951年12月利比亚独立；1952年埃及革命胜利，1953年6月埃及共和国宣告成立。

2. 民族解放运动联合斗争的阶段（20世纪50年代中期到60年代末）

这一阶段民族解放运动从分散到集中，从各自为政到联合斗争。民族运动中心逐渐由东向西，由亚洲向非洲转移。到60年代末，非洲独立国家已经增加到了41个，仅1960年这一年，非洲就有17个国家获得独立。同时这一时期开始出现联合斗争的新局面，如1955年在印度尼西亚万隆召开的第一次亚非会议，1961年在南斯拉夫的贝尔格莱德召开的第一次不结盟国家和政府首脑会议。

3. 民族解放运动向纵深发展的阶段（20世纪70年代以来）

在亚洲，越南人民得到包括中国在内的国际援助，经过长期的抗美救国斗争，最终于1973年迫使美军从越南南方撤走，并于1975年5月解放了整个越南南方。在中东，1973年10月第四次中东战争中，埃及和叙利亚人民有力地反击了以色列的侵略，粉碎了以色列不可战胜的神话，大长了阿拉伯人民的斗志。在非洲，到了20世纪80年代，绝大部分国家基本上实现了政治独立的任务。1990年纳米比亚宣告独立，结束了非洲大陆最后一块殖民地的历史。在拉美、加勒比海地区，先后有十多个国家取得独立。如1979年7月，尼加拉瓜人民推翻索摩查家族的统治后，又开展了同美国支持的反政府武装的斗争。1986年，海地亲美独裁政权在人民的斗争中垮台。

二、第三世界的崛起

（一）三个世界的概念

二战后，亚非拉和其他地区的一大批新兴民族独立国家和地区，由于共同的遭遇和所面临的共同任务，逐步联合起来，在国际社会中形成了一股整体政治力量，人们通常称之为“第三世界”。这一词，最先是法国统计学家和经济学家阿尔弗雷德·索维在其1952年发表的《三个世界，一个星球》一文中提出的，他指出：“在互相对抗的资本主义世界和共产主义世界之外，还存在着一个常常被人们所忽略的第三世界。”① 1973年，第四次不结盟国家和政府首脑会议发表的纲领性文件《政治宣言》中正式采用了“第三世界”的概念。1974年2月，毛泽东主席从战略意义上提出了“三个世界”概念。他在会见来华访问的赞比亚总统卡翁达时说：“我看美国、苏联是第一世界。中间派，日本、欧洲、加拿大，是第二世界。咱们是第三世界。”② “第三世界人口很多”，“亚洲除了日本，都是第三世界。整个非洲都是第三世界，拉丁美洲也是第三世界。”③ 毛泽东基本上是把“第三世界”与“发展中国家”等同使用。

（二）第三世界崛起的三个里程碑

亚非会议的召开、不结盟运动的兴起和七十七国集团的建立是第三世界崛起的三个里程碑。

1. 亚非会议

1955年4月18日至24日亚非会议（也称万隆会议）召开，由印度、印度尼西亚、巴基斯坦、缅甸和锡兰五国发起，在印尼的万隆召开。参加会议的有亚非29个国家和地区的政府首脑，中国代表团在周恩来总理的率领下参加了会议。美国等西方国家在会前曾试图阻挠会议的召开，会间还利用亚非国家社会制度、意识形态方面的差异，在与会者之间制造分歧和争端，妄图使会议流产。面对这种严峻局面，周恩来提出了著名的“求同存异”原则，扭转了局面。会议最后一致通过了《亚非会议最后公报》，公报包含了经济合作、文化合作、人权和自决、附属国人民问题以及关于促进世界和平与合作

---

① 彭树智、黄倩云：《第三世界的历史进程》，北京：中国青年出版社1999年版，第286页。

② 《毛泽东外交文选》，北京：中央文献出版社1994年版，第600页。

③ 同上，第601页。

的宣言等七个方面的决议。

第一次亚非会议的胜利召开以及最后通过的会议公报，具有深远的历史意义：（1）这是历史上第一次由发展中国家自发组织和参与的国际会议。亚非国家自主讨论亚非事务，增进了了解和合作，显示亚非人民已经能够掌握自己的命运，殖民主义即将退出历史舞台。同时还标志着亚非民族独立国家作为一支新兴的独立的政治力量登上了国际政治舞台。（2）会议的成功极大地提高了亚非国家的民族自尊心和自信心，鼓舞了全世界被压迫民族和人民争取民族独立的斗争，推动了广大亚非拉地区民族解放运动，加速了帝国主义殖民体系瓦解的过程，促成了会后新一轮风起云涌的民族自决、民族独立浪潮。（3）会议确立了“亚非各国人民为反帝反殖，争取和维护民族独立，增强各国人民间的友好、团结、合作，保卫世界和平而进行斗争”的“万隆精神”，增进了亚非各国的相互了解、同情和支持，消除了彼此间的疑虑和对立，促进了亚非各国的团结与合作。（4）会议提出的各国和平相处、友好合作的十项原则是对我国提出的和平共处五项原则的引申和发展，对于处理国家间的关系具有深远意义。

2. 不结盟运动

不结盟运动酝酿于20世纪50年代，兴起于20世纪60年代。

1956年7月，南斯拉夫总统铁托邀请埃及总统纳赛尔、印度总理尼赫鲁在南斯拉夫布里俄尼岛会晤，在会谈后的联合声明中提出了不结盟的主张。1961年6月由铁托、纳赛尔、尼赫鲁等政治领导人发起，在埃及开罗召开了不结盟运动国家和政府首脑会议的筹备会议。同年9月，第一次不结盟国家和政府首脑会议在南斯拉夫的贝尔格莱德召开，有25个国家参加。会议通过的宣言表示：实行在和平共处和不结盟基础上的独立政策；支持民族解放运动；不加入大国军事集团；不缔结双边军事同盟；不向外国提供军事基地等。大会决定，不结盟运动从1970年开始制度化，每三年召开一次首脑会议，根据形势发展和中小国家的共同要求确定会议内容和议题。此外还有外长会议和协调局外长会议。不结盟运动从最初的25个国家发展到2012年的120个成员国，成员国主要是来自亚洲、非洲和拉丁美洲的发展中国家，在国际社会具有广泛代表性。中国于1992年正式成为不结盟运动观察员国。2012年8月在伊朗德黑兰召开了共有100多个国家代表团参加的第16届不结盟运动首脑会议。

不结盟运动的兴起，反映了战后一批获得独立的国家要求以新兴的政治力量登上国际政治舞台，打破由少数大国垄断国际事务、主宰世界格局的愿望。它在反帝、反殖、反霸权和维护世界和平，推动建立国际政治经济新秩序的斗争中发挥着重大作用。

3. 七十七国集团

七十七国集团（G77）是发展中国家在维护自己经济权益的斗争中逐渐形成和发展起来的，它是第三世界在经济领域加强团结与合作的主要表现。第二次世界大战后，亚非拉广大发展中国家虽然获得了政治上的独立，但在经济上并没有获得真正的独立，依然受国际经济旧秩序的影响。1963 年第 18 届联合国大会讨论召开贸易和发展会议时，七十三个亚非拉国家和南斯拉夫、新西兰共同提出一个联合宣言，形成“75 国集团”。后来肯尼亚、韩国、越南加入，新西兰宣布退出。1964 年 6 月 15 日在日内瓦召开的第一届联合国贸易和发展会议上，发达国家和发展中国家在一些重大问题上产生尖锐分歧。七十七个发展中国家和地区联合起来，再次发表了《七十七国联合宣言》，要求建立新的公正的国际经济秩序，并以此组成一个集团参加联合国贸易和发展会议的谈判，因而该集团被称为七十七国集团。虽然后来成员国逐渐增加，但集团名称仍保持不变。该组织成立多年来，已成为发展中国家在国际经济组织中共同利益的代表。该集团组织松散，不设总部，也无常设机构，没有章程和财务预算，议事时采取协商一致的原则做出决定，但在主要的国际经济机构中都有它的组织。它在联合国、贸易和发展会议、工业发展组织中的活动尤为活跃。部长级会议是该组织的最高权力机构。主要出版物有《七十七国集团通讯》等。

截至 2011 年 11 月，七十七国集团共有成员国 132 个。① 中国不是七十七国集团成员，但一贯重视发展同七十七国集团的合作，支持七十七国集团的正义主张和合理要求，并与其保持良好的合作关系，在经社领域基本上以“七十七国集团加中国”的模式表达共同立场。自 1994 年起，中国每年向该集团捐款 2 万美元。从 2004 年起，中国向其捐款增至每年 4 万美元，为最大捐助国。

七十七国集团在促进南南合作，推动南北对话，维护自己的正当权益以及改变不合理的国际经济秩序方面进行了不懈的努力。七十七国集团的出现改变了原来对发展中国家不利的国际经济地位，增强了发展中国家在以后长时期的南北斗争和南北对话过程中的力量。它在加强南南合作、维护发展中国家的权益上做出了积极的贡献，在推动南北对话、缓和南北关系、建立国

---

① 中华人民共和国外交部，http://www.fmprc.gov.cn/chn/pds/gjhdq/gjhdqzz/lhg_47/

际政治经济新秩序方面发挥了不可低估的作用。

（三）第三世界的联合斗争

1. 阿拉伯国家联合抗击美国和以色列

1973 年 10 月 6 日，埃及、叙利亚为收复失地，经过周密准备之后，向以色列发动突然袭击，开始了著名的第四次中东战争，又称“赎罪日战争”、“十月战争”或“斋月战争”。这场战争历时 18 天，虽然最终结果不是非常显著，但此次战争，埃及和叙利亚经过周密准备对以色列实施战略突袭，通过两线夹击首战告捷，振奋了阿拉伯国家的民心士气。埃军强渡运河成功，显示出陆海空诸军兵种协同作战的威力。虽然埃军在战场上逐步陷入被动，但停战时终于在运河东岸占据两段狭长的滩头阵地，达到了为今后通过政治谈判收复全部失地创造条件的战略目的。在战争爆发的当天，叙利亚首先关闭了自己境内的一条输油管道。次日，伊拉克宣布将两大美国石油巨头在伊拉克石油公司中拥有的股份收归国有。不久，阿拉伯石油输出国组织部长级会议决定每月递减石油产量的 5%，并按对阿以问题的态度将石油进口国划分为“友好”、“中立”、“不友好”国家，确定不同的石油供应量，对美国等顽固支持以色列的国家实施禁运。这在经济上给予以色列和美国等亲以色列国家一定的打击，日本及多数西欧国家不得不停止对以色列的援助，拒绝为美国增援以色列提供合作。

2. 拉美国家争取 200 海里领海权

拉丁美洲国家有漫长的海岸线和广阔的近海海域，海洋资源极为丰富，但长期以来，美国一直把拉美的沿海海域视为“内湖”，肆意掠夺拉美的海洋资源。1960 年以来，苏联各种船队也经常进入拉美海域，加紧同美国争夺霸权。针对超级大国的侵犯和掠夺，拉丁美洲国家掀起了声势浩大的维护海洋权的斗争。1947 年，智利和秘鲁率先规定把海洋管辖区扩大到 200 海里。接着，哥斯达黎加、洪都拉斯等国也做了类似的规定。随着捍卫海洋权斗争的深入发展，联合国从 1958 年起召开海洋法会议。到 20 世纪 70 年代后期，已有 22 个拉美国家分别宣布 200 海里领海、承袭海、专属经济区或渔业区。许多拉美国家对于非法闯入其领海或专属经济区内捕鱼的美、苏等国的船只，采取拘捕当事者及罚款等措施。拉丁美洲国家捍卫海洋权的斗争赢得了第三世界其他国家的广泛支持和响应。1982 年 4 月 30 日，第 3 届联合国海洋法会议第 11 次会议，以 130 个国家投票赞成的压倒多数（美国反对、苏联弃权）通过了《海洋法公约》。除了美国、英国、日本、联邦德国等少数国家没有在公约上签字外，签字者多达 159 个国家和组织。1982 年 12 月 10 日，119 个国家和组织的代表在牙买加蒙特哥贝市签署了这项公约。公约规定，沿海国家有权确定至多达12海里的领海宽度，有权确定至多达200海里的专属经济区；在专属经济区内，沿海国拥有勘探、开发资源的主权。这项公约在建立新的海洋秩序的道路上迈出了第一步。这是拉丁美洲国家为改造国际经济旧秩序、建立国际经济新秩序所做出的一个突出贡献。

3. 石油输出国组织捍卫石油主权的斗争

欧佩克，即石油输出国组织（Organization of Petroleum Exporting Countries，简称OPEC），不仅是以中东阿拉伯石油生产国为主的发展中国家原料输出国组织，更是当代政治经济领域中最具影响力的国际组织之一，迄今仍对世界经济与国际关系走向有着举足轻重的作用。欧佩克的诞生并非偶然，它是战后亚非拉民族解放运动蓬勃高涨的历史产物，是发展中国家在国际舞台上崛起的标志性事件。欧佩克由中东海湾的沙特阿拉伯、科威特、伊朗、伊拉克以及拉美的委内瑞拉五个石油出口国于1960年9月在巴格达发起组成，其主要宗旨是：协调和统一各成员国的石油政策和价格，确定以最适宜的手段来维护它们各自和共同的利益。欧佩克成立的直接诱因是以“七姐妹”为代表的西方石油垄断资本单方面连续压低原油价格。1961—1975年，又有亚非拉八个产油国先后加入欧佩克，即：卡塔尔（1961年）、印度尼西亚（1962年）、利比亚（1962年）、阿联酋（1967年）、阿尔及利亚（1969年）及尼日利亚（1971年）。此外，厄瓜多尔（1973年）和加蓬（1975年）加入欧佩克后又分别于1992年和1995年退出。

近半个世纪来，作为亚非拉石油生产国为维护共同经济利益而建立的一个国际性组织，欧佩克凭借其在国际石油市场上举足轻重的石油资源，在协调生产国之间的石油政策，捍卫石油资源国的利益，抗衡西方发达国家，维护国际石油市场稳定的道路上，谱写了一幕又一幕扣人心弦的历史篇章。

4. 七十七国集团争取建立国际经济新秩序

1967—1980年期间，七十七国集团连续发表了《阿尔及尔宪章》、《利马宣言》、《建立国际经济新秩序宣言》、《建立国际新秩序行动纲领》、《工业发展与合作宣言和行动计划》、《马尼拉宣言》，争取集体自力更生和关于谈判纲要的《阿鲁沙纲领》等。1981年，该集团在委内瑞拉首都加拉加斯召开发展中国家间经济合作高级会议，制订《加拉加斯行动纲领》，就贸易、技术、粮农、能源、资金和工业化等方面的合作进行了全面规划。该集团在国际政治和世界经济领域中是反帝、反殖、反霸的重要力量。在七十七国集团的积极推动下，1974年4月联合国大会第六届特别会议通过了《关于建立新的国际经济秩序的宣言》和《行动纲领》，形成了具有指导意义的纲领性文件，标志着建立国际经济新秩序的斗争进入一个新的阶段。进入新世纪后，七十七国集团继续进行着不懈努力。2009 年 12 月，联合国气候变化大会中通过的明显偏向于发达国家的“丹麦文本”遭到了发展中国家的强烈抵制，在中国和“七十七国集团”等发展中国家的强烈反对下，《哥本哈根协议》最终拒绝了发达国家的无理要求。

（四）第三世界的国际地位

首先，第三世界国家是促进世界格局转换的重要力量。

第三世界崛起的年代是两个军事政治集团对峙的年代。它的兴起，彻底摧毁了帝国主义的殖民体系，结束了数百年的殖民统治，大大推进了世界历史的进程。二战后，第三世界国家作为一支新兴的力量登上了国际舞台，向大国垄断国际事务、主宰世界的局面提出了挑战，起到了牵制美苏霸权地位的作用，促进了两极格局的瓦解和多极格局的发展。

其次，第三世界国家深刻地改变了联合国的面貌。

战后初期，联合国是美国控制的工具，如美国可以利用联合国，纠集 16 国军队参加朝鲜战争，并多次阻挠新中国在联合国合法席位的恢复。随着民族解放运动的发展，第三世界国家获得了主权独立的民族国家地位，在联合国及其机构中的代表名额不断增加，目前占到联合国成员的 3/4 以上。对一些重大的国际问题，众多的第三世界国家主持公道，伸张正义，通过了许多有利于发展中国家和地区发展进步的决议和法规，如 1986 年通过的《发展权利宣言》等。同时在第三世界的支持下，联合国在维护和平、推动裁军、促进发展以及解决争端等各方面发挥着越来越大的作用。

最后，第三世界成为促进世界经济发展，改革不合理国际经济旧秩序的推动力量。

第三世界国家拥有丰富的自然资源，是世界许多重要经济作物和农矿原料的主要产地，具有经济发展的巨大潜力。第三世界国家获得独立以后，致力于发展民族经济，取得了令人瞩目的成就。20 世纪 80 年代以来，第三世界国家普遍进行了经济改革，不仅振兴了民族经济，而且促进了世界经济的发展。然而，不合理的国际经济旧秩序仍是其经济发展的最大障碍。几十年来，第三世界国家与不公平不合理的国际经济旧秩序进行了持续不断、规模宏大、卓有成效的斗争。

第二节　发展中国家的经济与政治

一、发展中国家的经济

（一）经济发展的曲折

发展中国家经济发展的条件是十分不利的。国内是殖民主义留下的低级的产业结构、二元制的经济结构、弱小的民族资本和严重对外依赖的畸形的经济形态，国际上则受国际经济旧秩序的影响和制约。

发展中国家经过几十年的发展，经济发展的规模和水平形成了五个不同层次：一是最不发达国家，这类国家多分布在非洲撒哈拉沙漠以南和南亚地区。1971 年联合国把 25 个发展中国家列为最不发达国家，且每十年举行一次联合国最不发达国家大会。截至 2010 年，全世界经联合国批准的最不发达国家已有 49 个，其中亚洲 9 个，非洲 34 个，大洋洲 5 个，拉丁美洲 1 个。二是低收入但加快发展的大国，这类国家主要分布在亚洲和拉美，如中国、印度、巴基斯坦、印度尼西亚、巴西、墨西哥等；三是中等收入且在加快发展的中小国家，这类国家多分布在东亚和拉美，如菲律宾、智利、秘鲁、哥伦比亚等，大约有 30 个国家。四是新兴工业化国家和地区，这类国家和地区实际上工业化已经完成或接近完成，大约有 10 个，如亚洲“四小龙”，即韩国、新加坡、我国的台湾和香港；五是高收入的石油输出国，这类国家主要是中东地区的石油生产和输出国，大约有 10 个。

第二次世界大战后，发展中国家的经济整体而言，大致经历了以下几个阶段：

1. 准备阶段（1945—1955 年）

这一阶段，新独立国家经济起步是非常困难的，但它们采取了一些重要措施，为发展做了必要的准备，包括收回经济主权，通过接管和赎买的办法把原宗主国的经济机构和涉及国民经济要害部门的重要企业收归国有，并进行土地改革。在发展战略上，南亚和东亚国家在原殖民地经济的基础上，主要采取初级产品出口战略，这是发展中国家在长期遭受殖民掠夺、独立初期又处于不利的国际劳动分工和不平等的国际经济关系下不得已而采取的战略。它们利用自己拥有的一些自然资源优势，通过开采和出口这些资源，进口所需生产资料和消费品来发展经济。这一战略难以使国家实现工业化，甚至难以保证经济独立，因此很快就被进口替代发展战略所取代。

2. 起飞阶段（1956—1965 年）

一些新独立的国家继续为民族经济的发展做着必要的准备。在实现经济起飞的国家，其制造业迅速发展。这个阶段，发展中国家实行进口替代战略，即发展中国家采取保护政策，依靠自己的劳动力、原材料和技术，发展满足本国市场所需的工业，生产本国所需的产品，以本国产品替代原需进口的工业制成品，改变了传统的单一经济结构，增强了经济发展的自主性。拉丁美洲独立较早的国家，早在二战前就开始实施这一战略，战后初期仍然处在进口替代工业化的初级阶段。

3. 高速增长阶段（1966—1973 年）

这一阶段，国有化运动达到高潮，其中尤以 1973 年中东石油生产国对外国石油垄断组织采取的参股和国有化措施最为突出。1966—1970 年，发展中国家国民生产总值平均增长率高达 5.6%。60 年代后半期，韩国、新加坡、泰国、菲律宾等国家以及中国台湾地区（60 年代初），开始由进口替代发展战略转向出口导向发展战略，即发展中国家充分发挥本国自然资源优势和劳动力丰富且廉价的优势，借助国外资金和先进技术，以国际市场为导向，大力发展出口工业，以工业制成品代替农矿初级产品的出口，在国际竞争中推动产业结构的升级和优化，加速工业化的实现。最具代表性的就是亚洲“四小龙”。

4. 经济斗争阶段（1973—1980 年）

发展中国家发展不平衡现象早已存在，但在这一阶段，各国间不平衡现象加剧。从 1973 年至 1981 年，通过开展石油斗争，石油输出国组织连续大幅度提高油价，生产和出口石油的国家获得巨额石油收入，还有少数新兴工业化国家和地区实行出口导向战略，经济迅速增长，开始争取建立国际经济新秩序，但大多数低收入和最不发达国家经济增长缓慢，各国经济发展差距拉大。

5. 经济发展困难阶段（1980—1990 年）

整个 20 世纪 80 年代，除东亚一些国家和地区经济保持高速增长外，发展中国家经济陷入困境。拉美国家年增长率仅为 1%，非洲大陆为 1.4%，媒体因此把 80 年代称为“失去的”十年。造成这种局面的主要原因：一是外债过多，1979 年美国实行紧缩银根政策，美元利率急剧上升，大大加重了发展中国家特别是拉美国家的债务负担；二是贸易条件恶化，从 70 年代开始，初级产品价格猛跌，发展中国家出口收入大大减少。

6. 经济调整和深化改革阶段（20 世纪 90 年代以来）

这一阶段，除东亚国家经济继续高速增长以外，其他国家也开始加速增长。这主要得益于以下因素：一是国际市场上初级产品的价格趋于平稳；二是冷战结束后国际形势趋于缓和；三是跨国公司加大对发展中国家的投资；四是 80 年代的经济改革成果开始显现。发展中国家开始重新探讨自己的经济发展战略，转向可持续发展战略，注重社会、文化、环境等多领域同时发展，特别是社会经济的综合治理和发展，解决好社会生态平衡与自然生态平衡问题，确保经济持续平稳运行。

（二）发展中国家经济发展面临的严峻形势

1. 经济结构调整困难

许多发展中国家经济严重依赖附加值较低的初级产品出口，一旦国际市场上初级产品价格下滑，其出口必然受到严重影响，市场上价格的波动将是今后发展中国家对外出口和出口收入不确定不稳定的重要因素。

另外，外向型经济是发展中经济增长的传统模式，经济的发展主要依赖于对外贸易和国际投资，一旦国际贸易环境恶化，外国投资不振，将严重影响发展中国家经济的发展。这种对外依赖程度较高的经济模式是未来发展中国家经济发展的潜在隐患。2009 年末，发端于希腊的欧洲主权债务危机对非洲的传导性已开始显现。北非国家 60% 的出口创汇都来自与欧盟的贸易，而南部非洲国家制造业 1/3 的利润依赖欧洲市场。与此同时，由于非洲国家外汇储备多以欧元和美元为主，欧债危机发酵后，欧元和美元呈下跌趋势，进一步增加了对非洲国家的通胀压力。东非多国通胀率已达到两位数，其中乌干达在 2011 年 10 月已升至 30. 5% 。

2. 资金短缺和债务负担沉重

发展中国家和地区在经济发展进程中需要大量资金，而自己内部的积累又十分有限，因此吸引外资和举借外债就成为获得资金的必然途径。外债的来源主要有三种：一是国际金融组织贷款。只要是相关组织的成员国，就可以按照规定借入资金。这些贷款期限较长，平均利率较低，是发展中国家重要的筹资渠道。二是外国政府贷款。此类贷款具有经济援助性质，根据国际惯例，其中要含有 25% 以上的赠与成分。不过，放款方也不会白白让利，会提出很多附加条件，比如要求对方投桃报李，增加某些商品的进口等。三是国际商业贷款。放款方是商业银行、跨国公司或富商巨贾。商业贷款手续简便，附加条件少，但期限短，利率随行就市，受金融市场波动影响较大。

此外，如果债务过重，超过承受能力以致不能按期还债，就会引发债务危机。发展中国家的世界性债务危机始于1982年的墨西哥。直到今天，发展中国家的债务问题一直都没有得到有效的解决，并且已经成为世界经济运行中的一大痼疾。20世纪后期，世界经济复苏并增长，但发展中国家的外债总量不仅没有减少，反而呈快速上升的势头。1982年外债危机爆发时，外债总量为8 390亿美元，到了1995年则高达17 900亿美元。1999年虽然国际金融形势相对稳定，但发展中国家债务形势还在进一步恶化，外债总额已超过3万亿美元。

据拉美经济体公布的《1999年拉美和加勒比外资与外债》的报告，在1990年至1999年的十年间，拉美和加勒比国家的外债总额从4 430.49亿美元增加到7 493.10亿美元，增幅达到69%。拉美国家的外债主要集中在巴西、墨西哥和阿根廷，这三国占整个地区外债总额的73%左右。阿根廷曾在2002年的金融危机中出现债务危机，宣布无力偿还一千多亿美元的外债。阿根廷经济部2011年3月公布报告称，在今后十年里，阿根廷平均每年偿还的债务本金和利息将超过100亿美元。

据国际货币基金组织和世界银行的数据，撒哈拉以南非洲国家2010年外债达2 310亿美元。尽管这一地区每年接受100亿美元援助，但同时还要支付140亿美元以上的外债。东非共同体各成员国央行的数据显示，2010年各成员国债务增加了10%~25%不等。南非储备银行称，南非仅2010年第三季度外债总额就增加了140亿美元，达到939亿美元。

20世纪90年代亚洲地区的外债急剧增加，1992年亚洲外债达到5 160亿美元，到1998年底已接近9 000亿美元，占发展中国家外债总额的33%左右。

现在看来，发展中国家不仅外债总额在快速增加，一些债务指标上显示，发展中国家外债问题呈恶化之势：一是外债增长率高于GDP的增长率。1985年至1999年，前者为7.9%，而后者为4.4%。二是几大外债指标均超过安全线水平。20世纪90年代以来偿债率均在20%安全线之上，其中出口债务率拉美地区1996年高达225%，远在100%合理界限之上，经济债务率则突破了30%的标准。三是超百亿美元的债务国激增。1980年仅有13个，1987年有近20个，1999年底则超过了30个。这些债务已经严重影响了发展中国家正常的经济发展。

为了应付巨额债务，发展中国家被迫减少投资，压缩进口，从而导致生产停滞甚至衰退。由此很多发展中国家陷入了债务危机和经济衰退的恶性循环之中。

3. 人口增长失控和生态环境恶化

这不仅是发展中国家所面对的问题，而且是全世界所有国家都要面对的问题，但目前发达国家的社会经济已进入良性循环的轨道，现在这些问题主要体现在发展中国家。这个问题实质就是人口增长与经济发展是否相适应的问题。作为经济要素的人是生产者和消费者的统一，人口的增长与物资资料的增长必须相适应，才有利于经济的发展。在发展中国家，人口增长与经济增长的矛盾表现为人口增长的速度高于经济增长的速度，尤其是在最不发达国家这种状况更为突出。2011 年 10 月 31 日，世界总人口突破 70 亿大关。根据联合国最新的人口预测，到本世纪末世界人口会增加 30 亿左右，其中 97% 的新增人口分布在发展中国家。与此相对应，发达国家占世界人口的比重将从 18% 下降到 13%，发展中国家的人口则从 82% 上升到 87%。过快的人口增长，将严重阻碍发展中国家和地区的经济发展，导致：生产性投资和教育投资难以增加，粮食短缺更加严重，人均自然资源量减少，生存环境不断恶化，失业现象更为普遍等。

4. 科技革命的迅速发展加大了南北差距

随着全球贸易和全球生产体系的迅速发展，以及跨国公司及其资本的不断扩张，发展中国家的民族经济面临着越来越大的压力和冲击，对发达国家的依附性也不断增大。一方面，发达国家不仅是经济全球化的主导者和推动者，掌握着主动权，而且现存的国际经济规则大部分是以发达国家为主导制定的，有些规则是在发展中国家缺席的情况下制定的，如某些产业规则、信息技术产品协议和劳工标准等，这就决定了发展中国家在经济全球化进程中始终处于与发达国家无法相比的不利地位。另一方面，由于发展中国家经济基础不稳固，市场发育不完备，经济结构相对脆弱，资金匮乏，技术比较落后，人才流失严重等，很容易受到经济全球化的冲击而产生国内经济波动。发达国家控制着国际经济体系，手里掌握着资金、技术等优势，在经济全球化中把大多数发展中国家远远抛在后面。如今这种差距主要体现在：科技革命将节省资源，开发出新材料，初级产品的重要性进一步降低；自动化和智能机器的进步使发展中国家廉价劳动力优势大大削弱；高科技对生产力发展的巨大推动作用将使广大发展中国家受制于发达国家，在科技上与发达国家的差距进一步扩大。

5. 政治动荡和地区冲突

许多发展中国家政局动荡，少数左右国家政治权力的军政人物和既得利益集团为维护自己的利益，不惜牺牲国家的发展。动荡和冲突外溢危及地区和国际稳定的可能性明显增大，危险性也在显著增高。如：印尼受东亚金融危机影响，经济陷入困境，导致苏哈托政权垮台，由此引发国内大规模动乱，东帝汶借机谋求并实现了独立。在巴基斯坦穆沙拉夫发动军事政变上台，印巴克什米尔争端再度紧张。2010 年 3 月韩国“天安号”巡逻舰在黄海遭袭沉没，美韩趁机实施大规模军演。同年 11 月，朝鲜与韩国在延坪岛海域展开炮战，造成多名军人和平民死亡。2011 年泰柬领土争端升级，双方多次交火，仅 4 月 22 日 ~5 月 8 日就造成 18 人死亡、数十人受伤，6 万多名民众被迫疏散。2010 年底至 2011 年初，非洲国家突尼斯发生了要求总统本·阿里下台的持续抗议活动，并演变为持续骚乱。突尼斯引发的“茉莉花革命”在阿拉伯世界掀起涟漪效应，埃及、阿尔及利亚、毛里塔尼亚、约旦、也门、阿曼、利比亚等多个国家的民众纷纷走上街头，抗议独裁、贪腐，要求民主，政经改革的浪潮一时风起云涌。2011 年 2 月 12 日埃及发生群众示威，执政 30 年的穆巴拉克总统下台。这给本已复杂多变的地区局势再添新的变数。

6. 西方发达国家的压力和干涉加剧

西方发达国家在冷战后加强了对发展中国家的压力和干涉，它们打着各种旗号，把其政治经济制度、意识形态及价值观念强加给广大发展中国家。外来势力尤其是在积极谋求和维护全球霸权的美国，力图将发展中国家纳入其设定的“民主国家共同体”等发展轨道，借“维护地区和平与稳定”、“人道主义”、“打击恐怖主义”等各种名目干预发展中国家的内部事务，不仅激化了地区矛盾，引发新的灾难，破坏地区稳定，而且使之迅速国际化，对地区和国际局势产生更大的负面影响。例如，2011 年 2 ~ 10 月，利比亚国内的平民示威游行演变为不同政见派别的斗争，美欧等国趁机支持利比亚国内反对派在班加西发动了起义，逐步形成席卷全国的利比亚战争。10 月 20 日，利比亚领导人卡扎菲被利比亚革命军击毙。2012 年 9 月 11 日，曾大力支持利比亚国内推翻卡扎菲政权的反叛活动的美国驻利比亚大使在班加西遇袭身亡，使馆同时遭到袭击，酿成美国外交史上的重大悲剧。

二、发展中国家的政治

（一）不同的政治体制

发展中国家在民族解放进程中由于选择了不同的发展道路，所以其政治制度自然也各不相同。不仅国体不同，政体也各异，而且处在不断的发展变化之中。从国体上讲，主要有社会主义制度和资本主义制度。从政体上讲，主要有以下几种：

1. 西方共和政体

又可分为两种：①议会共和制，它以议会为国家政治的中心，掌握国家最高权力，政府对议会负责，由选举而产生的总统只是国家元首。这类国家有尼泊尔、印度、新加坡、土耳其、津巴布韦、特立尼达和多巴哥、多米尼加联邦以及苏里南，等等。最近一个采纳议会共和制的亚洲国家是尼泊尔。2008 年 5 月 28 日尼泊尔制宪会议宣布废除君主制，结束了 280 多年的沙阿王朝，成立尼泊尔联邦民主共和国。②总统共和制，总统既是国家元首又是政府首脑，掌握国家最高行政权力，政府不对议会负责。这类国家有拉丁美洲的阿根廷、玻利维亚、巴西、哥伦比亚、墨西哥及委内瑞拉等；亚洲的菲律宾、孟加拉国、斯里兰卡、叙利亚及阿拉伯也门共和国等；非洲的埃及、突尼斯、塞内加尔、科特迪瓦、喀麦隆、肯尼亚、赞比亚及马拉维等。

2. 君主制

这其中又分议会君主制、绝对君主制和二元君主制：①实行议会君主制的国家，议会是国家的最高立法机关，内阁由议会产生并向议会负责，君主没有实权，这类国家有泰国、马来西亚及西萨摩亚等。②实行绝对君主制的国家，君主拥有国家全部的最高权力，世袭的君主为国家元首，拥有立法、行政、司法全部权力。君主或王储一般兼任首相和国防大臣。拥有实权的财政大臣、外交大臣均由亲王担任。这类国家有沙特阿拉伯与阿曼等。③实行二元君主制的国家，君主为国家元首，议会为立法机关，内阁向君主和议会负责。在这种政体形式下，国家虽然也制定了宪法，设立了议会，但君主仍然保持封建专制时代的权威，集立法、行政、司法和军事大权于一身，是权力中心和最高的实际统治者。其宪法往往是钦定的，是君主意志的反映；议会是君主的咨询机构，立法权是形式，君主不仅拥有否决议会立法的权力，而且还通过任命或指定议员控制议会；内阁是君主行使行政权的机构，首相由君主任命。这类国家有不丹、约旦、科威特、巴林、卡塔尔、阿拉伯联合酋长国、摩洛哥、斯威士兰及汤加等。

3. 军人政权

也称军人独裁制或军事独裁制，即军人掌权的军事专制统治。这种政权大致可分为革命性军人政权和保守性军人政权两种。前者是指那些深受民族主义和西方民主思想影响的军人团体，通过发动政变推翻腐朽反动的封建君主或专制政府的统治后，建立起来的军人政权，如 1952 年建立的以军人为核心、总统议会为形式的现代埃及政体，1958 年建立共和国的伊拉克、1966 年建立共和国的布隆迪、1974 年推翻帝制的埃塞俄比亚等；后者是指在实行民主式政体或实行其他现代政体的国家中，军人团体发动政变，推翻文官政府后建立的军人政权。如巴基斯坦（1958 年）、韩国（1961 年）、缅甸（1962 年）、巴西（1964 年）、中非（1965 年）、印度尼西亚（1965 年）、加纳（1966 年）、马里（1968 年）、乌干达（1971 年）的军人政权等，这些政权之所以称之为保守的，是因为它们所推翻的不是旧制度，而是至少在形式上已属现代的政体。

战后拉丁美洲有一半以上国家建立过军人政权，如巴西、阿根廷、秘鲁、玻利维亚、乌拉圭、萨尔瓦多、危地马拉和巴拿马等国家；非洲有 28 个国家建立过军人政权，如 50 年代的埃及、苏丹，60 年代的扎伊尔、贝宁、尼日利亚、加纳等国；亚洲有一半的国家曾建立过军人政权，其中突出的有菲律宾、巴基斯坦、孟加拉国。如今，绝大多数军人政权都实行了民主化。

4. 政教合一制

政权和神权合二为一的政治制度，其基本特点是：国家元首和宗教领袖同为一人，政权和教权由一人执掌；国家法律以宗教教义为依据，宗教教义是处理一切民间事务的准则，民众受狂热和专一的宗教感情所支配。政教合一制度曾经在中世纪时期的拜占庭、英国、俄国、阿拉伯、印度等国家或地区实行过。近代资产阶级革命以后，多数国家实行政教分离，相继废除了政教合一制度，但仍有少数国家实行这一制度，如梵蒂冈、伊朗、沙特等。宗教领袖同时又是国家首脑。政教同体，宗教教义与宗教法典同时就是国家的法律，宗教利益与国家利益完全一致。国家的行政、司法、教育完全受宗教指导。宗教领袖对制定国家的内外政策拥有绝对权威，政府的一切活动都要体现宗教原则，维护宗教利益。与此同时，这种模式下的宗教是指特定的某一种受到官方认可的宗教，其余的宗教是没有同样的特权和社会地位的。

5. 部落酋长制政体

这是一种由部落酋长议事的政体。这种制度，在非洲的尼日利亚和坦桑尼亚是基层酋长领导，上层为联邦共和国、联合共和国；在西亚的阿拉伯联合酋长国，是上下结合的酋长制，该国由七个酋长国组成。

（二）民主化浪潮

1974 年，第三次民主化浪潮从欧洲南端涌起，葡萄牙、西班牙和希腊这三个资本主义欧洲最后的权威主义政权相继垮台。20 世纪 70 年代末，民主化浪潮蔓延到葡萄牙和西班牙的前殖民地拉丁美洲，一个接一个的军人政权还政于民；到 80 年代末，这片大陆已基本实现了民主化。80 年代中期，民主化浪潮涌入东亚，菲律宾、韩国等权威主义国家实现了向民主的过渡。80 年代末和90年代初，它又迅速席卷了前苏联和东欧地区，使这些国家相继走上了西方式的议会民主道路。同样从70年代中后期开始，强烈敌视西方文化的“中东—伊斯兰教”世界也受到了民主化浪潮的强劲冲击，一批国家建立了半民主的政治制度。进入90年代后，多党民主风潮登陆非洲，一党制政体或军人政权兵败如山倒，仅在数年之间，绝大多数非洲国家转向了多党民主。

（三）严峻的政治局势

1. 政局不稳

政局不稳是指政权不巩固，政治活动无章无序，政治领导集团相互争斗，政府的路线、方针、政策无法贯彻执行。冷战时期，军事政变频繁是发展中国家政局不稳的主要表现。据统计，从1960年到1976年，在亚非拉地区约有30个国家发生了40次成功的军事政变。在拉美地区，除墨西哥外，几乎所有的国家都发生过军事政变。非洲则被认为是创造了各大陆军人治国的世界纪录。据统计从1957年至1997年的40年中，由内部冲突导致非洲国家政府“非宪”更迭共78次，88位国家元首和政府首脑被推翻。冷战后，政局动荡表现为民主化运动中进步与反动、革命与保守两股政治势力复杂的政治较量所带来的政治动荡。最近几年发生动荡的国家有巴基斯坦、乌克兰、泰国，以及中东和北非国家等。以叙利亚为例，2011年3月以来，叙利亚国内持续爆发冲突，反对派要求阿萨德总统下野。仅2012年8月的最后一周，就有1 600人在叙利亚政府军与反对派的冲突中丧生。

2. 民族问题

在冷战时期，影响发展中国家政治经济发展的民族问题主要是西方国家推行新老殖民主义与民族独立国家发生的民族利益矛盾。冷战后，被两极格局遏制的泛民族主义和一个国家内部各民族的矛盾问题便凸显出来。有的还发展成民族冲突甚至民族战争，其负面影响尤为突出。从欧亚大陆新月形边缘地带的土耳其，经海湾国家伊拉克、伊朗，沿印度、巴基斯坦一直到斯里兰卡、不丹、缅甸等国，在这条绵长的地带，民族问题不断影响着有关国家的政治稳定。其中有整个阿拉伯民族与犹太民族为争夺生存权而进行的斗争，有土耳其、叙利亚、伊朗、伊拉克等国存在的库尔德民族问题，有印度和巴基斯坦在克什米尔问题上的冲突，有斯里兰卡泰米尔人图谋独立而进行的反政府武装斗争。在非洲大陆的绝大多数国家和地区，民族问题表现为极端复杂的部族矛盾和部族冲突，最典型的就是1994至1995年在卢旺达爆发的胡图族和图西族之间的大规模的种族大屠杀。

这里的民族问题包括：（1）全球性的民族问题。如以美国为首的西方大国推行强权政治、霸权主义，侵害其他主权国家的民族利益，引起世界人民反强权、反掠夺的斗争，这是当代全球性民族问题的主要矛盾和突出表现。（2）地区性的民族问题。地区性的民族问题一方面表现为泛民族主义，如在与西方对抗中产生的泛非主义，主张非洲和散居世界各地的黑人共同反对种族歧视、殖民统治，实现民族独立和世界黑种人的大团结；另一方面表现为旧势力的代表企图重温过去封建帝国的美梦。此外还表现为超越民族、种族界限，以同一宗教信仰为基础，谋求建立政教合一的国家，即“宗教民族主义”。（3）一国内部的民族问题。这主要表现在大民族与小民族之间及各民族之间的矛盾，其实质是平等问题。这三个层面的民族问题往往相互渗透、彼此交织和纠缠在一起，使民族问题相当复杂且难以解决。

3. 宗教冲突

宗教冲突一般有两种情况：一种是不同宗教之间的冲突，如基督教与伊斯兰教，伊斯兰教与印度教，印度教与锡克教之间的冲突；另一种是同一宗教中不同派别之间的冲突，如伊斯兰教中的什叶派与逊尼派之间的冲突。发展中国家的宗教形形色色，教派林立。不同宗教或不同教派间的矛盾的存在，使宗教问题难以避免。由于发展中国家同时又是多民族国家，宗教冲突与民族冲突常常交织在一起，使其更加难以解决。两伊战争、巴以冲突的国际化，都有宗教矛盾在其中起着作用。而当今世界，中东地区宗教、民族的冲突是规模最大、时间最长、影响最大的宗教、民族的冲突。耶路撒冷是犹太教、基督教和伊斯兰教三教共有的圣地和圣城。二战以后，巴勒斯坦地区被分为一个犹太国家和一个阿拉伯国家，耶路撒冷则被定为联合国直接管理的国际城市。1948 年 5 月 14 日以色列建国，遭到阿拉伯国家的普遍反对。其后阿拉伯国家对以色列展开多次“圣战”。这种宗教、民族的冲突一直持续到冷战结束后的今天。尽管和谈仍在继续，但每一步都非常艰难。中东地区巴勒斯坦人、阿拉伯人与犹太人的民族矛盾的公开化与不断升级，从宗教意义上突出反映了伊斯兰教与犹太教的差异与斗争，并直接和间接地反映了基督宗教与二者的交叉关系。长期以来，非洲的苏丹南北方在民族、宗教、文化和政治方面的较大差异导致双方冲突不断。2011 年南苏丹举行独立公民投票，并于 7 月 9 日宣布独立建国。因此，非洲最大的国家一分为二。同年 7 月 14 日，联合国大会接纳南苏丹共和国为联合国第 193 个成员国。

4. 恐怖主义猖獗

冷战后国际恐怖主义的泛滥，成为日益增长的全球性危机和地区性威胁的主要因素之一，对国际秩序构出了尖锐的挑战。

从美国俄克拉荷马城联邦政府大楼的爆炸声，到日本东京地铁的沙林毒气案；从英国伦敦的大爆炸，到斯里兰卡泰米尔猛虎组织大闹科伦坡；从以色列前总理拉宾遇刺，到美国驻坦桑尼亚和肯尼亚大使馆的剧烈爆炸……国际恐怖主义浪潮越来越显示出席卷全球的趋势。

冷战后的国际恐怖主义在性质、形式、规模、手段等方面都发生了明显的变化，与其他跨国有组织犯罪（例如毒品走私、非法贩卖武器等）一起，成为人类社会的公害。冷战后，在苏东剧变和西方“民主化”浪潮的冲击下，第三世界一些国家政局动荡。与此同时，西方国家内部凝聚力大大减弱，各种社会矛盾凸显。中东、中亚、拉美等地区恐怖主义的发展，与其经济贫困、政局动乱、政治腐败相辅相成；西方发达国家遭受恐怖袭击日益频繁，则与其社会危机深化、裂痕加大、主流规范缺失相伴相随。从根本上说，恐怖主义是一国范围内社会经济发展不平衡和世界范围内南北发展不平衡这两者相互作用而生成的恶性肿瘤。

20 世纪 90 年代，大约有 25% 的恐怖主义源于宗教目的。在各类恐怖主义活动中，冷战后发展最快、影响最大的要属伊斯兰原教旨主义。原教旨主义主张恢复伊斯兰原始形式，建立政教合一的神权政治制度。90 年代以来，伊斯兰原教旨主义在西亚和北非地区再度崛起。在这一地区，穆斯林占人口多数，因此原教旨主义的主张极易得到人们的共鸣。与此同时，伊斯兰原教旨主义迅速向中亚、东南亚、撒哈拉以南非洲国家以及欧美扩散，成为一股具有国际影响的恐怖主义宗教力量。这种现象不仅反映出饱受贫困之苦的下层群众对社会现实的强烈不满，而且也说明，作为非同一般的宗教信仰和政治运动的伊斯兰原教旨主义，其反美、反西方、均贫富的主张具有极大的感召力。

迄今为止，最具代表性的恐怖事件就是2001 年9 月 11 日，恐怖分子劫持飞机撞击美国纽约世界贸易中心和华盛顿五角大楼。2011 年 5 月 1 日美国总统奥巴马宣布，“基地”组织领导人本·拉登已在美军当天的军事行动中被击毙。21 世纪前十年，拉登一直作为全球恐怖主义的象征性人物而存在。对美国而言，拉登之死为“9·11”十周年纪念填写了一个完整句号。然而，因“9·11”而改变的历史进程，不会因此而告终结，附加在反恐正义上的利益图谋所造成的猜忌和仇恨，也不会因此而消失。2011 年 7 月 13 日，印度孟买发生三起连环爆炸，造成 21 人死亡，100 多人受伤。早在 2008 年，印度就曾遭到伊斯兰武装组织“虔诚军”精心组织策划的恐怖袭击，造成 164 人死亡。

第三节　发展中国家的对外关系

一、南北关系

发达国家与发展中国家的关系被称为南北关系。

（一）冷战时期的南北关系

1. 南北关系的历史渊源和发展阶段

南北关系问题，主要是发展中国家争取和维护政治独立及经济独立的问题，也就是如何解决国际政治经济旧秩序，建立国际政治经济新秩序的问题。当前南北关系的核心问题是经济发展问题。

第二次世界大战前，也就是发展中国家在独立之前，曾是帝国主义国家长期统治、掠夺和剥削的殖民地和半殖民地，受北方国家的统治与剥削，长期处于贫穷落后的状态。这时的南北关系，表现为统治与从属、掠夺与被掠夺、剥削与被剥削的关系。战后，广大南方国家纷纷挣脱帝国主义的殖民枷锁，殖民体系土崩瓦解，亚非拉许多国家先后赢得了政治独立，以新的政治姿态和经济面貌出现在世界面前，但经济状况并没有根本改变，在国际经济体系中仍处于不平等的地位。发达国家垄断资本对发展中国家进行剥削和控制的本质并没有得到根本改变，旧的不公正、不平等、不合理的国际经济关系和国际经济体制依然存在，并成为发展中国家发展民族经济的严重阻碍。

战后，南北关系的发展大致经历了以下四个阶段：

第一阶段（1945 年~20 世纪 50 年代），南方国家进行了反帝国主义、反殖民主义的民族解放运动，建立了民族独立国家；独立后，又与北方国家进行了争取经济独立，巩固政治独立的斗争。1955 年万隆会议通过决议，明确提出大小国家一律平等，在相互尊重国家主权和互利的基础上实行经济合作，采取集体行动稳定原料价格等原则。

第二阶段（20 世纪 60 年代），第三世界国家开始通过不结盟国家首脑会议和联合国贸易发展会议，组织和发动变革国际经济旧秩序、建立国际经济新秩序的斗争。它们主张从掌握自然资源主权和确定原料价格入手，发展民族经济，要求发达国家从第三世界国家增加进口，并给予特殊的关税优惠，从而为“南北对话”拉开了序幕。60 年代南方国家逐步组织起来，先后建立了石油、咖啡、花生、可可等输出国组织，在国际原料贸易领域中，逐步展开了反控制、反剥削、维护本国经济权益的斗争。1964 年在联合国第一次贸易和发展会议上成立的七十七国集团，在“南北对话”中发挥了先锋作用。

第三阶段（20 世纪 70 年代），南方国家在国际经济领域的斗争进入新的阶段。1973 年阿拉伯产油国家的联合行动，促进了发展中国家在经济领域的联合行动，有力地冲击了控制国际经济旧秩序的北方发达国家，迫使它们改变了对南北对话的冷淡态度，开始重视南方国家改变国际经济交往中不合理因素的要求。经过各方面的努力，南北关系的发展取得一些成果。如非洲、加勒比和太平洋地区国家集团和欧洲共同体于 1975、1979、1984 年连续签署和实行的三个《洛美协定》就是一个例子。在其他具体问题上也有一些成果。1974 年第六届特别联大通过了关于《建立新的国际经济秩序宣言》和《行动纲领》，标志着南北关系问题提上了国际议事日程。南北对话内容涉及原料、贸易、技术转让、国际货币金融等多个领域。第三世界国家提出全面系统的改革国际经济关系的纲领和行动原则，并深入到国际经济结构和体制的改革，扩大和加深了“南北对话”的范围和深度。1975 年 12 月和 1977 年 5 月在巴黎举行的两次国际经济合作会议，有 19 个南方国家和 8 个北方国家及国家集团参加。

第四阶段（20 世纪 80 年代以后），南方国家经济发展面临贸易、债务和国际金融诸方面的巨大困难，第三世界国家在继续推动南北对话，如 1981 年 9 月联合国最不发达国家问题会议通过了《20 世纪 80 年代支援最不发达国家新的实质性行动纲领》，欧洲共同体和日本等国都承担了帮助最不发达国家经济发展的义务。1981 年 10 月在墨西哥坎昆举行关于合作与发展的国际会议，有 14 个南方国家和 8 个北方国家参加，但没有取得实质性的成果。同时连续召开南南会议，把重点转向加强集体自力更生、实现南南合作方面。80 年代末 90 年代初，世界格局发生了巨大变化，苏联和东欧国家相继发生持续性经济混乱和社会变革，国际经济旧秩序所遗留的问题并未得到解决，第三世界国家和发达国家之间的经济差别和不平等依然存在。

总的来说，南北关系的改善进展是缓慢的，成果是有限的，主要阻力在以美国为代表的一些发达国家。80 年代以后，南北差距继续扩大。贸易条件的恶化，保护主义的蔓延，资金转移和技术转让条件的苛刻，以及世界性通货膨胀，经济危机的转嫁和沉重的债务问题，这些都是南方国家发展经济的严重障碍。这种情况继续下去，发达国家的经济也将大受影响，甚至可能引起资本主义世界的经济大危机。南北关系改善的关键在于改革国际经济秩序，在平等互利的基础上建立国际经济新秩序，这是世界经济发展的趋势。

2. 不合理不平等的国际经济旧秩序

（1）国际生产体系中旧的国际分工

发展中国家在过去的殖民时代为适应宗主国需要而形成了畸形的单一的产业结构，使其成为宗主国的原料供应地。这种情况在很多发展中国家独立后相当长时期内也少有改变。尽管近二十多年来，发展中国家致力于改变这种现状，但许多国家的制造业仍以初级产品加工和劳动密集型产业为主，技术含量附加值不高。在世界经济日益信息化的今天，其产业结构显得更为落后，在国际分工中更为不利。

（2）国际贸易中的不平等交换

发展中国家生产和出口的农矿产品，大部分市场被跨国公司所控制，其出口的轻纺产品也受到发达国家的歧视，价格被压低，而发达国家的制成品价格指数却相对上涨，发展中国家受到巨大损失。根据1980年联合国发展与国际经济合作总干事对102个发展中国家进行的调查，这些国家中原料出口占出口总额85%以上的有76个国家，原料出口几乎占100%的有19个国家，只有7个国家制成品出口达到50%以上，而当年第三世界国家工业制成品出口仅占世界总额的9%。

（3）国际货币体系的从属和支配关系

多数发达国家的货币因其经济实力的原因，成为世界上的通用货币，是国际储备货币和支付手段。这为这些国家提供了在世界范围内进行经济扩张的有利条件，而发展中国家却深受国际货币汇率波动之害，有时甚至成为国际金融市场投机的牺牲品。如1997年发生的东亚金融危机，使泰国、印度尼西亚等国的经济倒退了将近十年。由于发展中国家缺少资金，不得不向发达国家银行举债。而发达国家控制了国际金融市场，国际借贷的利率，往往视发达国家的需要而定。20世纪70年代，国际借贷市场利率大幅提高，到了80年代许多发展中国家都陷入债务危机，不少国家落入债务陷阱而不能自拔，其中拉美国家尤其严重，如墨西哥曾经一度宣布国家破产。

（4）强化国际知识产权保护，加大了发达国家与发展中国家的技术差距

当代先进技术几乎全掌握在发达国家手中，而且发达国家还可利用既有优势加大技术开发的力度。发达国家为赚取利润，利用国家专利保护，在技术转让中索取高额专利费，或附加种种条件，对发展中国家产业实行控制。据20世纪70年代相关统计，当时最新技术95%为发达国家的各大公司所占有；在世界科技发展潜力中，发展中国家只占5%。

（5）在国际经济组织中无权或少权

二战后建立起来的国际经济组织，如 IMF、WB、WTO 等，长期以来都为发达国家所控制，基本上按照它们的意志行事，这些组织所制定的国际规则，大多数符合发达国家的利益。

3. 发展中国家的要求

南北对话的内容：发展中国家与发达国家之间围绕改革不合理的国际经济旧秩序，加强南北双方的经济合作等问题所进行的谈判和斗争。

在对话中，第三世界国家提出的纲领是：在国际经济关系中实现主权平等和经济独立，让各国自己掌握自己的命运，并与其他国家一道，平等地参与和制定有关国际问题的决定。具体要求包括：（1）行使经济主权，自由选择社会经济制度；对本国自然资源和经济活动享有永久主权；根据本国情况自行制订发展民族经济计划，实现社会经济改革；监督跨国公司的活动，平等参与世界经济有关事务，公平分享由此获得的利益。（2）改革国际贸易制度，消除不等价交换，确保原料和初级产品的合理价格，实现商品综合方案；取消发达国家的贸易保护主义，实行普惠制，扩大向发达国家出口工业制成品；建立共同基金和各种国际商品协定，改变贸易条件，稳定和增加收入。（3）改变第三世界国家在国际金融中的无权地位，要求平等的决策权和借款权，要求发达国家增加发展援助和改善援助条件，把特别提款权与“援助基金”结合起来，要求加速资金转让，“免、减、缓”发展中国家的债务，建议创设“全球国际货币局”，以取代货币基金组织，建立公平的国际货币制度。（4）保护海洋资源，要求 200 海里领海权、海床矿藏权和分享海运权。（5）改革国际经济结构，主张对世界生产、贸易、货币体系进行机构改革，在世界范围内调整工业生产和贸易的“单轨”结构。要求发达国家把劳动密集型工业转移到发展中国家，要求修改工业产权制度，促进有利于发展中国家的技术转让，使发展中国家成为加工和制造各种中间产品的中心，从根本上改变单纯输出原料和初级产品的传统贸易模式。

加强南北对话，进行南北之间的平等合作，不仅对发展中国家有利，而且对发达国家也有利。由于经济的国际化日益加强，发达国家和发展中国家只有在平等的基础上实行有效的合作，取长补短，建立国际经济新秩序，才能够达到世界的共同繁荣。

4. 不平等的国际政治旧秩序

与国际经济旧秩序相联系的还有一个国际政治旧秩序，它是在第二次世界大战后两极格局的基础上形成的一种国际政治秩序，是在美苏两极对峙争夺的基础上建立起来的。其主要特点有：（1）在国际关系中少数大国推行强权政治，垄断国际事务，在相当长的一段时间内，联合国成为超级大国手中的工具；（2）无视国际法和国际关系基本准则，以大欺小、以强凌弱、以富压贫，推行“炮舰政策”，插手地区冲突，干涉他国内政，践踏他国主权，追求控制、支配其他国家的权力；（3）划分势力范围，建立国与国之间的领导与被领导、支配与依附的不平等关系，组织“大家庭”、“卫星国”或“联盟关系”，形成以美苏为核心的两大阵营的长期对峙；（4）组建军事集团，建立海外军事基地，进行军备竞赛，尤其是核军备竞赛，主要表现为“强权即公理”。

国际政治旧秩序从本质上讲是旧殖民体系的产物，实质是霸权主义和强权政治，维护超级大国的霸权地位。国际政治旧秩序的存在，是战后仍然存在世界大战危险、局部战争和地区冲突不断的重要原因。20 世纪 80、90 年代交替之际，东欧剧变、两德统一和前苏联解体等重大历史事件接踵而至，以美苏对峙为主要表现的国际政治旧秩序失去了存在的基础。但两极格局终结后，国际力量对比严重失衡，“一超多强”的力量格局使超级大国的霸权欲望空前膨胀，美国的霸权主义和强权政治变本加厉，有增无减。

在国际形势发生重大转折的新形势下，世界各国人民迫切要求改革国际政治旧秩序，建立公正合理的国际政治新秩序，以维护世界和平，促进人类社会共同发展。即，世界各国不分大小、强弱、贫富，都应当作为国际社会的平等成员，参与国际事务的讨论和解决；各国有权根据各自的国情，独立自主地选择本国的社会、政治、经济制度和发展道路；互相尊重国家领土完整和边界不可侵犯的原则；国家之间发生争端应当通过和平方式合理解决，在国际关系中不得使用武力或以武力相威胁。建立国际政治新秩序与建立国际经济新秩序相辅相成，密切关联，缺一不可。

（二）冷战后南北关系的变化

1. 南北关系中的政治问题日益突出

冷战后，发达国家将意识形态和安全、军控的重点由前苏联和东欧国家转向发展中国家，从而使发展中国家与发达国家在政治领域的矛盾突出出来。以美国为首的发达国家，在经济上依靠其先进的科技优势和雄厚的资金，继续控制、掠夺和剥削发展中国家的同时，在政治和意识形态上，利用“人权”、“民主化”，对发展中国家展开攻势和加强控制。具体表现为：一是以人权、人道为借口干涉南方国家的内政；二是把人权与经济援助相挂钩，如日本主张考虑受援国的民主化、基本人权和市场经济情况；三是利用大众传媒宣传西方的价值观，促使发展中国家和地区实行政治多元化改革，如美国的“美国之音”、CNN、英国的 BBC 以及欧洲自由电台对发展中国家进行广泛的、大量的宣传，力促南方国家的民众接受西方的价值观念和制度模式；四是不惜动用武力，进行直接干涉。1999 年 3 月 24 日，以美国为首的北约更是打着“人权高于主权”的旗号，对前南斯拉夫联盟公然发动空袭，它们所谓的“人权”、“人道”、“民主”只不过是其推行霸权主义、强权政治，新干涉主义的一块遮羞布而已。2011 年 3 月 19 日，西方国家对利比亚发动了名为“奥德赛黎明”的军事打击，以武力方式推翻了卡扎菲政权。西方国家已经将叙利亚列为继利比亚之后的又一个目标，将推翻巴沙尔政权作为其“终极目标”。

2. 南北经济矛盾依然存在，但出现了与冷战时期不同的特点

南方国家关于建立国际经济新秩序的斗争已经从经济领域扩展到国际经济、政治领域，主要表现为以下几个方面：（1）南北差距继续扩大。冷战后通过近 20 年的发展，中国、印度、巴西等发展中大国经济有了明显的发展，从经济规模上看，南北差距有所缩小。据有关国际组织统计，“金砖五国”（巴西、俄罗斯、印度、中国、南非）占世界经济、贸易总量的比重在逐年上升，2010 年的国内生产总值已占世界总量的 18%，贸易额占世界的 15%。但南北对比并未发生质的变化，穷国愈穷、富国愈富的两极分化现象仍在继续。截至 2011 年，最不发达国家已从 1981 年的 39 个增至 49 个，人口近 7.5 亿。世界最穷国莫桑比克人均国民生产总值为 60 美元，约为卢森堡的一千分之一。（2）债务问题已成为南北关系中的一个重要问题，且有增无减。北方国家和一些国际金融机构纷纷采取措施以缓解债务危机。但 2006 年 7 月在莫斯科举行的国际工会组织和八国集团成员国工会组织领导人协商会议在声明中称，八国集团各成员国的政府没能完成其 2005 年所承担的对发展中国家提供援助和减轻这些国家债务负担的义务。（3）国际资金供求矛盾。国际资金流向出现了从南方国家向北方国家回流的变化，使南方国家更加缺少发展资金，并承受着来自北方债权国的沉重压力；（4）南北贸易摩擦增加。南方国家不但在全球生产总值和出口市场份额上仅占很小的比重，而且还遭受北方国家的种种歧视、排挤和壁垒，南方国家贸易条件更加恶化；（5）环保问题成为南北关系中的一个突出的新问题。北方国家强调环境优先，在保护环境的前提下发展经济；南方国家坚持发展优先，通过发展提高环境资源的利用率，同时重视环境保护，以实现全球可持续发展。

3. 南北对话与合作关系加强

南北关系既有对立斗争的一面，也有相互依存合作的一面。这种客观实

际的存在要求南北只有合作才能共同发展。在经济全球化和国际政治多极化的背景下，北方国家从自身的利益出发，开始重视加强南北合作。在亚洲，西欧大国竞相与亚洲国家发展经贸和政治关系，从1996年开始至2010年欧盟与亚洲国家共举行了8届亚欧会议。第九届亚欧首脑会议将于2012年11月在老挝万象举行，届时将正式吸收孟加拉国、瑞士和挪威三国加入，亚欧会议成员将增至51个。新加坡与智利倡议建立的东亚—拉美论坛2011年8月举行了第五届外长会，并通过了《布宜诺斯艾利斯宣言》。在非洲，1997年6月美国总统克林顿宣布了一项促进非洲国家对美国出口和促进美国对非洲的私人投资计划，并且分别于1998年3月、2000年8月两次访问非洲，创造美国在任总统的访非纪录。2005年5月美国国会通过了《非洲经济增长与机会法案》。在非加太地区，2000年6月，欧盟15国与非、加、太地区77个国家签署了用以代替《洛美协定》的为期20年的《科托努协定》。在拉美地区，2007年4月，欧盟与南方共同市场在欧盟和里约集团的框架内启动了两个集团之间的贸易谈判进程。2011年11月，太平洋共同体举行了第7届会议。而由斐济、萨摩亚、汤加、瑙鲁、库克群岛、澳大利亚和新西兰七国成立的“太平洋岛国论坛”至今已举行了第42届首脑会议。在中东，1995年11月，欧盟启动了“巴塞罗那进程”，决定在三个领域（政治与安全、经济与金融、社会与文化）和两个层次（多边和双边）上与地中海南岸及东岸的阿拉伯国家建立伙伴关系，并于2010年建成欧洲—地中海自由贸易区。

联合国及相关国际组织也牵头促进南北对话和合作。自1996年国际货币基金组织和世界银行发出重债穷国债务减免倡议后，截至2012年6月，已有36个重债穷国到达该倡议的决策点，33个重债穷国到达该倡议的完成点。2011年5月9日，第四届联合国最不发达国家大会在土耳其伊斯坦布尔召开，主题是“合作削减贫困”，为最不发达国家未来十年发展制订了明确的行动计划。二十国集团（G20）峰会也是兼顾发达国家和发展中国家以及不同地区平衡的一个南北对话机制。截至2012年6月，共举行了7次峰会。

4. 区域内或集团内的南北关系有所发展

全球的大南北关系正在变成区域性的小南北关系，或经济集团内部的南北关系。南北间的对话、磋商和合作有转向区域性组织内部的趋势。在亚太经合组织内部，发展中国家与发达国家的利益、要求和主张，可在一年一度的年会上得到反映。此外，有些南方国家集团正与北方国家集团建立合作关系。如2006年5月，欧盟—拉美国家举行第四届首脑会议，会议通过了《维也纳宣言》，并宣布启动欧盟与一些拉美次区域组织的贸易区谈判。2010年

5月，第三次中日韩领导人会议在韩国济州岛举行，发表了《2020中日韩合作展望》。在2012年5月举行的第五次中日韩领导人会议上，三方宣布将于年内启动三国自贸协定谈判。

二、南南关系

发展中国家的相互关系即南南关系，相互合作即南南合作。世界上发展中国家之间为摆脱发达国家的控制，发展民族经济，在争取建立国际经济新秩序的斗争中建立和发展起来的、在平等互利基础上的新型的经济合作关系，即称为南南合作。由于发展中国家绝大部分都处于南半球和北半球的南部，故称这一合作为南南合作，具体包括双边合作、区域合作和全球合作三个层次。

（一）南南合作的发展

1955年的万隆会议是南南合作的先声，60年代的不结盟运动和七十七国集团的建立标志着整体性南南合作的开始，1973年的石油斗争是南南合作政治与经济结合的典范。争取建立国际经济新秩序的斗争使南南合作的影响不断扩大。80年代，南北对话陷入僵局，南方国家更加重视彼此之间的合作，并寻找多种合作形式，主要表现为一系列南南合作会议的召开。如1982年2月在印度新德里召开了南南会议，又称“新德里磋商”。参加会议的有44个国家和地区的代表（包括中国）。1983年4月在中国北京召开了第一次南南合作会议。1989年5月在吉隆坡举行了第二次南南会议，参加的有来自32个国家90多名代表。会议一致同意建立一个筹备小组，以建立南方关于发展问题的独立委员会。这三次会议是南南合作的重要里程碑。同时，根据联合国大会3251号决议，联合国于1974年12月设立了南南合作特设局。2003年12月，联合国通过58/220决议，决定每年12月19日为南南合作日，以增强人们对南南合作重要性的认识。自2012年起，联合国南南合作日从12月19日改为9月12日，以纪念1978年的这一天联合国发展中国家间技术合作会议通过《促进和实施发展中国家间技术合作的布宜诺斯艾利斯行动计划》。

发展中国家在贸易、金融、生产等领域进行了一系列富有成效的合作：

1. 在贸易方面的合作

发展中国家在为改善贸易地位和贸易条件的国际经济斗争中互相协调政策，制定一致方针，坚持共同立场。其基本方针是加快原料和初级制成品的出口，稳定价格，实现出口多样化，并改善向发达国家市场出口商品的条件。其具体举措包括：（1）建立主要由发展中国家组成的原料出口国组织，如国际茶叶委员会、石油输出国组织、钨砂生产国协会，等等。(2) 组成发展中国家贸易集团，同发达国家进行谈判，以改善贸易条件，扩大出口贸易。如前边提到的非、加、太国家与欧盟签订的《洛美协定》和《科嘉努协定》等，特别是1988年的《全球贸易优惠制协定》，完成了全球南南贸易优惠制的第一轮谈判。协定的优惠转让表列出1 700多项商品，关税减让幅度为30%~100%。

2. 在金融方面的合作

发展中国家通过双边和多边的方式，主要在区域或次区域范围内发展。首先是设立多边或双边发展机构和发展基金，解决有关国家的国际收支平衡问题，并资助有关国家的经济建设。例如，石油输出国组织和阿拉伯的一些基金会和多边发展机构向成员国和非成员国提供了大量资金。仅1981年一年间，OPEC成员国提供的发展援助就达78亿美元，占其当年国民生产总值的1.4%。科威特建立了中东国家第一个援外金融组织——科威特阿拉伯经济发展基金会，1961—1980年该组织共向外提供29.17亿美元的援助。1989年8月，OPEC国际发展基金会批准向亚非10个发展中国家提供11笔贷款，总数为3 582万美元。其次，设立多边清算安排和信贷安排。多边清算安排能使成员国在清算彼此间交易时不受外汇限制，从而节省成员国外汇储备，促进贸易发展。发展中国家间信贷安排的目的是向成员国提供中短期国际收支资金，放贷能力超过20亿美元。面对当前日益加剧的债务问题，非洲大陆国家乃至国际社会都在纷纷探索应对措施。肯尼亚总统齐贝吉表示，非洲国家应创新合作模式，拓宽融资渠道，加强本地资本市场建设，挖掘本地资本市场潜力，以逐步减少对外债的依赖。在对非洲援助和减免债务上，新兴国家也表现积极。

3. 在生产方面的合作

南方国家进行了多种形式的合作。如东盟国家制订了工业互补计划，在汽车、电子、化学、橡胶、食品生产等工业部门进行生产协作。拉美国家也通过拉美一体化协会建立了20多个《工业合作制协议》，在化学、制药、电子等生产方面进行协作生产，由私人组织和各成员国政府共同协商，根据参加协作企业的特长分配部件生产、成品组装工作。这些措施使得南南贸易中制成品的比重有了很大的提高。此外，新兴国家对非洲经济发展的拉动效应也很大。中国、印度等新兴国家的大量企业走进非洲投资兴业，把非洲视为“机遇的大陆”而非“问题的大陆”。

冷战结束后，南南合作呈现出新的特点，主要有：

（1）地区集团化趋势加速发展

一方面新的地区性经济合作组织不断出现，另一方面原有地区性区域组织不断推出新的合作领域。在亚洲，东南亚国家联盟从6国扩大到10国，并加强了经济、政治、安全、文化合作。截至2011年5月，东盟已经举行了18届首脑会议。东盟同时还积极与世界大国开展对话，如东盟—中日韩领导人会议，建立平衡关系，不断提升自身在国际舞台上的整体实力。2010年1月1日，中国与东盟自贸区全面建成。1992年，在亚洲开发银行推动下，澜沧江—湄公河流域内的中国、缅甸、老挝、泰国、柬埔寨、越南六个国家共同发起大湄公河次区域经济合作机制（GMS）。截至2011年底，GMS共举行了4次领导人会议，实现投资项目56个，总投资额约150亿美元，技术援助项目177个，总额约为2.9亿美元。在非洲，1991年非洲51国在非洲统一组织第27届首脑会议上签署了该组织制定的《建立非洲经济共同体条约》，1995年条约付诸实施，非洲一体化起步。2001年3月第5届非统特别首脑会议宣布非洲联盟成立。2012年1月，非盟举行了第十八届首脑会议。在非洲大陆还有很多次一级地区组织，如南部非洲发展共同体、中部非洲经济与货币共同体、东非发展共同体、东部和南部非洲共同市场、西非国家经济共同体、萨赫勒—撒哈拉国家共同体等，这些组织加强了非洲国家的政治经济合作。非盟还积极推动“非洲发展新伙伴计划”的实施，并制订了以消除贫困为宗旨的“非洲计划”，使得非洲国家在政治经济一体化道路上取得了新的进展。在拉美，1991年3月，阿根廷、巴西、巴拉圭和乌拉圭4国总统在巴拉圭首都签署《亚松森条约》，宣布建立南方共同市场（简称“南共市”）。截至2012年1月，南共市举行了42届首脑会议。1995年9月5日，安第斯集团总统理事会第7次会议决定建立安第斯一体化体系。2011年11月安共体总统理事会在波哥大举行特别会议，声明安共体将继续致力于推进次区域一体化进程，加强共同体内部现有规则的执行，深化各成员国在能源、安全和环境保护等领域的合作。2000年8月31日在巴西利亚召开了第一届南美洲首脑会议，旨在通过加强本地区的一体化和多元化的对外经贸合作，来增强自己与美国的集体谈判能力，并摆脱对美国经济的依赖。因此，第一次南美首脑会议实际上显示了该地区的愿望和力量①。此外，拉美地区还有加勒比国家联盟、美洲玻利瓦尔联盟、伊比利亚美洲首脑会议、拉丁美洲会议、拉丁美洲一体化协会等地区合作组织。

---

① 王洛林、余永定主编：《2000—2001年：世界经济形势分析与预测》，北京：社会文献出版社2001年版，第133页。

跨地区的南南合作也非常活跃。早在2003年，印度、巴西和南非三个发展中大国就组建了对话论坛，虽然论坛成立之初只是个松散的联盟，但是随着磋商的不断加深，讨论内容的不断扩大，目前已经成为三国加强相互贸易与投资的重要机制。中国、俄罗斯、印度、巴西四个成长前景看好的新兴市场国家还组成了金砖国家（BRICs）领导人会议。2010年12月，四国在协商一致的基础上，正式吸收南非加入机制。2012年3月，金砖国家领导人第四次会晤在印度新德里举行，会议讨论了全球治理和可持续发展两大议题，通过了《德里宣言》。

2009年2月在泰国曼谷举行的第14届东盟首脑会议以落实《东盟宪章》和合作应对全球金融危机为重点。会议签署了《东盟政治安全共同体蓝图》、《东盟社会文化共同体蓝图》、《东盟共同体2009—2015年路线图宣言》。2011年11月，东盟提出“区域全面经济伙伴关系（RCEP）”倡议，旨在构建以东盟为核心的地区自贸安排。

（2）合作内容的多样化和合作伙伴的多元化

20世纪，发展中国家和地区主要在传统的工农业方面合作。进入21世纪以来，在原有领域合作的基础之上，在科技领域、信息领域和人力资源领域也进行了合作。科技领域，一些发展中大国科学技术相对发达，进行科技合作具有较好的基础。1999年，中巴合作研制的“地球资源卫星1号”成功升空，中巴地球资源卫星合作初战告捷。2003年10月21日，在中国太原发射中心，“中巴地球资源卫星”项目第二颗卫星被送入轨道。信息领域，在中国国家人口计生委与中国和联合国人口基金第六周期项目办公室的支持下，人口与发展南南合作信息平台于2009年1月22日正式对公众开放，加强人口与发展领域的南南合作，促进信息交流和资源共享。人力资源领域，一些国际组织和发展中国家组织（如联合国和七十七国集团）也设立了不少基金，促进南南合作人力资源的开发。

同时，南南科技合作的形式已从主要由政府主导向多种成分参加的合作方向发展，合作方式也更趋多样化。如南部非洲发展共同体，不仅在南部非洲之间进行经济合作，而且还同印度洋委员会建立了联系，并签署了两个地区经济合作方式的谅解备忘录。该组织还与欧盟、东盟、南方共同市场有着经济合作和贸易往来。①

① 畅政、刘青建：《发展中国家政治经济概论》，北京：中国人民大学出版社2001年版，第131页。

(3) 不结盟运动和七十七国集团的战略调整

在冷战结束后一段时间中，这两大全球性南南合作组织的影响力一度有所下降，不结盟运动前途渺茫，成员一度思想混乱，拉美大国阿根廷甚至退出了不结盟运动。七十七国集团在促进发展中国家和地区经济合作方面也显得力不从心。这促使这两大组织根据现实的变化，积极调整了战略重点：在经济发展问题上，反对将多数发展中国家和地区排斥于世界经济主要决策过程之外，要求实行国际经济关系民主化；在世界和平与安全问题上，通过和平协商的形式解决种族、宗教、政治和社会争端，特别是历史性争端，主张全面无歧视地实现裁军；在人权问题上，反对将人权作为政治施压的工具，强调各国各地区人民生存权和发展权的重要性；在建立国际新秩序问题上，提出以和平、公正、平等、民主和完全尊重国际法准则为基础，建立无缺陷、无担忧、兼容并蓄的世界新秩序。经过调整，两大南南合作组织加强了在全球范围内的合作，重新焕发了活力。

当前，影响南南合作的主要因素有民族矛盾、宗教矛盾、领土与边界纠纷、地区霸权主义、经济矛盾以及由这些问题引起的冲突和战争。南南关系中有矛盾和冲突的一面，但合作关系是主流。南南合作也面临诸多共同挑战，如在消除贫困和保护环境之间保持平衡以及加强发展中国家能力建设等。联合国环境规划署副执行主任阿明娜·穆罕默德2012年7月在北京的“里约+20和南南合作”特别论坛上说，未来全球人口将继续增长并快速城市化，而大部分城市化进程将发生在发展中国家，这就要求南南合作必须有助于减少贫困，并在保证食物、水、能源等供应的同时，缓解对有限自然资源和生态系统的压力。

（二）南南合作的形式

1. 是区域性的经济合作

具体有：成员国之间减免关税，实行商品自由流通，对外统一关税和实行共同市场；实行共同的税收管理，协调成员国的财政、工业、农业、运输方面的政策，实现经济一体化以及协调成员国对外政策等。例如，中美洲共同市场、加勒比共同市场等。第三世界出现的区域集团化趋势，与传统的集团政治有着本质区别，它是南南合作的重要形式，是第三世界国家实行集体自力更生，共同对付面临的经济困难，推进各地区的和平与发展的重要途径。同时，这也是整个世界经济区域化趋势在第三世界的反映①。

---

① 宋新宁、陈岳：《国际政治学概论》，北京：中国人民大学出版社2000年版，第201页。

2. 贸易合作

针对西方的贸易保护主义，发展中国家和地区的一些区域合作组织在本区域内部和区域之间采取相互减免关税等措施来促进贸易发展。如七十七国集团在成立发展中国家全球贸易优惠制，建立发展中国家间贸易组织，建立发展中国家多国销售企业三个方面进行了大量工作。1996 年至 2006 年间，全球南南合作贸易额增长了 3 倍，达到 2 万亿美元。中国、巴西、印度、南非等国家在南南合作中发挥了重要作用。

3. 货币金融合作

为便于发展中国家国际贸易合作，解决国际收支方面的困难，各经济共同体建立了为经济服务的金融机构，如加勒比开发银行、安第斯开发协会、西非国家中央银行等，向其成员国提供贷款和援助。阿拉伯国家和一些货币金融组织向发展中国家提供低息或优惠贷款，其特点是利息低、周期长，且不附加任何政治和经济条件。

4. 技术合作

发展中国家和地区在技术合作取得了不少成绩，如相互转让技术、出售专利、进行技术咨询与培训、交换技术情报等，以及通过发展中国家合资经营、提供技术服务和劳务等方式，发展互利的技术合作。

（三）南南合作的意义

南南合作对打破国际政治经济旧秩序具有重大意义，对促进发展中国家共同发展将产生深远影响。第一，它是促进发展中国家经济发展的有力杠杆。在国际经济旧秩序存在的条件下，发展中国家只有加强相互之间的合作，走集体自力更生的道路，才能真正发展起来。第二，经济上的密切合作，促进政治、外交上的一致性。整个发展中国家用一个声音说话，对于反对霸权主义、强权政治，维护世界和平，将产生重要影响。第三，南方国家的团结合作，壮大了这些国家的力量，对于提高其在南北对话中的地位，建立国际经济新秩序有非常重大的意义。联合国贸易和发展会议发布的《2011 年最不发达国家报告》重点指出，南南合作对最不发达国家减贫和实现持续发展具有促进作用。

总之，当今世界正在发生深刻变化，经济全球化趋势深入发展，科学技术日新月异，产业结构调整升级，各国相互依存度日益加深，这为发展中国家和地区发挥比较优势，给国家和社会的发展带来了历史性的机遇。但是，我们也要清醒地认识到，国际政治经济旧秩序的不公正、不合理现象依然存在，经济全球化带来各种竞争和风险，贸易保护主义、南北差距进一步加大，这些不利因素给发展中国家和地区带来了巨大挑战。因此，南方国家需要加强合作，协调市场，形成集团的整体优势，从而改变南北力量对比，提高南方国家在南北谈判中的地位，为其取得南北谈判的胜利及建立国际经济新秩序创造条件。①

【思考题】

1. 战后民族解放运动大发展的原因是什么？
2. 目前发展中国家经济发展面临的严峻形势有哪些？
3. 不合理的国际经济旧秩序的主要体现是什么？

① 张丽东、章前明主编：《当代国际关系概论》，上海：上海人民出版社2000版，第503页。

第七章　前苏东社会主义国家及俄罗斯的经济与政治

社会主义的兴起是20世纪最伟大的事件。苏联作为世界上第一个社会主义国家，带动了一大批社会主义国家建立，形成了一个社会主义体系，但由于自身的政治经济弊端，导致后来发生巨变甚至解体。苏东剧变的经验教训值得我们认真总结。转型后的东欧国家走上了新的道路。独立后的俄罗斯的综合国力远不如前苏联，在国际社会中的影响力明显下降。但是，俄罗斯幅员辽阔，资源丰富，拥有很强的发展潜力。特别是进入21世纪后，随着俄罗斯经济快速增长，政局趋于稳定，俄罗斯在国际事务中发挥的作用越来越大。

第一节　社会主义国家的发展和巨大贡献

一、社会主义世界体系的形成

苏联曾是世界社会主义体系中最大的国家和运动中心。苏联是在俄国十月革命胜利的基础上建立起来的。1922年12月30日召开的全俄苏维埃第一次代表大会根据列宁的提议，决定由俄罗斯、乌克兰、白俄罗斯和南高加索联邦四个共和国，联合组成一个多民族的联邦制国家——苏维埃社会主义共和国联盟，简称苏联。到1940年，先后有15个行政单位作为加盟共和国加入苏联，从而形成了一个统一的多民族的社会主义联邦制国家。

二战结束以后，社会主义越出苏联一国的范围，形成一个世界社会主义国家体系，这个局面的形成是和苏联分不开的。从1944年到1945年间，随着苏联红军在东欧地区的推进，波兰、罗马尼亚、保加利亚、匈牙利、南斯拉夫、捷克斯洛伐克、阿尔巴尼亚先后获得解放，走上了社会主义的道路，紧随其后的民主德国于1949年10月诞生。其中南斯拉夫和阿尔巴尼亚分别在本国共产党领袖铁托和霍查德领导下，主要依靠本国人民的武装力量打败法西斯，获得解放；保、波、匈、捷、罗五国主要是依靠苏联红军的力量获得解放；民主德国原是德国苏占区，在苏联的帮助和支持下，经过几年民主改革建立起人民民主政权。

在欧洲之外，社会主义也扩展到亚洲。1945年9月，越南民主共和国在胡志明的领导下宣告成立；1948年9月在金日成的领导下，朝鲜北部建立了人民民主政权。此外，中国共产党领导人民打败国民党反动派，于1949年10月1日建立了中华人民共和国。

到20世纪50年代末，社会主义国家的总面积达到3 650万平方公里，占世界陆地面积的26%；人口达到15.4亿人，占世界人口的30.8%。这时社会主义成为战后世界格局中一支举足轻重的政治力量，对世界政治、经济产生了深远影响。

二、社会主义国家对世界和人类进步的巨大贡献

第一，社会主义国家创建了人类向往已久的社会基本制度，开辟了非资本主义的现代化道路，从而开创了社会主义与资本主义和平共处与竞争的新时代，而且在相当长的时期内保持了较快的经济增长速度。如苏联在短时间里，从欧洲落后的农业国迅速转变和发展成为先进的工业国，显著提高了人民的物质文化生活水平，很快成为世界强国，为世界经济的繁荣和进步做出了重要贡献。

第二，社会主义国家率先进行了消灭资本主义私有制的初步尝试，为人类最终消灭资本主义剥削制度和私有制提供了宝贵经验。特别是苏联的成功，成为世界上其他落后国家纷纷学习和仿效的榜样。欧亚一些国家开始循着苏联开辟的方向，选择社会主义现代化道路，建立社会主义政权，改变千百万劳动大众的政治经济地位，为世界民主化进程做出了努力。

第三，社会主义的苏联在二战中为赢取最后反法西斯战争的胜利付出了巨大民族牺牲，成为维护和平的伟大力量。战后的社会主义国家促进了民族解放运动的大发展并促成了殖民体系的崩溃，对发展中国家维护主权、争取发展的事业给予了大力支持和援助，对世界政治发展进程产生了重大影响。

第二节　社会主义国家的改革与探索

一、苏联模式的得失

苏联模式形成于20世纪20年代末至30年代，在斯大林的领导下，苏联在大规模的社会主义工业化的过程中，建立起一套比较完备的以高度集中的中央集权为特征的政治经济体制。这一体制是当时特定的时代和历史环境的产物。

(一) 苏联模式的成因

苏联模式是后发现代化国家迅速走向工业化的一种历史选择。我们知道现代化是一个国家从传统农业社会向现代工业社会转型和持续发展的过程，工业化是现代化的核心。早在19世纪中叶到20世纪初的时候，在第二次科技革命的浪潮中，苏联的前身俄国已走上了工业化的道路。但在第一次世界大战前，俄国还是一个农业占优势的相当不发达的资本主义国家。在这样的情况下，苏联为了尽快改变落后面貌，实施了赶超型的发展战略，率先建立了高度集中的体制，希望能够依靠国家的力量集中调配资源，迅速实现社会主义工业化和现代化。

苏联模式是第一个社会主义国家在当时险恶环境中的一种现实选择。苏联的建立，在当时遭到了整个资本主义世界的仇视和攻击，处于孤立状态。后来，苏联的东西两侧又出现德日两个战争策源地，面临战争的威胁。这样，为了改变落后挨打的局面，苏联提出以高度集权的行政手段充分动员全国的人力、物力，以最快的速度发展国民经济，优先发展重工业，尤其是国防工业，防御战争。

苏联模式是传统社会主义观念在现实社会主义运动中的一种实践选择。由于苏联是第一个社会主义国家，在建设过程中缺少前人的经验可供借鉴，所以传统社会主义观念在当时领导人和群众中相当普遍地存在和流行。列宁曾经想破除这些传统的观念，但又过早去世。斯大林上台后抛弃了列宁的那套按照本国国情建设社会主义的探索精神和创新精神，使得传统社会主义观念对苏联高度集中的政治经济体制的建立产生了重要影响，同时这套机制又反过来强化了传统社会主义观念。

（二）苏联模式的特征

经济体制上：（1）所有制形式趋于单一化。社会主义公有制只有两种基本形式，即全民所有制和集体所有制，完全排斥其他非社会主义所有制形式或混合型所有制形式。国有企业成为工业方面唯一的经济成分。1936 年通过的宪法中，生产工具和生产资料的国家所有制被看做社会主义所有制的基础，而且是比集体所有制更高程度上的公有制。（2）确立了指令性的计划经济体制。整个国民经济依靠国家指令性计划来安排，一切由国家统一分配、调拨和安排。苏联认为计划经济是社会主义固有的独有的特性。苏联在 1928 年制定并实施第一个五年计划后，计划被赋予了法律效力，各级政府都必须执行，计划渗透到经济活动的各个方面。（3）高度集中的管理体制和普遍依靠行政手段管理经济的运行机制。国家普遍依靠发布政策、法令、决议、指示等行政手段，调节各经济部门和企业之间的关系，组织和管理社会经济生活，甚至以政治斗争干扰经济生活。

政治体制上：（1）高度集中的党政领导体制。党对国家实行统一领导，导致党政不分，以党代政，政企不分，以政代企的现象十分严重。苏联在 1927 年形成了以联共（布）党一党执政的苏维埃政权。大到国家的大政方针，小到一般的行政决策和立法事项，都需要经党中央决定。特别是 20 世纪 30 年代后，斯大林集中了党、政、军大权，最高权力机关苏维埃成了“橡皮图章”和表决机器。（2）自上而下的干部委派制。拥有严密的干部管理系统，普遍实行任命制和领导职务终身制，选举制度流于形式。列宁时期，由于当时情势的需要，实行了临时的委派制。到了斯大林时期，这种制度得以固定化，虽然无成文规定实行终身制，但已经成为既定的事实。（3）民主监督机制不足。虽然建立了必要的监督制度，但缺乏行之有效的程序，官僚主义和腐败行为屡禁不止；虽然建立了必要的民主法律制度，但过分强调专政和国家的镇压职能，社会主义民主和法制长期不健全，以人治代替法治的情况比比皆是。列宁时期建立了群众性的监督组织——工农检查院，以执行对政府机关和领导人的监督职能，后来被斯大林废除了。

（三）苏联模式的积极作用

首先，迅速实现了以重工业为中心的国家工业化。从 1925 年联共（布）十四大宣布把工业化作为全党全国工作中心任务开始，到 1937 年仅用 12 年时间基本实现农业经济向工业经济的转变。高度集中的苏联模式使工业生产持续保持了 15% 左右的平均增长速度。1937 年苏联工业水平由 1913 年的欧洲第四位和世界第五位，跃居欧洲第一位和世界第二位。工业总产值在世界总产值中的比重，从 1913 年的 2.6% 上升到 1937 年的 10%，这与当时西方国家正在经历的 1929—1933 年经济大危机形成了鲜明对照。

其次，确保了苏联争取反法西斯战争胜利的物质基础。根据优先发展重工业的战略，从 1929 年到 1941 年，苏联钢产量从 430 万吨增至 1 840 万吨，石油从 170 万吨增至 3 420 万吨，煤炭从 3 350 万吨增至 16 470 万吨。在整个二战期间，苏联共生产了 49 万门火炮，10.2 万辆坦克，13.9 万架作战飞机，确保了反法西斯战争的胜利。

最后，促进了战后苏联经济的恢复发展和高科技领域的突飞猛进。二战给苏联带来了巨大破坏，苏联有 1 700 多座城镇和 7 万多个村庄被破坏，国民经济直接损失达 5 000 亿美元，死亡人数 2 700 多万，占苏联总人口的 1/7 至 1/6。在战争的废墟上，苏联以比西欧国家更快的速度恢复了经济，1950 年工业总产值较战前的 1940 年增长 73%，生铁产量为 1 920 万吨，钢为 2 730 万吨，煤炭为 26 100 万吨，石油为 3 800 万吨，均超过了战前 1940 年的水平。同时，1957 年第一颗人造地球卫星的成功发射，1961 年的第一次载人太空飞行，标志着苏联在高科技领域特别是空间技术领域取得了令世人瞩目的成就。

（四）苏联模式的弊端

经济体制上：（1）片面追求社会主义公有制形式。斯大林片面追求生产关系方面的“大而纯”，坚持以生产关系变革作为社会主义的首要标志，首创了全民所有制和集体所有制两种公有制形式，并要求不断由小农庄向大农庄、集体所有制向全民所有制过渡。（2）扼杀商品生产、价值规律和市场调节的作用。实行高度集中的经济管理体制和指令性的经济运行机制，把宏观经济和微观经济的决策权全部集中于中央，排斥市场体制，否认市场在资源配置中的作用。中央是部门林立、机构庞大、条块分割，助长了官僚主义和本位主义；地方则是缺乏积极性、主动性和创造性。（3）国民经济发展比重失调。主要是工农比重失调，城市和农村之间实行“剪刀差”。工业化初期，为了优先发展工业，特别是重工业，苏联处理国民经济内部关系的时候，以重、轻、农为序安排资金投入。为了快速实现工业积累，长期保留农产品义务交售制，极大地伤害了农民的利益。

政治体制上：（1）高度集中的政治体制导致官僚主义和个人专断日盛。这主要表现为对斯大林的个人崇拜。20 世纪 20 年代末这种苗头就开始出现，以后逐渐发展，到 1936 年新宪法颁布的时候又达到相当的程度。二战结束后，个人崇拜再一次升级，到了斯大林去世前，由斯大林个人决定一切。（2）党的民主集中制和集体领导原则的严重破坏。列宁去世后，联共（布）

党内围绕国家如何建设社会主义出现分歧，斯大林对本属正常的党内意见分歧和争论采取“残酷斗争、无情打击”的极端做法，严重破坏了党的民主集中制和集体领导制。（3）阶级斗争扩大化与社会主义民主法制的破坏。阶级斗争扩大化主要表现为1934—1945年的肃反。领导十月革命的29名中央委员和候补委员中有15人被处决，党的“第十七次全国代表大会”（1934年）选出的71名中央委员中除基洛夫被暗杀外，只有19人活下来，其余均被处决或自杀。

二、社会主义国家的改革与探索

恩格斯在19世纪90年代就指出，“所谓‘社会主义社会’不是一成不变的东西，而应当和任何其他社会制度一样，把它看成是经常变化和改革的社会。”① 从20世纪50年代开始，社会主义各国逐步走上了探索和寻找适合本国国情的社会主义建设的道路。

（一）南斯拉夫的社会主义新模式

南斯拉夫是最先冲破苏联模式，开始社会主义改革历程的国家。1950年南斯拉夫正式颁布了《工人自治法令》，开始探索社会主义道路。改革的措施包括：变社会主义国家所有制为社会所有制；实行企业自治，企业完全具有作为一个独立的商品生产者所必需的权限；改变中央集权的管理体制和管理办法，废除指令性疾患，实行社会计划制度；实行劳动者自行决定成果分配的原则。南斯拉夫的改革，第一次向公众表明社会主义并不是只有一种模式，应当探索和创立一种适合本国国情的社会主义模式。但我们也看到，南斯拉夫并没有从宏观和总体上改变原先高度集中的政治经济体制，仅仅单纯着眼于企业内部的管理和收入分配的改革，将改革停留在浅表层次上。

（二）匈牙利的改革

匈牙利在1956年“匈牙利事件”后，开始悄悄地探索建立一种把中央计划控制与市场机制有机结合的新经济体制。经过几年的调整和局部改革，1964年9月，匈牙利提出全面的改革方案。1968年1月1日全面铺开改革，从改革经济管理体制入手，如改革计划体制，实行计划与市场相结合，计划指导和控制市场，市场则修正和补充计划。在改革前期，匈牙利经济发展较

① 《马克思恩格斯全集》，第37卷，北京：人民出版社1971年版，第443页。

快，人民生活有较大改善。但匈牙利这时期的改革仅限于从“计划与市场”结合点寻找出路，市场本身仍处于从属地位。导致到了 20 世纪 80 年代，在建立社会主义市场经济体制的关键时刻停滞不前，使得匈牙利改革逐渐陷入了困难的境地。

（三）捷克斯洛伐克被扼杀的改革

1968 年捷克斯洛伐克发生的“布拉格之春”是 20 世纪 60 年代社会主义改革中最引人注目的事件。在改革之前，国家开始了一系列的准备：1965 年 1 月通过了完善计划管理的决议，组建了 99 个大型经济单位实行独立核算，1966 年 4 月进一步扩大企业自主权，直到 1968 年 4 月，捷共中央全会通过了加快改革步伐的《行动纲领》。改革的主要内容有：改革党的领导体制，实现党内生活民主化；改革政治体制，倡导政治协商原则，实行政治生活民主化，反对国家权力的垄断；改革国家体制，建立联邦制，实现捷克人和斯洛伐克人的平等地位；确保公民的权利和自由；改革经济体制，重点解决市场与计划、企业与国家的关系，扩大企业的自主权；改革科学、教育和文化体制；执行独立的对外政策。这一改革触犯了以勃列日涅夫为首的苏共领导集团，导致 1968 年 8 月 20 日苏联领导华约五国悍然入侵捷克斯洛伐克，迫使其放弃了改革。但“布拉格之春”是一场在捷共领导下的有系统明确的纲领、有全面深刻的内容、发展广泛而迅猛的社会主义改革运动，达到了其他国家（如波兰、匈牙利）的改革所未达到的深刻程度。

（四）中国的改革

第一个五年计划实施之后，毛泽东等人意识到照搬苏联模式的消极影响，开始强调从实际出发探索社会主义建设道路。1956 年 4 月，毛泽东在政治局扩大会议上做了《论十大关系》的报告，提出了探索适合中国国情的社会主义建设道路的任务。“尽管本身还有这样或那样不完善的地方，《论十大关系》仍可谓探索中国社会主义建设新道路的开篇之作”①。接下来的 1956 年中共“八大”，对如何进行社会主义建设问题做了更进一步的探索，创造性地阐述了社会主义社会的重要矛盾。但“八大”所提出的社会主义建设的方针路线没有能够在实践中坚持下去。1957 年党的政策逐渐被“左”倾错误思想所引导，致使对社会主义的探索发生了巨大曲折，一直到十一届三中全会之后才得以拨乱反正。十一届三中全会开辟了中国发展的新时代，其确立的路线是

① 黄宗良、孔寒冰主编：《世界社会主义史论》，北京：北京大学出版社 2004 年版，第 514 页。

对“八大”路线的恢复、继承和发展。可以说，“毛泽东时代探索的积极成果为邓小平理论的形成奠定了理论基础”①，邓小平理论指引中国各方面发展迅速打开了新局面。

第三节　苏东剧变与社会主义事业的挫折

一、东欧剧变

（一）东欧各国政权易手

1989—1990 年，东欧局势发生了激烈的动荡，急转直下的政局变化，令全世界为之瞠目。在短短一年多里，东欧的波兰、匈牙利、民主德国、捷克和斯洛伐克、保加利亚、罗马尼亚六国，政权纷纷易手。执政四十多年的共产党、工人党或下台成为在野党，或改变了性质。紧随其后，阿尔巴尼亚劳动党于 1992 年 3 月在大选失败后下台。在南斯拉夫，先是南共联盟不复存在，原南斯拉夫联邦内的各邦都发生了剧变，其后在经历近一年之久的内战后，于 1992 年 4 月最终分裂为五个独立的共和国。伴随共产党丧失执政地位，东欧各国的社会制度也发生了根本性的变化。在政治上，实行多党制为基础的议会民主；在经济上，否定公有制占主导地位，开始实行混合所有制或私有制基础上的市场经济。剧变后的东欧各国，背离了社会主义的方向。

（二）东欧剧变的原因

1. 政治体制存在各种弊端

从 20 世纪 50 年代开始，东欧各国都先后提出要独立自主地走符合本国国情的社会主义发展道路，也不同程度地进行了一些试验与探索，但远远没有形成一种较为完整的理论和一条成熟的路线。这些国家的改革未能始终贯彻马克思主义与本国具体实践相结合的原则，缺少理论创新的勇气。反映在市场与计划的关系问题上，这些国家的改革只是在计划经济的框架下把商品货币关系和市场机制引入计划经济的体制，改革依然未摆脱传统观念的束缚，即认为计划是社会主义的，市场是资本主义的。

---

① 《邓小平文选》第 2 卷，北京：人民出版社 1994 年版，第 126 页。

2. 经济体制存在各种弊端

在建设社会主义进程中，东欧各国都出现了脱离本国国情和生产力实际水平的急躁冒进的决策失误。比如波兰 70 年代推行“高速度发展战略”，基本思路是在更加广泛的基础上依赖西方资金技术实施“高速度、高积累、高消费”，以借外债来促进本国经济的高速发展和人民生活水平的迅速提高，导致国民收入减少，财政赤字增加，外债不堪重负，经济全面恶化，然后又用提高食品和日用消费品价格来度过危机，引发工人罢工、社会动荡和剧变。这些经济决策的失误和经济发展的受挫，妨碍了社会主义优越性的充分发挥，导致了东欧向“非社会主义方向”的剧变。

3. 各国共产党的不成熟

东欧各国共产党的自身建设出现根本性的失误。东欧各党，队伍庞大，在全人口中比例很高，一般都达到 10%，有些甚至为 20%，党员人数增加，素质必然下降。与此同时，党的领导人的选择也降低了标准。从苏东变化可以看出，它们有一个共同的特点就是主动放弃共产党的领导，主张实行多党制。另外，领导干部搞特殊化、享受特权，不断腐化的现象十分严重，影响了党的形象。应该说，党员、党干部素质下降，是引起不满导致剧变的重要原因。

4. 苏联戈尔巴乔夫政府的影响和干预

东欧是苏联红军解放的，东欧各国共产党的大多数领袖都是坐着苏联的坦克回国执政的。长期以来，东欧各国领导人要看苏联的眼色行事，与苏联的关系如何，有时甚至成为他们能否继续执政的决定性因素。斯大林时代和勃列日涅夫时代，苏共对东欧严格控制，如 1968 年发生的“布拉格之春”事件。戈尔巴乔夫上台以后，苏东关系开始松动，戈尔巴乔夫也多次表示对东欧的改革表示支持。苏共的支持和赞同，使东欧各党能放手大干，无所顾忌。当苏共自己也主张实行多党制以后，东欧更是受到鼓舞，越走越远，以至丢失政权。所以，苏共指导思想和对东欧国家的态度，是东欧迅速发生变化的重要原因之一。

5. 西方国家的压力和推动

第二次世界大战以后，美苏为首的两大军事集团在欧洲严重对峙的现实，使西方国家认识到这是一场谁也打不赢的战争，用军事手段难以摧毁东欧政权和社会制度，因而便采取了和平演变的手段，在民主、自由、人权的旗号下，从政治、经济、文化等各个领域对社会主义国家进行干涉和颠覆。特别是进入 20 世纪 80 年代以后，东欧各国普遍遇到经济困难，西方国家以经济援助加以渗透。1989 年 7 月乔治 · H. W. 布什访问波兰和匈牙利时，为加速波兰走向自由企业制度和民主社会进程，美国援助波兰10亿美元。除经济援助以外，在政治、文化上也加紧渗透，向东欧兜售西方的社会制度、模式和价值观，借此抵消马克思主义，否定社会主义，达到和平演变的目的。

二、苏联剧变和解体

（一）苏联解体的过程

1. 戈尔巴乔夫的改革

1985年春，戈尔巴乔夫执政后，提出了加速科技、经济发展和实行改革的主张，推行“加速发展战略”，试图力挽苏联的颓势。戈尔巴乔夫改革大体分为两个阶段：第一阶段（1985年初至1988年初），由于苏联多年形成的传统经济体制根深蒂固，苏联党政领导对旧体制弊端缺乏深刻认识，未能采取切实可行的措施来推进改革，到1987年，苏联的经济改革基本上流于空谈，没有取得实际的进展和成效。1987年10月，戈尔巴乔夫出版了《改革与新思维》一书，提出了“政治新思维”，作为对苏联社会制度进行全面改革的理论依据。第二阶段（1988年6月至1991年6月），这是苏联戈尔巴乔夫改革的转折时期。在这一阶段里，苏联73年的社会主义革命和建设被否定。苏共的领导地位遭到削弱，权力中心从党向苏维埃转移，以推动苏联走向西方式的“多党制”；在意识形态上主张多元化，放弃马克思列宁主义的指导；经济方面则实行多种所有制形式平等竞争，公有制不再是国家占主导地位的所有制形式了。这就是戈尔巴乔夫的“人道的、民主的社会主义蓝图”，它显然已经偏离了社会主义方向，其招牌仍然是“社会主义”，其内容则是“资本主义”了。

1988年夏，苏联的改革面临复杂的形势。一方面经济改革陷于停滞状态，另一方面右翼激进势力有了较快发展。苏共在巨大的压力下召开了具有历史意义的第19次代表会议。会议认为，之前的改革措施之所以未能实现结果，阻力来自苏联的政治体制。因而，会议对社会主义弊端的批判带上了否定社会主义制度的性质，称十月革命后形成的政治体制“严重变形”，并据此第一次提出苏联要建立“人道的、民主的社会主义”社会和真正的、现实的人道主义制度。但其内容上仍然包含有一系列含糊不清的或折中主义的观点，所以，这时还不是一套完整的理论体系和改革路线。但1990年2月苏共中央召开全会，将其确认为苏共的指导思想、行动纲领和政治路线，决定实行多党制、议会制和总统制。1990年7月，苏共第28次代表大会通过了纲领性声明。

2. 民族主义思潮

苏联国内独立风潮发端于波罗的海沿岸三国。1989 年 8 月 23 日，波罗的海三国举行了“波罗的海之路”的示威活动。100 多万人手拉手，从爱沙尼亚首都塔林到立陶宛首都维尔纽斯组成一条 600 公里长的人链，并高呼“自由”、“脱离苏联”、“俄罗斯人从波罗的海滚出去”等口号，从而拉开了三国独立的序幕。1990 年 3 月 11 日，立陶宛新议会通过了宣告独立的文件，改国名为“立陶宛共和国”。虽然后来遭到联盟中央的制裁，但是立陶宛率先发起的独立运动产生了重大影响，在 1990 年内拉脱维亚、爱沙尼亚及亚美尼亚都效法立陶宛宣布独立。而其余的 11 个加盟共和国，除吉尔吉斯尚在准备发表主权宣言外，其他 10 国都发表了主权宣言。苏联建立 68 年来第一次出现联盟危机，联盟中央越来越陷入被动的境地。

与此同时，1990 年 12 月苏联第 4 次人民代表大会在莫斯科召开，大会对联盟是否有必要继续存在的问题和国家名称进行表决时，获得大多数的认同。与此同时，立陶宛独立纷争再起，并显示了不可阻挡的气势。1991 年 3 月 17 日，就“是否有必要把苏维埃社会主义共和国联盟作为革新的平等的主权共和国联盟保留下来”，苏联举行了历史上的第一次全民公决，结果获得了绝大多数民众的认同。4 月 23 日，戈尔巴乔夫单独同参加全民公决的 9 个共和国的领导人发表联合声明，即“9 + 1”声明，强调在通过新联盟条约和联盟宪法以前，采取坚决措施，恢复宪法秩序，从而平静苏联的民族矛盾。7 月 12 日，苏联最高苏维埃通过新联盟条约，大大缩小了联盟权力，扩大了各共和国的权力，并商定新联盟条约将于 8 月 20 日起由各共和国分批签署，预计 9 月签署结束并生效。

3. “8 · 19 事件”

1991 年 8 月 19 日凌晨 6 时，副总统亚纳耶夫等 8 名政府高级官员，趁戈尔巴乔夫离开莫斯科休假之机，发表命令，宣布鉴于苏联总统戈尔巴乔夫的健康状况已不能履行总统职务，根据苏联宪法由副总统从即日起履行总统职务，组成“国家紧急状态委员会”，软禁戈尔巴乔夫，宣布实行戒严，试图“恢复秩序”和“挽救联盟”。事件发生后，以叶利钦为代表的激进派一面实行全面对抗，组织群众集会、罢工，反击紧急状态委员会，一面请求美国及西方的支持。8 月 22 日凌晨，戈尔巴乔夫返回莫斯科，重新回到总统职位上，亚纳耶夫等人的政治行动宣告失败。亚纳耶夫等发动的“8 · 19 事件”旨在阻止苏联的演变，但事件的迅速失败却加快了苏联解体的步伐。8 月 24 日，苏联第二大加盟共和国乌克兰宣布独立。8 月 29 日，苏联最高苏维埃非常会议通过决议，暂停苏共在苏联全境的活动，并责成苏联检察院对苏共领导机关进行审查。与此同时，反苏共的浪潮席卷各加盟共和国，各共和国的共产党组织或脱离苏共，或更改党的名称，或被禁止活动。这样，具有93年党史、执政74年的苏共顷刻瓦解。

4. “独立国家联合体”的建立和苏联的解体

1991年12月7日，俄罗斯总统叶利钦、乌克兰总统克拉夫丘克和白俄罗斯最高苏维埃主席舒什凯维奇在明斯克会晤，签署了建立独立国家联合体的协议——别洛韦日协议。第二天，三国领导人声明：“制定新联盟条约的谈判已陷入死胡同，各共和国脱离苏联和建立独立国家的进程已成为事实”，“苏联作为国际法主体和地缘政治实体将停止存在”。他们同时宣布三国已自愿组成“独立国家联合体”。12月21日，除波罗的海三国和格鲁吉亚外，苏联其余11个共和国首脑齐聚哈萨克首都阿拉木图，签署了《关于武装力量的议定书》和《阿拉木图宣言》等文件，宣布“以均等原则建立”独联体，“苏维埃社会主义共和国联盟将停止存在”。会后，11国首脑致函戈尔巴乔夫，通知他苏联已不复存在，苏联总统的设置也不存在。独联体既不是国家，也不是超国家的实体，而是一种非常松散的国家之间的联合形式，其本质是独联体各国历史联系和现实需要的产物。

面对苏联已解体的严峻现实，戈尔巴乔夫于12月25日发表《告人民书》，并辞去苏联总统职务。克里姆林宫上空飘扬了70年的镰刀锤子国旗悄然落下，取而代之的是俄罗斯白蓝红三色旗。苏联的解体，标志着苏联社会主义模式的失败，这是当代世界社会主义、共产主义运动的一次重大挫折。加入独联体的国家无一例外地选择了资本主义。但历史的发展方向是不会改变的，社会主义这一伟大的历史进步运动绝不会终结。

（二）苏联剧变和解体的原因和教训

1. 苏联解体的原因

苏联发生剧变，是20世纪重大的历史事件之一。它的发生，既有政治原因，又有经济原因；既有复杂的国际背景，又有国内深层次的原因；既有历史的原因，又有现实的原因。总之，它是各方面力量合力的结果。

（1）苏联体制缺乏活力，是苏联解体的内在原因

经济上，长期实行过度集中的计划经济体制，经济没有建设好，动摇了其社会主义制度的根基。这并非历届苏联领导人不重视经济建设，而是经济体制本身的原因：不重视市场的作用，不允许企业竞争，一切都按指令性计划运行，因而缺乏活力；生产上高投入、高消费，分配上搞平均主义、低消

费，既浪费了资源，又挫伤了劳动者的积极性，导致苏联的工业产量很高，但效益低下。在政治上，苏共长期脱离群众，丧失执政基础，在关键时刻无法得到广大群众的支持。其具体原因有：苏共在实施高度集中的政治经济体制过程中，大量采用强制手段，严重恶化了党群关系；苏共的各项民主制度长期流于形式，造成党内滋生严重特权和腐败现象，官僚主义无法遏制。

（2）争夺世界霸权的对外战略，是苏联解体的外部原因

苏联从 20 世纪 50 年代中期起即走上了与美国争夺世界霸权的道路。苏联的国民生产总值不到美国的 40%，人均国民生产总值只有 5 000 ~ 6 000 美元，军事开支从 70 年代开始却超过美国 10% ~ 20%，在国民生产总值中的比重高达 20% ~ 35%。特别是到了 80 年代前半期，美国里根政府的国防开支每年增长 25%，希望以军备竞赛拖垮苏联的经济。起初苏联还试图对美国发出的挑战进行应战，无奈综合国力已经承受不起这种高代价的竞赛。这种竞赛使得苏联经济极度畸形：军工和重工业高度发达，农业、轻工业非常脆弱，同时苏联花费 400 亿美元维持在东欧的势力范围和向第三世界扩张，又花费 600 亿美元在阿富汗发动战争，使其背负了沉重的经济包袱。此外，苏联为控制社会主义国家及向第三世界广大地区渗透、扩张，甚至不惜使用武力，破坏了社会主义国家的凝聚力。

（3）戈尔巴乔夫的“新思维”理论，是苏联解体的直接和主要原因

戈尔巴乔夫的新思维宣扬的社会主义异化论，不是改革和完善社会主义，而是从根本上否定社会主义制度；新思维倡导的多元化，实际上是要取消共产党的领导和马克思主义的指导地位；新思维主张的“人道的、民主的社会主义”同科学社会主义根本对立，否定了现实的阶级矛盾和阶级斗争，取消了共产主义的奋斗目标和社会主义存在的现实性。① 戈尔巴乔夫还对苏联社会主义做了全盘否定，如在改革高度集中的计划经济体制、实现市场经济的同时，全面否定了苏联社会主义模式所坚持的社会主义基本制度和体现的社会主义本质特征，在改革实践中主动放弃党的领导、社会主义政权和社会主义基本制度。

2. 苏联解体的教训

苏联解体的教训是深刻的，我们应该引以为戒：第一，必须确立和坚持解放思想和实事求是的思想路线，把马克思主义的基本原理同本国的具体实际和时代特征相结合，形成具有本国特色，同时又适应时代潮流的社会主义

① 李淑珍、陈德民、王成英编著：《当代世界经济与政治》，北京：北京大学出版社 2003 年版，第 230 页。

理论，这样，社会主义现代化建设才能顺利开展；第二，要坚持以经济建设为中心，这是关系社会主义国家兴衰存亡的根本问题，在社会主义现代化建设过程中，要把它作为压倒一切的任务，不断改善人民群众的物质文化水平，这样，社会主义制度才能最终战胜资本主义制度；第三，必须坚持共产党的领导，加强执政党建设，坚持社会主义民主与法制，依法治国，坚持以人为本的科学发展观，实现社会可持续发展。

第四节　转型中的东欧和俄罗斯

一、东欧的转型

（一）政治、经济制度的西化

1. 经济方面

东欧剧变以后，各国立即开始实施经济转轨，从原来的计划经济向以私有制为基础的市场经济过渡。为此各国政府采取了一系列措施，基本内容包括：全面推行国有企业私有化，提高企业经营效率；放开物价，形成依靠市场调节的价格体系；实施紧缩货币政策，抑制通货膨胀；削减财政补贴，减少财政赤字；取消对外贸易限制，实行货币自由兑换，等等。

由于各国的经济基础和改革力度不同，实行经济转轨后的东欧各国也呈现出不同的发展局面：波兰、匈牙利、捷克和爱沙尼亚较早较快地走上复苏和增长的道路，成为经济转轨的“优等生”；罗马尼亚、保加利亚和阿尔巴尼亚则经历了更多的转轨痛苦，严重的经济危机和曲折反复的经济形势比较突出；前南斯拉夫地区也不尽相同，斯洛文尼亚和克罗地亚的经济形势较好，很快走上稳定发展的道路，而前南联盟和波黑、马其顿三国经济由于战争和国际制裁的影响，至今仍然处在缓慢复苏和发展状态。

总之，东欧这些国家经过近二十年的改革和探索之后，目前已经初步建立起市场经济的框架，但由于经济基础薄弱，法制建设不健全，官僚贪污腐败，加上计划经济时代的陈规陋习，这些国家在市场经济体制的法制化、规范化、高效化等方面还有相当长的一段路要走。

2. 政治方面

东欧国家的政治制度也向西方资本主义三权分立的多党议会民主制转变。主要包括：修改原来的宪法或者制定新宪法，放弃将马克思主义作为社会的指导思想，实行意识形态多元化；取消共产党一党执政，制定一系列有关政党活动的法律和准则，建立西方式政党制度，实行多党制；以三权分立原则建立国家政权组织。发展到今天，东欧国家的政治体制呈现出如下特点：（1）议会的权力很大，地位突出；（2）政府由议会多数派组建；（3）界定了总统、议会、政府的权限。

但东欧国家新的政治体制建设仍处于雏形阶段，这主要表现在：（1）议会中各个政党对立严重，致使一些国家的议会处于恶性运行状态。（2）有些国家的立法机关与行政机关尚未形成协调制衡机制，总统、总理和议会之间的矛盾、摩擦时有发生，议会活动也受到某些政党抵制，影响了立法、议案审议工作以及国家稳定。（3）政府更换频繁。如保加利亚在1989—1997年的八年间，举行了4次大选，更换了7届政府；波兰在1993—1997年民主左派联盟执政期间，3次更换政府总理。

（二）外交倒向西方、融入西方

东欧剧变以后，各国在对外关系上进行了重大调整，推行以“回归欧洲”、“加盟西方”为重点的多元务实外交。

1. 以“回归欧洲”和“加盟西方”作为外交政策的重点

随着苏联解体，东欧国家失去了原来的政治、经济和安全的依托，需要寻求新的依靠，同时由于过去苏联的过多干涉，使得这些国家更加认同和接受西方政治制度、经济制度、意识形态和价值观念，因此竭力推行亲西方政策，争取早日加入西方阵营，东欧国家如今已先后加入北约和欧盟。1999年3月12日，波兰、匈牙利和捷克加入北约。2004年3月26日，北约正式接纳爱沙尼亚、拉脱维亚、立陶宛、保加利亚、罗马尼亚、斯洛伐克和斯洛文尼亚等国。2009年4月1日，克罗地亚与阿尔巴尼亚正式成为北约成员国。波兰、匈牙利、捷克、斯洛伐克、斯洛文尼亚、爱沙尼亚、拉脱维亚、立陶宛这八个国家于2004年5月1日正式加入欧盟。2007年1月1日，罗马尼亚和保加利亚正式入盟。

2. 与俄罗斯保持睦邻友好关系

在东欧剧变后的一段时间内，东欧国家纷纷疏远了与俄罗斯的关系，甚至在国内掀起反俄、防俄的民族主义浪潮，但东欧各国领导人又很快认识到，俄罗斯在政治、军事和经济方面仍然同自身的国家和民族利益密切相关，而且俄罗斯仍然是欧洲和世界的重要军事大国，如果离开俄罗斯，东欧地区的安全问题和政治问题都很难解决，所以他们又重新恢复与俄罗斯的关系，一方面为减轻来自俄罗斯的国家安全方面的压力，另一方面谋求从与俄罗斯的经济联系中获取利益。

3. 加强同周边国家的关系，深化区域合作

东欧国家在靠拢西方和兼顾俄罗斯的同时，注意加强同周边国家联系，建立区域性合作组织，这也被视为保障本国稳定和安全的最好方式。目前，这类组织包括：中欧自由区、中欧倡议国组织、黑海经济合作组织、巴尔干国家外长会议、东南欧合作组织，等等。

二、俄罗斯的经济、政治和外交

俄罗斯是前苏联的重要经济地区，拥有十分丰富的自然资源，占前苏联经济综合实力的60%以上，工农业高度发达，产值占前苏联国民生产总值的70%，其中机器制造、冶炼、化工、纺织、木材、食品等许多行业产量在前苏联均占首位。苏联解体后，俄罗斯继承了76%的国土、52%的人口、75%的武装部队、80%的核力量，排他性地继承了苏联核大国的地位和国际法上的地位。

（一）俄罗斯的经济

苏联解体后，俄罗斯抛弃社会主义制度和共产党领导，按照西方资本主义国家的政治和经济模式进行转轨改革，具体表现为：彻底摧毁原来社会主义公有制的经济基础，大力推行私有化，建立以私有制为主体的社会经济结构；建立现代资本主义自由市场经济形态；建立新的混合型分配机制，形成了包括中产阶级在内的新的社会阶级和阶层。

俄罗斯独立后的经济发展主要经历了三个阶段：

1. 叶利钦时期的持续动荡

“休克疗法”原是医学上临床使用的一种治疗方法，指用药物或电流诱发人体休克，从而治疗某些精神疾病的方法。后来，这一医学术语被用来形容治疗经济危机的后遗症——通货膨胀，即采取一步到位的激进方式实现计划经济向市场经济的过渡，其基本用意在于，采取严格从紧的金融货币政策，辅以压缩消费的手段，强行弥合总供给与总需求之间的缺口，达到短时间内遏制通货膨胀的目的。由于这种措施具有很强的冲击性，社会经济往往会受到极大震荡，甚至处于“休克状态”，故有医学上“休克疗法”的比喻。

1992年1月2日，俄罗斯宣布实行全面价格自由化，由此以“私有化、自由化、稳定化”为核心的“休克疗法”在俄罗斯全面展开，俄罗斯开始向市场经济全面转轨。其主要内容包括：第一，实行财政、货币紧缩政策，削

优先发展科技领先部门，加大对出口型高科技产业的扶持；积极进行经济结构调整，推行现代化的农业政策；加大金融体系改革力度，改组银行体系，保持低通胀率；完善税制改革，打击经济领域的有组织犯罪；积极支持企业对外经贸活动，加快“入世”进程；规范和整顿金融寡头，树立政府威信，增强企业信心。

第二，国家在经济发展中扮演着重要角色，确保市场秩序、创造发展条件，实现“有秩序、可控制的市场经济”。普京执政以来加快了经济市场化的改革步伐，一系列法律文件的修订与制定，规范了市场主体的经济行为，为经济运行环境的改善提供了制度基础。如 2002 年 6 月通过《农业用地流通法》，允许自由买卖土地。这是自 1917 年十月革命以来，俄罗斯在土地所有权改革问题上迈出的最大一步，对俄罗斯的农业以至整个经济产生了深远影响。此外普京继续推进经济体制改革，2007 年以来实施建立国家集团的举措，这急剧扩大了政府的经济社会功能，使俄罗斯走上了“国家垄断资本主义”的道路。

第三，减少行政过多干预。俄罗斯联邦政府在普京的支持下积极进行行政管理体制改革，在保障经济自由的同时，俄罗斯“必须要在经济和社会领域建立健全的国家调控体系”，“并使国家政权体系成为国家经济和社会领域的有效协调者，确立合理的社会发展规模和目标，以确保各种利益的平衡”①。

普京的经济改革取得了丰硕成果：（1）国民经济持续高速增长。2000—2007 年，俄罗斯是同一时期世界上经济发展速度最快的国家之一。（2）金融、财政形势显著改善。2006 年 8 月，俄罗斯向巴黎俱乐部成员国提前偿还了 230 多亿美元的外债，彻底还清了苏联时代遗留的债务。黄金外汇储备持续大幅增加，彻底扭转了外汇短缺的窘境，成为仅次于中国和日本的世界第三大外汇储备国。卢布汇率连续多年保持稳定，并且对世界主要货币略有升值。（3）人民生活水平快速提高。俄罗斯民众生活水平提高的速度连年高于经济增长速度，俄罗斯人均 GDP 由 1999 年的 1 700 多美元增加到 2007 年的近 9 500 美元，居民实际收入增加了 1.5 倍，失业率和贫困率下降了 50%。（4）对外贸易持续多年保持增长、贸易总额不断扩大，贸易顺差也不断扩大，实现了贸易总额和贸易顺差的长期双增长。（5）吸引外资和对外投资均实现大幅增长。随着投资环境的改善，俄罗斯对外资的吸引力逐年提高。

① ［俄］普京：“千年之交的俄罗斯”，《独立报》，1999 年 12 月 30 日。

总之，普京的经济改革政策较为符合俄罗斯的实际，实现了俄罗斯连续八年的经济增长，国内生产总值增长了70%，各项宏观经济指标全面恢复到历史最高水平，人民生活水平有所改善。俄罗斯终于摆脱了始于20世纪90年代初旷日持久的经济危机和大衰退，重新走上了发展轨道。2007年俄罗斯以33万亿卢布（约合1.3万亿美元）的名义国内生产总值重新跻身于全球经济大国行列，成为世界第七大经济体和世界上具有活力和前途的新兴市场之一。到2008年卸任时，普京初步实现了上台时提出的“GDP翻番”、“消除贫困”两大任务。

但普京时期的俄罗斯经济持续高增长在很大程度上借助于国际能源的旺盛需求，特别是石油价格的疯狂上涨，而俄罗斯并未有效调整经济、产业结构，国民经济过分依赖燃料能源出口的局面，并没有得到根本改善，这也为俄罗斯经济可持续发展埋下了隐患。

3. 梅德韦杰夫时期机遇与挑战并存

2008年3月梅德韦杰夫当选为第三任俄罗斯总统，继承上届政府经济发展的良好势头，11月17日制定并批准了《俄罗斯2020年前经济社会长期发展战略》，确定了经济发展的总目标是加速经济发展，提高人民生活水平，发展高新技术领域，提高劳动生产率和经济效益，彻底摆脱高度依赖原料和能源的发展模式，转向创新发展模式，使俄罗斯经济社会发展水平足以支撑其作为21世纪世界强国的地位，使俄罗斯在全球经济竞争中处于超前地位，保障俄罗斯的国家安全和维护公民的宪法权利，2015—2020年，从经济规模（按购买力平价计算的GDP）上衡量，使俄罗斯进入世界前五强。但从2008年下半年开始，俄罗斯经济开始遇到空前的困难，国际金融危机改变了原有的发展轨迹，特别是从2008年10月开始，影响由虚拟经济向实体经济蔓延，其中零售业、工业（特别是加工业）和建筑业受影响最大，下滑明显，从而累及国民经济全面下滑。具体表现如下：

第一，受金融危机影响，国民经济增长步伐放缓。2008年俄罗斯国内生产总值增幅仅为5.6%，2009年全年跌幅达7.9%，扩张性的财政政策导致政府的预算赤字占GDP的6.3%，这是俄罗斯近十年来首次出现赤字。股市暴跌，2007年底俄罗斯股票市场市值高达32.3万亿卢布，但到2008年11月只剩下10万亿卢布。货币大幅贬值，2008年11月俄罗斯当局正式宣布卢布大幅度贬值。资本大量外逃，外汇储备减少，2011年俄罗斯资本外逃规模达700亿美元。

第二，俄罗斯银行和企业外债沉重，流动性严重不足，面临裁员和减产。

此时期俄罗斯银行和非金融企业吸收了大量的贷款。到 2008 年 10 月，俄罗斯银行和企业外债总额达到 5 100 亿美元，其中 2 100 亿美元要到 2009 年底前还清，约合 5.5 万亿卢布，超过银行体系总资本的 20%，贷款总额的 1/3。面对即将到期的巨额贷款，银行和企业不得不向政府求助。

第三，政府继续在经济中扮演重要角色，由原先的治理通货膨胀转向治理通货与应对金融危机并举。之前由于经济的高速增长，使得出现了经济过热和高通胀征兆。2007 年俄罗斯的通胀率达到 11.9%，2010 年达到 8.8%，但金融危机的到来，使资本市场由原来的流动性过剩突变为通货紧缩，经济发展由高速增长转为直线下跌，政府开始转向抵御金融风暴。

虽然普京时期的连续经济增长为俄罗斯经济建立起了“经济安全气囊”，并没有发生类似 1998 年金融危机时的“经济崩溃”现象。但面对严峻的经济形势，从 2008 年 9 月起，俄罗斯政府相继出台了一系列拯救金融体系的措施。2008 年 11 月普京总理签署《恢复金融和其他经济部门局势的行动计划》，此项计划涉及完善金融市场和银行体系的基础设施，扩大内需，保护劳动市场和对居民的社会支持。同时高调推出私有化，贴补预算和增加惠民政策。2010 年 11 月俄罗斯联邦政府正式批准 2011—2013 年及 2015 年前包括 850 家国有企业股份公司的联邦资产私有化计划。对于通货膨胀居高不下，政府一直都积极通过限制价格和出口、加强反垄断监督等措施稳定食品价格。通过这些措施，俄罗斯从 2010 年起开始摆脱危机，2011 年国内生产总值增长率达到 4.2%，远高于发达经济体 1.6% 的经济指标，仅次于中国和印度。不仅实现了通货膨胀率 7% 的目标，成为俄罗斯独立 20 年来最好的表现，而且还实现了联邦预算“零赤字”。2011 年 12 月 16 日，俄罗斯成为世界贸易组织正式成员。

第四，积极推行经济现代化战略。梅德韦杰夫在 2009 年上台时所提出的经济全面现代化战略，即集中俄罗斯现有科技力量，从新能源、核技术、信息技术、空间和通信技术、医疗高科技五大领域取得突破，同时积极创造条件，从西方获得必要的资金、技术和人才支持，吸引国际一流大公司在俄罗斯建设最先进的生产项目，其思想集中体现在其文章《前进！俄罗斯!》和 2009 年、2010 年的国情咨文中。但实际进程却不太顺利，主要原因在于受金融危机的影响，预算对创新项目拨款的执行情况不好。此外还受到来自国内左右两翼的批评。

这一时期俄经济结构的主要问题还是过度依赖原油、天然气和其他资源类产品的生产和出口。能源类产品出口占俄罗斯出口的比重由 2007 年的

61.7%增加到2011年的65.5%，2011年俄罗斯进出口关税收入占预算的35.7%。虽然2009年以来梅德韦杰夫积极倡导经济现代化，就是要通过发展创新经济，促进高科技产品的生产和出口，减少俄经济对能源的过度依赖。但短期内，俄罗斯经济还很难完全摆脱对资源的依赖，同时俄还面临投资不足的问题。

4. 普京时期（2012年—　）面临严峻挑战

普京能在竞选中赢得63%的选票，表明多数选民认可其竞选纲领，希望保持现有局面以及基本政策不变。但当前世界经济形势并不乐观，2011年以来第二波危机大有愈演愈烈之势，一些国际金融机构纷纷下调了世界经济增长预期，俄罗斯经济发展面临着严峻考验。

从普京在2012年1月30日发表的竞选经济纲领《关于我们的经济任务》大致勾勒出未来俄罗斯经济的发展道路，可以看出普京将立足于新型工业化道路，通过产业政策主导经济发展，大型国有企业与金融机构仍将成为关键性力量，国家垄断资本主义政策仍将延续。同时，普京也认识到了行政干预的弊端，试图通过制度建设降低国家参与经济的风险，并减少行政管制，推进私有化进程，最终使国有资产定位于自然垄断、军事工业与原材料产业。再工业化定位、消除财政赤字的压力、欧美债务危机的警示、中产阶级的快速崛起以及政治觉悟的提高，决定了普京的经济政策将主要围绕培育人力资本与发展高科技产业而展开。经济政策能否推动创新发展与结构转型，并保持经济持续稳定发展，取决于一系列条件，其中最为重要的是政治制度能否顺利实现转型。

俄罗斯未来的发展主要取决于经济能否高速增长，不论是实现国家现代化、提高人民物质生活水平，还是强军，都离不开经济的发展。

（二）俄罗斯的政治

俄罗斯的政治转型，是从苏联传统的一党社会主义模式全面转向西方式的议会民主、三权分立、多党政治、自由选举和思想多元化的资本主义政治模式。但在传统政治文化和特定历史发展环境的影响下，俄罗斯的政治转型又表现出权威主义现象。从叶利钦时代确立“超级总统制”，到普京建立“强力”政府的执政理念和行为，再到梅德韦杰夫实施“强硬”对外政策，俄罗斯国内政治变迁的权威主义导向愈加明显，而且很大程度上为广大民众所接受。同时，由于转型是以一种社会制度取代另一种社会制度，在权力和利益分配中，势必会在不同社会阶层间引发错综复杂的矛盾和冲突。所以，俄罗斯的政治转型也是一个矛盾和冲突不断的过程，充满着激烈的斗争。

1. 叶利钦时期（1991—1999 年）

转轨伊始，在推行以“休克疗法”为核心的自由主义经济政策的同时，叶利钦大力推行多党制、全民选举、新闻媒体自由等一系列自由主义的政治民主政策。但由于俄罗斯民族历史和文化传统中权威主义观念根深蒂固，“俄罗斯式的思想体系始终是集权主义的”①，最终自由主义民主政治取向的改革得出的却是带有浓厚俄罗斯民族传统的民主政治模式。这一时期在俄罗斯得以确立“总统集权制”，其特点是总统权力极大，议会权力很小，政府缺少独立性，形成一种“强总统，弱议会，小政府”的格局。②

俄罗斯独立以来，议会同总统行政系统之间围绕权力划分的争斗，一直是俄国家政治生活的焦点之一。基本趋势是，国家杜马和联邦委员会的地位日趋下降，而总统行政系统以及依附于它的政府方面的势力日渐强大。这一时期的俄罗斯政治大致可以分为两个发展阶段：

第一阶段从 1991 年初到 1993 年 10 月，实现基本政治制度的转型。经过激烈的政治斗争，俄罗斯初步确立了以总统制为核心的多党政治、议会民主、三权分立、自由选举等基本政治制度。1991 年 6 月叶利钦以 57.3% 的得票率顺利当选总统，并在当年 10 月的俄罗斯第五次人代会上兼任总理，得到扩大总统权力的要求，标志着总统制转变的开始。随着激进改革的推行，俄罗斯的经济动荡迅速波及政治领域，经济改革的分歧导致政府和议会（人民代表大会）之间出现对立，最终导致盖达尔政府下台。1993 年 10 月以哈斯布拉托夫、鲁茨科伊为首的议会和以叶利钦为首的政府就政治主导权所进行的“府院之争”，最终“炮打白宫”宣告结束。这一时期，整个社会处于剧烈的动荡和危机之中，经济大滑坡，人民生活水平急剧下降，民族冲突和地方分裂活动此起彼伏，而且俄罗斯的国际地位日趋孤立。这又唤起了隐藏在俄罗斯民众内心的权威主义。同时，俄罗斯开始向多党制转变，但政党政治很不成熟，政党数量繁多杂乱，1991 年上半年，俄罗斯建立的各种政党和政治组织有 800 多个，1993 年达到 1 000 多个。

第二阶段从 1993 年 10 月开始至 1999 年底，政治体制逐步调整，总统权力进一步强化。“炮打白宫”使权力重心日趋向总统转移，初步形成总统集权的局面。之后叶利钦将立法机关改名为国家杜马，并举行新的议会选举。1993 年 12 月全民公决通过的新宪法，标志着俄罗斯总统制正式确立。新宪法

① 别尔嘉耶夫：《俄罗斯思想》，北京：三联书店 1996 年版，第 262 页。

② 王正泉：“评俄罗斯政治体制的转轨”，《东欧中亚研究》，2000 年第 4 期。

虽然规定三权分立的基本原则，但赋予任期五年的总统拥有至高无上的权力，集内政、外交、行政、立法等大权于一身，对国家进行垂直统治，成为国家权力的核心，这体现了俄罗斯传统个人专权色彩的权威主义。新宪法出台后，俄罗斯的政治生活开始走上法制轨道。宪法成为判断国内政治行为的准则，各派政党的活动也受到宪法的规范和制约。但随着经济滑坡、社会动荡加剧，俄罗斯政党、社会团体和个人围绕“总统集权制”展开了尖锐的斗争。1996年叶利钦连任总统，标志着总统—政府行政系统占据绝对主导地位。虽然各种政治派别就对总统权力的限制多次提出修改宪法，但均未取得实质进展。

这一时期俄罗斯一度出现其特有的“寡头政治”局面，在经济转轨过程中，原来的特权阶层利用既有特权迅速地进行社会资本集中。某些企业领导者和政府经济部门的官员通过大量占有企业股份的形式占有国有资产，以极低的价格从政府手中购买优良企业的股票。他们串通国家财产管理委员会的工作人员，对私有化企业压低股价，然后进行购买控制，通过这种独特的资本积累方式，最终形成了操纵俄罗斯国民经济的金融寡头。他们不仅在经济上占统治地位，而且能够用他们的经济力量操纵政治。

政党方面，这一时期的政党活动日趋活跃，并逐步走上宪法轨道，多党政治基本形成，斗争重心也由街头转向议会。在其间举行的三次议会选举中，左、中、右三派相互斗争的格局始终存在，基本主线是“政权党”与俄共之间的对抗。随着政党的规范化活动，虽然参加选举的政党和组织很多，但真正能最后进入议会的只是少数几个大的政党和组织。俄罗斯宪法规定，没有超过5%得票率的党派不能参与党派竞选席位的分配，导致小的政党和组织寻求走向合并和联合。到1999年议会选举时，国家杜马中形成了亲总统的多数派，国内左中右三派基本平衡，政党结构日趋稳定。

2. 普京时期（2000—2008年）

普京上台后，以振兴俄罗斯为最高目标，加快政治改革，使总统和政府的权威得到进一步加强。普京通过改革联邦政权体系，从国家政体上为其政治路线的实施提供了空间。

首先，改革联邦委员会（上院）的组成，规定联邦委员会议员不再由联邦主体的行政长官和议会领导人兼任，而由地方选举的代表担任。同时规定地方长官和地方议会违反联邦法律时，总统拥有解除地方长官职务和解散议会的权力。这一改革削弱了地方领导人的地位和权力。面对地方的压力，普京成立了由地方行政长官组成的俄罗斯联邦国务委员会加以安抚。在国家杜马（下院），普京通过中间派政党实际掌握议会多数，确保国家杜马与行政系统的合作。

其次，进一步遏制地方分立主义势力，普京通过重新划分全国行政区域和建立七大联邦区，设立总统全权代表及重新确立中央与地方预算资源的比重以加强中央对地方的控制。七个联邦区的长官由总统直接任命，直接向联邦总统负责，全面协调和处理地方与中央的关系。此外，普京还打击了不法金融寡头，逐步摆脱了对寡头的政治依赖性。如2003年普京政府以经济犯罪为名将霍多尔科夫斯基逮捕，彻底打压了试图挑战政权的金融寡头，最终实现寡头政治的终结，摆脱政治多头分立的局面，建立了以总统为中心的强大的国家政权体系，俄罗斯进入政治相对稳定的时期。以2004年9月的“别斯兰人质事件”为契机，普京不失时机地进一步推进了权威主义的总统制政治体制，如加强国家垂直权力结构、改变国家立法机构选举方法、取消联邦主体行政长官直选、重建联邦民族与地方事务发展部、任命亲信担任俄罗斯南方区总统代表等。

再次，对极端的民族主义、恐怖主义采取强硬立场。1999年时任总理的普京发动第二次车臣战争，虽然遭到严重损失，但总体稳定了车臣局势。2002年10月，车臣绑匪策划莫斯科人质事件，面对各党派和平解放的呼声，普京不为所动，采取了决不妥协的强硬态度，不仅拒绝了和谈建议，而且下令在车臣展开大规模的清剿行动。

最后，完善政党政治制度。针对叶利钦时期政党活动混乱、政权与主要政党相互对立、政府与议会矛盾频发的情况，以2001年《政党法》为依据，以议会为平台，普京开始着力打造“政权党”。在克里姆林宫的全力推动下，“团结党”、“祖国运动”和“全俄罗斯运动”三大亲政府的党派联合成“统一俄罗斯”党，成为杜马中第一大党。由于政权的支持和鼓励，各级政府官员、大企业家和政治人物更加积极地参加到“统一俄罗斯”党中，使之成为普京政权的政党基石。

到2008年普京卸任之时，俄罗斯政治领域的各种消极因素受到抑制，政治混乱局面彻底扭转，政治局势实现稳定，形成在多元民主框架下，基本控制政权各个层面，精英团队相对团结的总统集权体制。同时，普京还将民族—爱国主义整合为以“爱国主义、强国意识、国家作用和社会团结”为核心的新“俄罗斯思想”，希望强国思想能够动员全体人民的力量复兴俄罗斯。总之，普京时期的俄罗斯政治正走向有序化、法制化和稳定化。

3. 梅德韦杰夫时期（2008—2012年）

2008年3月，在普京的支持下，梅德韦杰夫以70.2%的选票顺利当选俄罗斯第三任总统，4 月，普京在“统一俄罗斯”党第九次代表大会上被一致推举为该党主席。5 月，普京被总统提名并被议会批准为政府总理。至此，俄罗斯政治生活中形成了一种新的国家权力配置——“梅普组合”。这样的架构一方面使二人在推行国家内外政策等方面更加配合默契，另一方面促使国家权力重心开始向政府发生位移，普京的作用和影响力十分明显和突出。但从 2010 年开始，梅德韦杰夫开始展现出一些不同于普京的看法，如对有关苏联历史问题的评价，以及对内民主自由、国家发展问题，对外对美国的看法等。

这一时期，俄罗斯政治基本保持着稳定态势，但仍存在一些动荡的因素。

第一，通过改革，进一步促进中央集权。2008 年 12 月，梅德韦杰夫向国家杜马提交法案，对现行的联邦主体立法、行政机关组织原则和政党法进行修改，其主要内容在于改变现有的联邦主体首脑提名方法，这一改革谋求政党积极参与地方行政首长提名，从法理上强化普京对地方行政首长任命过程的影响力，削弱了现有的联邦区总统全权代表的存在。至 2010 年，各项政治改革措施已经到位，政治稳定的格局已经建构完成，政治改革议题也相应地逐步淡化，俄罗斯的政治重心开始转向保障实现经济现代化的具体途径、措施方面。

第二，强化总统权力，进一步稳定政权基础。具体表现在，扩大总统和国家杜马的任期分别至 6 年和 5 年。扩大联邦会议的宪法权力，赋予国家杜马对执行权力机关的监督职能。制定宪法条款，要求政府每年向国家杜马汇报工作并回答质询。

第三，打击腐败，保驾发展。梅德韦杰夫在《国情咨文》中将解决腐败问题提到了一个前所未有的高度，开宗明义地指出“腐败是自由、民主和公正社会的头号敌人”。2008 年 5 月，俄罗斯成立反腐败委员会，并规定其主席团每年向总统提交两份工作报告，总检察长将不定期经常性地向总统和该委员会介绍相关情况。7 月签署了《国家反腐败计划》，并将相关法案提交国家杜马审议通过。

第四，打击恐怖主义和民族主义。北高加索地区特别是车臣局势虽然得到一定程度的控制，主要是消除了车臣独立、国家分裂的威胁，但车臣问题远未得到真正的解决。联邦中央对该地区的政策只是部分缓解了紧张局势，然而两次车臣战争的后遗症，尤其是该地区的社会经济问题始终未能得到有效的解决。当地居高不下的失业率、严重的贫困问题更加剧了民族纠纷，使恐怖主义非法武装仍然有一定的市场。这种地区问题、民族问题所引发的暴力恐怖主义活动又刺激了俄罗斯的民族主义，特别是愈加强烈的俄罗斯族年轻人排外情绪，使“俄罗斯人的俄罗斯”、异族人“滚出俄罗斯”等极端民族主义的叫嚣再次响起，并通过偶发事件引起大规模暴力冲突。如 2010 年 12 月，俄罗斯民族主义分子借口足球迷被杀在莫斯科制造骚乱。当局对此保持高度警惕，并迅速做出了反应。

政党方面，政权党“统一俄罗斯党”一党独大的局面已经形成并逐步固化，并随着地方选举的影响力日益扩展，遥遥领先于其他政党，控制了绝大多数地方议会，有从“政权党”向执政党转换的趋势，完成了对俄罗斯精英阶层的整合，并最终出台了名为“俄罗斯保守主义”的官方意识形态。与此同时这种局面引起其他党派的不满。反对派，特别是右翼自由派试图重新整合起来，并不断发起街头抗议活动。2010 年右翼自由派政治力量加快整合，成立了“为没有专横和腐败的俄罗斯而战”民主力量联盟，并建立“人民自由党”，参加议会选举和总统选举。与此同时，虽然俄罗斯经济 2010 年就摆脱了危机，但民众并不满足，反对普京的活动迅速升温。不仅通过著书立说对普京及其治国方针进行系统的批判，而且还利用各种场合批评普京和政府，发动街头抗议活动。如 2011 年年底新一届杜马选举后爆发了前所未有的大规模的持续反普京运动。反对派由于缺少牢固的社会基础，尚无法与拥有众多行政资源的“统一俄罗斯”党相抗衡，也无力挑战现政权，但当局对其仍然保持高度警惕，充分利用法律和执政地位，积极应对，坚决打击，采取一切措施避免街头抗议活动引起社会动荡。

4. 普京时期（2012 年—　）

2012 年 3 月，普京以 63.6% 的支持率当选总统，开启了为期六年的第三次总统生涯，并且政治安排由“梅普组合”转为“普梅组合”。这种组合虽然受到国内外一些非议，但还是获得国内民众的多数支持。未来随着俄罗斯社会心态由求稳怕乱逐渐转变为图新求变，民众对政府执政方式和效果将提出更高要求，而且民众政治热情高涨，参与国家管理的积极性增强，这就要求现行政治体制必须进行调整，以适应经济发展的多样性，以及在思想和文化上的多元性。

可以预见，未来普京将继续坚持俄式发展道路，即将市场经济和民主制普遍原则与俄罗斯现实有机结合起来，从本国历史和地缘政治因素出发，自主决定发展民主、保障自由及其推进进程。此外，权威主义仍将主宰俄罗斯的政治生活。普京将继续巩固中央权威，维护“超级总统制”，并理顺权力分配体系。

（三）俄罗斯的外交

自苏联解体以来，伴随经济和政治的转型，俄罗斯的对外政策和对外战略在不断变化的国内外形势背景下，也经历了一个转变过程：

1. 叶利钦时期的“亲西方外交”和“全方位外交”

俄罗斯独立之初，即从1991年底到1992年底，奉行全面倒向西方的外交政策，以争取西方的经济援助和政治支持。主要表现为：对西方采取退让政策，把力求与其结盟放在外交战略的首位；在地区热点问题上，按西方意愿行事，放弃对盟友的支持，迎合、配合西方的行动；在核裁军方面，采取迁就西方的方针；经济方面，谋求西方援助。但此举很快被证明是行不通的，西方对俄援助雷声大雨点小，“口惠而实不至”，反而利用俄罗斯国内的政治和经济困难，采取“落井下石”的挤压政策，在国际上则贬低俄罗斯的大国作用。

1993年大选之后，俄罗斯决心从“亲西方”调整为“全方位”的外交政策，被称为“以西为主，东西兼顾”的外交或“双头鹰外交”。其总目标是：复兴俄罗斯，重新确立俄罗斯的大国地位，维护俄罗斯的国家利益和民族利益，为国内改革和发展创造有利的外部环境。具体政策是：加快独联体一体化进程，巩固俄在这一地区的盟主地位；与西方关系强调“利益均衡”，既合作又抗争，在北约东扩问题上采取“软”“硬”两手，一方面强硬反对北约东扩，一方面又有限妥协；力争亚太外交有实际突破，以发挥欧亚大国的作用，特别积极地发展对华关系，着手建立和完善面向21世纪的俄中战略协作伙伴关系；加强同亚太地区的经贸合作，以带动俄远东地区和西伯利亚的开发；有重点地恢复和发展与第三世界国家的关系，特别是与南亚和中东国家的关系。

经过几年调整，俄罗斯在国际舞台上争取到了更多的回旋余地。冷战时期一直处于紧张状态的俄日关系也有了较大改善，实现了双方领导人互访，签订了一系列协议。1996年中俄双方宣布建立“战略协作伙伴关系”。1997年俄罗斯成为亚太经合组织成员国。通过全方位外交活动，俄罗斯外交政策已经初步形成了比较清晰的战略。1997年12月叶利钦签署颁布的《俄罗斯联邦国家安全构想》，对国际环境的现状和走向做了全面分析，对俄罗斯的外交任务和实施手段做了明确规定。这一构想的出台标志着俄罗斯全方位外交政策的形成。

2. 普京时期的“灵活务实外交”

普京上台后，竭力争取一个良好的外部环境，为稳定经济和政局、走强国之路创造必要条件。普京强调“务实外交”，总的原则是最大限度维护俄罗斯的国家利益，为俄罗斯国家复兴服务。具体政策是：确立强大的军事实力在保障国家安全中的基础和支柱作用，以现实主义和实用主义为政策基础，重新确认重振大国地位的国家战略，采取“有选择地参与和灵活性进攻”的外交战略。

依据富民强国战略的要求，这一时期的外交被赋予两个核心任务：

第一，努力在俄罗斯周边建立睦邻地带，并防止出现新的紧张和冲突，为国家发展塑造和维护有利的外部环境，特别是周边环境。普京外交改变了叶利钦时期“做秀式”的“积极参与”，转而实施收缩战线、构筑防御的战略。其核心是突出强调国家集中精力于国内的转轨和发展，将关注点集中于俄罗斯的周边地区，表现出“保持克制、减少麻烦”态势，为国内建设赢得时间。确保在独联体的主导地位，维持地缘政治空间优势是这一时期外交的主要任务。在独联体内部，俄罗斯视各国的亲疏程度，推行分层次分阶段的一体化政策。同时在其他周边地区，俄罗斯积极建立“战略关系”、“伙伴关系”和“特殊关系”，努力扩大双边或地区间的经济、科技和文化等方面联系。

第二，在推动建立世界政治多极化进程中，确立俄罗斯的权威身份，维护大国地位。俄罗斯没有彻底放弃成为世界大国的雄心。在积蓄力量的这一阶段，竭力避免发生对其国家利益和国际地位造成严重损害的事变，努力在国际社会中确立自身地位，使之在最大程度上符合俄罗斯作为一个大国以及当今世界的一个势力中心的利益。恢复大国地位则表现在扩大国际联系，积极参与地区事务，如保障联合国体制下的集体安全结构，建立多极化的国际政治新秩序；利用国际热点问题，显示俄罗斯的存在价值；积极恢复和拓展在世界各地的联系，开拓外部市场。

此外，积极开展经济外交是普京外交的一个新方向。俄罗斯致力于加深同欧盟的经济关系的同时，积极推动对亚太国家的能源及其他资源输出，进一步密切经济联系。目标是力争在有利的条件下加入世界贸易组织，破除美欧发达国家对俄罗斯的技术限制和市场限制，消除对俄罗斯企业出口产品的不公正待遇。

在《俄罗斯联邦外交政策构想》、《俄罗斯军事学说》等文件中，普京政府将俄罗斯外交活动优先地区按其所理解的重要程度排列了先后顺序：

首先，重点发展与独联体所有国家的睦邻关系和战略伙伴关系。

强调同独联体国家的合作是俄罗斯外交绝对优先的方针。主要原因在于：

其一，独联体国家是俄罗斯近邻，2 500 万俄罗斯人生活在境外独联体国家，独联体地区形势是否稳定，独联体国家是否对俄罗斯奉行友好政策，关系到俄罗斯是否拥有稳定的周边环境。其二，独联体地区是俄罗斯重要的原材料产地和巨大的商品市场，加强与独联体的经济关系、建立独联体统一经济空间是俄罗斯恢复经济的优先选择。其三，苏联解体后，原有的统一安全空间遭到严重破坏，俄罗斯战略防御空间大大缩小，防御能力严重削弱，加上国际恐怖主义、民族分裂主义和宗教极端主义三股势力严重威胁俄罗斯和独联体国家的安全，因此建设以俄罗斯为首的独联体集体安全体系对加强俄罗斯自身防御能力具有重要意义。其四，美国等西方国家利用俄罗斯与独联体国家的矛盾排俄、弱俄，不断向独联体渗透，力图通过所谓的“双乌”战略，即选择乌克兰和乌兹别克斯坦作为战略合作伙伴，不断挤压俄罗斯，加强独联体内离心倾向和亲西方因素。因此，俄罗斯必须优先发展与其他独联体国家的关系，以独联体为依托，增加俄罗斯在国际事务中与西方抗衡的砝码，巩固俄罗斯在独联体中的领导地位。

其次，与欧洲国家的关系是俄罗斯外交政策的传统优先方面。

俄罗斯对欧盟外交是对欧外交政策的最重要组成部分。俄罗斯将欧洲放在对外政策中的第二位，旨在希望能建立俄欧长期战略伙伴关系，扩大双方经济合作，加入欧洲一体化，最终融入欧洲。实现与欧洲大陆的一体化，一直是俄罗斯人的梦想，这其中既有文化、历史的原因，更重要是源于俄罗斯对世界形势和国家发展战略的考虑，俄罗斯不愿长期充当欧洲的“边缘国家”。从长远观点看，面向欧盟对俄罗斯来说是外交政策方面的唯一战略选择。从经济上而言，欧盟是俄罗斯最重要的经贸伙伴和投资者。作为俄罗斯最重要的经贸伙伴和投资者，欧盟市场占俄罗斯进口额的 40% 和出口额的 38%，俄罗斯 70% 的外贸顺差来自欧盟国家，俄罗斯吸收的全部外资中有一半以上来自西欧。从地缘政治角度来说，与欧盟发展关系可以增加俄罗斯地缘政治、经济的活动空间，改善俄罗斯安全环境，冲破美国等西方国家在安全、经济等领域对俄罗斯的孤立，加大俄罗斯同美国的周旋余地。

普京上台后加大了对欧盟外交战略力度。一是推动俄罗斯和欧盟一体化进程以便为加入欧盟最终融入欧洲做准备。二是俄罗斯主张建立由欧洲人主导的欧洲安全新结构，主张与欧盟联合建立反导防御系统以此来抗衡美国部署国家导弹防御计划，同时以此占据未来欧洲安全格局的有利位置。三是加强与欧盟各成员国的双边关系和多边关系，解决俄罗斯债务问题及吸引各国的投资以促进俄罗斯经济发展，为其经济复兴奠定基础。通过多次俄欧领导人会晤，双方关系得到长足发展，极大地推动了双边各方面的互信和合作，为俄罗斯未来加入欧洲一体化创造了重要条件。北约东扩问题是俄罗斯对欧关系上的症结，俄罗斯向来加以反对，视北约东扩为俄安全环境所面临的最大挑战，并认为其应随华约消亡而终止存在，并由欧安会取而代之。普京执政后仍然坚持这一原则。

再次，在维护国家利益的前提下进一步改善同美国的关系。

尽管将美国排在欧洲之后，但毋庸置疑，俄美关系是俄罗斯外交政策的重中之重。这不仅是因为两国在经济（贸易、投资、技术的获取）和军事（保持彼此间的核威慑）方面的相互作用，还由于美国是当今世界上唯一的超级大国，在所有全球性和地区性问题的解决中都试图扮演主宰者的角色。美国还在世界主要金融机构中起主导作用。而俄美之间存在的分歧和矛盾直接关系到俄罗斯的复兴及大国地位的重振，这也决定了俄罗斯必须将俄美关系放在其外交中的优先地位。

因此，鉴于自身不断衰退的实力，寻求与美国的合作成为这一时期普京对美政策的主流。俄罗斯以现实主义的姿态改善对美关系，将俄美关系纳入“正常发展轨道”。2001 年布什上台以来，尽管两国关系出现了不少麻烦，如 2001 年 3 月以来美俄之间相互大规模驱逐对方外交官，及汉森间谍案，但双方最主要还是在北约东扩、导弹防御等问题上存在严重分歧而龃龉不断。普京仍多次表示希望同美国发展建设性合作关系，以“9 · 11 事件”为契机，普京积极寻求加强与美合作，不仅为美国提供大量有关情报，开放领空，支持阿富汗北方联盟，而且同意美国军事力量进入被俄视为“禁区”的中亚地区。经过普京坚持不懈的努力，俄美关系初步呈现出良好的发展态势。但 2007 年以后，俄美关系又有恶化趋势，以 2007 年 2 月普京在慕尼黑国际安全会议上抨击美国开始，直到 2008 年 8 月爆发俄格之战。

最后，发展与亚洲国家的友好关系，尤其是与中国和印度的关系。

普京政府这一时期的亚太外交主要基于如下考虑：一是地缘安全战略意义，避免两线作战为重点的战略观是俄罗斯外交中三大传统安全观之一，因此俄罗斯积极发展同亚太地区国家的关系，成为避免两线作战战略观的新内容和指导这一时期外交斗争的基本方针。二是主权因素，属于俄罗斯开发水平最低的西伯利亚和远东地区蕴藏着丰富的石油、天然气和矿产。俄罗斯独立后，由于连续多年的经济下滑，中央政府对远东地区的控制能力不断下降，远东地区的分离主义势力逐渐抬头。为了消除中央与地区的矛盾，加强国家统一，俄罗斯必须关注这一地区的经济发展，而在这方面可以与亚太国家进行合作。三是平衡东西方外交的需要。东西方平衡是普京外交的基本特点，稳定东方不仅表明了俄罗斯对亚太事务的积极参与，而且成为它在西方与美欧角力的筹码及后方。

3. 梅德韦杰夫时期的“独立外交政策”

2008 年 3 月，梅德韦杰夫当选俄罗斯总统之后，提出了以现代化为名义的新发展战略，俄罗斯外交的调整既是这一战略的一部分，也是为这个战略的实现创造条件和服务的。在具体外交政策上，一方面延续了上届政府的对外政策，正如梅德韦杰夫在莫斯科总统竞选总部召开大选后的首次记者招待会中提到，“我认为，我们应当推行和最近八年来推行过的相同的独立外交政策，其基本涵义是在所有方面通过所有可能的方式在现行国际法准则框架之内捍卫俄罗斯的利益。”另一方面也在寻求确立自己的方向，是其独立分析国际格局的方法。

这一时期的外交优先方向延续了普京时期的路线：首先，独联体仍旧是俄罗斯外交的首要方向。这一时期重点是加深俄白联盟国家和欧亚经济共同体框架下的经济一体化，成功启动俄白哈关税同盟，签署独联体自贸区协定，拓展集体安全条约下军事政治合作的规模和深度，发展与独联体其他国家的双边伙伴关系。其次，俄罗斯继续发展与欧盟的多领域合作。俄罗斯开展积极外交，争取“老欧洲”国家对俄罗斯阻止美国在东欧部署反导系统之立场的理解和支持，落实之前所提出的关于欧洲所有国家缔结《欧洲安全条约》的倡议，恢复俄格战争之后中断的关于俄欧伙伴关系与合作的新协议谈判，争取签订新协议，继续推动双方在经济、安全和政治等领域的合作。再次，俄罗斯对美关系是其外交的重点。一方面反对过去小布什政府支持格鲁吉亚挑起南奥塞梯冲突，引发全球经济危机，在东欧部署反导系统，在国际政治实行“双重标准”等行为；另一方面，同时表示俄罗斯没有“天生的反美主义”，愿意同美国在发展国际军控制度等领域进行合作。最后，中国依然是俄外交的优先方向之一。重视发展与中国的战略协作伙伴关系，从建立多极世界的战略高度出发，俄积极参与在上海合作组织、亚太经合组织以及非正式的“金砖国家”等机制下同中国的多边合作。

梅德韦杰夫政府积极探索独立外交政策，2008 年 7 月发布的《俄罗斯对外政策构想》对 2000 年的版本进行了补充和发展。同年 8 月，梅德韦杰夫宣布了俄罗斯外交政策的五项原则，即：俄罗斯尊重确定文明社会之间关系的国际法基本准则；俄罗斯认为世界应多极化，单极世界不可接受；俄罗斯不希望和任何国家对抗；俄罗斯外交政策优先方向是保护本国公民的生命和尊严；俄罗斯关注自身在友好地区的利益。11 月的《国情咨文》规定了俄罗斯外交政策的重点：“一个问题”——解决俄美反导问题，“两个体系”——建立新的国际关系体系和世界金融体系，这两大任务是密切相关的，就轻重缓急而言，“两个体系”更具根本性和长期性，“一个问题”更具紧迫性。2010 年 7 月，在俄罗斯第五次使节会议上，梅德韦杰夫明确提出外交的三个任务，即：外交为实现国家经济现代化服务，为巩固俄罗斯的民主和公民社会服务，积极参与国际反恐、打击有组织犯罪等活动。这些表明，梅德韦杰夫政府的外交显现出新思维和新态度，具体表现为：

第一，突出经济因素，强调经济外交。即将参与对外经济合作、吸引外资和技术视为推动国家经济转型的重要动力；利用金融危机造成的世界经济改革、多极化进程加快的因素，提升自身在世界经济舞台的地位，改变过去只是政治、军事大国的形象；与世界主要经济体全方位地展开合作，如与欧盟国家建立“现代化伙伴”；改变俄美关系结构性缺陷，开辟经济互动的新合作领域；与包括中国在内的新兴经济体结成合作伙伴；充分利用 G20、APEC 等多边合作平台的潜力。

第二，与西方世界合作的态度整体趋向积极。2008 年梅德韦杰夫政府上台伊始，俄罗斯还要求充分利用已经恢复的实力，以一种进取的态度去争取自己的利益，更加积极主动地回击对俄罗斯的挑衅。但在现代化战略的驱动下，梅德韦杰夫认为现代化及创新的源头在西方，而非东方。于是俄罗斯外交转向更为务实的政策，将全方位的合作作为外交工作的基调，明确提出美国和欧盟是俄罗斯的主要伙伴，旨在与欧美建立更紧密的联系以帮助俄罗斯实现现代化。如 2010 年 4 月，俄美签署的新核裁军条件，以较快速度获得了立法机构的通过。

4. 普京再任时期的“多极化外交政策”

基于外交传统、战略思维及维护大国地位、实现快速崛起的战略需要，受地缘战略条件、国家综合实力的制约，普京在新的任期内将会坚持自 20 世纪 90 年代中期以来所实行的“独立自主、东西方相对平衡的多极化大国外交战略”，同时为了适应国际战略形势的新变化及对国家利益的新认知，对外交战略的运筹重点进行重要调整。

未来俄罗斯将继续整合独联体地区，如推动建立“欧亚联盟”，将其打造成多极世界独立一极的俄罗斯的战略依托；加快融合亚太一体化，为国家快速崛起创造条件；稳定并改善对欧洲的关系，而进一步加强对美国的战略防范。

【思考题】

1. 社会主义国家对世界的巨大贡献是什么？
2. 如何看待苏联模式的得与失？
3. 东欧剧变的原因有哪些？
4. 冷战后俄罗斯经济转型付出巨大代价的原因是什么？

第八章　时代主题和国际新秩序

20 世纪 80 年代，邓小平提出和平与发展问题。在党的十三大报告中，关于和平与发展是当代世界的主题的观点被列入党的一系列科学理论观点之中。党的十四大、十五大、十六大更加明确了这一点：“和平与发展是当今时代主题”。到了党的十七大则发展成为：“和平与发展仍然是时代主题，求和平、谋发展、促合作已经成为不可阻挡的时代潮流。”至此，“和平与发展”被正式确认为时代主题，从而使其具有了更高层次的战略意义，也具有了更鲜明的时代色彩。

第一节　当今时代主题

所谓“时代”，就是人类社会历史发展阶段基本特征的高度概括。所谓“主题”，就是基本问题。时代主题，就是时代的基本问题，即在一定历史时期内，世界上带有根本性、全局性、战略性的重大问题，是国际社会主要矛盾的反映，也是国际社会面临的主要任务和正在解决的主要课题。正确认识和把握时代主题，既是科学认识和处理国内国际问题的关键，也是马列主义理论的重要内容，是马克思主义政党科学分析形势、确定任务、划分营垒、制定战略、拟定政策、规划部署未来目标的客观依据和必要前提。

一、和平与发展是当今时代两大主题

（一）时代主题的提出

随着世界矛盾各方力量对比和相互关系发生变化，时代主题也会发生转换。马克思、恩格斯曾讲他们所处的时代是资产阶级时代。随着自由资本主义向垄断资本主义的发展，19 世纪末 20 世纪初，列宁通过对垄断资本主义即帝国主义阶段资产阶级和无产阶级之间的矛盾、帝国主义国家之间的矛盾以

及帝国主义国家和殖民地半殖民地国家之间矛盾的科学分析，指出在资本主义发展不平衡规律的作用下，资本主义固有的各种矛盾加剧，形成了全面的深刻的危机，帝国主义战争不可避免，从而提出当时国际社会的主题就是帝国主义战争与无产阶级革命。"战争"与"革命"一度成为当时的时代主题。第二次世界大战后世界经济、政治的发展与变化，必然导致时代进入一个新阶段，相应的时代主题也必然有了新的变化。

20世纪70年代特别是80年代以来，国际局势发生了重大变化，这种变化促使和平与发展成为时代发展所关注的问题。和平是指世界范围的和平，即没有或不发生世界大战；发展是指世界经济的发展，包括世界各类国家经济、社会、科技、文化诸方面的发展，但它不包括社会制度的更替。和平与发展的时代主题，不仅反映了世界各国人民的愿望和利益，也影响和决定着人类的命运和前途。在和平中求发展，以发展促和平，已成为当今世界的历史潮流，也是全世界人民所共同面临的长期的战略任务。邓小平经过长期和冷静的思考，多次提出："现在世界上问题很多，有两个比较突出，一是和平问题，二是南北问题。""现在世界上真正大的问题，带全球性的战略问题，一个是和平问题，一个是经济问题或者说发展问题。和平问题是东西问题，发展问题是南北问题。概括起来，就是东西南北四个字。南北问题是核心问题。"90年代初，他进一步指出："和平与发展两大问题，和平问题没有解决，发展问题更加严重。""世界和平与发展这两大问题，至今一个也没有解决。"① 邓小平关于当今世界存在两大问题的思想一经提出，就引起了广泛的反响，得到世界广泛支持和认同。

1987年党的十三大把这一思想列入邓小平对马克思主义理论的新发展之一，概括为"和平与发展是当代世界的主题"。1992年十四大又把和平与发展问题提高到"时代主题"的高度加以认识。1997年党的十五大上，把邓小平的这一重要理论观点称之为"当今时代的主题"和"时代特征"。2002年党的十六大报告中指出：和平与发展仍是当今时代的主题。维护和平，促进发展，事关各国人民的福祉，是各国人民的共同愿望，也是不可阻挡的历史潮流。2007年党的十七大继续采用"时代"这个历史概念，提出和平与发展仍然是时代主题，求和平、谋发展、促合作已经成为不可阻挡的时代潮流。2008年北京奥运会和2010年上海世博会的成功举办再次成为促进世界和平与发展的重要契机。

---

① 《邓小平文选》第3卷，北京：人民出版社1993年版，第56、105页。

（二）“和平与发展”时代主题的历史依据、现实依据和未来依据

第二次世界大战的胜利是一个伟大的历史事件，对战后世界产生的影响既是深刻的，又是久远的，具体表现在：（1）彻底摧毁了德意日法西斯政权，清除了世界民主化进程中最大一个障碍。（2）最终结束了欧洲资本主义列强决定世界事务的历史，资本主义世界的力量对比发生新的变化，世界范围内国家之间关系发展进入一个新阶段。（3）社会主义苏联经受战争的严酷考验后，实力增强，国际威望提高，并使社会主义实现由一国到多国的飞跃，成为国际舞台上一支举足轻重的力量。（4）开辟了被压迫民族的解放事业的更加现实的道路，为战后第三世界的崛起创造了前提条件。（5）留下了一条非常宝贵和重要的经验，即具有不同社会制度、不同意识形态的国家可以结成反法西斯的同盟，实现了颇有成效的合作，并且取得了一个非常重要的成果，即建立了联合国，使之成为战后维护世界和平与安全、关注社会经济发展的最具代表性和权威性的国际组织。

从反法西斯战争胜利结束到20世纪80年代中期，国际社会虽然长期处于冷战状态，期间发生过美苏对峙的危机甚至局部战争，但也产生了一系列重要的积极的深刻的变化。这些变化是有目共睹的：（1）20世纪上半叶的两次世界大战，给世界各国人民造成了人类历史上的空前浩劫。这种巨大灾难，促使世界人民从历史的惨痛教训中吸取了经验，越来越强烈地反对战争，要求世界和平，渴望美好生活。（2）核武器和核战争的毁灭性，成为遏制世界大战的关键。目前人类所拥有的核武器的爆炸总量超过150亿吨梯恩梯（TNT）炸药，理论上可以使地球上的人类毁灭若干次。一旦发生核大战，人类社会遭到的将不是一般的灾难性破坏，而是整个人类的毁灭。目前世界核裁军谈判虽有重大进展，但人类被核武器毁灭的危险仍然存在。（3）世界经济全球化与各国经济相互依存，成为制约战争的重要因素。战后科学技术的进步和在此基础上出现的世界经济国际化、全球化潮流，增强了国家间经济的相互依存性。世界经济全球化发展迅猛，你中有我，我中有你。在这种情形下，战争只能给交战双方带来损失。（4）经济利益和经济发展取代军事安全成为世界各国关心的核心问题。随着国际形势转折性的变化，军事在国际政治舞台上地位的降低，使得经济的地位扶摇直上，各国竞争的重点日益转向经济、科技的发展，人才以及市场的争夺，发展经济成为世界各国主要任务甚至是首要任务。（5）和平与发展符合世界各国的共同利益。随着全球化、一体化、知识化、信息化的发展，世界各国的整体利益从未像今天这样突出

过。世界需要有计划地控制人口增长；由于全球资源（如水资源、土地资源和矿产资源等）短缺，应节约和合理利用资源；由于水污染、大气污染、土壤污染及噪声与其他物理性污染，必须保护环境；由于生态被破坏，生态多样性锐减，必须保护野生动植物；还有毒品蔓延、国际恐怖活动猖獗、核武器扩散……这些问题的解决符合每一个国家的根本利益，只有确保人类的整体利益，才谈得上具体国家的民族利益。

和平与发展是当今的世界主题和时代主题，那么未来的世界又将会走向何处呢？至少有以下几点：（1）高科技继续发展的结果必然是不断创新，各种力量的激烈竞争将更多地集中在这个领域，谋求占领制高点。广大发展中国家蕴藏着难以估量的潜力，高科技在促进发展的同时，也会成为制约战争的因素。（2）世界经济全球化不可阻挡。将来的世界会更加开放，谁也不能孤立于世界之外，关起门来搞建设。随着全世界成为统一市场，相互依存会不断加深，贫富悬殊、南北差别的问题只能在全球化过程中逐渐求得解决。（3）世界政治格局多极化不可逆转，大国关系不断调整。虽然存在霸权主义、单边主义，但终究限于实力，难以如愿。单极和多极的较量和斗争将是长期的复杂的，时而尖锐时而缓和的，但它不可能改变多极化发展的总趋势。（4）世界的多样性更加突出。经济发展水平不同，社会政治制度各异，发展模式各有特点，文化传统、历史进程、宗教信仰、生活方式等千差万别，这就决定了各国的国家利益和选择道路不同，而且这种不同绝不会在短期内消失。国际关系民主化的发展进程，绝不是西方模式的推广，而是更多的国家共同参与国际事务的管理和决策，各国都享有平等权利，维护自己的主权利益，发挥独立作用，逐步形成和完善民主结构。（5）文化交流更加密切频繁，相互取长补短，共同进步。各个民族、各个国家都有自己的文化。在经济全球化进程中，各种文化交流必然会更多更快，其最终结果是在碰撞中走向融合，而绝非被一种文化所同化。断言未来的冲突是文明的冲突，甚至是西方文明与儒教文明、伊斯兰教文明的冲突则是错误的。（6）发展中国家在未来将有大的发展以至实现腾飞，社会主义国家将显示出旺盛的生命力和更大的优越性，发达国家在相当长的时期内依然具有生命力，这三类国家将在竞争中共处和发展。

（三）“和平与发展”时代主题的理论与现实意义

两大主题的提出使我们明确了当今世界面临的主要问题、国际上的主要矛盾及其斗争的方式，也使我们认识了其可能性、现实性、必然性和长期性，揭示了它的规律性，认识了国际社会的未来发展方向，还使我们认识了其与社会主义事业的一致性。社会主义只有在和平的条件下才能得到顺利的发展，社会主义事业的发展会更有力地保障世界和平，这是对马克思主义时代观的重大发展。中国作为一个社会主义国家应该把发展社会生产力，增强国家的综合国力，提高人民的生活水平作为主要任务，并为之不懈努力。因此，两大主题的提出极大地丰富和发展了马列主义、毛泽东思想的宝库，是一个巨大的突破与创新，也为中国制定内政外交政策提供了重要理论依据。

当前世界面临诸多问题，霸权主义和强权政治的存在是世界和平的最主要威胁，国际恐怖主义日益引起世界各国重视，民族、宗教和领土争端依然困扰世界各国，人口爆炸、粮食危机、贫富悬殊、资源短缺、毒品泛滥、疾病蔓延、生态环境恶化、跨国犯罪猖獗等，都构成了世界人民渴望和平与安宁、发展与繁荣的威胁。要解决这些问题，就需要解决好和平与发展这两大问题，在和平中求发展，以发展促和平，两者互相促进，相辅相成，唯有这样，才能提纲挈领，带动解决其他问题，这是世界人民的共同目标和任务。

二、当前对世界和平的主要威胁

冷战结束后，国际形势总体上趋向缓和，根本原因在于两极对抗终结，拥有核武器的大国之间的对抗势头大大减弱，军事因素的作用有所下降，各大国除了仍需保持一定的核心威慑力量外，国际竞争的主要领域转向经济和科技。随着世界经济全球化的发展，以及科学技术的进步，各国相互依赖的程度日益加深，国与国之间的利益交叉越来越多，共同利益也相对增加，因而从总的趋势和发展主流来看，国家间对话、合作与妥协日益增多，而对立、对抗、冲突相对减少。此外，冷战结束后，由于多极化趋势的发展，各大国之间的关系在不断地战略性调整，这有助于形成互相牵制的多边制衡机制，从而有利于整个世界的稳定。世界各国为解决面临的全球性问题诸如防止核扩散、打击跨国犯罪、保护生态环境等，也加强了世界范围内的默契与合作。

（一）危及和平与稳定的几种因素

当今世界虽然总体稳定，但种种威胁和平的危机和力量仍时隐时现：（1）核战争和核军备竞赛对世界和平构成巨大的威胁。印巴核竞赛和美国的单边核政策一定程度上刺激了核军备竞赛，未来包括大规模杀伤性武器在内的核扩散危险性将越来越大。（2）局部战争危害严重。第二次世界大战后，局部战争取代世界大战而成为战争的基本样式。六十多年来，已有 100 多个国家和120多个国家的军队卷入了世界各地的局部战争和武装冲突。冷战结束以来，平均每年发生的局部战争和武装冲突在30次以上。① 高新技术以前所未有的广度和深度向战争诸要素渗透，极大地改变了现代战争的物质基础和技术构成，使战争的能量大大增强。未来十年，总体上讲，地区冲突和局部战争仍将难以避免，领土争端、恐怖主义、民族矛盾、资源纠纷、权力争夺、外国干涉等因素将是引发地区冲突和局部战争的重要原因。（3）20世纪90年代以来，传统安全威胁与非传统安全威胁相互交织，成为世界政治的一个新特点。伴随着经济全球化进程而来的恐怖主义、武器扩散、跨国犯罪、毒品走私、非法移民、环境污染、疾病蔓延、网络安全、洗钱等全球性问题对国家安全与世界和平构成了威胁。国际恐怖主义的危害十分突出。霸权主义和强权政治改头换面，以新的形式出现。一些国家鼓吹以"人权高于主权"、"人权无国界"、"主权有限"、"主权过时"为主要内容的"新干涉主义"，任意干涉他国内政，侵犯别国主权，危及世界和平与稳定。

（二）当代战争危机的新特点

第二次世界大战结束以来，随着国际形势的变化，威胁和平的危机和力量仍在潜伏中，使得当代战争也具有了不同于以往传统战争的新特点：

1. 战争力量的增长受到诸多压制

就世界军事形势来讲，世界性的大战一直未能打起来，在相当长的时期内，避免新的世界大战是可能的。第二次世界大战以后，世界上主要分为三大力量，即社会主义、资本主义和新兴民族国家。期间，社会主义与资本主义一度以集团的形式形成军事对峙，经过朝鲜战争及"冷战代理战争"的较量，双方均意识到谁也不可能在大规模战争中完全压倒对方，世界政治力量格局对比的变化有力地制约了世界大战的爆发。在20世纪60年代大分化大改组后，苏、美两个超级大国仍然保持了军事力量的相对均衡，谁也无法使自己的暂时领先转化为长期优势。与此同时，第三世界国家逐步崛起，成为一支独立的举足轻重的政治力量，使世界上要求和平、主持正义的力量前所未有地壮大起来，对维护世界和平起了重大作用。各国人民要求和平与友好的呼声日益高涨。联合国等国际组织在反对战争、推动裁军等方面也发挥了积极的作用。所有这些，使和平力量的增长超过了战争力量的增长。与此同时，在世界新科技革命浪潮推动下，经济相互依存程度不断提高。发达资本

---

① 薛学共、何敏、刘祖爱主编：《科学社会主义理论与实践》，长沙：国防科技大学出版社2006年版，第242页。

主义国家之间的争夺，由战前主要争夺殖民地转为主要争夺国际金融市场和贸易市场的份额，因而无须再通过世界大战来划分势力范围。此外，核武器具有巨大的破坏力和独特的作用，它一方面可能会改变未来全球性战争的进程，另一面也对现实国际政治斗争已经和正在产生影响。核武器所涉及的斗争的复杂性，决定了“核战争无胜者”，这在客观上起到了一定的遏制战争的作用。

2. 战争诱因多元化

战后以来，虽然地球上没有爆发世界性的大战，但局部战争和武装冲突却接连不断。局部战争是指战争的范围、目的和强度都受到一定限制的战争。战争吞噬了人类的生命和财富，给亿万人民带来了深重的灾难。二战后局部战争接连不断的主要根源是美苏对世界的争夺。二战结束以来，美苏为争夺世界霸权，在欧洲紧张对峙，在亚非拉激烈争夺，它们直接卷入或在它们的支持和参与下发生的局部战争和武装冲突就有40多起，其中仅20世纪80年代，美苏两国就在第三世界采取了十次军事行动。据统计，美苏两国在海外拥有130多处军事基地，驻有140余万军队，每年向世界各地出口的军火价值在上百亿美元。“美苏在世界的争夺及其军事扩张，是局部战争连绵不断的主要根源。”而其他一些国家，如以色列、南非、越南等，在美苏的纵容和扶植下，从民族利己主义出发，推行地区霸权主义，因而穷兵黩武，挑起战争，这也是世界局部战争爆发的一个原因。除此之外，战争诱因越来越多元化。由于历史的、现实的许多原因，世界上绝大部分国家都与邻国部分领土（包括部分海疆）因边界划分不清或没有划界而存在争端，往往是引发某些地区形势紧张或爆发战争的最常见的原因；由于自然资源分布的不均衡，以及自然资源的开发利用不能满足国家经济发展的需求，有关国家为攫取更多的资源或企图将整个资源据为己有，而与共享国家发生矛盾，从而引发战争。随着国际形势的发展和民族自治思潮的兴起，一些民族因历史的积怨和战后人为的分离组合所形成的矛盾逐渐暴露了出来，因而爆发了一系列冲突与战争，如俄罗斯中央政府与车臣之间、亚美尼亚与阿塞拜疆之间等。在一个国家中，由于不同宗教派别之间的矛盾，而产生了内部教派之间的武装冲突，外部势力借其内部教派矛盾，可能干涉其内政以至直接发动武力对其入侵，如黎巴嫩之所以长期存在着矛盾，就是由于这一原因。要消除局部战争，只有彻底消除霸权主义、帝国主义和殖民主义，同时还必须认真实施和平共处五项原则。

3. 参战国家类型的转移

强权政治和霸权主义政策是引起当代战争的主要原因，但具体到参战国家的类型，却与第二次世界大战前发生了很大变化。一是主要资本主义国家间没有发生过战争，战后社会主义体系的出现使资本主义国家之间的矛盾降到了次要地位。殖民体系的瓦解，使帝国主义之间重新瓜分殖民地的战争丧失了客观上的可能性，虽然这些国家对原料和市场的争夺仍然十分激烈，但其手法已发生很大变化，主要采用政治和经济渗透的方式。美国居于资本主义世界霸主的地位，其他资本主义国家的力量均不足以与美国相抗衡。经济全球化趋势借助战后科技革命的力量加速发展，当今世界大规模兼并浪潮方兴未艾，跨国资本热钱滚滚，超国家的垄断组织不断崛起，经济活动已经在很大程度上突破了国家领土界限的限制，以强占领土、消灭敌人有生力量为主的传统的战争手段已经变得陈旧。二是第三世界成为局部战争的主要战场。其形式包括：大国代理介入型战争，介入的方式是多种多样的，从直接武装介入到军火输出、武器援助、非正式支持游击队等。中东地区的局部战争就是最典型的。此外殖民主义统治遗留的恶果，这方面的例子比比皆是，像老牌殖民主义国家英国一贯采用“分而治之”的政策，在撤离殖民地时，留下了当今国家矛盾冲突的祸根，如巴以冲突、印巴问题、中印边境争端等。地区大国、强国推行地区霸权主义或民族沙文主义，企图将本国利益凌驾于小国、弱国利益之上，也造成了第三世界国家之间的冲突和局部战争。三是社会主义国家间出现冲突与战争。战争是私有制的产物，社会主义国家在所有制改造完成之后，按理说已不存在相互之间爆发战争的经济基础和阶级基础，可是，这种现象却多次产生，其原因包括：历史上存在领土问题；国家利益的矛盾；错误的对外政策，推行霸权主义，引起被侵犯的国家反击，如中越自卫反击战。

三、发展的问题所在

与和平问题相比较而言，在发展问题上，国际上的矛盾表现得更为集中，斗争也更为尖锐。发展问题之所以更加突出，是基于以下四个方面的原因：

（一）国际经济旧秩序

国际经济秩序，是指由各国在国际经济结构中的地位和关系所决定的国际经济制度及行为规则。由于各国的经济交往涉及国家的具体物质利益，因而其经济制度和规则就有一定的强制性。旧的国际经济秩序是第二次世界大战前帝国主义、殖民主义的产物，是帝国主义殖民体系在经济上的表现。战后尽管殖民体系瓦解了，但迄今为止，国际经济秩序仍然保留着战前的某些特征。具体表现在：

首先，国际生产体系仍存在着严重不合理的国际生产分工。第二次世界大战后，殖民体系瓦解，新独立的许多发展中国家走向独立自主发展经济的道路。它们努力去改变单一经济作物或矿产品生产国的畸形经济面貌，尽量摆脱依附西方发达国家的附属地位。但是，西方发达国家利用发展中国家在资金、科技、人力以及经营管理经验方面的不足，力图维系战前的国际分工模式。“工业欧洲，原料亚非拉”的国际分工非但没有实质性的改变，还逐渐演化为“欧美发展高新技术和环保产业，亚非拉引进污染产业和夕阳产业”。发展中国家的生产和消费仍然服从于发达国家的需要。

其次，国际贸易体系中的不等价交换。按照1947年美国和西方资本主义国家关贸总协定确立的国际贸易制度，应该说国际贸易的权利和义务是均衡的，其规则也是比较合理的，它对促进战后西方国家的经济发展也起到了一定程度的作用。但由于建立关贸总协定的国际贸易制度时，殖民地人民大部分尚未独立建国，不可能参与国际贸易游戏规则的制定，因而在国际贸易体系中，西方发达资本主义国家与战后独立的发展中国家的贸易关系，仍然是以不等价交换为主的旧殖民主义贸易关系。发达资本主义国家凭借自己的经济实力和技术优势，利用其在国际贸易中的垄断地位，不断提高工业品的价格，压低农副产品、原料和初级产品的价格，从而得以剥削和控制发展中国家。不仅如此，它们对少数发展中国家的产品进入国际市场，还采取贸易保护主义和贸易歧视政策，妄图凭借各种贸易障碍，来达到它们垄断国际市场的目的。

再次，在国际货币金融体系中，1944年建立的国际货币基金组织和世界银行组织的制度和规则，也表现出许多旧国际经济秩序的特征。不容否定的是，这两个货币金融组织，在加强国际货币合作、建立多边支付体系、稳定汇率波动以及促进国际收支调整等方面做了大量的工作，这对维持国际货币制度的运行和促进国际贸易及世界经济的发展都起到了推动作用。但在这两个金融机构建立时，亚非殖民地大部分尚未独立，拉美国家在国际经济中也处于无权地位，因此这两个组织建立的国际货币金融制度和规则是从西方发达国家的利益出发来考虑问题的。发达资本主义国家在这两个组织中居支配地位，牢牢掌握着决策权，对发展中国家来说是不合理不公正的。如美国在IMF中占有16.83%的投票权，中国现在只占3.72%，IMF重大议题都需要85%的通过率，因此美国享有实际否决权。即便中国向IMF注资，对其在IMF地位的改变也不明显。特别提款权是国际货币基金组织创设的一种储备资产和记账单位，也称“纸黄金”，它是基金组织分配给会员国的一种使用资金的权利。1980 年 9 月 18 日，基金组织宣布将组成"一篮子"的货币，简化为五种西方国家货币，即美元、联邦德国马克、日元、法国法郎和英镑，它们在特别提款权中所占比重分别为 42%、19%、13%、13%、13%。1987 年，货币篮子中五种货币权数依次调整为 42%、19%、15%、12%、12%①。同时，这些组织在贷款、奖金分配方面，也有许多不合理之处，提供贷款时附加的各种限制条件，也导致干涉别国内政或财政金融制度，使得发展中国家债务缠身，等等。目前，第三世界国家欠西方发达国家的债务已超过 2.5 万亿美元。在最早被"经济杀手"染指的拉丁美洲，更是举"洲"同债。以厄瓜多尔为例，它用原油换来的每 100 美元中就有 75 美元又回到了美国公司的账户中，余下的 25 美元中有 75% 用来偿还国债，剩余部分才被用于国防和其他政府开支，能用在国民医疗、教育和救助贫困人口上的仅剩 2.5 美元。目前，厄瓜多尔 50% 以上的预算都必须用于偿还外债。截至 2004 年底，第三世界国家平均每年为这些债务所支付的利息超过了 3 750 亿美元。这个数字也是发展中国家每年接受外国援助金额的 20 倍。这些国家的预算大部分不得不用来偿还这些合法但不合理的债务，更谈不上发展本国经济和改善人民的生活了②。

（二）军备竞赛的沉重负担

军备竞赛会浪费大量的人力、物力和财力。对发展中国家而言，抽走了急需的经济发展的资金，更增加了它们发展经济的困难。发展中国家在冷战时期，长期处在两大超级大国争夺的夹缝之中，国家为了生存常常保持了较大规模的现役部队，军费开支比重过大。20 世纪 70 年代初期，发展中国家的军费开支占全世界的 16%；80 年代初期，上升为 25%。1970—1985 年，发展中国家的军费开支从 230 亿美元猛增到 2 000 亿美元，有 18 个国家的军费开支超过其国民生产总值的 10%。为了维持庞大的军费开支，许多发展中国家还被迫大举借债。从 1974—1985 年，发展中国家的外债增加了 5 800 亿美元，其中有 2 500 亿美元用于购买武器。冷战结束以来，面对动荡不安的国际局势，发展中国家出于对国际冲突的敏感和维护国家安全的需要，纷纷研制和购置先进武器装备，进而形成地区性的军备竞赛。迄今为止，全世界仍有大

---

① Dreher, Axel (2004), The Influence of IMF Programs on the Re-election of Debtor Governments, Economics & Politics 16, 1: 53 ~ 75.

② ［美］约翰·珀金斯著，杨文策译：《一个经济杀手的自白》，广州：广东经济出版社，2006 年版，第 102 页。

如第二次世界大战期间，61 个国家和地区的 20 多亿人口卷入这场浩劫，伤亡人数接近 1 亿人，财产损失达 4 万亿美元。① 2008 年，全球重大军事危机和武装冲突共计 39 起，比 2007 年有大幅增长。②

其次，只有维护世界和平，才能保证世界各国集中精力发展经济，一心一意搞建设。人类的繁荣和发展是建立在世界各国的繁荣和发展的基础之上的，一旦战争爆发，有关国家的国内建设的正常秩序就会遭受破坏，结果必然严重地影响经济的发展。如伊拉克在同伊朗打了八年战争以后，又企图侵略吞并科威特，同以美国为首的多国部队打了一场海湾战争，结果经济实力被彻底拖垮，一落千丈，人民饱受苦难。

再次，只有维护世界和平，才能保证将有限的人力、物力、财力用于社会经济发展。据分析，人类发展经济所需的人力、物力、财力等客观物质条件是十分有限的。而现在世界上约有 1 亿人直接或间接从事与军事有关的活动，其中直接从事军事研究和发展的科学家与工程师约占世界科学家与工程师的 20%。每年用于军事的石油约占世界消费总量的 5.6%，第二次世界大战期间，每年的军费消耗达 5 亿美元之多。不言而喻，如果人类能够制止军备竞赛，防止局部战争，降低军事消耗，把有限的资源用于发展经济，必将对世界经济的发展，特别是对发展中国家经济的发展产生极大的促进作用。

由于军事技术的大大改进以及武器装备的高技术化，现代战争给人类造成了巨大威胁，因此需要全世界人民团结努力，共同防止战争，维护世界和平。目前维护和平的主要途径有：

反对霸权主义和强权政治，反对一切侵略、扩张、颠覆和干预他国的行径，在和平共处五项原则的基础上建立和平、稳定、公正、合理的国际政治经济新秩序。第二次世界大战结束以来，霸权主义和强权政治成为引起战争的主要根源，苏美争霸造成整个世界局势动荡不安。苏联解体、两极格局终结之后，霸权主义与强权政治不断干涉和侵犯别国内政的事件时有发生，并在世纪之交提出了霸权主义与强权政治的新理论——“新干涉主义”，企图建立由其主宰的“世界新秩序”。新干涉主义的两大理论支点为：（1）“人权高于主权论”。利用“主权有限论”、“主权过时论”、“人权无国界”，大力鼓吹

① 段霞主编：《当代世界经济与政治》，北京：首都经济贸易大学出版社 2003 年版，第 96 页。

② “深度观察：2009 年世界将有多少火药桶将被引爆”，《中国网》，2009 - 02 - 13，http：//www.china.com.cn/photo/txt/2009 - 02/13/content_17274148.htm

所谓“人权外交”和“道德贸易”；（2）“捍卫人类普遍的价值观”，公开宣扬什么人道主义、民主与法治是西方共同的价值观，维护西方价值观与“被压迫民族”权利符合西方战略利益。英国前首相布莱尔声称“我们不是为土地而战，而是为价值观而战”，各国可以高举人道旗帜介入主权国家事务。美国前总统克林顿也声称要为在世界范围内停止民族清洗而进行干预。新干涉主义作为一种处理国际问题的模式，日益显示出对国际关系的危害。在美国及其盟国的推动下，新干涉主义在理论上日渐完备，在行动上日渐机制化、制度化、模式化。只有反对一切侵略、扩张、颠覆、干涉的行径，在和平共处五项原则的基础上建立和平、稳定、公正、合理的国际新秩序，才能够防止战争，维护世界和平。

必须真正停止军备竞赛，全面、公正、均衡、彻底地裁军。二战后，美苏两个超级大国为了争夺世界霸权，双方的军备竞赛轮番进行，严重威胁着世界和平与各国安全。1991 年苏联解体，持续四十多年的美苏军备竞赛结束。但是军备竞赛又出现了一些新的特点，地区间的中小国家为推行地区霸权主义，大力加强军备，造成局部战争和地区冲突，成为影响国际和平的因素。2004 年第 59 届联大以压倒性多数通过了“防止外层空间军备竞赛”的决议，178 个国家投支持票，美国等四国弃权，没有国家反对。决议重申了防止外空军备竞赛的重要性和紧迫性，呼吁所有国家，特别是拥有强大空间能力的国家为和平利用外空和防止外空军备竞赛做出积极贡献。

动员、发展、壮大和平力量，以此来防止战争的爆发。二战后的世界之所以维持了四十多年的和平局面，没有爆发世界大战，其中一个重要的因素是世界和平力量不断壮大，和平运动蓬勃展开，超过了战争力量的增长。求和平、求发展、反对战争的呼声日益高涨，逐渐成为当代国际社会发展的趋势与潮流，迫使霸权主义、强权政治国家不得不摆出谋求和平的姿态。进入 21 世纪之后，冷战虽然结束，但“新冷战”思维依然存在，霸权主义与强权政治仍然不断地威胁着国际和平的局面，因此必须进一步发展壮大和平力量，动员世界上一切进步力量防止战争的爆发，以维护世界和平与安全。

充分发挥联合国在维护和平中的重要作用。截至 2011 年，联合国的会员国由创建时的 51 个增加到 192 个，已成为当代由主权国家组成的最具普遍性和权威性的政府间国际组织，它在实现全球非殖民化、维护世界和平和安全、促进社会和经济发展等方面取得了令人瞩目的成就。据联合国公布的材料，1948 年以来，安理会共授权进行了 60 余项维和行动。另外，联合国还先后组织制定了从不扩散核武器到和平利用外层空间等数百个国际条约。切实按照世界热点地区由东向西、由南向北转移，出现了南高加索地区和巴尔干地区的空前激烈和残酷的战争与冲突。

不仅如此，随着地区冲突和局部战争的加剧，各种矛盾进一步激化，甚至连西欧和北美等资本主义的心脏地区也出现了种族骚乱和新纳粹的暴行，国际恐怖主义的活动也变得更加猖狂。恐怖活动的加剧，反映出非传统安全或者说是非传统威胁的突出和严峻，它们越来越多的是以一种非国家行为体的面目出现，背后往往并不是某个明确的政府或者是国家的支持，而是跨国界的甚至是全球性的。原先有明确的操纵者、策划者，如本·拉登及其创建的基地组织，现在越来越多地被一种泛泛的精神感召力所取代。恐怖分子往往采取纵火、爆炸、绑架、劫机、暗杀、袭击等手段，严重地威胁着人民的生命财产安全和世界的和平安宁，使本来就不平静的世界更加动荡不安。①

（二）世界经济发展中存在的贫富分化和南北冲突，以及世界各国所面临的发展困境，成为当今世界各国所面临的又一大共同挑战

不管是发达资本主义国家，还是发展中国家，都陷入了经济发展的困境，其中发展中国家的问题更为突出和严峻。历史上长期遭受殖民掠夺，加上不平等的国际经济旧秩序以及国内经济体制和经济政策上的弊端，使发展中国家的处境极为困难。发展中国家占世界总人口的3/4，却只占世界总收入的1/5。发达国家的人均收入是发展中国家的50倍以上。近年来，世界经济中的贫富两极分化现象更加明显，南北差距进一步扩大。尽管少数发展中国家和地区通过原料出口和发展加工工业，已经进入了新兴工业化国家和地区的行列，但大多数发展中国家的发展速度已低于人口的增长速度，人均收入再度下降。除此以外，大多数发展中国家还面临着沉重的外债负担。以墨西哥和韩国为例：1992年墨西哥外债达1 060亿美元，1994年墨外债占国内生产总值的35%；1997年10月底，韩国外债总额达1 100亿美元，其中2/3在一年内到期。外债负担重是造成这些国家汇率低估、货币贬值的重要因素。② 外债负担产生了巨额财政赤字、资金倒流、市场混乱和经济萎缩等一系列严重问题。所有这些，都严重阻碍了发展中国家经济的进一步发展。最终发展中

① “‘9·11’之后的国际恐怖活动及反恐斗争的若干动向和问题——访世界经济与政治研究所副所长王逸舟”，《国际经济评论》，2004年第7~8期，http://www.iwep.org.cn/info/content.asp?infoId=2128

② 白树强著：《全球竞争论》，北京：中国社会科学出版社2000年版，第78页。

国家的贫穷落后状态也限制了发达国家的经济发展。

2008 年金融危机爆发以来，世界各主要发达国家的经济发展进入了一段萧条衰退的时期，经济停滞、通货膨胀、失业率上升、经济发展速度低缓，有些国家甚至陷入了负增长的严重困境。在世界一体化不断加深的情况下，作为一个整体的世界经济使得发达国家经济的进一步发展依赖于发展中国家的经济发展。如果发展中国家经济长期落后，发达国家的原料供应、商品市场和资金出路都将受到严重的影响，经济复苏和持续发展将难以实现，全球经济的发展也将面临严峻的局面。

（三）全球范围内的人口爆炸、资源短缺、生态失衡和粮食匮乏造成人类生存的共同危机

人类在自身的繁衍过程中，以及在利用自然和改造自然的过程中，产生了一系列人类自身所始料不及的严重问题。

1956 年，美国人口学家赫茨勒在《世界人口危机》中首先提出了“人口爆炸”这一概念，认为人口自然生长率的迅速攀升将引起粮食和资源的匮乏，并最终带来种种社会、经济、政治问题。据最新统计，世界人口正以每年近 1 亿人的速度急剧增长。目前世界总人口已经超过了 70 亿。人口爆炸的恶果招致了一系列负面问题，主要是世界人均资源日益减少、南北贫富悬殊、生态失衡以及自然资源受到严重破坏等。当历史进入 20 世纪下半叶后，世界迎来了前所未有的人口急剧增长。不仅人口增长速度达到了历史巅峰水平，而且人口增量超过了人类在二百多万年历史中积累的人口总量。在 1900 年前世界人口增长率一直很低，此后增长率迅速加快。特别是第二次世界大战后，人口增长率跃上巅峰，20 世纪 60 年代达到 2% 以上。随着人口增长率的上升，世界人口规模不断膨胀。世界人口在 1850—1950 年这一个世纪里翻了一番，而在 1950—1990 年短短的四十年里又翻了一番多。

不断加快的世界人口增长还可以从世界人口每增 10 亿所需的时间不断缩短得到进一步说明。人类经历了数百万年至 1804 年时达到 10 亿人口，此后每增加 10 亿人口的时间越来越短：1927 年 20 亿（经历 123 年），1960 年 30 亿（33 年），1974 年 40 亿（14 年），1987 年 50 亿（13 年），1999 年 60 亿（12 年），2011 年 70 亿（12 年）。尽管许多发展中国家采取了控制人口自然增长的措施，但人口的绝对数仍不断上升。人类仍未摆脱人口过度增长的困境。

随着经济建设的发展和人口的高速增长，以及人民生活水平的提高，人类对资源的需求量也日益增大。由此带来了过度的开采与开发，结果导致耕

地面积锐减，森林覆盖率降低，土壤沙化严重，矿产资源日益枯竭。许多金属矿藏将在21世纪基本采尽，石油和天然气资源也最多使用50年左右，而煤大约只可使用150年。这些将会制约世界经济的持续稳定发展，世界各国政府和非政府组织纷纷对此给予了极大关注。

目前包括碳平衡、氧平衡、热平衡等同人和生物生存息息相关的生态环境问题正面临着极大的挑战。由于森林面积减少，以及工业生产过程中排放的废水、废气和废渣，导致了大气污染、水质污染和海洋污染，因而使地球气候变暖，自然灾害频繁，人类疾病增加，各种动植物种类急剧减少，人类自身的生存条件大大恶化了。温室效应使全球变暖，从而导致海平面上升；大气的严重污染使酸雨肆虐、土壤酸化；臭氧层耗竭使人类面临着辐射的危害；每年约5万多生物物种的消失引起新的生态失衡。由于生态环境问题是超越国界的，诸如森林毁灭、淡水短缺、臭氧层破坏、水土流失、沙漠化、海洋污染等环境危机的爆发，会对全球生存环境造成影响，因此"全球生态环境的恶化可以被比喻为第三次世界大战，由于这场大战，大自然在崩溃，在衰亡，如果让这种趋势继续发展，自然将很快失去供养人类的能力。"

由于人口过度增长、土质退化、环境污染、自然灾害和战乱等原因，亚非拉广大地区的发展中国家人均产粮不断下降，严重依赖进口。20世纪80年代，全世界大约有数千万人处于饥寒交迫之中，目前仅非洲就有1亿多人口吃不饱肚子。可见，全球的饥民人数将不断增多。长期食不果腹的人数已增至5.5亿左右，占世界总人数的11%，其中每天有4万人死于饥饿或营养不良引发的疾病。由于人口膨胀，土地资源日趋恶化，人均占有耕地日趋减少。据联合国报告，20世纪70年代时人均占有耕地0.37公顷，到2000年时，已下降为0.15公顷。70年代每公顷耕地需养活2.6人，到2000年则需养6.6人。① 可见，人口增长与耕地不足的矛盾越来越尖锐。由于人口增长过度，生产粮食的耕地因素明显恶化，导致粮食危机，严重威胁人类自身的发展。

人类面临的上述全球性的挑战，归根结底是和平与发展两大世界性的共同主题。全球性的动乱、战争与核威胁以及国际恐怖主义，是对世界和平的挑战；而贫富分化、南北对立、人口爆炸、资源短缺、生态失衡和粮食危机，则是经济发展所面临的困境。因此，和平与发展是解决这些问题的基础和关键。

---

① ［英］A. P. 瑟尔沃著，郭熙保译：《增长与发展》，北京：中国财政经济出版社2001年版，第256页。

第二节　建立国际政治经济新秩序

国际秩序是指以一定世界格局为基础所形成的各国际行为体之间处理相互关系的行为规范、原则及相应的保障机制的总和，通常包括国际规则、国际协议、国际惯例和国际组织等。按性质可分为公正合理的秩序与不公正不合理的秩序，其判断的依据在于国际秩序赖以形成的基础以及是否有利于世界的和平与发展；按内容可以分为国际政治秩序和国际经济秩序。

建立国际政治经济新秩序，是当今国际社会最普遍关注的核心问题。它影响着世界格局的确立和变化趋势。只有建立国际政治新秩序，才能从根本上保证世界的持久和平；只有建立国际经济新秩序，才能保障世界经济的持续发展和社会的公正、进步。国际政治新秩序和国际经济新秩序虽然是一个完整的系统，但两者互为条件，相互促进。国际经济新秩序是国际政治新秩序的基础，国际政治新秩序是国际经济新秩序的保障。目前，世界经济政治生活仍然运行于以霸权主义和强权政治为基础的国际旧秩序中。因此，改造国际旧秩序、建立国际政治经济新秩序是全人类的一项艰巨复杂的历史进程。

一、建立国际新秩序势在必行

虽然在古代就出现了国际秩序的萌芽，如西方“罗马治下的和平”、东方“华夏—四夷型”国际秩序，但现代意义上的国际秩序还是在近代欧洲国家体系中形成的，并逐步向世界范围扩展。从 17 世纪初期到第二次世界大战结束期间，国际关系体系经历了四次大变动：

第一次国际体系大变动发生在 1648 年。“三十年战争”后，为保证战争取得的成果，西欧主要国家签订了《威斯特伐利亚和约》，加上在 1713 年西班牙战争中签订的《乌德勒支和约》，以国际条约的形式将彼此之间应该遵循的规则体系确定下来，由此形成了近代第一个国际政治秩序——威斯特伐利亚秩序。由于国家性质不同，观念利益差异巨大以及缺少约束和协调机构，所以这个秩序自诞生伊始，就处于不断的动荡之中。

第二次国际体系大变动发生在欧洲大陆前后七次组建反法联盟，并最终击败拿破仑帝国之后。欧洲大国以重建均势的名义瓜分战争胜利果实，签订了《肖蒙条约》、两次《巴黎和约》、《最后议定书》、《神圣同盟条约》、《四国同盟条约》等制度性文本，建立了维也纳秩序。这个秩序是 19 世纪中叶英、俄、普、奥、法五个大国之间及其他中小国家在地位和力量排序上的真实反映，是典型的大国均势秩序。虽然一度保障了欧洲和平，但实质上还是一个反动的保守的不公正的国际秩序。

第三次国际体系大变动发生在第一次世界大战之后。战胜国先后召开巴黎和会、华盛顿会议等国际会议，签订了一系列的文件和条约，如《凡尔赛条约》、《国际联盟盟约》、《四国条约》、《九国公约》等，力图建立新型的不同于均势原则的国际政治秩序，即凡尔赛—华盛顿秩序，虽然提出了清晰的规则和完备的制度，但大多数都是流于形式，这个秩序奉行的仍然是强权政治的逻辑。

第四次国际体系大变动发生在第二次世界大战之后。以美、英、苏三国为主体的战胜国重申了集体安全原则、民族自决原则、和平主义原则以及公开外交等在凡尔赛—华盛顿秩序中没有得到认真执行的国际规则，通过召开德黑兰会议、敦巴顿橡树园会议、雅尔塔会议、波茨坦会议等协调性会议，签订了包括《大西洋宪章》、《雅尔塔秘密协定》以及《联合国宪章》在内的一系列规则文本，构建了雅尔塔秩序。虽然维持了近半个世纪的世界和平，但这个秩序依然摆脱不了大国政治和均势政治的色彩。

由此可以看出，三百多年来的国际旧秩序，都是争霸和大规模战争的结果，都是战胜国一方为主宰世界而建立起来并强加于别国的一种秩序。这种体现强权政治、霸权主义的国际旧秩序，没有也不可能给世界带来真正的稳定和繁荣。

二战结束以后，欧洲旧殖民主义体系崩溃，第三世界崛起，国际关系民主化趋势、世界格局多极化趋势日益加强，但以极少数大国的霸权主义和强权政治为基础的国际旧秩序在受到极大冲击后并未被摧毁。因此，世界各国人民多年来强烈主张建立国际政治经济新秩序。首先，体现在建立国际经济新秩序的努力上。1964 年第二次不结盟会议首次提出了建立“国际经济新秩序”的口号。1974 年，邓小平副总理代表中国政府在联合国阐述了建立国际经济新秩序的设想，引起了巨大的反响。在这次联大第六届特别会议上，通过了《关于建立国际经济新秩序的宣言》和《行动纲领》，争取建立国际经济新秩序的口号得到了国际社会的认可，并在更大的范围内开展起来。但是，国际经济新秩序的建立必须与建立国际政治新秩序的斗争紧密联系起来。为此，邓小平在 1988 年 9 月代表中国政府正式倡议建立国际政治新秩序，明确指出：现在需要建立国际经济新秩序，也需要建立国际政治新秩序。以后又反复强调两件事必须同时做，“一个是建立国际政治新秩序，一个是建立国际经济新秩序”。

建立国际新秩序之所以必要，是因为国际旧秩序严重阻碍着世界的发展，它带来的直接影响有如下几方面：

（1）政治不平等。少数大国以其实力优势，奉行霸权主义和强权政治，以大欺小，恃强凌弱，肆意干涉他国内政，垄断国际事务，主宰国际秩序，使一些民族国家的国家主权、尊严得不到有效的尊重和保护。特别是近些年来，少数西方国家在广大发展中国家强行推广人权外交，利用人权问题公开干涉他国内政，损害其他国家人民的生存权和发展权，在新的国际背景下继续维护着旧的政治秩序。历史已经证明：霸权主义、强权政治甚嚣之时，往往是世界局势和国际秩序动荡不安之日，人类的和平、公正、民主和国际环境遭到严重破坏之日。

（2）经济不公正。借助率先进行商品经济和市场经济的优势，少数经济发达国家在不平等的国际分工、贸易往来中进行残酷的国际大剥削，以富欺贫，造成国际经济关系严重失衡，进而影响世界经济的有序运行。在这种旧的国际经济秩序的影响下，广大发展中国家的经济呈现出明显的非发展性。发展中国家经济发展的实际状况，已经成为困扰整个人类社会发展的重大问题。促进发展中国家经济发展，建立国际经济新秩序，已成为当今世界的核心问题。

（3）冲突连绵不断。旧的国际秩序建立在霸权主义和强权政治之上，由此必然带来帝国主义国家之间的矛盾冲突和帝国主义国家与被压迫国家之间的冲突，包括两次世界大战在内的国际冲突的产生就与国际旧秩序存在着极大的关联。不仅如此，国际旧秩序还导致霸权主义的盛行和军备竞赛的增加，从而使世界上方始终悬挂着“达摩克利斯之剑”。

总之，从本质上说，旧的国际秩序是一种不平等、不公正、不合理的秩序，严重阻碍着世界的和平、稳定及发展，打破旧的国际秩序、建立新的国际秩序是发展的客观要求。

两极格局的终结把建立国际政治经济新秩序提到了议事日程。两极体系是以和平的方式瓦解的，冷战没有赢家败者之区别，也没有明显的敌友之界线，国际关系处于旧格局已经破裂、新格局尚未建立的过渡时期。世界新秩序的构成，成为当今世界各国都极为关注的大问题，这不仅关系到有关国家能否成为新格局中的一员，而且关系到它们在未来世界政治经济中的地位与作用，也关系到国际安全，特别是战争与和平问题。于是，一场以争夺构筑世界新秩序主导权为主要特征的国际竞争开始了，世界主要政治力量相继投入，建立国际新秩序已是势在必行。当今世界格局多样化趋势的发展，客观上要求并推动着国际新秩序的发展。第二次世界大战后，国际秩序呈现出两种流向；美苏全面对抗以及霸权主义重新建立；多极化趋势日益明朗化以及反对两极世界秩序的民主化、平等化浪潮汹涌澎湃。就前者而言，美国的日益相对衰落和苏联的最终解体，直接导致对峙格局的结束，在很大程度上意味着原有的不合理的旧秩序行将结束；就后者而言，西欧和日本等众多国家的不断发展，包括中国在内的第三世界力量的壮大，使世界格局正由两极格局向多极化格局过渡，也使世界民主化、平等化国际秩序的建立成为不可逆转的方向。

特别需要指出的是，国际秩序的建立和发展的过程，同时也是国际社会爱好和平与民主的国家和民族推翻国际旧秩序的过程。事实上，在旧的国际秩序下，广大发展中国家始终处于经济受剥削、政治主权和国家尊严受侵害的无权地位，在少数发达国家控制下的国际经济政治秩序中难以获得真正的自主权和自立权。这些国家要求改变旧秩序的呼声从来就没有停止过，并始终将反对殖民主义、霸权主义和强权政治作为向旧秩序挑战的一面旗帜。无论是不结盟运动的开展，还是石油生产、海洋开发权的斗争，都反映出发展中国家建立国际新秩序的良好愿望。当然，必然清醒地认识到，国际旧秩序向国际新秩序的过渡，还面临着霸权主义、强权政治等众多障碍性因素的阻挠，建立国际新秩序的任务仍然艰巨，这就要求世界各国积极行动起来，为建立国际新秩序而不懈努力。

二、关于国际新秩序的不同构想

关于两极体制崩溃后建立一个什么样的世界新秩序，各大国各有自己的构想和蓝图。

（一）美国的构想

美国在冷战结束之初，便提出建立以美国军事力量为保障的国际安全的世界新秩序的主张。1990 年 1 月 29 日，即在海湾战争打响 10 余天之后，美国总统布什在其国情咨文中阐述了关于建立世界新秩序的设想。他说："建立世界新秩序——在这个新秩序中，把不同的国家吸引到一起，这就是人类的共同愿望：和平与安全、自由以及法治。这样一个世界是值得我们为之奋斗的世界，是与我们子孙后代的未来相称的世界。"而后，布什在 1991 年的几次讲话中又强调：美国在建立新秩序的努力中，"承担着重大的领导作用"，"是世界唯一能够聚集维持和平力量的国家"，"我们可以按照我们的价值观和理想建立一个国际新体系”。由此可以看出美国意欲建立一个什么样的新秩序。克林顿上台后，虽然没有大谈世界新秩序，但并没有放弃美国在新的世界格局中居领导地位的追求，加快了推行“世界新秩序”的步伐。他在1993年1月20日的就职演说中，提出：“随着旧秩序的流逝，新世界更加自由，但更不稳定，美国显然必须继续领导我们曾经做出巨大努力创造的这个世界。”这表明克林顿在新秩序问题上与他的前任有着完全相同的态度。对美国来说，新的国际秩序的核心是如何体现美国的“领导地位”，使其他国家与美国保持一致。其主张包括的内容有：

（1）加强美国的“领导”地位，美国要成为世界新秩序的规划者、倡导者和领导者。美国认为，冷战以后，自己是世界唯一的超级大国，有责任也有能力维持世界的和平与安全，美国有义务领导世界创造一个新的秩序，美国的领导地位是不可或缺、无法代替的，是当之无愧的领袖，因此必须把世界新秩序的主动权掌握在自己手里，做世界新秩序的领头羊。

（2）在世界范围内推广美国式的西方价值观，使资本主义一统天下。布什认为，美国要成为世界“自由的灯塔”，美国式的民主、自由、人权、私有制、议会制、多党制、市场经济等制度体系必须向全世界推广，美国的自由民主价值观必须成为世界新秩序的指南，成为全人类共同的原则和价值观。

（3）通过谋求国际合作，特别是加强与西方盟国的伙伴关系，来分担建立“新秩序”的费用和义务。美国清醒地认识到，单靠一己之力无法实现新秩序的目标，必须和俄罗斯、中国等世界大国加强合作，特别是要协调与欧洲、日本等西方盟友的利益和行动，使它们也能在新秩序中享有一定的权力，分担一定的责任。与此同时，美国也强调发挥联合国的作用，争取国际社会的支持。

（4）加强安全与防务，遏制地区冲突，确保国际新秩序的实现。美国强调要以北约为核心建立欧洲安全机构，推行北约东扩，扩大美国的安全空间。并要与联合国等国际组织合作，采取必要措施甚至直接进行武力干涉，以维持地区稳定，保证美国战略利益的实现。

（二）欧洲的构想

德国统一从某种意义上使欧洲结束了一分为二的历史，这无疑给统一欧洲的理想注入了一枚强心剂。欧洲政治家为建立一体化的大欧洲，均不失时机地表明了各自的政治主张。1989年12月31日，法国总统密特朗在新年文告中说：“欧洲将不再是我们半个多世纪以来所认识的那个欧洲，这是很自然的。昨天，它还依附两个超级大国，它将像回到自己手里一样回到它的历史和地区中去。”英国前外交大臣赫德也说：“现在谁也不能宣称，一个国家可以决定一切。”欧洲政治家有一个共识，便是必须加速欧洲政治一体化，达到恢复昔日“世界中心”地位之目标。1991 年底，《马斯特里赫特条约》的签订，意味着欧洲一体化在广度和深度上的一个飞跃。1999 年 1 月欧元的正式启动，更向世界展示了一个生机勃勃的欧洲。欧洲人非常清楚：只有一个统一的强大的欧洲，才能面对强大的对手；也只有一个统一的用一个声音说话的欧洲，才能单独解决欧洲自己的问题，维护欧洲的稳定与和平，并在国际舞台上再展宏图。为此，欧洲的秩序观包括以下基本主张：

（1）反对美国的单极世界、领导世界的主张，认为未来的国际新秩序应该建立在美、欧、日三极体系的基础上，欧洲要与美国和日本分享领导权。

（2）未来国际新秩序的目标应该是以西方的社会制度、政治经济模式、意识形态和价值观念为基础。

（3）主张联合国应该在未来的国际新秩序中发挥更大的作用。

由此可见：欧洲想建立的国际新秩序，本质上同美国没有什么区别，即建立一个以西方的社会制度、政治经济模式、意识形态和价值观念为基础的新秩序，并在这个国际新秩序中要求与美国分享领导权。正如英国前首相希思说美国的那样：布什总统想把他选择的秩序强加给世界，那就是一种新的帝国主义。

（三）日本的构想

日本作为一个战败国，一直受到国际社会的种种限制，在外交上采取低姿态，力求在东西方之间的种种矛盾中找机会求发展，从而成为世界第二号经济大国。正因为如此，两极格局的结束对日本走向国际社会、谋求政治大国的战略目标是十分有利的。而事实上，日本也确实在利用新的有利环境，采取一切可行办法，小心而谨慎地走向世界政治大国。为此，日本极力谋求建立由日、美、欧为主导的国际新秩序，具体包括：

（1）反对美国主张的单极世界，认为未来世界应是美、欧、日的“三极”秩序，最好是通过西方七国首脑会议这种形式来共同维护和平。

（2）以自由民主制度和市场经济制度作为世界新秩序的目标。

（3）强调经济和科技力量在新秩序形成过程中的决定性作用。①

很明显，西方大国在国际新秩序问题上存在一定的分歧。美国希望建立

---

① 胡宗山：《国际政治学基础》，武汉：华中师范大学出版社 2005 年版，第 302 页。

自己独大的单极霸权的世界秩序，而日本、西欧则反对一国独霸，要求分享霸权。比较起来，西欧和日本的主张较为接近，但也反映了各自的价值倾向：西欧之所以希望发挥联合国的作用，是因为联合国五个常任理事国中有两个在西欧；日本强调经济和科技的决定作用，无非是利用世界第二的经济实力来为自己增加筹码而已。总体来说，西方主要发达国家的世界新秩序观在实质上是一致的，就是要建立一个由西方大国领导，以西方社会制度、发展模式和价值观为基础，符合西方世界根本利益的“国际新秩序”。它们的秩序观无视世界各国的主权平等和独立，根本不尊重各国自由选择发展道路的权利，而把西方的价值观和发展模式作为统一标准强加于世界各国，反映了典型的霸权主义倾向。而且，这些发达国家不考虑怎样采取措施去消除世界经济秩序中的不公正不合理的现象，却为了自身的利益在争夺世界霸权中各唱各的调。由此可见，西方国家的国际新秩序观在本质上不过是旧式政治经济秩序的翻版而已，其共同目的是要在冷战后继续维持不公正不合理的国际旧秩序。这是与世界上绝大多数国家，特别是发展中国家和人民的愿望与要求是背道而驰的，理所当然地会遭到广大发展中国家的反对。

（四）发展中国家的构想

早在 1955 年万隆会议期间，与会的亚非国家就提出了变革国际旧秩序。1964 年的第一届联合国贸易与发展会议上形成的七十七国集团首先提出在全世界范围内建立国际新秩序的目标。1973 年 9 月，第四次不结盟国家首脑会议所通过的《经济宣言》第一次使用“国际经济新秩序”这一概念。1974 年 4 月，联合国第六届特别会议通过了由七十七国集团起草的《关于建立国际经济新秩序的宣言与行动纲领》和《各国经济权利与义务宪章》，终于形成了指导发展中国家建立国际新秩序斗争的共同纲领。

发展中国家关于建立国际新秩序的构想主要包括：改变不平等的国际分工；改变世界经济中的生产消费和贸易格局；加强区域合作与一体化；改革发展中国家在国际事务中的无权地位；加强联合国的作用，甚至主张改组联合国，力求建立平等、互利、合作的国际政治经济新秩序。

（五）中国的构想

中国认为国际旧秩序是强权型的国际关系，其特点是霸权、统治和服从；国际新秩序则应是民主型的国际关系，其特征是独立、平等和互利。由于世界各国的社会制度、意识形态、价值观念、历史背景、文化传统和宗教信仰是多种多样的，它们的利益必然也是不完全一致的，因此要承认这种差别，尊重这种差别。又由于世界各国在一个相互联系、相互依赖、日益密切的地球上，都需要和平，需要发展，这个共同点把世界各国紧紧联系在一起，成为共处的前提。所以，新的国际秩序必须考虑到这种差异和一致，必须是能够体现多样化世界的现实，反映不同国家利益，同时又能使它们和平共处，共同发展。

1988 年，邓小平提出在和平共处五项原则的基础上建立独立、平等和互利的国际政治经济新秩序，体现了中国人民建立公正的新型的国际关系的愿望与立场，符合多样化世界的潮流和趋势。之后中国国家领导人不断加以完善，其主要内容包括：政治上，相互尊重，共同协商，而不应把自己的意志强加于人；经济上，相互促进、共同发展，而不应造成贫富悬殊；文化上，相互借鉴、共同繁荣，而不应排斥其他民族的文化；安全上，坚持互信、互利、平等、协作的新安全观，通过对话与合作解决争端，而不应诉诸武力或以武力相威胁。

总之，建立国际政治新秩序的努力应当包括：

（1）以和平与发展为共同目标，明确反对霸权主义和强权政治。和平与发展，已成为世界进步的前提和关系人类兴衰的头等大事。随着世界形势和国际格局的演变，和平的内容也大为扩展，不仅是“非暴力”、“非战争”，还涉及消灭国际社会不平等，解决贫富悬殊，消除绝对贫困等问题。对和平的威胁，既有来自霸权主义和强权政治的传统因素，又出现了诸多不可小视的非传统因素。和平的范围和外延也从欧洲扩展到全球，从反对军备竞赛发展到限制和消除核武器、制止大规模杀伤性武器的扩散，到解决一切冲突的根源。发展主要是经济问题，同时也是更大的政治问题，其核心是限制和打破国际垄断资本的剥削和控制，建立和加强公平合理和平等互利的国际关系。发展问题既是国际经济旧秩序解决不了的课题，也是建立国际政治新秩序的目标。和平与发展不可分割，体现了国际政治与经济的紧密结合与相互渗透。当今世界，任何国家都不可能孤立地谋求和平与发展，必须共同努力，抵制对和平与发展的重大威胁——霸权主义、强权政治和其他危机。

（2）以尊重国家主权利益和本国人民选择权力为国际政治生活共同的原则。世界是丰富的、多样的、有差异的，各国的事情要由各国人民自己做主，其他国家不得干涉。处理国际事务，应以不损害别国主权和正当利益为前提，这是符合国际法、为国际社会所公认的行为准则。

（3）以和平、稳定、公正、平等、合理、互利为国际新秩序运转机制的基本要求，通过坦诚协商，和平解决，而不是以强凌弱，更不得诉诸武力和以武力相威胁，世界上的事情要由大家心平气和地协商解决。

建立国际经济新秩序的努力应当包括：

（1）坚持各国经济权益平等的原则。它是指一切民族都享有民族自决权，对经济生活和社会制度的自由选择权，对本国自然资源（包括渔业和海底资源）及一切经济活动的主权，以及作为国际社会的平等成员参与解决世界经济和金融危机、货币问题，并公平分配由此产生的权益和权利，共享世界经济进步的成果。

（2）改革旧的国际贸易制度，建立公平互利的贸易关系。发展中国家应通过建立共同基金、各种国际商品协定、补偿性资金等办法，改革贸易结构，改善初级产品贸易条件，稳定和增加出口收益；在国际范围内改革国际制成品贸易结构，扩大普遍优惠制范围，放宽、减少直至取消发达国家的关税和非关税壁垒，以增加发展中国家制成品和半制成品出口的机会；在公平互利的基础上促进世界无形贸易，增强发展中国家在世界无形贸易中的地位，同时争取公平地参与世界海洋运输业和促进本国保险业的发展。

（3）改革国际货币金融机制，使发展中国家在国际金融机构中享有较大的发言权和投票权。促进有利于发展中国家的技术转让，促进世界各国经济的均衡发展，建立合理的世界范围内的生产、分工体系。同时根据世界经济的现实，修订支配贸易、金融、货币领域国际经济关系的现行原则、规则和程序，建立一种平衡世界各国利益，特别是发展中国家利益的国际经济体制。

（4）加强发展中国家间的经济合作，以减少对发达国家的经济依赖，增强发展中国家的经济实力以及它们在世界市场上的竞争能力和在国际上的谈判地位。为此，应建立原料生产国和出口国联合组织，推动这些组织在国际合作范围内发挥更大的作用；建立发展中国家的全球性贸易优惠制度；加强区域和分区域的经济技术合作组织，设立联合企业、多国公司，加强经济一体化进程；建立发展中小国家的货币联系，加强发展中国家银行、国营贸易组织之间的合作等等。

建立国际政治新形势的主张和建立国际经济新秩序的要求是互为条件、互相促进的。一方面，没有国际经济新秩序的建立，就不可能真正建立起国际政治新秩序；另一方面，没有国际政治新秩序，经济新秩序的建立也就没有保障。同时国际新秩序的确立，从原则的形成、提出和推广，到成为国际社会广泛承认和认真奉行的普遍准则，必然要经历一个长期的复杂的斗争过程，是一项艰巨的任务。而且，今天所要建立的新秩序不是通过战争的手段，而是在和平环境中逐步实现的。这样，对大多数国家来说，争取建立国际新秩序不是仅靠短时期的斗争就能实现的，而应是世界范围内的长期战略目标。

【思考题】

1. 如何理解和平与发展是当今时代的主题，但是“和平与发展这两大课题至今一个都没有解决”？

2. 当今时代两大主题的相互之间的关系是什么？

3. 国际主体力量的国际秩序观有什么不同？

4. 中国关于国际新秩序的主要内容是什么？

第九章　当代中国对外关系的发展

中华人民共和国的成立结束了旧中国遭受外来侵略和压迫的历史，开创了中国外交的新纪元。六十多年来，由弱小走向强大，中国一直奉行独立自主的外交政策，高举“和平、发展、合作”的旗帜，坚定不移地走社会主义道路，不仅维护了国家的独立、主权和尊严，而且为推动建设持久和平、共同繁荣的和谐世界做出了自己的贡献。

第一节　两极格局的形成与新中国外交

第二次世界大战的胜利结束，彻底打破了以欧洲为中心，由欧洲主宰世界的国际政治格局，形成以美国和苏联为首的西方和东方两大阵营及其相互对峙的世界政治格局。

战后，美国凭借强大的经济军事实力，迅速确立其在资本主义世界政治经济中的霸主地位。苏联也迅速崛起，一跃成为仅次于美国的世界强国，在国际事务中的影响举足轻重。东欧各国在苏联的影响和支持下先后走上社会主义道路，形成以苏联为核心的社会主义阵营。由于苏联与美国战略对立，二战结束使其失去了合作基础，意识形态的矛盾重新主宰了双方关系。美国实力膨胀助长其全球称霸的野心，建立联合国是确立战后美国掌握世界政治领导权的关键和组织保证。美苏在战后世界安排和欧洲等一系列问题上的利益矛盾和冲突日益尖锐化和表面化，由于杜鲁门政府对苏联采取遏制政策，美苏战时同盟关系彻底破裂，东西方关系迅速进入冷战时期。

随着两极格局的形成，美国对华政策也发生了变化，由战时的“援蒋抗日”向战后的“扶蒋反共”转变。但美国的大量经济、军事援助并没有改变蒋介石政府失败的命运。1949 年 10 月 1 日，中华人民共和国宣告成立，新中国奉行独立自主的和平外交政策，拥护国际的持久和平和世界各国人民的友好合作，反对帝国主义的侵略政策和战争政策，中国的国际地位不断提高。

一、新中国外交的“三条方针”

第二次世界大战后，在美国为首的西方资本主义阵营加强对社会主义国家进行全面“遏制”的国际大环境下，建立和维护中国与苏联为首的社会主义国家之间的友好合作关系，在新中国外交工作中占据最重要的地位。新中国成立后，毛泽东、周恩来等中国领导人首先致力于建立和发展与苏联之间的全面友好互助同盟关系，同时又加强和维护了同东欧和亚洲其他社会主义国家之间的友好互助关系，为打开新中国外交的局面奠定了基础。

新中国成立前夕，在中国人民新政治协商会议筹备会上，毛泽东明确指出：“任何外国政府，只要它愿意断绝与中国反动派的关系，我们就愿意同它在平等互利和相互尊重领土主权的原则基础之上，谈判建立外交关系。中国人民愿意同世界各国人民实行友好合作，恢复和发展国际上的通商事业，以利发展生产和繁荣经济。”① 此后，毛主席又以“另起炉灶”、“打扫干净屋子再请客”、“一边倒”阐述了中国共产党关于对外政策问题的三大重要决策②。这三大决策回答了新中国始诞生就将面临的三大外交问题，即如何建立自己的外交关系，如何对待美国和其他帝国主义国家，如何对待以苏联为首的社会主义国家以及被压迫民族。“三大决策”中包含的政策思想，在带有临时宪法性质的《中国人民政治协商会议共同纲领》中得以法律化。

关于“另起炉灶”，其方针有对外和对内两层含义，即怎样处理旧中国遗留下来的与外国的现有关系问题和怎样组建新中国外交队伍的问题。“另起炉灶”的核心是不继承国民党政府与外国建立的外交关系，把不平等的外交关系彻底割断。与旧中国屈辱外交关系彻底割裂相对应的，是组建一支全新的外交队伍，这是“另起炉灶”的另一层含义。周恩来提出：“我们决不能依靠旧外交部的一套人马办外交，必须‘另起炉灶’，创建新型的外交队伍。”这是新中国执行独立自主对外政策的基本保证③。

关于“打扫干净屋子再请客”，其核心含义是把帝国主义在华特权与势力清除干净以后再谈与它们建立外交关系的问题。1949 年 2 月毛泽东在石家庄会见苏联领导人米高扬时曾形象地把中国比做一个家庭，由于这个家庭的

① 《毛泽东选集》第 4 卷，北京：人民出版社 1991 版，第 1466 页。
② 同上，第 1472 ~ 1473 页。
③ 《周恩来外交文选》，北京：中央文献出版社 1990 年版，第 48 页。

“屋内太脏，解放后我们必须认真清理”，“从内到外，从各个角落以至门窗缝里，把那些脏东西统统打扫一番，好好加以整顿，等屋内打扫干净，有了秩序，陈设好了，再请客人进来。”目的是为了巩固新生的政权，防止帝国主义钻进来捣乱。

关于“一边倒”，毛泽东在《论人民民主专政》一文中写道：“一边倒，是孙中山的四十年经验和共产党的二十八年经验教给我们的，深知欲达到胜利和巩固胜利，必须一边倒。”① 1950 年 2 月《中苏友好同盟互助条约》的签订就是“一边倒”政策具体化的重要体现。但“一边倒”的政策，决不意味着放弃独立自主、自力更生，而是为了更有利于打破帝国主义的封锁。

二、谈判建交

1949 年 10 月 1 日，毛泽东在中华人民共和国开国大典上向全世界宣告：“凡愿遵守平等、互利及互相尊重领土主权等项原则的任何外国政府，本政府均愿与之建立外交关系。”② 依据这些外交原则、方针、政策，新中国开始了新的外交实践，巩固了新生政权，并初步走向世界。不久，新中国迎来了第一次建交高潮。

首先，与社会主义国家迅速建立正式的外交关系，并签订友好同盟互助条约。新中国成立第二天，苏联政府即致电表示“苏联决定与中华人民共和国建立外交关系，并互派大使”。依次与中国建交的国家分别是：保加利亚、罗马尼亚、匈牙利、朝鲜、捷克斯洛伐克、波兰、蒙古、德意志民主共和国、阿尔巴尼亚、越南民主共和国、南斯拉夫等。

其次，对亚洲民族独立国家视情况经过谈判积极建交。从新中国成立到 1956 年底，通过谈判，中国先后同亚洲的印度、缅甸、巴基斯坦、阿富汗、锡兰、尼泊尔、叙利亚、阿拉伯也门共和国建交。1950 年 4 月 13 日，中国和印度尼西亚相互承认并建立外交关系，印尼成为亚洲非社会主义国家中未经谈判就与中国建交的国家。

此外，西欧和北欧的一些资本主义国家，如英国、挪威、丹麦、瑞典、瑞士以及荷兰也相继于 1950 年初承认新中国，并愿意建立外交关系。其中芬兰既与国民党政府无外交关系，又未参加联合国，所以中芬两国未经谈判，便于 1950 年 10 月 28 日正式建交。英国和荷兰虽然较早承认新中国，较早开

---

① 《毛泽东选集》第 4 卷，北京：人民出版社 1991 年版，第 1410 页。

② 《毛泽东外交文选》，北京：中央文献出版社、世界知识出版社 1994 年版，第 116 页。

始建交谈判，因其在表示承认中华人民共和国政府的同时没有真正断绝与国民党政府的关系，中国政府坚持在“打扫干净屋子”之前暂不解决与之建交的问题，只是在 1954 年 6 月 17 日和 11 月 19 日分别与英、荷建立了代办级关系。新中国政府通过谈判，掌握了建交进程的主动权，维护了中国的主权及尊严，谈判建交是中国外交艺术的集中体现。

第二节　中国对外政策的宗旨和原则

一、和平发展是中国对外政策的宗旨

维护世界和平、促进共同发展是中国对外政策的宗旨。中国国家的社会主义性质、中国的国际地位和切身利益都决定了维护世界和平、促进共同发展是中国对外政策的宗旨和首要目标。中国在近代历史上是个遭受帝国主义欺压的半殖民地半封建国家，中国人民饱经战乱和穷困之苦，经过长期奋斗，付出了高昂的代价，才赢得了民族独立和人民解放。中国人民从自己的悲惨遭遇中深刻体会到，和平是十分珍贵的。这样的经历和认识促使中国外交以和平与发展为目标。

中国是个社会主义国家，绝不会发动战争去侵略和奴役别国人民，也绝不愿像过去那样受别国的奴役和压迫。中国处在社会主义初级阶段，正在为实现社会主义现代化而奋斗，需要外部环境的不断优化作为保证，和平是中国发展繁荣最根本的前提。这是中国外交将和平与发展作为宗旨和首要目标的重要原因。

为促进世界和平与发展，中国一贯反对军备竞赛，主张按照公正、合理、全面、均衡的原则实行有效的裁军，并以实际行动率先垂范。中国一贯主张全面禁止和彻底销毁一切核武器，积极呼吁有关国家放弃核威慑政策，主张全面禁止和彻底销毁化学武器，在进行核裁军的同时大幅度裁减常规军备。20 世纪 80 年代，中国率先裁军 100 万，90 年代又裁军 50 万。1992 年中国正式加入《不扩散核武器条约》，1993 年签署了《关于禁止化学武器公约》，1996 年 9 月签署《全面禁止核试验条约》等。中国严格履行已签条约的各项义务，受到广大无核国家以及所有主持正义国家的赞赏。

为促进世界和平与发展，中国推动各国建立面向发展的全球伙伴关系。各国政府、国际组织、跨国企业和民间团体等，都是参与人类发展事业的一

方，应为落实联合国千年发展目标并肩行动。南方与北方之间，受援国与国际援助机构之间，应是互利互惠、平等合作的伙伴关系。中国强调应推动经济全球化的均衡、稳定发展。国际社会有必要改革和完善国际经济法则，加强对全球化进程的引导和管理，在追求效率的同时兼顾公正，降低风险，引导全球化朝着有利于各国共赢、共存和平衡有序的方向前进。

为促进世界和平与发展，中国主张坚持走可持续发展的道路。经济发展必须有利于资源的持续利用，有利于生态系统的良性循环。应当推进经济与人口、资源、环境的协调发展，实现经济效益、社会效益与环境效益的有机结合。要加强国际合作，将解决各国面临的不同问题和解决全球环境问题结合起来，共同推进人类的可持续发展事业。

为促进世界和平与发展，中国强调应共同应对人类面临的各种挑战。像环境保护、控制人口、消除贫困、增加就业、安置难民、缓和种族矛盾、解决宗教纠纷、提高妇女地位、增进儿童福利，以及禁止吸毒、防止疾病蔓延、打击恐怖主义等问题，无一不具有跨越国界的影响，无一不需要各国政治家的远见卓识和国际上的广泛合作与共同努力。中国正利用日益上升的国际影响，为世界和平与发展事业做着自己应尽的贡献。

二、独立自主的外交政策

独立自主的和平外交是中国外交最本质的概括。新中国奉行这一政策是历史的必然，也是社会主义国家性质和马克思主义基本原理的要求。首先，殖民地半殖民地的中国人民通过革命获得民族独立与解放后，对独立自主十分珍视。其次，中国是工人阶级领导的、以工农联盟为基础的人民民主专政的社会主义国家，遵循马克思列宁主义“革命不能输出”的基本原理，明确以不同制度国家和平共处为基本指导思想。第三，热爱和平是中华民族的本性。

中国坚定不移地奉行独立自主的和平外交政策，这一政策的基本目标是维护中国的独立、主权和领土完整，为中国的改革开放和现代化建设创造一个良好的国际环境，维护世界和平，促进共同发展。其主要内容包括：

第一，在处理国际事务中，严格遵守联合国宪章和公认的国际关系准则，坚持实事求是和伸张正义的原则立场。① 二战结束以来的国际关系实践表明，只有恪守联合国宪章的宗旨和原则、和平共处五项原则以及其他公认的国际

① 《江泽民文选》第1卷，北京：人民出版社2006年版，第243页。

关系准则，社会制度不同的国家也可以和平共处，相安无事；反之，社会制度相同的国家也会发生矛盾、冲突甚至战争。

第二，始终把国家的主权和安全放在第一位。维护我国的独立和主权，促进世界的和平与发展，是中国外交政策的基本目标。“在涉及民族利益和国家的问题上，我们决不屈服于任何外来压力。”① 为了维护国家独立、主权和领土完整，我们不惜承担重大的民族牺牲。

第三，继续坚持主持公道和伸张正义的原则。在国际事务中主持公道、伸张正义，是我国奉行独立自主和平外交政策的应有之义。中国一贯主张国家之间的关系应建立在和平共处五项原则基础之上，通过平等协商和平解决争端，反对诉诸武力和以武力相威胁。大国在维护世界和平与发展方面负有重要责任，并应为建立大国之间的既非结盟又非敌对的良性互动的新型合作关系做出不懈努力。

第四，要继续坚持冷静观察、沉着应对、决不当头和有所作为的战略方针。面对错综复杂的国际形势，不要四面出击，到处树敌，以便更好地促进我国自身的发展。决不当头和有所作为，是辩证统一的关系，关键是要把握形势和抓住时机②。在涉及国家的根本利益、发展中国家的正当权益、世界和地区稳定以及建立国际新秩序等问题时，我们必须旗帜鲜明和坚持原则，进行卓有成效的外交工作甚至必要的斗争。

三、坚持和平共处五项原则

1953 年 12 月 31 日，周恩来总理在接见参加中印谈判的印度代表团时，提出了自成体系、言简意赅的五项原则，作为指导中印谈判的原则，即：“互相尊重领土主权，互不侵犯，互不干涉内政，平等互惠，和平共处。③” 在 1954 年 4 月 29 日签订的《中印关于中国西藏地方和印度之间的通商和交通协定》中，这五项原则被作为指导两国关系的基本原则。在同年 7 月分别发表的中印（度）与中缅（甸）总理的两个联合声明中，三国领导人建议将这些原则作为国际关系的普遍原则。和平共处五项原则一诞生，就体现了强大的

---

① 《江泽民文选》第 1 卷，北京：人民出版社 2006 年版，第 242 页。

② 饶银华：《世纪之交中国外交思想与实践研究》，北京：中央文献出版社 2007 年版，第 102 ~ 103 页。

③ 方连庆等主编：《战后国际关系史 1945—1995》（上）北京：北京大学出版社 1999 年版，第 278 页。

生命力。中国依据这五项原则圆满解决了历史遗留的印度在中国西藏享有的特权问题。中国在日内瓦谈判中依据这一政策思想正确地把握了对待老挝、柬埔寨两个民族独立国家的政策界线，成为日内瓦会议得以成功的一个重要因素。

今天，已经有上百个国家在与中国签订的双边关系文件中确认了和平共处五项原则。和平共处五项原则经受住了历史的考验，是不少国家赞同的建立国际政治经济新秩序的基本原则。这一原则已成为现代国际关系和国际法的基本原则之一，是中国对现代国际关系理论和国际法理论的重要贡献。

第三节　中苏关系与中俄关系

一、建国初期的中苏关系

新中国成立后第二天，苏联即予以承认，第三天中苏正式建立外交关系。中苏建交后，两国关系中亟待解决的一个重要问题，就是如何对待1945年8月14日国民党政府与苏联签订的《中苏友好同盟条约》。因此，签订新的中苏同盟条约，确定两国关系新的政治和法律基础，寻求苏联对中国的经济技术援助，学习苏联经验，也就促成了建国伊始毛泽东的首次苏联之行。而建议斯大林同中国签订新的中苏友好条约，以代替旧的《中苏友好同盟条约》，则成为毛泽东此行的主要目的。在周恩来率中国政府代表团到达莫斯科后，中苏双方经过认真的谈判，周恩来总理兼外交部长同苏联外长维辛斯基于1950年2月14日签订了《中苏友好同盟互助条约》、《关于中国长春铁路、旅顺口及大连的协定》以及《苏联贷款给中华人民共和国协定》，毛泽东访问苏联取得成功。

《中苏友好同盟互助条约》规定："一旦缔约国任何一方受到日本或与日本同盟的国家之侵袭，因而处于战争状态时，缔约国另一方即尽其全力给予军事及其他援助。①"这就明示了中苏之间的军事同盟性质。根据两国贷款协议，苏联将在五年内以年息仅1%的优惠条件向中国提供3亿美元的贷款。《关于中国长春铁路、旅顺口及大连的协定》规定苏联将在不迟于1952年末

① 裴坚章主编：《中华人民共和国外交史》（1949—1956），北京：世界知识出版社，第22页。

的时间内，将长春铁路及附属财产无偿移交给中国政府；大连的行政将完全直属中华人民共和国政府管辖，现时大连所有财产，凡为苏联方面临时代管或租用者，应由中华人民共和国政府接收；苏联将在不迟于1952年末的时间内撤走其驻扎在旅顺口海军基地的军队，并将该地区的设备移交中华人民共和国政府，而中华人民共和国政府偿付苏联自1945年起对上述设备之恢复和建设之费用。上述协定圆满解决了苏联在中国东北享有的特权问题。

但1950年的中苏谈判存在不和谐因素。苏联在放弃在中国东北特权时，总是担心将来中国政策变化，东北或中苏边境的其他地方会被别国利用威胁苏联安全，因而要求中国采取措施不让外国势力进入中国的新疆和东北。在具体问题上，如双边贸易结算中人民币与卢布的比值、经济合作的条件等，苏联均提出不合理的要求。这些情况反映出苏联并没有充分认识到建立社会主义阵营内部平等关系的重要性，这也留下了未来中苏关系破裂的隐患。

二、中苏关系变冷

1957年11月2～21日，毛泽东率领中国代表团访问莫斯科，参加十月革命40周年庆典。11月14～16日，出席了12个社会主义国家共产党和工人党代表会议。16～19日，出席了64个共产党和工人党代表会议，并在《社会主义国家共产党和工人党宣言》和《和平宣言》上签字。11月17日，毛泽东会见中国留苏学生时说："社会主义阵营必须有个头，这个头就是苏联。各国共产党和工人党必须有个头，这个头就是苏联共产党。"① 会议期间，毛泽东强调了以苏联为首的社会主义阵营团结的重要性，他相信以苏联为首的社会主义阵营必将战胜以美国为首的帝国主义阵营。

但是，莫斯科会议也反映了中苏的一些意见分歧。例如，苏联坚持要把"和平过渡"提法写进莫斯科会议宣言。而中国共产党认为，应该同时把和平过渡和非和平过渡两种可能性都写进会议宣言。为了维护社会主义阵营的团结，最后中国共产党做了让步，同意莫斯科会议宣言只包含资本主义向社会主义和平过渡的观点，但同时向苏共提交了一份《关于和平过渡问题的意见提纲》，表明对此有不同看法。此外，在莫斯科会议期间毛泽东发表了一些重要观点，如：对世界大战一反对、二不怕和战略上藐视、战术上重视；帝国

---

① 《人民日报》，1957年11月19日。

主义是“纸老虎”；“东风压倒西风”等。[①] 然而，赫鲁晓夫公开表示不赞同以上观点。这表明中苏对世界政治和国际关系的指导思想方面存在严重分歧。此后不久，中苏大辩论开始。1963 年 7 月 14 日，苏共中央发表了《给苏联各级党组织和全体党员的公开信》，对中国共产党进行恶意攻击和诽谤。1963 年 9 月至 1964 年 7 月，中国共产党连续发表了对上述公开信的九篇评论，指出了苏联领导人是国际共运中最大的分裂主义者。“九评”的发表表明中苏分歧不只是停留于理论的原则之争，而是中共要从思想上到组织上与苏联划清界限。

中苏大辩论实际上是国际共产主义运动的一场悲剧。当西方国家正以空前的速度恢复战争创伤，谋求经济发展，增强综合国力的时候，中苏两个最大的社会主义国家却在互相指责。论战导致了社会主义阵营的分裂，使两国在帝国主义敌视背景下的战略处境更加恶化。就大论战中双方的观点来说，中国“不认为自己当时说的都是对的。真正的实质问题是不平等，中国人感到受屈辱。”[②] 因此，中国反对苏联的大国沙文主义，为维护国家主权而与苏联进行的斗争，是值得充分肯定的。

三、中苏关系恶化

勃列日涅夫集团执政后不久，立即准备在组织上把赫鲁晓夫还没有来得及实行的同中国的分裂付诸实施。1965 年 3 月，苏联在莫斯科召开了邀请中国、波兰等 26 个兄弟党参加的“协商会议”。由于苏联拒绝在会前先同中国共产党就已知的原则问题上的重大分歧共同协商，求得接近，以便有效地促进国际共运的团结，因此中国、朝鲜、罗马尼亚、阿尔巴尼亚、日本等 7 个兄弟党拒绝出席。结果仅是苏联、波兰等 19 个党参加，实际上变成了一次片面的会议。会议期间，苏联军警还镇压了在莫斯科参加反美示威的中国留学生，两国国家关系迅速恶化，直至发生边界冲突。

中苏边界是世界上最长的国界之一，全长共 7 300 多公里。历史上，沙皇俄国通过一系列不平等条约，共侵占 150 多万平方公里的中国领土。新中国成立之初，中国并未立即提出此问题，而且一段时间里中苏关系良好，边界安宁。但自从赫鲁晓夫恶化中苏关系后，两国边界争端不断。1960 年苏方挑

---

① 人民日报编辑部：“毛泽东同志论帝国主义和一切反动派都是纸老虎”，《人民日报》，1958 年 10 月 27 日。

② 《邓小平文选》第 3 卷，北京：人民出版社 1993 年版，第 292 ~ 293 页。

起第一次边界冲突。在中国倡议下，1964 年 2～8 月，中苏边界谈判在北京举行。

关于边界问题，中国的立场是合情合理的。中方提出，双方可以根据平等协商、互谅互让的原则，考虑当地居民的利益，对边界上的一些地方做出必要的调整。可是，苏联政府在谈判中采取极端霸道无理的态度：一是不承认历史上中俄之间所签订的边界条约的不平等性；二是不同意以这些条约为依据来解决问题；三是不承认中苏之间边界线上存在有争议的地区。

1969 年 3 月珍宝岛武装冲突事件发生后，苏联制造的边界紧张局势有增无减。苏联甚至威胁要打击中国的核设施，使中苏两国关系步入战争边缘。1969 年 9 月 11 日周恩来在北京机场与柯西金会晤，两国总理讨论了边界问题。根据中国的提议，双方达成如下谅解：首先签订一个关于维持边界现状、防止武装冲突、双方武装力量在边界争议地区脱离接触的临时措施的协议，进而举行边界问题的谈判以图全面解决中苏边界问题。①

中苏两国首脑的机场会晤意义重大，双方就重新互派大使、恢复两国间政务电话、扩大贸易、改善通车通航、重新开始边界谈判等问题达成了协议。尤其是，中苏首脑会晤使两国间一触即发的紧张局势缓和了下来。然而，中苏间的根本问题并没有得到解决。随着 70 年代初中美关系的改善，中苏间的矛盾反而显得更加突出。

四、反对苏联霸权主义

20 世纪 70 年代中国在对外关系中以同苏联霸权主义的矛盾为主要矛盾，在国际全局中集中反对苏联霸权主义。珍宝岛事件后，苏联对中国的军事威胁已成为一个现实问题。60 年代末苏联提出的既为其与美争夺服务，又具有对中国战略包围意图的所谓“亚洲集体安全体系”，一直是苏联 70 年代对亚洲和中国的战略部署。此时进行的中苏边界问题谈判，由于苏联坚持霸权主义态度而无任何进展。

针对苏联霸权行径，中国认为，“苏联霸权主义是当代最危险的战争策源地”②。中国号召，“各国人民要提高警惕，加强自卫力量，认真进行反侵略

---

① 方连庆等主编：《战后国际关系史 1945—1995》（上），北京：北京大学出版社 1999 年版，第 389 页。

② 《中国代表在 1976 年第 31 届联合国大会会议上的发言》，《人民日报》，1976 年 10 月 6 日。

战争的准备。”“要不断挫败超级大国、特别是苏联的全球战略部署”①。中国反对苏联插手安哥拉内战，干涉安哥拉内部事务；反对利用埃塞俄比亚和索马里战争，趁势向“非洲之角”扩张势力；反对干涉阿富汗内政，谴责其发动入侵阿富汗战争；中国坚决反对苏联支持和怂恿越南推行地区霸权政策。对于苏联霸权主义的种种行为，中国全国人民代表大会常委会于1979年4月3日全体会议上做出决定，终止1950年2月缔结的《中苏友好同盟互助条约》，认为，条约由于“并非中国方面的原因遭到践踏而早已名存实亡”②。

尽管中国反对苏联推行全球霸权主义，但中国一直表示愿意同苏联保持正常的国家关系。中国政府一贯主张，中苏之间的原则分歧，不应妨碍在和平共处五项原则基础上，保持和发展正常的国家关系。为此，中国政府向苏联政府建议，中苏双方应就解决两国间悬而未决的问题及改善两国关系进行谈判。但苏联发动对阿富汗的武装侵略，威胁中国安全，中苏谈判被迫中止。

五、中苏关系改善

20世纪80年代初期，在中苏关系依旧紧张的大背景下，1982年3月，勃列日涅夫在塔什干发表讲话传达了苏联改善中苏关系的愿望。他声称苏联愿意在任何时候继续就边界问题同中国谈判，准备就加强中苏边界地区“相互信任”的可能措施问题同中国进行讨论，主张搞一个双方都可以接受的文件，并表示愿意与中国“商定双方都可以接受的改善苏中关系的措施”③，包括经济、科学、文化和政治关系。

为了消除苏联对中国安全日益增加的威胁，使中苏关系切实得到改善，中国多次提出改善双边关系的建议，希望通过共同努力，设法排除妨碍发展两国关系的障碍，从有助于改善两国关系的一两个实质性问题做起，如苏联劝说越南从柬埔寨撤军。从1982年10月至1986年底，中苏副外长级磋商共进行9次，讨论和解决消除两国关系正常化的障碍问题。中国政府积极调整政策回应了苏联改善关系的愿望。这标志着中苏关系开始解冻。

---

① 《人民日报》，1978年9月19日。
② 《人民日报》，1979年4月4日。
③ 《人民日报》，1982年3月27日。

六、中苏关系正常化的“三大障碍”

“三大障碍”的实质是苏联对中国安全的威胁问题。“三大障碍”即：苏联支持越南入侵柬埔寨，在中苏边境和蒙古驻扎重兵，以及武装侵略阿富汗。中国政府始终认为消除“三大障碍”是实现中苏关系正常化的关键，其中越南入侵柬埔寨问题是主要障碍。

1986年7月28日，苏共中央总书记戈尔巴乔夫在海参崴发表讲话，提出“改善两国关系的新建议”，在消除中苏关系正常化障碍方面迈出了重要一步，表示将从蒙古撤出“相当大一部分”苏联军队①。不久，邓小平在接受美国记者华莱士电视采访时说，“如果戈尔巴乔夫在消除中苏间三大障碍，特别是在促使越南停止侵略柬埔寨和从柬埔寨撤军问题上走出扎扎实实的一步，我本人愿意跟他见面。”因为“这样的见面对改善中苏关系，实现中苏国家关系正常化很有意义。②”

由于中苏双方共同努力，至1989年1月，妨碍中苏关系的“三大障碍”基本消除，中苏关系改善的时机已经成熟。1989年5月，苏共中央总书记戈尔巴乔夫对中国进行了正式访问，标志着中苏两国关系正常化的开始。邓小平用“结束过去，开辟未来”③ 八个字概括中苏高级会晤的目的。戈尔巴乔夫重申，“苏中高级会晤标志着两国关系进入了一个新阶段，两国关系将建立在国与国之间交往的普遍原则以及和平共处的原则基础之上。苏中关系正常化不针对第三国，不损害第三国利益，它同当今世界的发展趋势有机地结合为一体。”④

这次高级会晤结束时发表的联合公报正式确认了中苏国家关系准则。中苏之间形成了既不同于20世纪50年代的那种结盟，更不同于60、70年代的那种对抗状态，而是不结盟、不对抗、不针对第三国、睦邻友好的正常国家关系。历史发展事实表明，这种完全新型的国家关系不仅符合两国人民的根本利益，而且有利于维护世界的和平与稳定。

---

① 《中国外交部新闻发言人答苏联记者问》，《人民日报》，1986年8月7日。

② 《答美国记者迈克·华莱士问》，《邓小平文选》第3卷，北京：人民出版社1993年版，第167、169页。

③ 《人民日报》，1989年5月17日。

④ 《人民日报》，1989年5月19日。

七、中俄战略伙伴关系

东欧剧变，苏联解体，并没有影响中国同苏联的15个加盟共和国的关系。中国政府采取超越意识形态、超越社会制度和价值观的现实主义政策，根据不干涉别国内政和尊重苏联各族人民选择的原则，在和平共处五项原则基础上，先后给予所有国家外交承认并获得这些国家的响应。中国在1991年9月至1992年6月先后同苏联解体后出现的15个独立国家建立了大使级外交关系，形成了又一次建交高潮。特别是中国同俄罗斯的关系，“双方表示愿在和平共处五项原则基础上进一步发展睦邻友好和合作关系。①”中俄关系从“友好国家”到“建设性伙伴”再到“战略协作伙伴关系”，不仅完全符合中俄两国人民的根本利益，有利于世界的和平和稳定，而且有利于促进国际局势和国际关系的健康发展，有利于多极化世界的形成。今天中俄已形成两国元首会晤机制，中、俄、哈、吉、塔五国元首会晤经常化，以及中俄政府首脑定期会晤。中俄关系的快速发展，推动了两国边界问题的成功解决。中俄在政治、外交、军事、安全诸领域友好合作，在国际问题上加强协调，共同促进了世界多极化和建立国际新秩序。

进入21世纪以来，中俄战略协作伙伴关系继续深入全面发展。2012年6月，双方发表《关于进一步深化平等信任的中俄全面战略协作伙伴关系的联合声明》等一系列合作文件。中俄是相邻边界线最长的两个大国，都面临中亚国际恐怖主义的威胁，美国在中亚对中俄战略空间的挤压，美欧日在中亚对石油天然气资源的争夺。无论是历史的经验教训还是现实的地缘政治，都迫使两国有必要加强互信，共同维护边界和地区安全②。中国如今已成为俄罗斯第三大贸易伙伴。据中国海关统计，中俄双边贸易额2011年达792.5亿美元，比上年增长42.7%。其中中国对俄出口为389.0亿美元，增长31.4%；中国自俄进口为403.5亿美元，增长55.6%。

中国和俄罗斯是两个各自独立的全球战略性力量，在世界事务、地区问题和双边关系层次上，都有自己不尽一致的国家利益，两国关系还会遇到各方面的矛盾和挑战。但在今后较长时期内，中俄两国共同应对美国战略挤压的需求不会改变。虽然中俄两国都不会放弃同美国的关系，但由于美国把中

---

① 《人民日报》，1991年12月29日。

② 楚树龙、金威主编：《中国外交战略和政策》，北京：时事出版社2008年版，第235页。

俄两国视为战略竞争对手，把中俄两国的发展强大视为对美国的威胁，美国弱俄抑俄和对中国的遏制战略短期内不可能改变，这就导致中俄战略关系仍将存在坚实的基础。

第四节　中 美 关 系

一、新中国成立初期中美关系

雅尔塔体系的建立，标志着世界进入了美苏两极格局的时代。新中国成立初期，美国政府推行与中国为敌的政策，并且把中国同遏制以苏联为首的社会主义阵营联系在一起，因此中美经历了长期对抗时期。美国不仅不承认中国新生的人民政权，而且还在西方国家中带头孤立中国，封锁中国，先后从朝鲜、台湾和印度支那三个战略方向对新中国实行军事威胁。为了维护国家独立、尊严、主权和领土完整，新中国同美国的经济封锁和军事威胁进行了长期坚决的斗争，并从战略上制定了相应的对策。新中国独立自主外交在处理西方国家的关系中经受了严峻的考验，并得到充分的发展①。抗美援朝是新中国成立之初，面对帝国主义武装威胁英勇抗敌并取得胜利的一个重大国际事件。

（一）抗美援朝战争

1950 年 6 月 25 日朝鲜战争爆发后，美国即派军队入侵朝鲜，并操纵联合国安理会，组织了以美军为主的“联合国军”，扩大侵朝战争。同时，美国还派遣第七舰队进入台湾海峡，派军用飞机侵犯中国领空，轰炸和扫射中朝边境地区。美国的行动构成了对中国主权的公然侵犯。在中国安全受到威胁和应朝鲜人民请求情况下，1950 年 10 月 19 日，彭德怀率“中国人民志愿军”跨过鸭绿江，开始了中国人民抗美援朝战争。经过 5 次战役，中朝军队把战线稳定在“三八线”附近，战争形成了僵持局面。美国看到“武力统一朝鲜”已经无望，只得提出停战谈判的建议。1951 年 7 月 10 日朝鲜停战谈判正式开始，美国不甘心于使其最终成为本国历史上第一场没有打赢的战争，不断提出无理要求。双方边打边谈，一直到 1953 年 7 月 27 日才正式签署朝鲜停

---

① 宫力、刘德喜等著：《和平至上：中国对外战略的历史与现实》，北京：九州出版社 2007 年版，第 72 页。

战协定。

通过朝鲜战争的较量，中国打破了美国不可战胜的神话，打出了新中国的国威和军威，极大地增强了中国人民的民族自尊心和自豪感，也提高了全世界殖民地、半殖民地人民为争取民族独立而斗争的信心和勇气。

（二）遏制与对抗

朝鲜战争结束后，美国不是缓和而是强化了对中国的遏制政策，从而使之成为美国对中国的一项基本的长期的政策。20 世纪 50 ~ 60 年代，中美两国进行了政治、经济、军事的全面对抗，其中尤以两次台湾海峡危机及越南战争引人注目。1954 年的第一次台海危机，中国运用军事斗争和外交手段相结合策略，打破美国企图制造“两个中国”的阴谋。1958 年的第二次台海危机，中国严厉打击了台湾分裂势力，抗击了美国的军事威胁和挑衅行为，有力地配合了阿拉伯人民反对美国侵略的斗争。

在中国人民的坚强抵抗下，美国感到了台海地区局势的严重性，决定迫使蒋介石放弃金门、马祖，从而避免与中国发生直接军事冲突。美国试图执行一项从金门、马祖脱身的政策，其目的是想以蒋军撤离沿海岛屿来“换取冻结台湾海峡的局势”，换取“两个中国”的“事实上的存在”。根据形势的变化，中国领导人改变了原定的收复金门、马祖的计划，确定“最好把蒋介石继续留在金门、马祖沿海岛屿上”，打破美国“划峡而治”的阴谋。① 1958 年 10 月 25 日，彭德怀发表《再告台湾同胞书》，宣布在没有美国人护航的条件下，逢双日对金门诸岛不打炮，目的是为了让蒋军得到补给，以利于国民党驻守。这样就打破了美国企图在台湾海峡“划峡而治”，制造“两个中国”的图谋。今天，位于中国大陆内海而又被台湾当局控制的金门、马祖列岛，如同一条联系着台湾海峡两岸的纽带，同时见证了祖国大陆与台湾岛不可分割的渊源。

二、中美关系松动

20 世纪 50 年代中开始，尽管中美处在对峙状态中，但中国政府仍试图同美国保持接触。这既是要表明中国希望通过和谈解决国际争端的态度，也是想保持一条沟通途径，使双方能够准确地直接地了解对方的政策。中美华沙大使级会谈从 1955 年 8 月开始，一共举行了 136 次。期间美国政府对华态度

① 杨勉主编：《国际政治中的中国外交》，北京：中国传媒大学出版社 2005 年版，第 47 页。

逐渐发生变化。特别是在第 129 次会谈中，美国代表格罗诺斯基第一次用“中国政府”来称呼中华人民共和国政府。这是美方对华政治态度的一种重要变化①。1969 年 7 月 21 日，美国政府宣布放宽其公民到中国旅行和美国人购买中国货物的限制，减少在越南的美军和减少第七舰队在台湾海峡的巡逻。当年 9 月 7 日，美国通过罗马尼亚部长会议主席毛雷尔向周恩来传达了重要信息：尼克松政府将无保留地寻求与中国关系正常化，不支持不参与苏联旨在孤立中国的任何行动，将通过政治途径解决越南问题。1970 年 1 月 20 日，中美恢复了中断两年的大使级会谈，这是中美第 135 次会谈，它是中美关系缓和的转折点。

三、尼克松访华与中美关系正常化

尼克松就任美国总统后，在对华关系方面采取了一些积极行动，如取消对于使用美国护照去中国旅行的一切限制，终止已存在二十多年的禁止美中贸易法令等。特别是尼克松安排他的国家安全事务助理基辛格于 1971 年 7 月 9 ~ 11 日秘密访问北京，中美双方于 7 月 16 日同时分别发表公告，宣布尼克松总统将于 1972 年 5 月前适当时间访问中国。公告预示停滞了二十多年的中美关系将发生惊人变化。

在同周恩来总理会谈中，基辛格表示：（1）美国承认台湾是中国的一部分，不支持台湾独立；不支持“两个中国”或“一中一台”，但希望台湾问题和平解决；（2）美国拟在印度支那战争结束后撤走 2/3 驻台美军，并准备随着中美关系的改善逐渐减少其在台余留的军事力量；（3）美蒋《共同防御条约》留待历史去解决；（4）美国不再与中国为敌，不再孤立中国，在联合国内将支持恢复中国的席位，但不支持驱逐台湾代表。②

1972 年 2 月 21 ~ 28 日，尼克松总统一行在中国进行了为期一周的访问，毛泽东主席在书房里会见了尼克松。访问期间，周恩来总理与尼克松进行了五次会谈，双方就国际形势和中美关系深入地交换意见。尼克松首先分析了美苏力量对比的变化，意在说明美国不能从太平洋撤退，美国应该维持在欧洲和日本的军事存在。双方会谈的焦点是台湾问题，尼克松重申了基辛格在

---

① 王绳组主编：《国际关系史（1960—1969）》第 9 卷，北京：世界知识出版社 1995 年版，第 376 页。

② 方连庆等主编：《战后国际关系史 1945—1995》（上），北京：北京大学出版社 1999 年版，第 588 页。

前两次访华中所陈述的观点：美国承认只有一个中国，台湾是中国的一部分。美国不再说“台湾地位未定”，也不支持“台湾独立运动”，美国将谋求实现同中国关系正常化，并将支持任何关于和平解决台湾问题的办法①。中美两国领导人除了讨论台湾问题之外，还探索了发展中美经济贸易合作和科技交流、文化艺术交流的途径。

1972 年 2 月 28 日，中美两国政府在上海发表联合公报。公报陈述了和平共处五项原则的内容，双方声明将在相互关系中实行这些原则。在两国的共同点中，最重要的是关于反霸原则的规定：“任何一方都不应该在亚洲—太平洋地区谋求霸权，每一方都反对任何其他国家或国家集团建立这种霸权的努力。②”反霸条款对作为世界超级大国之一的美国是一种约束，同时规定了中美双方都有义务反对苏联在亚太地区谋求霸权的活动。

关于台湾问题的内容。中方声明：台湾问题是阻碍中美关系正常化的关键问题；中华人民共和国是中国的唯一合法政府；台湾是中国的一个省，早已归还中国；解放台湾是中国的内政，别国无权干涉；全部美国武装力量和军事设施必须从台湾撤走。美国方面声明：美国认识到，“台湾海峡两边的所有中国人都认为只有一个中国，台湾是中国的一部分”。美国政府对这一立场不提出异议。它重申它对由中国人民自己和平解决台湾问题的关心③。

《上海公报》的签订与发表，标志着中美两国关系进入一个新时期，它对亚洲及世界和平与稳定发挥了重大作用，并对世界形势的发展产生了深远的影响。它促进中国对外关系史上的第三次建交高潮，是中国外交的又一次伟大胜利。

四、中美建交

中美《上海公报》签署后，双方关系朝着正常化方向不断发展。1974 年 11 月 25 日，基辛格第七次访问中国。邓小平在会见基辛格时明确指出：美国在台湾问题上必须做到“断交、废约、撤军”，中美才能建交。这是中国领导人首次以如此简洁明了的方式表述中美建交三原则。1977 年 8 月 22 日，美国

① 谢益显主编：《中国当代外交史 1949—1995》，北京：中国青年出版社 1997 年版，第 293 页。

② 魏史言：“尼克松总统访华”，《新中国外交风云》第三辑，北京：世界知识出版社 1991 年版，第 89 ~ 90 页。

③ 《人民日报》，1972 年 2 月 28 日。

国务卿万斯访华，“探索”美中关系正常化的途径。归纳起来有两点：一是要中国保证不以武力解放台湾；二是美国提出在台湾设立联络处和在北京派正式外交使团，实际上是想搞一个“倒联络处方案”。这个方案的要害是美台之间公开保持官方交往的联系，中国政府对此断然拒绝。

为了增强同苏联争霸的战略地位，并应付盟国和国内要求推进中美关系的压力，1978 年 5 月下旬，卡特总统决定派其安全事务助理布热津斯基访问中国。访华期间，布热津斯基表示，“美国已拿定了主意”，决心“克服阻碍两国关系完全正常化的剩余障碍”①。此后，卡特在华盛顿接见中国驻美国联络处主任柴泽民时，表示美国“愿意履行”中方的建交三原则。双方根据上海公报精神和原则达成了正式建交协议，决定自 1979 年 1 月 1 日起互相承认并建立外交关系。

1978 年 12 月 16 日，中美发表了《中华人民共和国和美利坚合众国关于建立外交关系的联合公报》。《建交公报》确立了“中华人民共和国政府是代表全中国的唯一合法政府”的原则。把《上海公报》和《建交公报》联系起来看，美国已完整地接受了中国政府在台湾问题上的原则立场：世界上只有一个中国，台湾是中国的一部分，中华人民共和国政府是代表全中国人民的唯一合法的政府。只是“在此范围内，美国人民将同台湾人民保持文化、商务和其他非官方关系”②。美国政府在公报中声明，美国将于 1979 年 1 月 1 日通知台湾，终止“外交”关系，美国和台湾之间的共同防御条约也将按照条约规定予以废除，并将于四个月内从台湾撤出美军事人员。这样，美国政府完全接受了中方坚持的“断交、废约、撤军”的建交原则。双方在谈判中没有达成协议的问题有两个：一是对台湾问题的和平解决予以关心的问题；二是美国售台武器问题。在中美关系正常化实现之时，双方暂时搁置售台武器问题上的分歧，但中国保留了今后在这个问题上继续与美国进行斗争的权利。

中美建交后，为促进中美两国人民的友谊和两国良好关系的进一步发展，应美国政府的邀请，邓小平于 1979 年 1 月 28 日至 2 月 5 日正式访问美国。访美期间，邓小平与卡特进行了会谈，双方在新闻公报中强调：“双方重申反对任何国家和国家集团谋求霸权或支配别国”，指出“双方认为，两国社会制度

---

① 韩念龙主编：《当代中国外交》，北京：中国社会科学出版社 1988 年版，第 228 页。

② 《人民日报》，1978 年 12 月 17 日。

不同不应妨碍彼此加强友好关系和合作”①。在访问中，邓小平在若干个公开场合，特别强调了反对苏联霸权主义的国际统一战线思想，不能仅靠谈判和协定，需要“更加现实的、更加切实可行的步骤”来约束苏联霸权主义的思想。从中美建交公报的发表到邓小平访美这一有机联系的过程，我们看到了中美建交在中国国际战略中的地位和重要性。

五、中美台湾问题

中美建交后，美国国会通过《与台湾关系法》，明文规定美国政府同意向台湾出售武器，这些都意味着中美关系将在美国售台武器问题上经受严重考验。

1981 年 3 月，美国国务卿黑格在记者招待会上表示，美中关系具有压倒一切的重要性，美国将在遵守《建交公报》的基础上继续发展与中国关系，但同时声称《建交公报》和《与台湾关系法》并不矛盾。按这种构想，6 月，里根总统派黑格访华，向中国政府表示美国把中国作为“友好的非盟国”，将解除对华武器禁运，并邀请刘华清总参谋长访美。但与此同时，里根亲自指导制定了美台官员接触条例，批准美国向台湾出售价值 1 亿美元的军事装备与武器零部件、新型战斗机等。

对于美国企图以向中国出售武器来换取中国同意美国向台湾当局出售武器的做法，中国政府表示坚决反对，并做好了让中美关系降格的准备。里根意识到问题的严重性，亲自接管了中美关于美国售台武器问题的谈判。双方终于在 1982 年 8 月 17 日就此问题达成协议，发表了著名的《八·一七公报》。美国在具有国际法约束力的两国政府联合公报中承诺：“美国不寻求执行一项长期向台湾出售武器的政策，它向台湾出售的武器在性能和数量上将不超过中美建交后近几年供应的水平，它准备逐步减少它对台湾的武器出售，并经过一段时间导致最后的解决。”公报的发表，使中美关系渡过了刚一建交就降格的危机，并且为中国今后与美国在此问题上进行斗争提供了法律武器。

六、中美关系的曲折与发展

东欧剧变、苏联解体后，两极格局瓦解，中美关系进入跌宕起伏时期。中国发生 1989 年那场风波之后，中美关系处于最低谷状态。克林顿当选总统

---

① 李长久、施鲁佳主编：《中美关系二百年》，北京：新华出版社 1984 年版，第 250 页。

后，强调对中国以压促变，将最惠国待遇与人权问题先挂钩后脱钩。虽然中美之间存在许多共同利益，但两国关系仍在起伏中向前发展。

（一）银河号事件

银河号事件是克林顿政府初期，有意恶化中美关系的一个突出事件。1993 年 7 ~ 8 月间，美国根据其错误的情报，诬指中国开往海湾地区的“银河号”货轮运载了出口到中东某国的用于制造化学武器的原料，并派出飞机和军舰对“银河号”进行跟踪骚扰，无理要求中国政府召回“银河号”。中国政府经过认真核查证明该轮未运载任何可用于制造化学武器的原料，但美国政府坚持其无理立场，致使“银河号”无法停靠预定口岸。为了澄清事实，打击美方的嚣张气焰，中国政府同意在第三国对“银河号”所运货物开箱查验，查验结果证实了“银河号”根本没有运载任何美国所指称的化学武器原料。“银河号”事件使美国在道义上非常尴尬，其霸权主义行径受到了国际舆论的谴责和嘲笑。

（二）李登辉访美

李登辉在担任台湾地区领导人期间，大搞分裂祖国的活动。1995 年 5 月 3 日，美国政府曾表示，李登辉访美是不适当的或不可能的，然而 22 日却不顾中国政府的坚决反对和一再交涉，在国会的高压下，允许李登辉访问美国康乃尔大学。美国这一出尔反尔的态度，中国做出强烈反应，推迟国防部长迟浩田访美，推迟美国政府官员来华访问，召回中国驻美国大使李道豫，美国驻华大使尚慕杰也任满回国，中美关系降到建交以来最低点。

中国政府的严正立场和斗争，最终促使美国政府采取措施将台湾领导人访美严格限制在私人和非官方的范围内，使其符合美台非官方性质的关系。李登辉访美表明美国政府始终欲借台湾问题干涉中国内政。中国围绕李登辉访美所进行的外交斗争以及所取得的胜利，向世人宣告：中国政府维护祖国统一的决心是坚定的不可动摇的；任何国家妄图在台湾问题上干涉中国内政，其结果只有失败。

（三）中美建立“建设性战略伙伴关系”

为修补中美关系，中美两国领导人在一系列重要国际会议上举行多次会晤，双方高层交往明显增多，双边合作逐步扩大。美国领导人在多种场合表示要与中国建立一种友好合作的“伙伴关系”。1997 年 10 月 26 日至 11 月 3 日，江泽民对美国进行了正式国事访问。这是时隔 12 年后中国国家元首对美国的第一次正式访问。进入新世纪后，中美两国领导人举行过多次访问和国际会晤，双方关系由2005年的建设性合作关系，2009年的致力于建设21世纪积极合作全面的中美关系，再到2011年的建设全面互利经济伙伴关系。这一系列的关系是中国“面向21世纪的新型伙伴关系框架的重要组成部分”，与冷战时期的战略关系是根本不同的，它不是结盟，不针对第三国，也不是排他性的，而是一种正常的国家关系。

（四）炸馆事件

1999年，以美国为首的北约干涉南斯拉夫内政，对南联盟实施空中打击，遭到俄罗斯和中国等国家的坚决反对。1999年5月7日，在北约对南首都的轰炸行动中，一架美国B－2轰炸机使用五枚精确制导炸弹，从不同角度击中中国驻南联盟大使馆，造成三名中国记者死亡，20多名使馆工作人员受伤，使馆馆舍严重毁坏。这场悲剧的发生引起中国人民和政府的极大愤慨，世界舆论也为之哗然。5月10日，唐家璇外长向以美国为首的北约提出四点严正要求：公开、正式地向中国政府和人民以及受害者家属道歉；对轰炸事件进行全面彻底的调查；迅速公布调查的详细结果；严惩肇事者。同时，中国政府决定：推迟中美两军高层交往；推迟中美防扩散、军控和国际安全问题的磋商；中止两国在人权领域的对话。

在中国政府的严正要求和国际社会的压力下，美国总统表示，这是一起并非故意制造的不幸事件。6月16日，克林顿派副国务卿皮克林到中国解释说，轰炸中国驻贝尔格莱德大使馆是“悲剧性误炸”，其原因是由于美国政府的有关部门在定位方面的失误，美国数据库存在缺陷；有关部门在审查过程中又没能纠正这两项失误①。1999年12月，中美就美国轰炸中国驻南使馆赔偿问题达成协议，美国政府将向中国政府支付2 800万美元的赔偿金。2000年4月，美国又向中方通报了对该事件责任的调查结果，称美方已经对中央情报局8名人员进行惩处，其中一人已被解雇。

（五）中美撞机事件

2001年1月小布什上台执政后，对外政策表现出强硬的冷战思维色彩，恶化美俄关系、美中关系，甚至否认中美“战略伙伴关系”，把中国看做美国潜在的威胁，使中美关系蒙上阴云。2001年4月1日，美国一架EP－3型军用侦察机在中国海南岛东南104公里处海域上空对中国进行侦察时，撞毁对其进行跟踪监视的中方歼八飞机一架，致使飞行员王伟罹难。美机肇事后未

① 《人民日报》，1999年6月17日。

经许可进入中国领空，并降落在海南岛陵水军用机场。

美国撞毁中国军机事件至少在以下三方面具有严重性质：一是美国军用飞机贴近中国领海进行军事侦察，是明显的对华不友好的举动；二是美国军机在中国专属经济区上空进行军事侦察，违背了国际法；三是美国军用飞机擅自降落在中国机场上，无论出于什么原因，均系侵犯中国主权。

事后，美国政府对中方飞行员的失踪和飞机坠毁，向中国人民和飞行员的家属深表歉意；美方还就其飞机未经许可进入中国领空并降落在中方机场，向中方深表歉意。鉴于上述情况，并出于人道主义考虑，中国政府决定允许美方机组人员在履行必要手续后离境。关于肇事飞机，则要求美国自行拆卸、运回本国。中国政府在处理"撞机事件"的整个过程中，采取有理、有利、有节的斗争方针，既捍卫了国家主权，打击了美国霸权主义的嚣张气焰，又充分显示了中国外交的智慧与力量。

七、中美战略对话机制

9·11恐怖主义袭击事件迫使美国改变对外战略重点，为了反恐的需要，美国积极建立反恐联盟，寻求各国的支持与合作。以此为契机，中美关系走出撞机的阴影，双方在众多问题上达成共识。通过中美双方最高领导人的互访，两国已建立定期交流机制，内容涉及人权、军事、经贸和国会事务、反恐合作、防治艾滋病合作、奥运安保合作、能源政策对话等领域。中美两国通过战略对话机制这一新的平台，可以就彼此关切的问题直接坦诚地交换意见，加强信息沟通，解决现实矛盾，共同预防和应对未来可能出现的新问题。通过美中"战略经济对话"，中美双方共同努力，先后签订一系列重要文件，内容涉及产品质量、食品安全等。

通过双边机制及其他各种广泛渠道，中美正努力解决双边经济不平衡的问题，并在市场准入、知识产权执法不力等问题上取得进一步进展。美国经济极大地受益于其与中国的关系。在中国于2001年加入世贸组织后的五年内，美国对华出口的增长速度比美国向世界其他地区出口的增长速度快5倍。根据中国海关总署统计数据，2011年中美双边贸易总值为4 466.7亿美元。中国现在是美国仅次于加拿大的第二大出口市场，而美国也是中国除欧盟以外第二大贸易伙伴。虽然两国关系相互依存日渐加深，共同利益稳步增长，但在台海、人权、贸易逆差、人民币汇率等问题上仍摩擦不断，影响中美关系的稳步健康发展。

第五节　与欧洲等西方国家关系

一、中法关系的改善与发展

（一）中法建交

新中国成立后，在承认中国问题上，法国一直追随美国。1955 年法国政府提出了“共同承认”原则，即承认中国并建立外交关系的问题“必须由西方国家共同决定”。而印度支那问题、阿尔及利亚问题和台湾问题则是中法建交的三大障碍。1954 年日内瓦会议恢复了印度支那和平，扫除了中法关系的一大障碍。1962 年法国与阿尔及利亚签署了《埃维昂协议》，承认了阿的独立地位，这样就消除了中法建交道路上的又一障碍。

中法建交的核心障碍是台湾问题。1963 年 10 月，法国前总理富尔受戴高乐总统委托来华与中国领导人商讨建交事宜，法国政府希望不要在建交公报中涉及台湾问题，因为这样做会给人以法国接受了中国先决条件的印象，有损于法国独立自主的形象。对此，周恩来提出了既坚持“一个中国”原则，又体谅法国处境的方案，即公开声明与内部默契相结合的方案：公开声明中不直接提及台湾问题。内部默契中则必须明确：（1）法国政府承认中华人民共和国政府为代表中国人民的唯一合法政府；（2）法国政府支持中华人民共和国政府在联合国的合法席位，不再支持台湾当局的代表权；（3）中法建交后，法国政府应撤回其在台湾的机构及人员。至此，双方就台湾问题的解决达成了共识。1964 年 1 月 27 日，中法两国政府同时公布建交公报。翌日，中国政府以发表声明的形式公布了与法国达成的内部默契。中法建交的过程充分体现了中国“政策坚定性与策略灵活性相结合”的外交艺术。中法建交有利于缓和因两大阵营军事对峙而造成的国际紧张局势，同时为其他资本主义国家在和平共处五项原则基础上与中国建立外交关系提供了良好范例。

（二）中法“全面伙伴关系”

中国政府十分重视中法关系的发展。中法建交后，两国一直保持长期稳定的政治关系，充分发挥两国经济的优势和潜力，使合作成果不断扩大。中法在发展文化教育和科技领域的合作与交流方面始终走在欧洲国家前面。1995 年，中法贸易额达 70 多亿美元，成为当时中国在欧洲的第二大贸易伙伴。1997 年 5 月，希拉克总统应江泽民主席的邀请访问中国，两国元首共同签署了《中法联合声明》，宣布两国建立“全面伙伴关系”。进入21世纪后，2004年双方确立两国战略伙伴关系，并于2011年11月双方发表加强全面战略伙伴关系的联合声明。中法“全面战略伙伴关系”确定了两国关系的发展框架。在政治方面，两国决定进一步密切合作以推动世界多极化的进程，致力于建立公正、合理的国际政治经济新秩序。在经贸合作领域，双方决定加强在航空航天、能源、农业等各个领域的全面合作。

作为中法关系改善的结果，也出于“要合作、不要对抗”的理念，法国宣布不参加1997年联合国人权委员会上可能提出的反华提案。法国的这一举动在欧盟国家中引起巨大震动，1998年，欧盟所有国家做出集体决定，不在日内瓦联合国人权会议上搞反华提案。中法“全面伙伴关系”的建立，推动中法关系朝着友好合作、求同存异的方向更深入地发展。

二、与西方各国建交及改善关系

20世纪70年代，西方国家纷纷改善与中国的关系。从1970年开始至尼克松访华前夕，加拿大、意大利、圣马力诺、奥地利、比利时、冰岛等国相继与中国建交，英国、荷兰先后与中国发表关于外交关系升格的公报，使代办级关系升为大使级关系。1972年10月10日，中国联邦德国建交，同年12月中国与澳大利亚、新西兰建交。至此，中国同除美国外所有的西方大国已建立正式外交关系，迎来第三次建交高潮，共有71个国家与中国建交。

中国与西方国家关系迅速发展的主要原因：首先是中国在反对美国敌视政策的斗争中取得了胜利。美国开始采取缓和对华关系的现实主义政策，因此美国的盟国和受美国控制的国家在发展对华关系时不再担心美国的制裁。其次，在20世纪70年代国际形势紧张化、美苏争夺加剧、地区冲突增多的背景下，很多国家感到了与中国发展关系的必要。第三，中国领导人开始纠正“文革”中极左思潮冲击外交的错误，并采取主动步骤来修补与一些国家的关系。

自1998年中欧首次首脑会晤把未来中欧关系定性为“建立面向21世纪的长期、稳定的建设性伙伴关系”，双方开始从战略角度进行全方位合作以来，中欧关系的发展出现了质的飞跃。中欧在发展双边关系上不存在地缘政治问题和历史遗留问题，也没有安全战略矛盾，在许多重大国际问题上有着相同或相近的看法，有许多共同利益，如发挥联合国在国际事务中的主导作用，并在坚持和平发展、反对恐怖主义、全球综合治理以及坚持文明的多样性和多元化、消除贫困、保护环境、实现可持性发展等国际战略问题上的观点和立场基本一致。随着2003年10月中国发表《中国对欧盟政策文件》，中欧双方决定发展全面战略伙伴关系，并建立涵盖40多个领域的50多个对话与磋商机制。而中欧关系的坚实基础还在于双边日益扩大经贸往来。2012年是中欧建立全面战略伙伴关系第十个年头。十年来，中欧双边贸易年均增长20.8%，欧盟连续八年是中国第一大贸易伙伴，中国是欧盟第二大贸易伙伴。2011年，中欧贸易额已从十年前的1 000亿美元扩大到5 672亿美元。目前，欧盟27国在华投资设立企业3.5万家，累计投资达800多亿美元。中国对欧投资也在快速增长，从十年前的1亿多美元增加到2011年的44.6亿美元。

当下若要妥善解决中欧在取消欧盟对华军售禁令问题，以及中欧在涉及人权、宗教等方面问题上的分歧，需要双方政治家高度的智慧，从战略高度和双方长远利益为重，通过全面有效的合作机制对话磋商解决一切问题。

第六节　中日关系

一、新中国成立初期的中日关系

20世纪50年代，在中日官方关系无法展开的情况下，中国政府采取了加强民间外交，以民促官，官民并举，水到渠成的政策。在实践中，中国政府采取主动建立民间贸易关系、协助在华日侨回国、宽大处理尚在中国关押的日本战犯等措施，使中日民间关系的发展形成一定的规模。1952年4月29日，日本国际经济恳谈会代表应邀访华，这是新中国成立后应邀访华的第一批日本客人。1953年3月，中日双方在北京发表公报，确定由日方派船接运日侨回国，中国在协助日侨到达港口、兑换外汇等方面提供方便。翌年10月，中国红十字会代表团应邀访问日本，意味着中日民间往来从经济领域扩大到政治领域。从1952年至1955年5月，中日双方先后签订三个民间贸易协定。1955年11月，双方又签订了第一个民间文化交流协定，使民间往来扩展到文化艺术领域。在中日民间交往呈现良好势头的情况下，中国政府决定宽大处理在押的日本战犯并遣送获释战犯回国。这一举措充分显示了中国人民对中日友好的友善意向。

二、中日关系发展的曲折历程

中国长期以来重视中日关系的改善，但由于日本历届政府实行亲台政策，导致中日关系比较紧张，中日贸易停滞不前。1960年6月，新上任的池田勇人政府在对华政策问题上持较现实的态度，表示日本没有必要采取与美国完全雷同的态度，可以与中国大力开展经济文化交流。为了促使这一趋势发展，中国在中日关系政治三原则的基础上，又提出了中日贸易三原则：政府协定、民间合同、个别照顾。即：中日应签订政府协定以保证两国民间贸易活动的顺利进行；在签订政府间协定的条件尚未成熟之前，双方可以签订一些民间合同，如果这些合同执行情况较好，则可以签订较长期的合同；对一些对中国原料依赖程度高的中小型企业，中方还可以采取特殊照顾的政策。贸易三原则受到了日本经济界的普遍欢迎，日本企业纷纷寻求与中国发展业务。1962 年 11 月，廖承志和日本代表高崎达之签订中日发展长期综合的易货贸易的备忘录，规定在 1963 年至 1967 年的第一个五年之内，平均年贸易额为双方各 3 600 万英镑。这份备忘录表面上是民间性质的，但由于双方签字者都是政府代表而具有明显的官方色彩。由于中日双方努力，中日关系在 60 年代前半期有了较大的发展，特别是在贸易领域。1962 年，中日贸易总额为 8 650 万美元，1964 年达到 3. 1 亿美元，1966 年为 6. 2 亿美元。①

尽管中日关系的发展在 20 世纪 60 年代后半期出现曲折，但由于在前半期双方的努力，中日民间的交往依然能够保持下来，中日备忘录贸易继续进行，民间代表团仍不断往来。这些为 70 年代初中日关系正常化创造了条件。

三、中日邦交正常化

20 世纪 70 年代，国际形势发生巨大变化，中国恢复了在联合国大会合法权利。1972 年尼克松访问中国的成功，表明美国政府迈出了改善对华关系的第一步。美国的“越顶外交”对日本产生了严重“冲击”，日本舆论界把尼克松、基辛格的行动称为对日本的“出卖”。日本执政党自民党内部出现分歧，不少政治家感到“不能在与中国建交问题上再次落后于美国”。在这种背景下，佐藤政府开始谋求中日关系正常化。1971 年 10 月，日本东京都知事美浓部亮吉应中日友协邀请访华，带来了一封内阁官房长官保利茂给周恩来总理的信函。函称日本承认“中华人民共和国政府是代表中国的政府，台湾是中国国民的领土”。1972 年 6 月佐藤政府下台，标志着日本自民党内部追随美国、阻挠中日关系正常化势力的失势，为中日两国基于邦交正常化三原则实现建交创造了良机。

1972 年 9 月 25 ~ 30 日，田中首相访问中国，中日发表《联合声明》，宣

---

① 王绳组主编：《国际关系史（1960—1969）》第 9 卷，北京：世界知识出版社 1996 年版，第 361 页。

布两国关系不正常状态（战争状态）的结束和外交关系的建立；中日以和平共处五项原则作为处理两国关系的准则，两国任何一方都不在亚洲太平洋地区谋求霸权，每一方都反对任何其他国家建立这种霸权的努力。中国政府阐述了在台湾问题上的立场，日本政府对这一立场表示“充分理解和尊重”。中国政府宣布放弃对日本的战争赔偿要求，双方同意将进行缔结和平友好条约的谈判，以及进行缔结贸易、航海、航空、渔业等协定的谈判①。《中日联合声明》的发表和中日建交，结束了两国关系的长期不正常状态，揭开了中日关系发展的新篇章。

根据《中日联合声明》的规定，中日双方于1974年11月开始进行和平友好条约的谈判。谈判的焦点是反霸条款问题。在苏联的压力下，日方极不愿将反霸条款写入条约，因此谈判迟迟未有进展。1978年7月，中日重开谈判，几次反复后，日方逐渐向中方方案靠拢。最终在8月12日双方签署《中日和平友好条约》，条约声明：中日双方按和平共处五项原则和《联合国宪章》的原则来处理两国关系。缔约任何一方都不应在亚洲和太平洋地区或其他任何地区谋求霸权，并反对任何其他国家或国家集团建立这种霸权的努力②。与《中日联合声明》相比，《中日和平友好条约》更突出了反霸原则。

《中日和平友好条约》的签订，对两国关系和国际政治都有重大影响。就双边关系而言，这一条约是中日关系的政治总结，也是两国睦邻关系发展到一个新起点的重要标志；就国际政治而言，由于条约是在苏联推行霸权主义最盛时期，在中国领导人提倡建立国际反霸统一战线的战略背景下签订的，因此这是对苏联霸权主义的沉重打击。

四、中日关系中的问题

（一）钓鱼岛问题

钓鱼岛问题是中日之间的领土争端问题。钓鱼岛位于中国台湾东北100海里处，面积约5平方公里，是台湾岛的附属岛屿。1895年，日本通过甲午战争强迫清政府签订《马关条约》，割让了台湾岛。同年，钓鱼岛也被日本占领。二战结束后，日本本应将钓鱼岛与台湾岛一起归还中国，但当时日本虽把台湾、澎湖归还给中国，却把钓鱼岛交给了美国驻日本冲绳的占领军。1971年美日达成美国归还冲绳协议后，美国把钓鱼岛又交给了日本。2010年

① 《中日条约集》，北京：外文出版社1983年版，第1~3页。

② 《中日条约集》，北京：外文出版社1983年版，第131~132页。

9 月 7 日，在钓鱼岛附近海域日本海上保安厅巡逻船跟踪、冲撞、截停、登船检查一艘中国拖网渔船，非法抓扣中国船长，导致双边关系出现危机。在各方压力下，9 月 24 日，日方宣布释放中国船长。2012 年9 月 11 日，日本不顾中方一再强烈反对和严正抗议，与钓鱼岛所谓“土地权所有者”签署“购岛协议”，企图将其“国有化”，引发中日关于钓鱼岛的新一轮争端。

钓鱼岛问题除涉及中国的国家主权、民族尊严外，还与东海大陆架资源有关。20 世纪 70 年代初期，东海大陆架发现丰富的油气资源。而钓鱼岛的位置恰好与中日之间如何划分大陆架问题密切相关。中国主张大陆架的“自然延伸说”，即中日在这一地区并不处于同一个大陆架，两国大陆架的分界线应在两国大陆架自然延伸的交界处，具体来说就是冲绳海沟的最深处。而日方认为中日处于同一个大陆架，应该以“等分线原则”来划分大陆架。钓鱼岛位于冲绳海槽的中方一侧，如果以钓鱼岛为基准来均分大陆架，则东海大陆架 4 个含油构造中的 3 个都将被划入日方一侧。因此，这是关系到中国重大国家利益的重要问题。

中国政府在钓鱼岛问题上的立场是一贯的和明确的：钓鱼岛及其附属岛屿自古以来就是中国的固有领土，日方对这些岛屿采取的任何单方面行动都是非法和无效的。但中国政府愿从两国关系发展的大局出发，在“主权属我”的前提下，与日方“搁置争议、共同开发”。

（二）教科书事件

20 世纪 80 年代，中日两国关系迅速发展，但也出现了一些问题。其中比较严重的有“教科书事件”，其实质是日本对侵华战争历史的态度问题。1982 年 6 月，日本文部省对审订的高中二、三年级历史教科书提出了修改意见，如“侵略”一词被认为太强烈，而改为“进出”或“进入”。关于南京大屠杀事件，改写成“在占领南京时，遭到中国军队的顽强抵抗，日本军队也蒙受相当大的损失。由此使激怒了的日本军队在占领南京时，杀害了多数的中国军民，受到国际的谴责”①，这完全篡改了事件的性质。

1986 年 5 月，日本文部省把为日本军国主义翻案的《新编日本史》确定为教科书，再次引起中国和亚洲各国的强烈谴责。此书把日本侵华战争说成是日本被迫应战，把日本进行太平洋战争的目的说成是要“从欧美列强的统治下解放亚洲，并在日本的领导下建设大东亚共荣圈”等。对此，中国多次

① 金熙德：“日本历史教科书问题”，《当代亚太》，2001 年第 5 期。

向日本提出交涉，指出这本书严重歪曲历史事实，要求日本政府消除由于此事态给中日关系造成的不利影响。

“教科书事件”反映了日本国内一部分人，包括一些有影响的政治家回避发动侵略战争的责任，目的是为这场战争的性质翻案。日本当局理应采取尊重历史事实的正确态度，全面清算军国主义思想，彻底清除军国主义势力，否则必将伤害中国和亚洲其他战争受害国人民的感情，归根到底对日本自身也是十分不利的。

五、新世纪中日关系

改革开放以来中日关系总体上是在不断发展的。1978 年中日签订和平友好条约后，两国领导人互访频繁，政治、经济和文化交流迅速发展，两国的战略关系逐渐形成。1989 年中国发生的政治风波，使中国当时的国际环境出现逆转，处境困难。日本带头打破禁令放松对中国制裁，对中国改革和经济发展产生重要影响。1998 年《中日联合宣言》签订后，双方本着“以史为鉴，面向未来”，正确对待历史，成为巩固两国关系的政治基础。

进入 21 世纪，中日之间实力对比“日强中弱”的状况开始有所改变。2010 年中国经济规模超越日本，成为世界第二大经济体，中日关系正经受新一轮力量对比变化过程的震荡。长期以来，中日之间虽然因为历史遗留原因、领土问题、台湾问题，政治关系一直处于不稳定状态，但两国的经贸往来始终呈上升态势。根据中国驻日使馆经济参赞处统计，2011 年日本是中国第四大贸易伙伴，中国继续是日本的第一大贸易伙伴，中日贸易额达到创纪录的 3 428. 9 亿美元，其中日本对华贸易顺差 462. 9 亿美元。截至 2012 年 6 月底，日本对华投资累计实际到位金额达 839. 7 亿美元，是中国除港澳台地区以外最大的外资来源地。

中日关系“政冷经热”现象不符合两国人民的共同利益和国际关系发展的一般规律。随着日本民众和朝野各党对中日战略利益认同的提升，日本右翼势力影响力逐渐减弱。安倍晋三接任首相后，决心改变中日关系的不正常现象。近年来，中日两国领导人互访频繁，两国关系经历了“破冰之旅”、“融冰之旅”、“迎春之旅”，来到“暖春之旅”阶段，尤其是 2008 年 5 月胡锦涛主席访日，中日双方就全面推进战略互惠关系达成广泛共识，双方签署的《中日全面推进战略互惠关系的联合声明》表示，两国要正视历史，面向未来，不断开创中日战略互惠关系新局面。

第七节　中国与发展中国家的关系

一、中国对第三世界国家战略

中国同广大第三世界国家有着共同的历史遭遇，都曾长期遭受帝国主义、殖民主义的侵略、压迫和剥削，在反对帝国主义、新老殖民主义和霸权主义问题上有着共同的语言和看法；在独立和解放后，又都面临发展经济、恢复国力和提高人民生活水平、巩固政治独立、反对外来干涉的共同任务。中国政府始终把加强同第三世界国家的团结与合作作为对外工作的基本立足点，对第三世界的战略和策略随着国际形势的发展变化不断调整，在每一个阶段都取得了成就。

早在20世纪70年代，毛泽东就明确提出三个世界划分的战略思想，并高度评价第三世界国家的战略地位和积极作用，强调中国属于第三世界。第三世界国家总体实力在增强，国际影响不断扩大，成为推动世界多极化趋势发展的一支不可忽视的力量。1974年2月22日，毛泽东在会见赞比亚总统卡翁达时说："我看美国、苏联是第一世界。中间派，日本、欧洲、澳大利亚、加拿大，是第二世界。咱们是第三世界。""美国、苏联原子弹多，也比较富。第二世界，欧洲、日本、澳大利亚、加拿大，原子弹没有那么多，也没有那么富，但是比第三世界要富。""亚洲除了日本，都是第三世界。整个非洲都是第三世界，拉丁美洲也是第三世界。"① 同年4月，邓小平在联合国大会第六届特别会议上公开阐述了毛泽东"三个世界划分"的战略思想，并清楚地表明："中国是一个社会主义国家，也是一个发展中国家。中国属于第三世界。"②

"三个世界划分理论"回答了中国国际战略中的这样一些问题：谁是对世界和平的最大威胁，谁是维护世界和平的主要力量，谁是在维护世界和平的斗争中可以团结的力量。新的世界大战的根源是两个超级大国在世界范围内的争霸。但两个超级大国在争霸斗争中所处的战略态势是不一样的。中国领

① 《毛泽东外交文选》，北京：中央文献出版社、世界知识出版社1994年版，第600页。

② "邓小平团长在联合国大会特别会议上的发言"，《人民日报》，1974年4月11日。

导人对此的判断是：苏联是最危险的战争策源地；第一世界的两个超级大国也是可以分化的，团结一切可以团结的力量集中打击最危险的战争策源地是必需的，建立一条着重打击苏联的“最广泛的国际反霸统一战线”是可行的。把苏联放到了同美国一样的霸权主义超级大国的地位，是“三个世界划分理论”中最具胆略、最具特色的核心内容。这就向全世界人民明确了当时的斗争目标，具有重大的战略意义。

20 世纪 80 年代，中国开始全面改革开放，随着全党工作重心转移，邓小平对我国对外战略和政策进行重大调整，更加完整地提出“坚持独立自主的和平外交政策”，他强调“和平与发展是当代世界的两大问题”①。邓小平在会见外国领导人时多次强调，“中国现在属于第三世界，中国和所有第三世界国家的命运是共同的。中国永远不称霸，永远不会欺负别人，永远站在第三世界一边。”② 对一些第三世界国家给予力所能及的援助，并按照“平等互利、讲求实效、形式多样、共同发展”的四项原则，探索与广大第三世界国家互利合作及开展南南合作的新途径，促进各国经济的共同发展。

二、支持民族国家的独立运动

（一）抗法援越

越南在二战前是法国的殖民地，二战中则被日本占领。1945 年二战结束前后，胡志明领导的“越盟”（越南共产党）在越南北方的河内建立越南民主共和国（北越），法国则扶持保大皇帝在南方的西贡成立越南共和国（南越）。为争夺对越南全境的控制权，越共和法国进行了长达九年的越法战争。在越南人民抗法战争中，中国首先派出以罗贵波为首的政治顾问团，顾问团经过实地考察并与越南领导人协商后向中共中央提出了组织边界战役，打通中越边界的建设。中央同意了这一方案，并增派以陈赓将军为首的军事顾问团参加战役的筹划指挥。1950 年底进行的边界战役拔除了法军在中越边界的据点，控制了战略公路，中国援越物资从此源源不断地运到越南抗战部队手中。边界战役是越南抗法战争的转折点，越南抗战部队从此转入战略进攻。迫使法国在日内瓦会议上急于觅求谈判的决定性战役是 1954 年的奠边府战役。这次战役所使用的武器装备、通讯器材、医疗器械药品等全部由中国提供，以韦国清将军为首的军事顾问团直接参加前线指挥，对越南人民抗法战

---

① 《邓小平文选》第 3 卷，北京：人民出版社 1993 年版，第 105 页。

② 同上，第 56 页。

争的胜利起了巨大作用。

（二）日内瓦会议

日内瓦会议是中华人民共和国成立以后首次应邀参加的政府间多边国际外交会议。中国代表团在日内瓦谈判中所体现出的现实主义精神、所运用的统一战线策略、所坚持的革命不输出原则、所推崇的和平共处五项原则思想，构成了此次会议上中国外交的主要特色。1954 年 2 月，美苏英法四国外长达成协议，决定召开美、苏、英、法、中五大国及朝鲜战争和印度支那战争参战各方参加的日内瓦会议，讨论朝鲜问题的政治解决和印度支那和平的恢复问题。同年 4 月 26 日，日内瓦会议开幕，由于美国的极力阻挠，会议没有通过关于朝鲜问题的任何决议。后期开始讨论印度支那问题，由于美国企图扩大印度支那战争，极力破坏和解进程。中国代表团争取法国等多数国家推动会议，尤其在解决划分越南交战双方的集结问题上，发挥了重要作用。7 月 21 日，会议通过《日内瓦会议最后宣言》，实现了印度支那的停战，结束了法国在该地区的殖民战争，确认了印支三国的民族权利。这是印支三国人民争取民族独立的重要里程碑，同时也是中国在国际事务中影响扩大和国际地位提高的标志。

（三）亚非会议

1955 年 4 月在印度尼西亚的万隆召开了没有西方殖民国家参加的第一次亚非会议，也称“万隆会议”。台湾特务机关获悉周恩来将率团出席亚非会议，他们用 60 万港币重金收买香港启德机场清洁工周驹，在中国代表团包租的印度航空公司专机“克什米尔公主号”上放置定时炸弹，造成中国代表团成员以及前往参加会议的中外记者 11 人遇难的震惊世界的政治暗杀事件。周恩来因应缅甸总理吴努邀请，与代表团主要成员乘包租的另一架印航飞机于 4 月 7 日即离开北京，经重庆、昆明前往仰光，与吴努、尼赫鲁、纳赛尔、范文同等提前协商亚非会议的有关事宜，故幸免于难。

中国政府自始至终对亚非会议持积极支持态度。中国代表团根据和平共处五项原则思想，坚持“求同存异”的策略方针，恰当地处理了会议期间出现的复杂情况，推动了会议进展，使会议圆满成功，通过了《亚非会议最后公报》，内容包括经济合作、文化合作、人权和自决、附属地人民问题、其他问题、促进世界和平与合作，以及关于促进世界和平与合作的宣言七部分，并提出了处理国际关系的十项原则。会议所反映的亚非人民团结一致，反对帝国主义和殖民主义，争取和维护民族独立，保卫世界和平和促进各国人民友谊的精神，通称为“万隆精神”。会议促进了亚非各国的团结和合作，鼓舞了殖民地人民的民族解放斗争，对亚非各国人民反帝、反殖斗争的发展起了促进作用。万隆会议是新中国与非洲国家关系的起点，中国外交从此开启了一个以亚非国家为主体以发展中国家为基点的新阶段。

（四）支持阿拉伯国家的正义事业

第二次世界大战后，英法在中东的殖民势力因民族解放运动的发展而逐步萎缩，也因美国力量的渗入而受到排挤。1956 年 7 月 26 日，埃及宣布将苏伊士运河公司收归国有，英法和以色列对埃及诉诸武力，造成了轰动一时的苏伊士运河事件。中国坚决支持埃及人民捍卫国家主权的斗争，向埃及无偿赠送 2 000 万瑞士法郎。在埃及人民坚决抵抗、中国和世界各国人民强烈谴责之下，英法终于在 12 月 3 日被迫宣布从埃及撤军。20 世纪 50 年代末期至 60 年代初期，非洲民族独立运动掀起了新高潮。中国给予了积极支持，如对阿尔及利亚民族解放运动的支持就是一个典型的例子。独立后的阿尔及利亚在国际斗争中也给予中国大力支持，多次在联合国呼吁恢复中国合法席位，驱逐国民党当局的代表。1971 年第 26 届联合国大会通过的恢复中国合法席位的第 2758 号决议，主要提案国之一就是阿尔及利亚。

（五）周恩来访问亚非 13 国

20 世纪 60 年代初，许多非洲国家宣告独立。中国先后同加纳、索马里、刚果、坦桑尼亚等 15 个国家建立外交关系，中国还同几内亚、加纳、马里等国签订了友好条约和经济技术合作协定。为进一步发展同亚非国家的关系和友谊，周恩来于 1963 年 12 月 13 日至 1964 年 2 月 5 日对亚非 13 国进行了友好访问。周恩来和陈毅先后访问了阿拉伯联合共和国（今埃及和叙利亚）、阿尔及利亚、摩洛哥、突尼斯、加纳、马里、几内亚、苏丹、埃塞俄比亚和索马里这十个非洲国家，接着访问了缅甸和巴基斯坦，最后同宋庆龄一起访问了锡兰（今斯里兰卡）。在访问过程中，周恩来提出中国同阿拉伯国家和非洲国家相互关系的五项原则，这是和平共处五项原则的具体运用，也是万隆精神的发扬光大。随后，周恩来在访问加纳和马里时又提出了中国对外援助的八项原则，充分体现了中国同亚非拉新兴国家进行经济合作和文化合作的真诚愿望。亚非 13 国之行，加深了中国与亚非国家的相互了解，促进了中国人民同亚非人民的友好合作和团结反帝事业，为亚非地区的和平、稳定和繁荣做出了贡献。因此，这次访问是中国同亚非国家关系发展的一个重要里程碑。

（六）支持印度支那三国的抗美救国斗争

印度支那三国人民抗法斗争胜利不久，美国即破坏 1954 年的《日内瓦协议》，于1955年10月制造了正式分裂越南的局面。为长期霸占南越，美国在1961年起发动“特种战争”。1964年8月以所谓“北部湾事件”为借口，美国扩大了印度支那战争。对此，中国政府发表声明谴责美国，声援越南人民，并根据越南的要求，两国政府于1965年4月签订协定。1965年1月至1968年3月，中国向越南派出的防空、工程、铁道、后勤保障部队先后总计达32万余人，最高年份达17万余人。

美国侵略越南的同时，在老挝扶植亲美势力，把老挝划入“东南亚集体防务条约组织”的“保护”范围。老挝人民为捍卫民族独立，在爱国战线党领导下，坚持武装斗争，屡次打败敌人武装进攻。在老挝人民抗美救国战争中，中国政府和人民给予了大力的支持和援助。

1970年3月18日，美国策动朗诺—施里玛达集团乘西哈努克出国访问之际发动军事政变，颠覆王国政府。4月，派遣近10万名美军和西贡伪军入侵柬埔寨。柬埔寨人民立即拿起武器，奋勇抵抗。中国政府不仅在道义上支持西哈努克亲王，而且给予在北京成立的柬埔寨王国民族团结政府以巨大的人力、财力和物力的支持，直到柬埔寨人民赢得民族解放事业的彻底胜利。

三、冷战后中国与发展中国家的关系

（一）与非洲国家的关系

长期以来，中国在同非洲国家的交往中，始终体现大小国家一律平等的原则，反对西方发达国家利用它们的经济技术优势，操纵国际经济贸易组织，垄断国际市场，搞不等价交换的行为。中国坚持中非关系应本着“政治上平等互信，经济上合作共赢，文化上交流互鉴，安全上加强交流和磋商，以及国际事务上加强合作”的“中非新型战略伙伴关系”。以中非合作论坛为例，从2000年至2009年，在论坛框架内，中国免除了35个非洲国家的312笔债务，总计189.6亿人民币。与中国建交的30个非洲最不发达国家已全部享受60%产品对华出口免关税待遇。目前中国已成为非洲第一大贸易伙伴。中非贸易额在近十年以35%的速度增长，从2000年100亿美元上升到2011年的1 663亿美元。截至2011年底，中国对非投资也从2001年的5 000万美元到2011年的147亿美元，涉及矿业、制造业、农业等多个领域。中方将在2012年年底前完成对非提供100亿美元优惠性贷款计划。

（二）与南亚各国的关系

中国在发展与南亚各国关系中坚持：（1）扩大交往，加深传统友谊。通过各种交往，特别是高层领导人之间的直接接触和对话，加深相互了解和信任，密切彼此间的关系。(2) 相互尊重，世代睦邻友好。中国一贯主张国家不分大小、强弱、贫富，一律平等，坚决反对侵犯别国主权、干涉别国内政的霸权主义行径，自己也永远不称霸。(3) 互利互惠，促进共同发展。在平等互利的基础上，开展形式多样、讲求实效的经济技术合作，互通有无，取长补短；(4) 求同存异，妥善处理分歧。中国和南亚国家比邻而居，有许多共同点，共同利益是主要的。邻国之间也难免会出现一些分歧或争议。中国主张求大同，存小异，对分歧或争议要着眼长远，从大局出发，通过协商谈判，求得公正合理的解决。

(三) 与东盟国家的关系

中国历来十分重视发展与东盟的关系，支持东盟在地区和国际事务中发挥积极的作用。中国与东盟各国及东盟组织的关系取得了长足进展，特别是中国与东盟成为全面对话伙伴以来，双方的关系发展到了一个新的水平。双方高层互访频繁，经贸合作稳步扩大，各种交流日益增加，在一些重大国际和地区问题上的协调与合作得到加强。

事实证明，中国与东盟的友好合作，不仅利在双方，而且惠及亚太。中国与东盟双边贸易额从2002年的547.67亿美元增长到2011年的3 628.5亿美元。2010年1月1日，中国—东盟自由贸易区正式建成。中国已连续三年成为东盟第一大贸易伙伴，东盟则成为中国第三大贸易伙伴。双方在投资领域也收获颇丰。截至2012年2月，双方相互投资超过870亿美元。中国遵守在WTO和自由贸易区普遍适用的“国民待遇”原则，表明中国与亚太国家经济关系的高度融合性。这不仅有利于东南亚地区经济发展和政治稳定，也将会对全球政治经济的发展产生积极的影响。

(四) 与拉美各国的关系

中国支持拉美国家在地区和国际事务中发挥积极作用。近年来，中拉关系不断发展，相互了解日益加深，经贸关系稳步扩大，对话与合作显著加强。中国积极利用中拉之间建立的政治磋商机制，加强同以里约集团为代表的拉美地区组织的对话与合作。中拉之间加强磋商，相互支持，在国际上维护双方的正当权益。在涉及联合国作用和改革、国际安全、建立国际新秩序、推动世界多极化、实现国际关系民主化和捍卫发展中国家合法权益等问题上，在联合国、亚太经合组织、七十七国集团以及东亚—拉美论坛等国际组织或场合中，努力寻求共识，扩大合作。在保持贸易稳步增长的基础上，把扩大相互投资、发展高技术合作摆到更加重要的位置。中国市场广阔，投资环境日益改善，中国欢迎拉美企业家到中国投资，同时也积极鼓励中国企业到拉美发展。

第八节　中国与邻国边界问题的解决

一、中国政府关于解决边界问题的原则立场

新中国成立之初，安全是首要问题，解决与邻国边界争议问题尚无法提上议事日程。20 世纪 50 年代中期以后，中国的国际环境有较大改善，解决边界问题也就有了可能。1955 年 4 月，周恩来在万隆会议上宣布："中国同 12 个国家接壤，同有些国家的一部分边界尚未确定。我们准备同邻邦确定这些边界，在此以前我们同意维持现状，对于未确定的边界承认它们尚未确定。我们约束我们的政府和人民不超越边界一步，如果发生这类事情，我们愿意指出我们的错误并立即退回国境。至于我们如何同邻国来确定边界，那只能用和平方法，不容许有别的方法。我们如果一次谈不好，就再谈。"①

中国政府关于解决边界问题的原则立场，概括起来主要有以下几点：（1）解决边界问题的目的，是安定四邻，争取国际形势的缓和，而不是使我们同邻国的关系紧张起来。（2）解决边界问题的原则，是和平谈判、友好解决、不诉诸武力。（3）历史与现实相结合，既照顾历史背景，又照顾已经形成的现实情况。（4）最终解决以前维持现状，不以武力改变现状。从这些原则出发，中国在 20 世纪 60 年代前半期分别与缅甸、尼泊尔、蒙古、巴基斯坦、阿富汗等国家合理解决了边界问题。中国政府以实事求是、理智的心态来对待历史遗留问题，以和平共处五项原则精神来解决边界争议，既维护了国家和民族利益，又得到了相关国家政府、人民和国际舆论的普遍赞扬。

改革开放以后，邓小平提出了处理领土与边界问题的 12 字方针，"主权属我、搁置争议、共同开发"，为和平解决钓鱼岛和南沙群岛等历史遗留的问题开拓了新思路。中国政府从发展中日关系出发，在中日邦交正常化谈判时同日方达成了将钓鱼岛问题留待以后解决的谅解。1979 年 5 月 31 日，邓小平会见来访的自民党众议员铃木善幸时表示，可考虑在不涉及领土主权情况下，共同开发钓鱼岛附近资源。同年 6 月，中方通过外交渠道正式向日方提出共同开发钓鱼岛附近资源的设想，首次公开表明了中方愿以"搁置争议，共同

① 1955 年 4 月"周恩来在亚非会议上的声明"，见张彦著：《万隆精神普照大地——纪念亚非会议 50 周年》，北京：世界知识出版社 2005 年版。

开发”模式解决同周边邻国间领土和海洋权益争端的立场。此外，自20世纪70年代中国与东南亚国家建交时，邓小平就提出了处理南沙群岛争议的合理主张：南沙群岛历史上是中国固有的领土，从双方友好关系出发，我们趋向于把这个问题先搁置一下，以后再提出双方都能接受的解决办法，不要因此发生军事冲突，而应采取共同开发的办法。除“搁置争议，共同开发”外，邓小平还阐述了“主权属我”的立场。

综上所述，这12字方针的全部含义可以总结为：（1）前提是主权属我；（2）对领土争端，在不具备彻底解决的情况下，可以先不谈主权归属，而把争议搁置起来，但搁置争议，并不是要放弃主权；（3）对有些有争议的领土，进行共同开发；（4）共同开发的目的是通过合作增进相互了解，为最终合理解决主权的归属创造条件。12字方针是中国和平外交政策的集中体现，表明了中国人民化干戈为玉帛的善意，同时对东亚地区的稳定起了重要作用。

二、中印边界冲突

历史上，中国历届政府都未同印度方面达成任何边界协议，但两国间存在着一条由双方历来行政管辖所及而形成的传统习惯线。根据1959年12月26日中国外交部给印度驻华大使馆的照会，中国政府表示承认和尊重传统习惯线，同时指出：“整个中印边界，无论西段、中段和东段，都是没有划定的。”① 而印度政府则坚持以所谓的“麦克马洪线”来确定中印东段边界的走向②。

中印边界争端的实质是印度政府试图把非法的“麦克马洪线”强加给中国，将9万平方公里属于中国的领土划入印度境内。自1959年8月25日起，印度接连挑起中印边界之间的流血事件，中国边防部队被迫进行还击。同时，中方为了表示和解的诚意，停止中国边防部队巡逻并从实际控制线后撤20公里。印度政府利用中方的单方面让步，积极推行“前进政策”，即在中国境内建立了多达43个侵略据点。1962年10月20日，印度军队大举侵入中国领

---

① 《中华人民共和国对外关系文件集（1959）》第6集，北京：世界知识出版社1961年版，第131页。

② “麦克马洪线”：1914年，英印政府外交大臣麦克马洪构想了一条印藏分界线，以喜马拉雅山脊分水岭的连接线作为边界线。麦克马洪又利诱西藏噶夏的代表，背着中国北洋政府代表，搞了一份秘密划界换文。换文规定了中印东段边界的走向，但此后的历届中国政府都不承认非法的“麦克马洪线”。

土，中国军队奋起自卫，中印边界战争最终爆发。中国部队向印军发起反攻，很快收复了被印度占领的中国领土。

尽管中国的自卫反击作战全部是在传统习惯线中方一侧进行的，但中国并没有根据军事胜利后的局面提出新的边界划分方案，而是严守“不以武力改变现状”的原则，把军队又撤回到了两国谈判开始前的边界实际控制线，并从这条实际控制线再后撤20公里，形成一个非军事区，为和平谈判、平等协商解决问题创造条件。中国边防部队主动停火和主动撤退，在世界边界谈判史上树立了一个罕见的以诚相待的例子。1968年2月，印度总理甘地表示愿在相互尊重、互不侵略和干涉的基础上“寻求同中国恢复关系”。中印边界问题得以暂时平息。

第九节　中国的国际地位和作用

一、中国在联合国合法席位的恢复

中国是联合国的创始会员国和安理会的常任理事国。1949年10月1日，中华人民共和国成立，理应代表中国占有联合国的合法席位。但由于美国采取敌视新中国的政策，恢复中华人民共和国合法席位的问题长期没有解决。

从1950年的第6届联大到1960年的第15届联大，美国采用“暂不审议”有关国家要求恢复中华人民共和国在联合国合法席位的手法来排斥中国。从1961年第16届联大起，美国又把中国代表权问题变成与各国讨论决定的“重要问题”，而所谓“重要问题”则必须以联合国会员国三分之二的多数票才能获得通过。1971年第26届联大，美国再次改变手法，决定在继续提出“重要问题”提案的同时，又提出“双重代表权”的提案，“中华人民共和国应当有代表权，但也不应当剥夺中华民国的代表权”，即“两个中国”的提案。面对美国的各种伎俩，中国政府坚持原则，阐明立场，使很多犹豫不决的国家最终选择了支持中国的态度。

1971年10月25日，第26届联大以76票赞成、35票反对、17票弃权的压倒多数票通过了阿尔巴尼亚、阿尔及利亚等23国的提案，并正式成为联大2758号决议。该决议称，“承认中华人民共和国政府的代表是中国在联合国组织的唯一合法代表”，“中华人民共和国是安全理事会五个常任理事国之一”，并决定“恢复中华人民共和国的一切权利，承认它的政府的代表为中国在联合国组织的唯一合法代表并应立即把蒋介石的代表从它在联合国组织及其所属一切机构中所非法占据的席位上驱逐出去。”① 中国在联合国合法席位的恢复，使美国在联合国制造“两个中国”的图谋终于破产，拖延了长达二十二年的中国在联合国的代表权问题终于以符合历史潮流的方式得以解决。

二、中国政府关于人权问题的原则立场

中国政府关于人权问题的原则立场主要有四点：（1）中国不反对同美国等西方国家就人权问题进行平等的、相互尊重的对话，但反对别国借人权问题干涉中国的内政和施加压力。（2）中国代表在各种国际场合阐明了对人权的看法和主张，即人权首先是人民的生存权和国家的独立权；维护国家独立是人民充分享受人权和基本自由的前提；发展权是一项不可剥夺的人权，是一项集体人权。（3）区别国际人权和内政问题的人权，提出由殖民主义、帝国主义、霸权主义、种族主义、外国侵略和占领造成的大规模侵犯人权的问题，主要是国际性的人权问题；涉及一国国内如何保护和实施公民权利的问题主要是一国的内政问题。（4）为全面推进国际社会促进和保护人权的活动，中国提出四项原则建议：①国际社会应优先关注和致力于消除外国侵略、占领和地区冲突所造成的大规模粗暴侵犯人权现象；②促进世界和平与稳定，建立新型国际关系，为实现人权的目标创造良好的国际环境，从根本上防止发生武装冲突和由此带来的大规模侵犯人权的事件；③尊重和确保发展中国家的发展权；④尊重和确保每个国家根据本国国情制定保护人权政策的权利，不应利用人权问题向别国施加政治、经济压力。

三、中国政府关于反恐的原则立场

“9·11 事件”对整个国际社会的冲击和影响是深刻的。它表明，不仅领土、资源、利益冲突引发的各种传统安全问题远未解决，而且以国际恐怖主义为代表的各种非传统安全问题也日趋严峻。中国政府关于反对国际恐怖主义的原则立场，概括起来有以下几点：（1）“中国政府和人民坚定不移地谴责和反对一切形式的恐怖主义。②”（2）打击恐怖主义需要充分发挥联合国及安理会的主导作用，一切行动应符合《联合国宪章》的宗旨和原则及其他公认的国际法原则。（3）打击恐怖主义需要标本兼治，既考虑解决当前的问题，

---

① 《人民日报》，1971 年 10 月 26 日。

② 江泽民：“推动裁军进程，维护国际安全”，《人民日报》，1999 年 3 月 27 日。

也着眼长远的根治方法。(4) 打击恐怖主义是和平与暴力的较量，不是民族、宗教或文明的冲突。中国主张承认世界文明多样性的现实，尊重各国不同的文化背景、宗教信仰和发展模式。反恐不能有“双重标准”，也不能与特定的国家、民族或宗教挂钩。

“东突伊斯兰运动”是国际恐怖势力的一部分，在中国境内外制造了大量恐怖暴力事件，对地区安全与稳定构成了严重威胁。中国赞赏安理会将“东突伊斯兰运动”列入其颁布的恐怖主义组织和个人名单。中国积极支持和参与国际反恐斗争。“9·11 事件”前，中国就已参加了绝大多数的国际反恐公约。中国和上海合作组织其他成员国共同制定通过了《打击恐怖主义、分裂主义和极端主义上海公约》。“9·11 事件”后，中国支持联合国及安理会通过一系列反恐决议，认真执行有关决议，并与有关国家进行反恐磋商和对话。中国政府在反恐问题上坚定、公正、合作与言行一致的立场已经赢得了国际社会的普遍赞誉。

作为世界最大的社会主义国家，中国成功的社会主义现代化建设为世界社会主义事业做出了巨大贡献。作为最大的发展中国家，中国的建设道路为发展中国家提供了可资借鉴的有益经验。中国是推动世界格局多极化和国际政治民主化，及维护世界和平与促进共同发展的重要力量。

四、一国两制——为解决国际争端树立范例

“一个国家，两种制度”是邓小平提出的解决中国统一问题的构想，是建设有中国特色社会主义理论的重要组成部分，并已成为中国的一项基本国策。1979 年 1 月，邓小平在美国参众两院所做的演讲中指出：“我们不再用‘解放台湾’这个提法了。只要台湾回归祖国，我们将尊重那里的现实和现行制度。”1981 年 9 月 30 日，全国人大常委会委员长叶剑英发表谈话，代表中国政府提出了和平解决台湾问题的九条方针，其中包括“国家统一后，台湾可作为特别行政区，享有高度自治”。1982 年 1 月，邓小平在会见外宾时第一次把解决台湾问题的上述方针概括为“一国两制”，他指出，“统一后，台湾仍搞它的资本主义，大陆搞社会主义，一个中国，两种制度。香港问题也是这样。①”

“一国两制”思想解决了历史遗留的香港、澳门问题，既洗雪了中华民族的屈辱，又维护了香港、澳门的稳定与繁荣，为争取中国完全统一指明了方

① 《邓小平文选》第 3 卷，北京：人民出版社 1993 年版，第 49 页。

向。同时，中国运用“一国两制”思想分别与英国、葡萄牙解决香港、澳门问题的实践，为和平解决国际争端提供了一个良好的范例，对世界和平事业将产生深远积极的影响。

五、中国对外战略演变与国际地位的提高

冷战结束后，霸权主义和强权政治仍然存在。由于民族、宗教、领土、资源争夺引发的地区冲突和局部战争接连不断，发展中国家面临的贫困问题没有解决，南北之间的贫富差距不断扩大。面对新的国际形势，邓小平强调，和平共处五项原则是处理国家间关系的基本准则，努力推动国际政治经济新秩序的建立，重视和发展同各国共产党和其他政党的关系，面对复杂的国际环境，面对复杂的国内形势，要冷静观察，稳住阵脚，沉着应付，有所作为。江泽民在党的十四大报告中指出：“在今后一个较长时期内，争取和平的国际环境，避免新的世界大战，是有可能的。”报告强调：“和平与发展仍然是当今世界两大主题。霸权主义、强权政治始终是解决和平与发展问题的主要障碍。”①

20 世纪 90 年代中期，随着中国经济的快速增长、中国国际地位的提高，中国与国际组织和国际机构的关系出现了量的增长和质的变化。中国广泛参与联合国和其他全球性的国际组织的活动，参加国际组织和国际条约的数量也大大增加，中国与许多大国或地区集团建立了面向 21 世纪的伙伴关系。1997 年 4 月中俄共同签署的《关于世界多极化和建立国际新秩序的联合声明》，中国向世界表明关于建立国际新秩序的基本主张，即：“积极推动世界多极化，正确引导经济全球化，促进各国实现共同发展。推进国际关系民主化，摒弃冷战思维，确立新安全观，尊重世界多样性，保证各国相互尊重、和睦相处。”中国通过同时加强双边磋商和多边合作的方式进一步推进独立自主的和平外交政策，形成不针对第三国的、结伴不结盟的新型国家关系。这一基于“道高益安，势高益危”等中国哲理而提出的新安全观，突破了传统的安全观念，丰富和发展了邓小平的国家安全理论。

进入 21 世纪，随着中国的崛起，“中国威胁论”再次出现。如何应对复杂变化的国际环境是对以胡锦涛为核心的新一代中央领导集体的挑战。2005 年，在联合国成立 60 周年首脑会议上，胡锦涛主席提出，世界各国共同为建设一个持久和平、共同繁荣的和谐世界而努力。“和谐世界”理念成为新世纪

① 《江泽民文选》第 2 卷，北京：人民出版社 2006 年版，第 241 页。

中国对外战略的指导思想，堪称中国外交“新思维”。随后在中央外事工作会议上，胡锦涛再一次对建立和谐世界的主张做了全面阐释。改革开放三十年来，中国政治、经济、文化取得长足的进步，成为举足轻重的“负责任大国”。经济实力是构建大国政治影响力和军事实力的基础，也是大国崛起的基础。2007 年中国国内生产总值从 1970 年的 1 060 亿美元增长到 3. 1 万亿美元，对外贸易额达 2 万亿美元，外汇储备超过 1. 7 万亿美元。①

2005 年 12 月中国政府在《走和平发展道路》白皮书中再次重申，中国将坚定不移地走和平发展道路，“争取和平的国际环境发展自己，又以自身的发展促进世界和平”。从历史逻辑看，这是全球化背景下中国传统“和合”文化精神追求的复兴。和谐世界的核心内涵是“和平、发展、合作”；其思维模式是寻求共同发展、共同繁荣、共同安全、共同利益的融合性思维，是合作而非对抗的“非零和博弈”；其内容包括经济繁荣、人口资源环境的可持续和谐发展；世界持久和平，民主宽容，宗教宽容、文化宽容；国际合作制度安排日趋完善。

国家身份对一个国家界定利益、确定战略和执行政策都有着至关重要的影响。国家战略的两难选择往往是国家基本身份的不确定和不同身份之间的张力造成的，是国家基本身份发生变化之时被认知的身份和实际身份之间的差距造成的。中国在改革开放三十年的历程中最重大的变化是相对于国际体系和国际社会的身份变化。如果说中国过去是国际体系外成员，甚至被视为体系挑战者和造反者的话，改革开放以来的中国已经是体系内的重要的负责任的成员。中国不断承担着作为崛起大国应当承担的责任。在联合国和其他国际组织中积极履行义务和责任，通过双边、多边机制处理和解决与他国的纠纷和冲突。除了积极主动的对外政治、外交、经贸往来，中国日益重视对外文化、教育交流。以国家为主体、以文化为主题的“中国年”活动，在国外掀起一场场“中国热”。孔子学院如雨后春笋般地在世界各地建立起来，传播中华文化已成为中国软战略的重要内涵之一。2008 年北京奥运会、2010 年上海世博会的成功举办，不仅使中国硬实力有目共睹，对展现中国建设成就、提高国际形象也有重大意义。中国对外战略的发展演变为中国的外交实践奠定了坚实的理论基础，取得了全方位外交的巨大成就。

中国加入 WTO 后，同世界经济发展的联系更加密切，中国经济已成为全球化经济的一个组成部分。中国经济的迅速崛起，对全球化时代的世界经济

① 温家宝：“政府工作报告”，载《人民日报》2008 年 3 月 20 日，第 1 版。

发展具有积极的影响，也对亚太区域经济，美国、欧洲经济的发展产生了推动作用。通过积极参与各种国际经济对话、谈判机制，中国与欧盟、东盟以及拉美、非洲地区的经济合作和贸易往来不断向纵深发展。中国的和平发展改变了地区力量对比的格局。“作为地区多边合作机制的积极倡导者、参与者，中国在国际舞台上的影响力在大大提高。”

今天，中国正处在重要的战略机遇期，“和平与发展”将成为未来几十年国际体系的主导力量，中国是国际体系的主动参与者和建设者，从国际体系的边缘状态逐步走向核心部位，战略回旋空间将大大拓宽。随着全球化进程深入和非传统安全因素增多，国际体系对公共产品的需求不断增加。中国同拉丁美洲、非洲国家在反恐、能源、环保、疾病、移民等领域的合作正在取得明显的效果，同周边印度、巴基斯坦等国的关系也朝着符合中国的和平发展、和谐世界战略的方向发展。21 世纪世界的基本潮流是和平与发展、经济全球化及国际政治民主化。中国永远走和平发展道路，这是唯一正确的战略选择。

【思考题】

1. 如何评价“一边倒”外交战略？
2. 和平共处五项原则与新中国外交战略主旨是什么？
3. 为什么说和平发展是中国对外政策的首要目标？
4. 如何认识中国对外战略演变与国际地位的提高？

参考文献

1. 《马克思恩格斯选集》，北京：人民出版社 1995 年版。

2. 《列宁全集》，北京：人民出版社 1988 年版。

3. 《毛泽东选集》，北京：人民出版社 1991 年版。

4. 《毛泽东外交文选》，北京：中央文献出版社 1994 年版。

5. 《周恩来外交文选》，北京：中央文献出版社 1990 年版。

6. 《邓小平文选》，北京：人民出版社 1993 年版。

7. 《江泽民文选》，北京：人民出版社 2006 年版。

8. 王绳祖主编：《国际关系史》，北京：世界知识出版社 1995 年版。

9. 方连庆等主编：《战后国际关系史 1945—1995》，北京：北京大学出版社 2006 年版。

10. 吕青主编：《当代世界经济与政治》，西安：西北工业大学出版社 2012 年版。

11. 申晓若、白云真著：《当代世界经济与政治导论》，北京：中国经济出版社 2012 年版。

12. 秦建中、贺可栋主编：《当代世界经济与政治》，郑州：郑州大学出版社 2011 年版。

13. 卫灵主编：《当代世界经济与政治》，北京：中国人民大学出版社 2008 年版。

14. 李景治、林甦主编：《当代世界经济与政治》，北京：中国人民大学出版社 2007 年版。

15. 俞国斌主编：《当代世界经济与政治》，成都：西南财经大学出版社 2007 年版。

16. 上海财经大学人文学院政治系“当代世界经济与政治”课程组编：《当代世界经济与政治》，上海：上海财经大学出版社 2006 年版。

17. 刘振霞著：《当代世界经济与政治》，北京：中国物资出版社 2006 版。

18. 冯特君著：《当代世界经济与政治》，北京：经济管理出版社 2005 年版。

19. 李淑珍、陈德民、王成英编著：《当代世界经济与政治》，北京：北京大学出版社 2003 版。

20. 陈峰君主编：《当代世界政治与经济》，北京：九州出版社 2002 年版。

21. 宋叶萍等编：《当代世界经济与政治》，北京：中国财政经济出版社 1998 年版。

22. 周荣坤主编：《跨世纪的世界经济》，北京：时事出版社 1998 年版。

23. 庄起善：《世界经济新论》，上海：复旦大学出版社 2008 年版。

24. 池元吉著：《世界经济概论》，北京：高等教育出版社 2003 年版。

25. 王洛林、余永定主编：《2000—2001 年：世界经济形势分析与预测》，北京：社会文献出版社 2001 年版。

26. ［英］A. P. 瑟尔沃著，郭熙保译：《增长与发展》，北京：中国财政经济出版社 2001 年版。

27. ［英］安东尼·吉登斯：《失控的世界》，南昌：江西人民出版社 2001 年版。

28. 白树强著：《全球竞争论》，北京：中国社会科学出版社 2000 年版。

29. 倪世雄等著：《当代西方国际关系理论》，上海：复旦大学出版社 2005 年版。

30. 曹沛霖、陈明明、唐亚林主编：《比较政治制度》，北京：高等教育出版社 2005 年版。

31. ［美］罗伯特·基欧汉、约瑟夫·奈：《权力与相互依赖》，北京：北京大学出版社 2002 年版。

32. 秦亚青著：《权力·制度·文化》，北京：北京大学出版社 2005 年版。

33. 宋新宁、陈岳：《国际政治学概论》，北京：中国人民大学出版社 2000 年版。

34. 胡宗山：《国际政治学基础》，武汉：华中师范大学出版社 2005 年版。

35. 顾关福编著：《战后国际关系》，北京：时事出版社 1998 年版。

36. 刘廷忠主编：《当代世界经济政治与国际关系》，北京：高等教育出版社 2003 年版。

37. 刘丽云、张惟英、李庆四著：《美国政治经济与外交概论》，北京：中国人民大学出版社 2004 年版。

38. 梅孜编译：《美国总统国情咨文选编》，北京：时事出版社 1994 年版。

39. 邓宗豪：《欧洲一体化进程：历史、现状与启示》，成都：四川大学出版社 2011 年版。

40. ［比］尤利·德沃伊斯特、门镜著：《欧洲一体化进程——欧盟决策与对外关系》，北京：中国人民大学出版社 2007 年版。

41. 白英瑞、康增奎等著：《欧盟：经济一体化理论与实践》，北京：经济管理出版社 2002 年版。

42. 宋有成等著：《战后日本外交史（1945—1994）》，北京：世界知识出版社 1995 年版。

43. 石丸和人等著：《战后日本外交史》第 2 卷，东京：三省堂 1983 年版。

44. 司楚、訾嘹祖译，矢野恒太郎纪念会编：《日本 100 年》，北京：时事出版社 1984 年版。

45. 冯昭奎、林昶：《中日关系报告》，北京：时事出版社 2007 版。

46. 彭树智、黄倩云：《第三世界的历史进程》，北京：中国青年出版社 1999 年版。

47. 畅政、刘青建：《发展中国家政治经济概论》，北京：中国人民大学出版社 2001 年版。

48. 黄宗良、孔寒冰主编：《世界社会主义史论》，北京：北京大学出版社 2004 年版。

49. 吴恩远主编：《俄罗斯东欧中亚国家发展报告》，北京：社会科学文献出版社 2011 年版。

50. 别尔嘉耶夫：《俄罗斯思想》，北京：三联书店 1996 年版。

51. 俞新天等编：《国际体系中的中国角色》，北京：中国大百科全书出版社 2008 年版。

52. 饶银华：《世纪之交中国外交思想与实践研究》，北京：中央文献出版社 2007 年版。

53. 楚树龙、金威主编：《中国外交战略和政策》，北京：时事出版社 2008 年版。

54. 王义桅主编：《全球视野下的中欧关系》，北京：世界知识出版社 2012 年版。

55. 外交部政策规划司编著：《中国外交（2010 年版）》，北京：世界知识出版社 2010 年版。